GRUNDLAGEN DER GERMANISTIK

Herausgegeben von Christine Lubkoll, Ulrich Schmitz,
Martina Wagner-Egelhaaf und Klaus-Peter Wegera

57

# Historische deutsche Fachsprachen

Von den Anfängen bis
zum Beginn der Neuzeit.
Eine Einführung

von

*Hans Ulrich Schmid*

ERICH SCHMIDT VERLAG

*Bibliografische Information der Deutschen Nationalbibliothek*
Die Deutsche Nationalbibliothek verzeichnet diese Publikation in der Deutschen Nationalbibliografie; detaillierte bibliografische Daten sind im Internet über http://dnb.d-nb.de abrufbar.

*Weitere Informationen zu diesem Titel finden Sie im Internet unter*
ESV.info/978 3 503 15571 2

Umschlaggestaltung unter Verwendung eines Ausschnitts aus dem Musiktraktat aus Cod. Nr. 98th der Bischöflich-Proskeschen Musikbibliothek, Regensburg.

ISBN 978 3 503 15571 2

Alle Rechte vorbehalten
© Erich Schmidt Verlag GmbH & Co. KG, Berlin 2015
www.ESV.info

Dieses Papier erfüllt die Frankfurter Forderungen der Deutschen Nationalbibliothek und der Gesellschaft für das Buch bezüglich der Alterungsbeständigkeit und entspricht sowohl den strengen Bestimmungen der US Norm Ansi/Niso Z 39.48-1992 als auch der ISO-Norm 9706.

Druck und Bindung: Strauss, Mörlenbach

# Vorwort

Dieses Buch ist im Zusammenhang mit der Konzeption eines sprachhistorischen „Moduls" im Bereich der historischen deutschen Sprachwissenschaft an der Universität Leipzig entstanden. In einer von einem Seminar und einem Kolloquium flankierten Vorlesung war ein Überblick über die Entwicklung deutscher Fachsprachen von der ältesten Zeit bis zum Beginn der Neuzeit zu geben. Die Vorlesung bildete Ausgangspunkt und Grundlage für diese Publikation, und zwar in der Annahme, dass auch Kollegen und Studenten andernorts damit gedient sein könnte, auf einen Abriss zurückgreifen zu können, in dem anhand exemplarischer Texte explizit sprachphilologische Aspekte thematisiert sind: Wortbildung, Lexik, Semantik, Syntax, Textstrukturen, Wort-Bild-Bezüge.

Zu danken habe ich den Leipziger Studenten, die in Referaten, Haus- und Abschlussarbeiten eigene Beobachtungen und Ideen formuliert haben, die diesem Buch zugute gekommen sind.

Dem Erich Schmidt Verlag danke ich für die Aufnahme in die Reihe der renommierten „Grundlagen der Germanistik".

Leipzig, Pfingsten 2015　　　　　　　　　　　　　　　　　　Hans Ulrich Schmid


In Erinnerung an meinen einstigen Musiklehrer

**Konrad Ruhland (1932–2010),**

dem ich unter anderem die Einsicht verdanke, dass ARS MUSICA etwas anderes ist als Klangbaden.

# Inhaltsverzeichnis

**Einleitung** .................................................................................................. 11

1. **Die *Septem Artes Liberales* – die Sieben Freien Künste** ...................... 15
   - 1.1 Die Fächer des *Triviums*: Die sprechenden Wissenschaften ............ 16
     - 1.1.1 Grammatik ................................................................................ 17
       - 1.1.1.1 Deutsch im Rahmen des mittelalterlichen Lateinunterrichts 17
       - 1.1.1.2 Deutschunterricht in deutscher Sprache ............................. 22
     - 1.1.2 Rhetorik .................................................................................... 27
     - 1.1.3 Dialektik (Logik) ...................................................................... 39
   - 1.2 Die Fächer des *Quadriviums*: Die rechnenden Wissenschaften ....... 46
     - 1.2.1 Arithmetik ................................................................................. 46
     - 1.2.2 Geometrie .................................................................................. 54
     - 1.2.3 Astronomie ................................................................................ 63
     - 1.2.4 Musik ........................................................................................ 73
2. **Die *Artes mechanicae* – die „Eigenkünste"** ........................................ 84
   - 2.1 Bauhandwerke ..................................................................................... 85
   - 2.2 Bergbau ............................................................................................... 90
   - 2.3 Textil- und lederverarbeitende Gewebe ............................................. 97
   - 2.4 Seefahrt ............................................................................................. 104
   - 2.5 Handel ............................................................................................... 108
   - 2.6 Landwirtschaft und Gartenbau .......................................................... 114
   - 2.7 Jagd und Fischerei ............................................................................ 120
   - 2.8 Kochkunst ......................................................................................... 131

| | | | |
|---|---|---|---|
| 2.9 | Heilkunde | | 139 |
| | 2.9.1 | Krankheit und Heilkunde im Althochdeutschen | 139 |
| | 2.9.2 | Rezepte | 140 |
| | 2.9.3 | Heilkundliche Praxis | 150 |
| | 2.9.3.1 | Gesundheitsvorsorge | 150 |
| | 2.9.3.2 | Diagnostik: Blut- und Harnschau | 152 |
| | 2.9.3.3 | Pestilenz und Aderlass | 155 |
| | 2.9.3.4 | Frauenheilkunde und Geburtshilfe | 160 |
| | 2.9.3.5 | Wundarznei | 164 |
| | 2.9.4 | Drei Autoren | 166 |
| | 2.9.4.1 | Ortolf von Baierland | 167 |
| | 2.9.4.2 | Hans Seyff | 169 |
| | 2.9.4.3 | Paracelsus | 171 |
| 2.10 | Hofkünste | | 177 |
| | 2.10.1 | Fechtlehrbücher | 177 |
| | 2.10.2 | Ringlehrbücher | 183 |
| | 2.10.3 | Künste der Fahrenden | 186 |
| 2.11 | Kriegskunst | | 187 |
| **3.** | **Suspekte und verbotene Künste** | | **192** |
| 3.1 | Alchimie | | 192 |
| 3.2 | Zauber, Segen, Wahrsagerei | | 201 |
| 3.3 | Mantik | | 204 |
| **4.** | **Rechtssprache** | | **214** |
| 4.1 | Voralthochdeutsche und althochdeutsche Rechtssprache | | 214 |
| 4.2 | Mittelhochdeutsche und mittelniederdeutsche Rechtssprache | | 216 |
| | 4.2.1 | Urkunden | 217 |
| | 4.2.2 | Rechtsbücher | 221 |

| 4.3 | Frühneuhochdeutsche Rechtssprache | 230 |

| | 4.3.1 | Schöffensprüche | 230 |
| | 4.3.2 | Die Carolina | 231 |
| | 4.3.3 | Weistümer | 236 |
| | 4.3.4 | Urbare | 239 |
| | 4.3.5 | Rechtsabecedarien | 239 |

**5. Abschließendes** ... 240

**Abgekürzt zitierte Literatur** ... 243

**Quellen- und Literaturverzeichnis** ... 245

**Abbildungsverzeichnis** ... 279

*Namen-, Werk-* **und Sachregister** ... 281

# Einleitung

Im Jahr 1960 erschien im 2. Band der „Deutschen Philologie im Aufriss" der grundlegende, ebenso rückblickende wie zukunftsweisende Artikel „Mittelalterliche Fachprosa der Artes" (EIS 1960). Als „Aufgaben der Fachprosaforschung" forderte EIS: „Die wichtigeren Quellen müssen herausgegeben und untersucht werden. Hier gibt es für Generationen von Doktoranden Dissertationsthemen, hier kann man zu bahnbrechenden Ergebnissen gelangen, ohne sich erst durch Wälder älterer Ansichten und durch das Gestrüpp hundertfältiger Quisquilien hindurcharbeiten zu müssen. All jene Entdeckerfreuden, wie sie vor hundert Jahren die Wegbereiter der Dichtungsforschung belohnten, winken heute den mutigen Pionieren der Fachprosaforschung" (ebd. 1109). Seit der Zeit, als EIS den „mutigen Pionieren" Entdeckerfreuden in Aussicht stellte, ist viel geleistet worden, insbesondere auf editorischem Gebiet. Wer die Bände des „Verfasserlexikons" durchgeht, stößt auf eine beträchtliche Anzahl von profanen, nicht-fiktionalen Texten, die wissenschaftliche oder alltagspraktische Gegenstände behandeln, also auf Fachliteratur.

Als Beispiel seien nur die einschlägigen Stichwörter aus dem Buchstaben *A* in Band 1 herausgegriffen: „Abraham von Memmingen" (Kriegskunst), „Der Abt von Mariazell" (Medizin), „Adam von Fulda" (Musik), „Affenschmalz" (Medizinparodie), „Agricola, Rudolf" (Dialektik), „Agrius von Brune" (Medizin), „Aichenfeld, Johannes" (Medizin), „Meister Albertin" (Rossarznei), „Albich, Siegmund" (Medizin), „Meister Albrant" (Rossarznei), „Albrecht von Bardewik" (Recht), „Albrecht III. von Bayern" (Rossarznei), „Albrecht von Borgunnien" (Medizin), „Albrecht von Lannenberg" (Pyrotechnik), „Alchymey teuczsch" (Alchimie), „Meister Alexander" (Medizin), „Alfadol" (Astrologie), „Algorismus Ratisbonensis" (Mathematik), „Alkuin" (Trivium), „Allerley Kriegsrüstung" (Kriegskunst), „Alter Kulm" (Recht), „Ältere deutsche Habichtslehre" (Jagd), „Althochdeutsche Lex Salica" (Recht), „Altmann von St. Florian" (Recht), „Ambros" (Rossarznei), „Amelung, Nikolaus" (Recht), „Ammann, Jörg" (Medizin), „Andreae, Johannes" (Recht), „Andreas von Kolmar" (Farbrezepte), „Andreas von Stuttgart" (Medizin), „Andree, Hans" (Medizin), „Anleitung, Schießpulver zu bereiten, Büchsen zu laden und zu beschießen" (Kriegskunst), „Anselmus" (Medizin), „Anselm von Frankenstein" (Rhetorik), „Meister Anshelmus" (Medizin), „Antworter, Georg" (Magie), „Appolonius von Mainz" (Medizin), „Archilaus" (Alchimie), „Aribo" (Musik), „Arnald von Villanova" (Medizin), „Arnold von Freiburg" (Astronomie), „De arte bersandi" (Jagd), „Meister von Arth" (Medizin), „Arzenîbuoch Ipocratis" (Medizin), „Asanger Aderlaßbüchlein" (Medizin), „Aschel, Wolfgang" (Rossarznei), „Augsburger Sachsenspiegel" (Recht), „Auslasser, Veit" (Botanik).

# Einleitung

Zahlreiche historische Autoren und Werke werden in den Einführungsbüchern von Gerhard EIS (1960 und 1962), Peter ASSION (1973), William CROSSGROVE (1994) sowie Bernhard Dietrich HAAGE und Wolfgang WEGNER (2007) genannt. Dass in den Titeln dieser Publikationen stets von „Fach*literatur*" (EIS 1962, ASSION, HAAGE/WEGNER), „Sach*literatur*" (CROSSGROVE) und Fach*prosa* (EIS 1960) die Rede ist, nicht von „Sach-" oder „Fach*sprache*", ist ein Indiz dafür, dass sprachliche Aspekte, wenn überhaupt, allenfalls nebenbei thematisiert wurden (zu diesem Desiderat HABERMANN 2014, HAAGE/WEGNER 2007: 31–41). Von einzelnen spezifisch fachsprachhistorischen „Leuchttürmen" (um eine gegenwärtig vielleicht etwas inflationär gebrauchte Metapher dennoch zu verwenden) wird dabei abgesehen. Als ein Beispiel wäre die Monographie von Jörg RIECKE 2004 über die Frühgeschichte der mittelalterlichen medizinischen Fachsprache im Deutschen zu nennen, ebenso das Buch von Mechthild HABERMANN über deutsche Fachtexte der frühen Neuzeit (2001) oder die Serie von Publikationen zur ältesten deutschen Rechtssprache, die Ruth SCHMIDT-WIEGAND über Jahrzehnte hinweg vorgelegt hat (s. Literaturverzeichnis). Jedoch liegt eine „umfassende Geschichte deutscher Fachsprachen [...] bisher nicht vor und stellt somit vor dem Hintergrund der starken kultur- und sprachgeschichtlichen Bedeutung fachlicher Kommunikation ein wichtiges Desiderat der germanistischen Sprachwissenschaft dar" (ROELCKE 2010: 178). Deshalb rückt in diesem Buch der fach*sprach*historische Aspekt in den Vordergrund. Es soll ein Überblick über verschiedene historische Fachsprachen von der frühesten Überlieferung bis zum Beginn der Neuzeit (16. Jh.) gegeben werden. Eine Erweiterung des Rahmens über die Aufklärung, die Industrialisierung oder gar bis in die Gegenwart würde den Rahmen des Möglichen sprengen. Es kann auch nicht darum gehen, möglichst viele Autoren und Texte zu möglichst vielen verschiedenen Fachgebieten innerhalb des gesteckten Zeitrahmens lediglich zu benennen. Das nämlich liefe mehr oder weniger auf eine Wiederholung dessen hinaus, was in den zitierten Handbüchern und Einführungswerken ohnehin bereits geleistet worden ist, und für den sprachlichen Aspekt bliebe kaum Raum. Vielmehr sollen exemplarische historische Fachtexte unter den Gesichtspunkten Wortbildung und Wortverwendung, Syntax, Textstruktur und Textpragmatik analysiert werden.

Ein grundsätzliches Problem ist die retrospektive Abgrenzung von Fach- und Allgemeinsprache vergangener Jahrhunderte (zu historischen Epochen vgl. ROELCKE 2010: 178–207, FLUCK 1996: 27f.). Ein aus der Sprache selbst gewonnenes Kriterium in dem Sinne, dass bestimmte Wort-, Satz- und Textstrukturen namhaft gemacht werden könnten, die für alle Fachsprachen (also gewissermaßen für „Fachsprache an sich") konstitutiv sind, wird sich nicht finden lassen. Man muss sich dem Objektbereich gewissermaßen von außen her nähern, von den sprachlich bewältigten (oder zu bewältigenden) Realitäten. Ein wesentliches Merkmal von Fachsprachen besteht darin, „daß die sprachlichen Besonderheiten wesentlich in der intensiven tätigen (praktischen) und erkennenden (reflektierten) Bewältigung eines bestimmten Wirklichkeitsausschnittes begründet sind, den die an dieser Aufgabe Beteiligten (die Fachleute) als ihr Arbeitsfeld (Fachgebiet) begreifen"

(SEIBICKE 2003: 2378). Als fachsprachlich werden solche Texte gewertet, die wissenschaftliche Erkenntnisse oder berufspraktische Gegebenheiten (Arbeitsprozeduren, Hilfsmittel) mit der erkennbaren Intention thematisieren, diese zu dokumentieren, verfügbar zu halten und/oder weiter zu vermitteln. Unter diese Definition fallen (beispielsweise) grammatische Traktate, Rechenanleitungen und astronomisch-astrologische Mutmaßungen ebenso wie Rezepte zur Herstellung von Heilmitteln oder Anleitungen zur Baumveredelung. Der Begriff „Fachsprache" wird also hier im Sinne von SEIBICKE weit gefasst und nicht auf die Kommunikation zwischen gleichrangigen Experten eingeengt, die über Jahrhunderte hinweg, bis in die Neuzeit, im wissenschaftlichen Bereich auf Latein stattfand und in alltagspraktischen Bereichen schriftlos war.

Die Texte, die Gegenstand der folgenden Darstellung sind, sind weitgehend belehrend: Der Wissende schreibt für den Unwissenden, der Kundige für den Unkundigen, kaum einmal der Fachmann für den Fachmann. Im Vordergrund der Textanalysen steht die Frage, welche speziellen sprachlichen und kommunikativen Mittel in alt-, mittel- und frühneuhochdeutscher Zeit verwendet wurden, um den intendierten Informationstransfer zu leisten.

Dass es keine scharfe Abgrenzung zwischen Fach-, Gruppen- und Allgemeinsprache gab (und auch heute nicht gibt), bedarf keiner weiteren Begründung. Allgemeinsprachliche Wörter können mit besonderer terminologischer Bedeutung in eine Fachsprache übernommen werden und dann auch als Ausweise der Zugehörigkeit zu einer bestimmten (Berufs-)Gruppe dienen. SEIBICKE (ebd.) spricht von einer „allmähliche[n] Verfachlichung von Wortschatzelementen nichtfachlicher Sprache". Ein in dieser Hinsicht extremes Beispiel ist die (historische) Jägersprache (man denke an Wörter wie *Lichter* 'Augen' oder *Schweiß* 'Blut'). Umgekehrt können Fachwörter unter Verlust ihrer terminologischen Funktion in die Alltagssprache übernommen werden (z.B. *Fundgrube* oder *vor Ort* aus der Bergmannssprache).

Grammatikalische Grundgegebenheiten gelten für Fach- und Allgemeinsprache gleichermaßen. Allerdings können fachspezifische Bedürfnisse dazu führen, dass bestimmte syntaktische Strukturmuster, etwa wiederkehrende, gleichartige Konditionalsatzabfolgen in der Rechtssprache oder Partikelverben in Kochbüchern über das anderswo übliche Maß hinaus frequent und dominant werden. „Eine FS [Fachsprache] entwickelt sich also stets als Varietät einer bereits vorhandenen *langue*" (ebd. 2379). Und natürlich können Fachthemen auch außerhalb von Fachtexten eine Rolle spielen, etwa in fiktionalen Zusammenhängen.

Die Textauswahl (und damit der Aufbau des Buches) orientiert sich an dem von der Antike über das Mittelalter bis in die frühe Neuzeit tradierten Wissenschafts- und Fächerkanon der *Artes* mit der Einteilung in jeweils sieben freie und unfreie sowie mehrere randständige, aber keineswegs bedeutungslose verbotene „Künste". Ein zusätzliches Kapitel behandelt Grundzüge der historischen Rechtssprache,

## Einleitung

die sich keinem der drei Bereiche zuordnen lässt, die aber schon früh, in vorliterarischer Zeit, Merkmale einer Fachsprache ausgebildet hat.

Es kommen nach Möglichkeit für jeden behandelten Sach- und Fachbereich zuerst die ältesten überlieferten volkssprachlichen Quellen zu Wort. Was spätere Entwicklungen betrifft, muss vor allem bei gut dokumentierten Fächern (Medizin, Recht) ausgewählt werden. Mit zunehmender Spezialisierung und Erweiterungen sowohl in den Wissenschaften als auch in alltagspraktischen Lebensbereichen löste sich seit dem 16. Jahrhundert der überkommene Fächerkanon zunehmend auf. Das heißt: Entwicklungslinien können nur bis zum Beginn der Neuzeit verfolgt werden, obgleich es reizvoll sein könnte, sowohl sprachliche Traditionslinien als auch Brüche und Neuansätze weiter zu verfolgen – unter Umständen bis in die Gegenwart. Das aber läge außerhalb dessen, was möglich ist. Für die Fachsprachenchronologie sind die etablierten Epocheneinteilungen Alt-, Mittel- und Frühneuhochdeutsch von nachrangiger Bedeutung. Dennoch wird von Fall zu Fall behelfsmäßig darauf zurückgegriffen.

Im Verlauf der Darstellung werden zahlreiche Textbeispiele zitiert. Um eine gewisse Einheitlichkeit zu erreichen, sind die Textpassagen nicht immer 1:1 den entsprechenden Handschriften, Inkunabeln, Frühdrucken und (stets angegebenen) Editionen entnommen, sondern es wird versucht, eine einigermaßen konsistente sinnvolle Interpunktion (nach heutigen Regularitäten) anzuwenden. Eine Ausnahme sind althochdeutsche Texte. Diakritika, vor allem Umlautkennzeichnungen, sind, wo es verantwortbar und zweckmäßig erschien, durch heute gängige Schreibweisen (*ä, ö, ü*) ersetzt, ebenso das Schaft-*ſ* durch *s* und *ÿ* durch *y* usw. Buchstabenvarianten ohne erkennbaren systematischen Wert zu imitieren, hat in einer Zeit, in der Handschriften und Drucke im Faksimile und als Digitalisate zur Verfügung stehen, keinen Sinn, es sei denn, es stehen graphematische oder schriftgeschichtliche Gesichtspunkte im Vordergrund, was aber in diesem Buch über Fachsprachen nicht der Fall ist.

Die Auswahl der Texte hätte auch anders ausfallen können, aber „wählen" heißt immer auch „auslassen". Wenn das Buch Studenten (und der Begriff schließt sinnvollerweise beide Geschlechter ein) dazu anregt, über das hier Mitgeteilte hinaus selbständig weiter zu fragen und zu forschen, also im Sinne von Gerhard EIS „Pionierarbeit" zu leisten, dann hat es seinen Zweck erfüllt.

# 1 Die *Septem Artes Liberales* – die Sieben Freien Künste

Den traditionellen Wissenschaftskanon von der Spätantike bis in die frühe Neuzeit bilden die *septem artes liberales*, die 'Sieben Freien Künste', die deshalb als 'frei' bezeichnet wurden, weil es diejenigen Wissensbereiche sind, die einem freien Mann zukommen. Diese sieben „Künste" werden traditionell in eine Dreier- und eine Vierergruppe eingeteilt, das *Trivium* (worauf unser Wort *trivial* zurückgeht), das die sprachbezogenen *artes* Grammatik, Rhetorik und Dialektik (auch als Logik bezeichnet) umfasst, und das *Quadrivium*, die rechnenden Künste Arithmetik, Geometrie, Musik und Astronomie.

[1] Die Sieben Freien Künste (Universitätsbibliothek Salzburg, M III 36, 243$^r$)

Über der bildlichen Darstellung steht (in nicht abgesetzten Versen): *Wie sich die heilige driualtikeit /vs in all creuturen nach würckunge spreit / Die heilige geschrifft vns das seit / Theologya die vil wise / Vnd wie in der megde hercze / das wort sich fleisch ane manes mercze / Er hat geheilet dez sünders smercze / Also da schribet Peter von Paris* 'Wie die heilige Dreifaltigkeit in allen Kreaturen ihre Wirkung entfaltet, das sagt uns die Heilige Schrift (und) die Theologie, die überaus weise. Und wie in der Jungfrauen Herz das Fleisch ohne Mann heranwuchs. Er hat des Sünders Schmerzen geheilt. So schreibt Peter von Paris'.

Unter der Dreiergruppe, die den Wagen zieht, steht *Mundum Architipum contemplor formis plenum. vera sophfia* (sic) *domina celi philosophia* 'Die Welt betrachte ich voll mit Formen der Urgestalten. Die wahre Weisheit, die Königin des Himmels (ist) die Philosophie'.

# 1 Die Septem Artes Liberales

> Die sieben Frauengestalten stehen allegorisch für die einzelnen *artes*: Voran geht das *Trivium*, bestehend aus *Gramatica*, *Retorica* und *Loyca*. Die Räder werden von *Arsmetrica* (gemeint ist *Arithmetica*), *Geometria* (erst stand irrtümlich *Grammatica*), *Musica* und *Astronomia* (zu *Astromia* entstellt) bewegt. Auf dem Wagen sitzt − auf Kissen! − eine gekrönte Frauengestalt, die *Sancta Theologia*, die ein Christusantlitz in der Hand hält. Hinter dem Gespann, das sich himmelwärts nach oben bewegt, geht, eine dreifache Peitsche schwingend, *Magister Sentantiarum Magister Petrus Lombardus*. Die Verschreibungen und Korrekturen deuten darauf hin, dass eine ältere Vorlage zugrunde liegt und der Kopist mit *Grammatica* eher auf Kriegsfuß stand.

Dieser Fächerkanon wurde ebenso von dem spätrömischen Autor und Enzyklopädisten Martianus Capella (5. Jh.) propagiert wie von Cassiodor (ca. 490 − ca. 580), dem Abt des von ihm gegründeten Klosters Vivarium (in Kalabrien), der zuvor als Art „Kulturminister" des Kaisers Theoderich fungiert hatte. Seit der christlichen Spätantike und dann im Mittelalter herrschte die Auffassung, dass „die freien Künste nur als Propädeutica der theologischen Studien dienen" (SCRIBA 1985; umfassend zu den *artes* in Spätantike und Mittelalter vgl. z.B. STOLZ 2004: 115, LINDGREN 2004).

Außerhalb dieses wissenschaftlichen Fächerkanons stehen die (ebenfalls sieben) Artes mechanicae, die 'Unfreien Künste' oder 'Eigenkünste', die praktischen, lebensnotwendigen Fertigkeiten und Berufe, die von unfreien Leuten auszuüben waren. Ein nochmals eigener Bereich sind die verbotenen Künste Magie, Mantik und Gaunerei. Wirklich überwunden und durch eine völlig neue Weltsicht und ein neues Wissenschaftsverständnis ersetzt wurde der tradierte Wissenschaftskanon erst durch Aufklärung und Rationalismus und die damit verbundene Entstehung völlig neuer Wissenschaften. Abb. [1] zeigt allegorisch und sehr anschaulich, dass den *artes liberales* in Bezug auf die Theologie, die höchste und eigentliche Wissenschaft, nur dienende Funktion zukam (zahlreiche weitere *Artes*-Abbildungen bei STOLZ 2004: 765–860).

## 1.1 Die Fächer des *Triviums*: Die sprechenden Wissenschaften

Im *Trivium* wurden die Grundlagen für aufbauende und weiterführende Studien, die in Philosophie und Theologie gipfelten, gelegt. Gegenstand der **Grammatik** war der elementare Spracherwerb, nach mittelalterlichem Verständnis selbstverständlich des Lateinischen (Überblicke über Autoren und Werke: HAAGE/WEGNER 2007: 63–79, ASSION 1973: 60–72, EIS 1960: 1127–1135, ROOS 1959). Wie ein nicht nur grammatikalisch korrekter, sondern auch formvollendeter und situationsadäquater Sprachgebrauch beschaffen sein musste, war Gegenstand der **Rheto-**

rik. Die logisch richtige Anwendung der erworbenen grammatischen und rhetorischen Kenntnisse zum Zweck von Beweisführungen und Widerlegungen war Gegenstand der **Dialektik** bzw. Logik (dazu GRUBMÜLLER 1983).

### 1.1.1 Grammatik

Das Deutsche hatte im Lateinunterricht nur insofern einen Platz, als auch auf die Volkssprache nicht gänzlich verzichtet werden konnte. Die Grammatik der deutschen Sprache selbst wurde erst sporadisch im Spätmittelalter in Lehrbüchern thematisiert. In nennenswertem Umfang wurde die Volkssprache erst im Gefolge der Reformation und im Zeitalter der bürgerlichen Emanzipation zu einem Lehrgegenstand.

#### 1.1.1.1 Deutsch im Rahmen des mittelalterlichen Lateinunterrichts

Wir wissen nicht, wie mittelalterliche Schulstunden abgelaufen sind, auch nicht in welchem Umfang und in welcher Funktion das Alt- und Mittelhochdeutsche verwendet wurde. Nur einzelne Spuren der Verwendung der Volkssprache haben sich in Form in lateinischen Handschriften, vor allem in Bibelhandschriften, erhalten. Die **Bibel** wurde im Früh- und Hochmittelalter nicht in den Originalsprachen Hebräisch und Griechisch gelesen und studiert, sondern in der lateinischen Übersetzung des hl. Hieronymus (374–420). Anhand dieser lateinischen Bibel, der Vulgata, wurden auch Lateinkenntnisse vermittelt. Schullektüre waren ferner lateinische Klassiker, allen voran Vergil, daneben Ovid und Horaz, dazu christliche Autoren wie Prudentius oder Boethius und schließlich „moderne" Autoren wie Alkuin (735–804) oder Hrabanus Maurus (ca. 780–856). In Handschriften mit Texten dieser Autoren finden sich stellenweise immer wieder alt- und mittelhochdeutsche Wörter, Sätze oder Satzfragmente, die möglicherweise auf den Gebrauch der Volkssprache im ansonsten lateinischen Schulunterricht hindeuten. Solche Zusatzeinträge – man spricht von **Glossen** – sind allerdings keine direkten Quellen für eine alt- oder mittelhochdeutsche grammatische Fachsprache, sondern, wenn es sie denn gegeben hat, „nur Rest eines wesentlich umfassenderen Prozesses, der der Hinführung zum Grundtext und seiner Erklärung dient. Was ehedem an mündlich vollzogenen Arbeitsschritten zu diesem Arbeits- und Lehrvorgang gehörte, ist dem heutigen Betrachter verloren" (HENKEL 2009: 474). Die Aufbereitung lateinischer Texte mittels Glossierung für den Unterricht an Kloster- und Domschulen ist kein typisches Phänomen der althochdeutschen Sprachperiode, sondern setzt sich bis ins Spätmittelalter fort.

Die **St. Galler Schularbeit** eines anonymen Verfassers aus dem 11. Jh. ist der früheste überlieferte Versuch, für elementare Termini der lateinischen Grammatik volkssprachliche Äquivalente zu geben.

Wie im Früh- und Hochmittelalter diente das Deutsche auch noch im 14. und 15. Jh. und in der frühen Neuzeit grundsätzlich nur als **Verständnishilfe**, deren man sich mehr oder weniger notgedrungen im Unterricht bedienen musste, um Schülern den Zugang zum Lateinischen zu verschaffen (zum Deutschen als Unterrichtssprache an spätmittelalterlichen Klosterschulen und Universitäten BLEUMER 2000, PUFF 1995, HENKEL 1988: 94–102).

Im Schulkontext ist eine beträchtliche Anzahl lateinisch-deutscher **Wörterbücher** entstanden (kurze Überblicke in HAAGE/WEGNER 2007: 65–68, VON POLENZ 2000: 205f., ASSION 1987: 374–376, 1973: 60–64). Einige sind Arbeiten bekannter Autoren wie Fritsche Klosener (ca. 1315–1396; dazu FRIEDRICH/KIRCHERT 1983), Jakob Twinger von Königshofen (1346–1420; dazu KLEIN/MELVILLE 1995) oder der *Vocabularius optimus* des Johannes Kotmann († 1350; dazu BREMER 1985, 1990). Andere lateinisch-deutsche Glossare stammen von anonymen Verfassern und Kompilatoren, z.B. der weit verbreitete *Vocabularius ex quo* (Ausgabe: GRUBMÜLLER et al. 1988–2001; dazu GRUBMÜLLER 1999) und das stärker auf theologische Fachterminologie konzentrierte *Abstractum-Glossar* (ILLING 1978). Diese umfangreichen Handbücher konnten u.a. zum Verständnis lateinischer Übungs- und Lesetexte wie beispielsweise der *Disticha Catonis* (Ausgabe: ZARNCKE 1852; vgl. BALDZUHN 2009, HENKEL 1988), und des *Facetus* (SCHNELL 1980) herangezogen werden, die ihrerseits wiederholt unter Verwendung der Volkssprache für den Lateinunterricht aufbereitet worden sind. Eine grammatische Fachsprache wird darin aber kaum greifbar. Erste Ansätze dazu zeigen sich in einigen spätmittelalterlichen Schulbüchern.

---

[2] Aus der St. Galler Schularbeit, St. Gallen, Stiftsbibliothek, Cod. Sang 556, S. 401 (vgl. SKD 121). Die althochdeutschen Wörter sind *kursiviert*.

Nomen. *námo.* Pronomen. *fúre dáz* nomen. Verbum. *uuórt.* Aduerbium. *zûoze démo* uerbo. Participium *téilnémunga.* Coniunctio *geuûgeda.* Praeposicio. *fúresézeda.* Interiectio. *úndéruuerf.* Nomini quo[t] accidunt? *uui mánegiu uólgent témo* nomini. vi. Quę? qualitas *te uuílichi.* quę? subauditur. *ubíz eígin sî. álde geméine ter* substantię. *alde dés* accidentis. Comparatio. *te uuídermezúnga.* cuius? *tis* comparatiui. *álde dis* superlatiui. *zûo démo* positiuo. Genus *tiz chúnne.* cuius? *sîn álde*

## 1.1 Die Fächer des *Triviums*

Die *Ars minor* des **Donat(us)**, auf der schon die *St. Galler Schularbeit* basierte, blieb im gesamten Mittelalter und sogar noch darüber hinaus das lateinische Lehrwerk schlechthin (zur Rezeption im Deutschen und in osteuropäischen Sprachräumen vgl. ISING 1970). Sie wurde im Spätmittelalter und in der frühen Neuzeit vielfach auch mit deutschen Zusätzen versehen (STÖLLINGER 1980, Fragmente einer um 1300 entstandenen Übersetzung bei SCHNELL 1987). Um 1400 wurde eine lateinisch-frühneuhochdeutsche Donat-Version im österreichischen **Kremsmünster** verfasst (J. MÜLLER 1882: 1–7, vgl. auch KÜRSCHNER 1988: 78–85). Sie bietet eine deutsche Übersetzung der Beispielwörter, teilweise auch grammatische Fachtermini.

[3] Aus der Donat-Übersetzung, Kremsmünster, Stiftsbibliothek, Cod. 69, fol. 141r. Die deutschen Teile sind *kursiviert* (vgl. J. MÜLLER 1882: 4).

Magister *maister* est *ist* appellativum nomen *ein gemain nam* masculini generis *mans geslâcht* singularis numeri *der einigen zal* simplicis figure *der ainvaltigen gestalt* casus *mit dem val der stim* nominativi *dez nenner* et vocativi *vnd dez rueffer* quod declinabitur sic *daz da wird gewandelt also*, nominativo *dem nenner*, hic magister *der maister*, genitivo *dem geperar*, huius magistri *dizz maister*, dativo *dem gebar*, huic magistro *dem maister*, accusativo *dem besager*, hunc magistrum *den maister*, vocativo *dem Rueffer*, o magister *O maister*, ablativo *dem abnemar*, ab hoc magistro *von dem maister*, Et pluraliter *vnd mêrleich* nominativo *dem nenner*, hii magistri *die maister*, genitivo *dem geperar*, horum magistrorum *diser maister*, dativo *dem gebar*, hiis magistris *denn maistern*, accusativo *dem besager*, hos magistros *dev maister*, vocativo *dem Rueffer*, o magistri *O ir maister*, ablatiuo *dem abnemar*, ab hiis magistris *von denn maistern*.

## 1 Die Septem Artes Liberales

Der lateinische Text ist in der Art einer **Interlinearversion** übersetzt, doch steht das Deutsche nicht über dem Vorlagentext, sondern sukzessive nach den lateinischen Bezugswörtern, die in der Weise von Lehnübertragungen eingedeutscht worden sind: *masculini generis* durch *mans geslâcht*, *singularis numeri* durch *der einigen zal* usw. Von dieser Verfahrensweise weichen *ein gemain nam* ‘ein gewöhnliches Nomen' für *appellativum nomen* und *mit dem val der stim* für *casus* ab. Die grammatischen Termini des *Kremsmünsterer Donat* sind zum großen Teil nach dem Muster der entsprechenden lateinischen Termini gebildet.

Ein weiteres vergleichsweise frühes Zeugnis für die Verwendung des Deutschen im Lateinunterricht ist die **Münstersche Grammatik**, die um 1450 in lateinisch-niederdeutscher Mischsprache verfasst wurde (WILKEN 1877). Die Überschrift lautet: *Incipit tractatulus dans modum teutonisandi casus ac tempora, editus Monasterii in Westfalia per quendam decretorum doctorem* ‘es beginnt ein kleiner Traktat, der die Art und Weise des Verdeutschens, die Kasus und die Tempora angibt, verfasst in einem Kloster in Westfalen durch einen Gelehrten der Rechte'. Der lateinische Prolog beginnt mit *Henricus Henrico nepoti suo salutem* ‘Heinrich seinem Neffen Heinrich zum Gruße'. Der nicht näher bekannte Verfasser bemängelt, dass es ein Unding sei, Schülern etwas, das sie nicht wissen, mit Worten, die sie nicht verstehen, beibringen zu wollen.

---

**[4] Aus der *Münsterschen Grammatik* (nach WILKEN 1877: 39)**

*Nominativus. Nomino, as, are dath heth nomen; dar komet aff nominativus, dat heth noemhafftich, wente wan men ein dinck nomen schal, dar bruket men dessen casum to. Exemplum: Ick vrage dy, wo dyn name sy; du antwerdest my unde sprekst: Henricus. Ick vraghe dy, wo dyn vader heth; du antwerdest my: Hermannus. Ik vrage dy, wat ein boek in latyne heth; du antwerdest my liber. Desse casus is der nature, wan he steit by deme verbum, dat eine werckinge bedudet, dat me heth activum, so wercket he. Exemplum: Henricus scribit, Henricus legit = Henrick schrift, Henrick lest; unde wan he steit by ein verbum, dat eine lydinge bedudet, dat me heth passivum, so lyth he. Exemplum: Henricus docetur, Henricus corrigitur = Henrick wert gelert, Henrick werth gehouwen.*

Nominativ. Nomino, -as, -are. Das heißt ‘Nomen'. Davon kommt ‘Nominativ', das heißt ‘namenhaftig', denn wenn man ein Ding benennen will, gebraucht man diesen Kasus. Beispiel: Ich frage dich, wie dein Name ist. Du antwortest mir und sprichst: Heinrich. Ich frage dich, wie dein Vater heißt. Du antwortest mir und sprichst: Hermann. Ich frage dich, was ‘ein Buch' auf Latein heißt. Du antwortest mir ‘liber'. Dieser Kasus ist so beschaffen: Wenn er bei dem Verbum steht, das eine Handlung bedeutet, was man ‘Aktiv' nennt, dann handelt er. Beispiel: Henricus scribit, Henricus legit = Heinrich schreibt, Heinrich liest. Und wenn er bei einem Verb steht, das ein Leiden

## 1.1 Die Fächer des *Triviums*

> bedeutet, was man Passiv nennt, dann leidet er. Beispiel: Henricus docetur, Henricus corrigitur = Heinrich wird gelehrt, Heinrich wird verprügelt.

Es geht trotz teilweiser Benützung der Volkssprache jedoch ebenfalls um **lateinische Grammatik**. Die zentralen grammatischen Termini sind lateinisch: *nominativus, verbum, casus, activum, passivum*. Auch die Erklärungen arbeiten durchwegs mit lateinischen Beispielen, die anschließend übersetzt werden. Eine Reihe von Grammatikbegriffen wird allerdings zusätzlich verdeutscht, z.B. *activum* durch *eine werckinge, passivum* durch *eine lydunge*. Vergleichbare Beispiele (nicht in [4]) wären *casus dat heth ein val* 'Kasus, das heißt ein Fall' (WILKEN 1877: 38), *genitivus, dat heth teelhaftich* 'Genitiv, das heißt teilhaftig', *dativus, dat heth gheveaftich* 'Dativ, das heißt gebehaftig' (ebd. 39), *accusativus, dat heth schuldichaftich* 'Akkusativ, das heißt schuldighaftig' (40), *vocativus, dat is roephafftich edder eischafftich* 'Vokativ, das ist rufhaftig oder heischhaftig', *ablativus, dat heth afnemeaftich* 'Ablativ, das heißt abnehmhaftig' (41). Ähnlich werden auch deutsche Bezeichnungen für die Modi eingeführt (z.B. *indicativus: wyszaftich* 'weishaftig', *imperativus: bedeafftich edder doenhafftich* 'bitthaftig oder tunhaftig', *optativus: wunsachtich edder begherachtich* 'wunschhaftig oder begehrhaftig', 43–45), ebenso für Aktiv, Passiv, Deponentia und eine Reihe weiterer grammatischer Termini. Inwieweit Heinrich der Ältere terminologisch kreativ war oder Bezeichnungen verwendet, die er selbst in seiner Jugend im eigenen Lateinunterricht gelernt hat, lässt sich nicht ausmachen.

Vergleicht man die Grammatikterminologie der *Münsterschen Grammatik* mit der Begrifflichkeit des Kremsmünsterer Donat-Übersetzers, zeigen sich deutliche Unterschiede.

| | [5] Kasusbezeichnungen | |
|---|---|---|
| | Münstersche Grammatik | Kremsmünsterer Donat |
| Nominativ | *noemhafftich* | *nenner* |
| Genitiv | *teelhaftich* | *geperar* |
| Dativ | *gheveaftich* | *gebar* |
| Akkusativ | *schuldichaftich* | *besager* |
| Vokativ | *roephafftich edder eischafftich* | *Rueffer* |
| Ablativ | *afnemeaftich* | *abnemar* |

Die *Münstersche Grammatik* verwendet durchgehend Adjektive auf *-haf(f)tich*, was streng genommen auch den lateinischen Termini entspricht, denn *-ivus* ist ein

Adjektivsuffix und *nominativus* eine verkürzende Ausdrucksweise für *casus nominativus* (usw.). Der Autor des *Kremsmünsterer Donat* bildet zur Wiedergabe Nomina agentis: *nenner* 'Nenner', *geperar* 'Gebärer', *gebar* 'Geber', *besager* 'Ankläger', *Rueffer* 'Rufer' und *abnemar* 'Abnehmer'. Gemeinsam ist beiden Terminologien, dass sie versuchen, möglichst genau, wenn auch mit unterschiedlichen Ergebnissen, die lateinische grammatische Begrifflichkeit mittels Lehnbildungen ins Deutsche umzusetzen (eine Liste weiterer lateinisch-deutscher Termini aus drei Münchener Handschriften des 15. Jhs. bei GRUBMÜLLER 1983: 392–396, ein Konjugationsschema ebd. 396f.; vgl. auch ISING 1970: 237–254, VORTISCH 1910). Derartige Kontrafakturen sind kennzeichnend für die mittelalterliche deutsche Fachsprache der Grammatik. Dass solch „ungebräuchliche und offensichtlich ad hoc dem Lateinischen nachgebildete Vokabeln" (GRUBMÜLLER 1983: 389) im Unterricht die lateinischen Vorbilder tatsächlich ersetzten, ist unwahrscheinlich. Vielmehr ist anzunehmen, dass sie dazu gedacht waren, den Schülern die lateinischen Termini transparent zu machen. „Das Deutsche liefert [...] Materialien für die didaktische Aufbereitung des Lateinischen ohne den Anspruch auf Selbständigkeit oder auch nur isolierte Verständlichkeit" (ebd.).

#### 1.1.1.2 Deutschunterricht in deutscher Sprache

Im späten 15. und frühen 16. Jh. wurden mehrfach **Buchstabierbüchlein** verfasst, einfache Anleitungen zum Lesen und Schreiben in deutscher Sprache, die allerdings über die Vermittlung von Elementarkenntnissen und -fähigkeiten noch nicht hinausgingen. Ein frühes Beispiel ist die um 1490 auf der Grundlage von Priscians *de institutione grammatica* verfasste anonyme Schrift *Ettwas von bůchstaben aus Prisciano dem bösten* ('Besten') *in grammatica*.

---

**[6] Behandlung der Vokale und Konsonanten in der „ältesten deutschen Fibel" (nach KIEPE 1983: 456)**

*Merck, das der zwayerley sind, ettlich haist man vocales, das ist die redner oder stümer, ettlich haisset man Consonantes, das ist mitheller.*
*Von den redner oder stymer*
*Merck, das der fünff sind, als .a.e.i.o.u. vnd haissent dar vmb redner, wann ain yettlicher macht nach seinem hall ain ganze silb, als in dem wort adam* [...]
*Jtem man kan kain silb nit machen, der fünff můs ainer dar pey sein als ‚hanns', ‚Anna'.*
*Von den mittheller*
*Merck, all ander bůchstaben haissent mitheller, aus genomen die fünf redner als .b.c.d.f.g.h.k.l.m.n.p.q.r.s.t.x.y.z. Vnd haissent darvmb mitheller, wann als vor statt kainer mag ain silb für sich selb machen, sunder er můs allweg ain redner dar bey han, da mit der ain silb macht; als .bd. ist kain silb; tů aber*

---

## 1.1 Die Fächer des *Triviums*

> *ain redner da mitten als das .a., so wirt ain wort ‚bad'. Dar vmb haissent sy mitheller, wann sy hellent mit dem redner, als du wirst hörn.*

Der Verfasser verwendet mit *vocales* und *Consonantes* zwar lateinische Termini, gibt aber deutsche Äquivalente an: *redner* und *stümer* bzw. *stymer* (wörtlich 'Stimmer') für 'Vokale' und *mitheller* (wörtlich 'Mithaller, Mittöner') für 'Konsonanten'. Die Termini werden auch erläutert.

In nennenswertem Umfang wurde die deutsche Sprache erst im Gefolge der **Reformation** Unterrichtsgegenstand. In seiner 1524 erschienenen Schrift *An die Radherrn aller stedte deutsches lands: das sie Christliche schulen auffrichtenn vnd halten sollen* (WA 15, 27–53, vgl. BEUTEL 2010: 231–236) fordert **Martin Luther**, dass das Geld, das bislang *an ablas, messen, vigilien, stifften, testament, jartagen, bettel münchen, bruderschafften, walffarten vnd was des geschwürms mer ist* vergeudet wurde, besser in gute Schulen investiert werden solle. Schulbildung ist Luther zufolge die Voraussetzung für ein christliches Leben im Geiste des Evangeliums. Dabei hebt Luther vor allem die Bedeutung von Sprachkenntnissen – das Deutsche eingeschlossen! – hervor: *Vnd last vns das gesagt sein, das wir das Euangelion nicht wol werden erhalten on die sprachen. Die sprachen synd die scheiden, darynn dis messer des geysts stickt. Sie seint der schrein, darynnen man das kleynod tregt* [...] *Ja, wo wirs versehen* (vernachlässigen), *das wir (da Gott fur sey) die sprachen faren lassen, werden wir nicht allein das Euangelion verlieren, sondern wirt auch endlich dahin geratten, das wir wider* (weder) *lateinisch noch deutsch recht reden oder schreiben künden* (könnten).

Deutscher Sprachunterricht, so wie Luther ihn forderte und wie er in verschiedenen landesfürstlichen **Kirchen- und Schulordnungen** angeordnet und vor allem in Städten protestantischer Territorien (kaum jedoch auf dem Land) realisiert wurde (VON POLENZ 2000: 142–144), konnte nicht auf einem vergleichsweise primitiven Buchstabierniveau verharren. Die Autoren von Sprachlehrbüchern mussten Lehrern und Schülern Erklärungen an die Hand geben und deshalb notgedrungen eine Art grammatischer Fachsprache entwickeln.

Aus der Reihe der frühneuzeitlichen deutschen Orthographielehren und Grammatiken (Überblick bei GÖTZ 1992: 41–48, Bibliographie: MOULIN-FANKHÄNEL 1994–97) sollen zwei exemplarisch herausgegriffen werden: Für das 16. Jh. die *Orthographia Deutsch* von Fabian Frangk (Wittenberg 1531) und die *Teutsche Grammatica darauß ainer von jm selbs mag lesen lernen* von Valentin Ickelsamer (ca. 1530). Beide Texte können repräsentativ für die reformationszeitlichen Sprachlehren stehen. Eine Darstellung der frühen deutschen Grammatikterminologie ist ein Desiderat (VORTISCH 1910 ist lediglich ein Provisorium).

**Fabian Frangk** (ca. 1490 - nach 1538) war gebürtiger Schlesier, studierte in Frankfurt an der Oder und war Privatlehrer am Hof des Markgrafen von Brandenburg

# 1 Die *Septem Artes Liberales*

(zu Person, Werk und Forschungsliteratur MOULIN-FANKHÄNEL 1994: 65–76, vgl. auch GARDT 1999: 52–56). Seine Schrift über die deutsche **Orthographie** (Text: J. MÜLLER 1882: 92–110) ist als wohlmeinender Ratgeber für Laien mit sprachlichem Problembewusstsein zu lesen. Dementsprechend ist Frangk mit Fachterminologie zurückhaltend und sieht sich sogar veranlasst, dies zu rechtfertigen: *Die gelertenn wollenn hie ein kleine gedult haben, inn dem das ich die Vocales Stymmer, Laut odder selbstlautend, die Consonantes aber mittstymmend odder mittlautende buchstabenn gedeutscht vnd genent hab. Denn ich sölchs vm der vngerlerten layen will gethan, welchen die Latinischen Termini vnd wort yhe so seltzam odder vielleicht auch vnverstentlicher denn diese sein möchten* (ebd. 96).

Termini der lateinischen Grammatik werden durch deutsche ersetzt oder auf Deutsch erläutert. *Stymmer* für 'Vokal' wurde bereits in der Schrift *Ettwas von den buchstaben* verwendet (s.o.), dürfte also vor und nach 1500 ein gebräuchlicher Terminus gewesen sein, auch wenn im bereits zitierten anonymen Traktat [6] dafür alternativ *Redner* gebraucht wird. Die Bezeichnung für die Konsonanten stimmt dort und bei Frangk nicht überein: In [6] war die Rede von *mitheller*, Frangk bezeichnet Konsonanten als *mittstymmend odder mittlautende buchstabenn*. Nur sporadisch verwendet Frangk auch lateinische Termini: Umlautschreibungen seien z.B. besonders *in deriuatiuis* 'in Wortableitungen' zu finden. Das wird erklärt als *das ist in den worten, so ir ankunfft von andern nehmen*. Wenn, wie im Fall von *aduerbia*, eine Übersetzung oder Erläuterung unterbleibt, scheint Frangk die Kenntnis des jeweiligen Terminus vorauszusetzen oder er hat als Grammatiker, dem die lateinische Terminologie ganz selbstverständlich von der Feder ging, nicht bemerkt, dass ein Verständnisproblem bestehen könnte.

**Valentin Ickelsamer** (ca. 1500 – ca. 1541) stammte aus dem fränkischen Rothenburg ob der Tauber und studierte in Erfurt und Wittenberg Theologie, wo er zu den Studenten Luthers gehörte. 1524/25 kehrte er als Schulmeister ins heimische Rothenburg zurück, musste aber nach seinem politischen Engagement für die revolutionären Bauern die Stadt wieder verlassen. Er ging nach Erfurt, und hier erschien 1527 seine Schrift *Die recht weis aufs kürzist lesen zu lernen*. Nach Auseinandersetzungen mit Luther verließ er Erfurt 1530 wieder und ging über Arnstadt in Thüringen nach Augsburg, wo sich seine Spur verliert (MOULIN-FANKHÄNEL 1994: 107–116, vgl. auch GARDT 1999: 56–61).

Aus Ickelsamers Feder stammen zwei einschlägige Texte (POHL 1971 mit Faksimiles), die sich mit der Vermittlung und dem Erwerb von Lesekenntnissen befassen: *Die rechte weis aufs kürzist lesen zu lernen* (Erfurt 1527, nachfolgend RW) und die ausführlichere Schrift *Ain Teütsche Grammatica. Darauß ainer von im selbs mag lesen lernen mit allem dem, so zum Teutschen lesen vnd desselben Orthographia mangel vnd überfluß, auch anderm vil mehr zů wissen gehört* (ohne Orts- und Jahresangabe, nachfolgend TG). In der Einleitung zur RW schreibt Ickelsamer *Lesen Können hat ynn langer zeyt nie so wol seinen nütz gefunden als itzo, dweyls seer ein yeder darumb lernet, das er Gottes wort vnd etlicher Gotge-*

*lerten menner außlegung darüber selbs lesen vnd desto bas darin verstehen möge* (POHL 1971, RW, A2r). Er distanziert sich von Autoren, die versuchen, die Lateingrammatik ins Deutsche umzusetzen: *Darzů sag ich, das der vns noch lang kain Teütsche Grammatic geben oder beschriben hat, der ain Lateinische für sich nimbt vnd verteütscht sy* (ebd. TG, A1v). Als Textgrundlage für die TG dienen ihm Teile aus Martin Luthers *Kleinem Katechismus*. Ickelsamer sieht seine Arbeit also im Dienst an den Bildungsidealen der Reformation.

In RW unterscheidet Ickelsamer *zweyerley buchstaben*, Vokale und Konsonanten. Die Vokale *a, e, i, y, o, u* bezeichnet er auch als *lautte*, die Konsonanten als die *stumben* oder *stumbuchstaben*. Daraus setzen sich *syllaben* zusammen. Treffen *stumbuchstaben* aufeinander, ergeben sich *stumbsyllaben* (bzw. *stumsilben*) wie *bl* in *blut*, *br* in *brot*, *cl* in *claus* usw. Ein Sonderfall sind Kombinationen wie *bsch, btr, gfl, gschl* usw., *di man geflochtene silben heyst*. Nach den Vokalen, den *lautbuchstaben*, kommen in der RW *die Diphthongi* zur Sprache, *das ist zwilautende sylben, von zweyen laut buchstaben zusamen gesetzt* (B1r). Der Fachterminus der Lateingrammatik wird also deutsch erklärt.

---

**[7] (Natur-)phonetische Eigenschaften der Vokale und Konsonanten in Valentin Ickelsamers *Teutscher Gramatica* (nach POHL 1971: A6r–B2r)**

*Das /a/ würdt allain mitt dem Athem durch den Rachen vnnd mit weyt offnem mund ausgesprochen. Diser laut ist im anfang des wortes Axt, ja es ist auch der laut, den die Axt im hawen gibt, sonderlich im walde, da es ain widerhall gibt. Ich main auch dises wort Axt hab den Namen von solchem seinem laut, das sy im Ghriechischen vnd Teutschen ain Axt haißt.*
*Das /e/ auch mit dem athem vnd nidergedruckter zungen. Disen laut geben die Gayß vnd Schaf in irem geschray.*
*Also auch das /i/ allain mit engerer beschliessung der zene, die sich genawer* [enger] *berieren. Vnnd ist fast der laut des kirrens der* (A6v) *Sew, wenn mans sticht oder würget.*
*Das /o/ mit dem athem aines runden gescheubelten* [gerundeten] *munds vnd ist der starck laut, der die pferd still stehn macht.*
*Das /u/ ist ain laut, gemacht mit spitzigen lefftzen* [Lippen] *vnd zůsamen gezognem mund. Diser laut klingt vnd erschallet im Juh schreyen der frölichen jungen gesellen.* […]
*Das /f/ würdt geblasen durch die zene auf die vntern lebtzen gelegt vnd stymmet wie naß oder grün holtz am feüre seüt* [siedet, zischt].
*Das /g/ so die zung das hinderst des gůmens berürt wie die gens pfeysen, wenns ainen anlauffen zůbeyssen etc.*
*Das /h/ ist ain scharpffer athem, wie man in die hende haucht.*
*Das /l/ ist ain zungen bůchstab: die zung wirt oben an den gůmen getruckt, so sich der mund gleich zu lachen vnd frölıgkait schickt.*
*Das /m/ hat ain brummende stimm wie die Küe, Bern oder die Stummen, so*

> man bede lebtzen auff ainander truckt vnd brummet.
> Das /n/ nennet Quintilianus ainen klingenden bůchstaben, das er dem nenner gleich im hirn klingt vnd rürt die zung oben an den gůmen; vnd wer ain schwach vnd blöd hirn oder kopff hatt, dem thůt dises bůchstabens nennung wehe.
> B1v: Das /r/ ist der Hundts bůchstab, wann er zornig die zene blickt vnd nerret, so die zung kraus zittert.
> Das /s/ ist ain subtil pfeysung oder sibiln [Zischen] auß auf ainander stossung der zene, wie die jungen Tauben oder Nateren sibilen oder zischen.
> Das /w/ wie man in ain hays essen bläst. Die teütschen wissen gar nit wie sy mit disem bůchstaben dran sein; die ain wenig gelert sein, nennen in ain zwifach /u/. Hie zu Augspurg nennet man in in den teütschen schůlen fast vngeheür als awawau, welchs ich gedenck; auch zway /u/ sein auf grob schwäbisch oder mehr Wirtenbbergisch [...]
> Das /x/ thůt so vil als das /ks/ mit ainander, darumb er auch ain zwifacher bůchstab genandt würdt. Dise stimm brauchen etliche nation als die Francken, wenns die Schaf zum saltz locken; man lockt auch damit den Tauben.

Bei den Konsonanten wird differenziert zwischen den halblautenden Buchstaben und den *gantz haimlichen*. Diese Gruppe wird gebildet von *b*, *p*, *d*, *t*, *k* und *q*. Das entspräche den Verschlusslauten (bzw. Okklusiven), wenn nicht *g* zu den halblautenden gerechnet würde.

Ickelsamer bemerkt auch, dass es im Deutschen Umlaute gibt. Diese können die *gemeinen buchstaben nicht erreichen*. Ickelsamer schlägt keine Bezeichnung dafür vor, beschreibt aber den phonetischen Sachverhalt: *darumb werden dise drey buchstaben a o u ein wenig von yhrem laute gefuret vnnd gebogen* (ebd. RW, B1r).

Die Artikulation der Vokale und Konsonanten erklärt Ickelsamer auf originelle Weise: Diese Darstellung zeigt, dass es Ickelsamers Anliegen ist, möglichst allgemeinverständlich zu schreiben. Deshalb bildet er eine Reihe sprechender Bezeichnungen für grammatische Gegebenheiten. Die seltenen Fremdwörter werden deutsch erläutert. Unter *Grammatic(a)* versteht er *den verstand der Bůchstaben* (TG, A1v), *Etymologie* erläutert er als *außlegung* (ebd.), *Syntax* als *Construction, das ist gantzer versamelter vnd rechter kunstmässiger teütscher rede* (A2r), *Diphthongi* erklärt er als *zwilauttende silben* (RW, B1r). *Orthographi*, Ickelsamers Hauptthema, wird paraphrasiert als *daz ist recht bůchstäbisch schreiben* (ebd. B3v). Das Wort *Composita* erklärt er *das ist von zwayen wörtern zůsamen gesetzt* (TG, C4r). Ickelsamer fordert und erprobt also eine dem Deutschen adäquate Begrifflichkeit. Es genüge nicht, grammatische Termini in herkömmlicher Weise zu *verteütschen*, *wie sy in den gemainen kinder Donaten verteutscht sein, Nomen der nam, Verbum das wort etc*. Eine Wiedergabe von *Participium* als *ain taylnemung* erkläre nichts, solange nicht auch treffende Beispiele gegeben würden (etwa: *mit lachendem mund oder lachend*, ebd. A2v). Kritisiert wird also die Praxis, wie sie schon im 11. Jh. in der St. Galler Schularbeit angewandt wurde und offensichtlich auch noch bei Ickelsamers Zeitgenossen üblich war.

Was anhand der frühen Lese- und Schreiblehren Frangks und Ickelsamers und anonymer Schulmeister gezeigt wurde, ließe sich ähnlich auch an anderen Autoren und Werken (vgl. GÖTZ 1992) darstellen: Eine etablierte deutsche Fachsprache der Grammatik gibt es im 15. und 16. Jh. noch nicht. Die einzelnen Autoren greifen direkt auf die traditionelle lateinische Begrifflichkeit zurück oder sie bilden deutsche Äquivalente nach lateinischem Muster. Mehrfach versucht man, sprachliche Gegebenheiten durch metaphorische Umschreibungen (Ickelsamer z.B. *geflochtene silben, gefüret vnd gebogen*) auszudrücken.

Die Syntax der frühen Lese- und Orthographielehren ist ihrem Zweck entsprechend vergleichsweise einfach. Das zeigen die zitierten Textauszüge deutlich. Häufige Nebensatztypen sind Kausalsätze, in denen (grammatische) Sachverhalte begründet werden (z.B. *a e i y o u Heyssen darumb also, das sie allen anderen buchstaben vnnd silben zu eym volkommen namen vnnd verstendigen lautte helffen*, RW A5r) und Finalsätze (z.B. *Dieser lerne man wol gewonen, das mans so bald in eym yeden wort höre vnd vermercke* ebd.). Wiederholt kommen auch direkte oder indirekte Leseranreden vor (z.B. *Daraus mercke der leser vleissig acht haben auff die buchstaben*, A5v).

### 1.1.2 Rhetorik

Fachtexte, die das Deutsche im Rahmen der beiden sprachlichen „Fortgeschrittenenfächer" *dialectica* (auch als *logica* bezeichnet) und der *rhetorica* verwenden, sind im Mittelalter und in der frühen Neuzeit dünner gesät als Lehrwerke zum grammatischen Elementarunterricht. Es liegt in der Natur der Sache: Wer die lateinische Grammatik beherrschte, konnte im weiteren Bildungsverlauf auch ohne volkssprachliche Hilfen auskommen. Deutsches kommt im Bereich von Dialektik/Logik (nachfolgend wird der Einfachheit halber nur von Dialektik gesprochen) und Rhetorik deshalb nur in wenigen Ausnahmen vor.

Der früheste und für Jahrhunderte einzige Autor, der versuchte, Kenntnisse der Rhetorik und Dialektik unter Verwendung der Volkssprache zu vermitteln, war **Notker III. von St. Gallen**, auch „Notker Teutonicus" oder „Notker Labeo" genannt († 1022; zu Person und Werk SONDEREGGER 1970, 1987, vgl. auch TAX 1997). Von ihm stammt wahrscheinlich der Traktat *Quomodo VII circumstantiae rerum in legendo ordine sint* (PIPER 1882: XIII–LXXXIX) zu Aspekten der Grammatik. Der Text ist lateinisch und kann hier außer Acht bleiben. In anderen Schriften, die Notker zu den beiden Triviumsfächern „für Fortgeschrittene" verfasst hat, verwendet er eine eigene althochdeutsche Terminologie. Anders als im Fall seiner Psalterübersetzung und -kommentierung musste er dagegen tatsächlich am Nullpunkt beginnen.

## [8] Aus Notkers althochdeutscher Rhetorik (TAX 1986: 55,21–56,17)

*DE MATERIA ARTIS RHETORICAE.*
*Vuáz ist íro materia. âne der strît? Sô der strît errínnet. sô hábet si uuérh. Âne strît nehábet si nîeht ze tûonne. álso óuh medicina dánne otiosa íst. úbe morbi negeskéhent. nóh uulnera. Strîtet man úmbe réht. únde úmbe únréht. sô man in dínge tûot. tíu sláhta strîtes. héizet latine fóne iudicio iudicialis. Strîtet man úmbe ámbáht-sézzi. álso dáz íst uuér ze chúninge túge. álde ze bíscófe. uuánda man sîna uirtutem sól demonstrare. pedíu héizet tíu sláhta strîtes demonstratiua. Strîtet man dâr úmbe. uuáz núzze sî ze tûonne. álde ze lázenne. álso man ze romo strêit. uuéder cartago uuâre diruenda. álde neuuâre. uuánda man dés sól tûon deliberationem. dáz chît éinunga. únde beméineda. pedíu héizet tíu sláhta strîtes deliberatiua. Tára nâh súlen uuír uuízen. dáz îogelîh téro drîo sláhtôn hábet zuêne únderskéita. Téro zuéio héizen uuír den éinen statum legalem. ánderen statum rationalem. Sô man strîtet úmbe dia legem. únde sia éinêr uuîle uernémen ze éinero uuîs. ánderêr ze ánderro uuîs. tér status. táz chît tér strît. heizet mit réhte legalis. Sô man áber dârúmbe strîtet. uuîo rédolîh táz sî. dáz man tûot álde râtet. fóne déro rédo. dáz chît fóne déro ratione. héizet tér strît rationalis. Sô íst áber ze uuízenne. dáz man ze fínf uuîsôn strîtet úmbe dia legem. ze fíer uuîsôn úmbe dia rationem. Téro uuîsôn nesól únsîh nîeht erdrîezen ze gehôrenne.*

In der nachfolgenden Übersetzung werden die lateinischen Wörter belassen und in Klammern übersetzt, um auch im Neuhochdeutschen einen Eindruck von der Formulierungsweise Notkers zu geben.

Was ist ihre (der Rhetorik) *materia* (Gegenstand), wenn nicht der Streit? Wenn der Streit anhebt, dann kommt sie zur Geltung. Ohne Streit hat sie nichts zu tun, so wie auch die *medicina otiosa* (müßig) ist, wenn keine *morbi* (Krankheiten) eintreten und keine *vulnera* (Verletzungen). Streitet man um Recht oder Unrecht, wie man es vor Gericht tut, so heißt diese Art des Streites *latine* (auf Latein) von *iudicium* (Recht) *iudicialis* (rechtlich). Streitet man um eine Amtsverleihung, zum Beispiel wer zum König geeignet ist oder zum Bischof, weil man da seine *virtus* (Fähigkeit) *demonstrare* (zeigen) soll, so heißt diese Art von Streit *demonstrativa* (zeigend). Streitet man darum, was sinnvoll sei zu tun oder zu lassen, so wie man in Rom stritt, ob Karthago *diruenda* (zu zerstören) sei oder nicht, weil man darüber eine *deliberatio* (Entscheidung) erzielen soll, deshalb heißt diese Art von Streit *deliberativa* (entscheidend). Darüber hinaus müssen wir wissen, dass jede dieser drei Arten zwei Unterarten hat. Zwei davon nennen wir *status legalis* (Gesetzesstatus), den anderen *status rationalis* (Angemessenheitsstatus). Wenn man über die *lex* (das Gesetz) streitet und sie einer auf die eine Weise verstehen will, der andere auf andere Weise, nennt man den *status*, das heißt den Streit, zutreffend *legalis* (auf das Gesetz bezogen). Wenn man darüber streitet, wie

> angemessen das sei, was man tut oder beschließt, so bezeichnet man von der Angemessenheit (ahd. *reda*) her, das heißt von der *ratio* (der Angemessenheit) her, den Streit als *rationalis* (auf die Angemessenheit bezogen). Ferner ist zu wissen, dass man auf fünf verschiedene Arten um die *lex* (das Gesetz) streitet. Von diesen Arten zu hören, soll uns nicht verdrießen.

Notkers Schriften zur Rhetorik stellen „den ersten systematischen Versuch einer terminologischen Nomination von rhetorischen Kategorialbegriffen in deutscher Sprache dar" (SIEBER 1996: 47). Der St. Galler Klosterlehrer behandelt das Fach in der mischsprachigen Abhandlung *de arte rhetorica* (Ausgabe: PIPER 1882: 623–684; vgl. SONDEREGGER 1999: 2325f., SIEBER 1996: 52–57) sowie in Exkursen innerhalb der lateinisch-althochdeutschen Boethius-Bearbeitung (HEHLE 2002: 160–178; vgl. auch SONDEREGGER 1999, 2003, SIEBER 1996: 49–51). Die Sachverhalte werden darin zwar auf Althochdeutsch erläutert, aber zentrale rhetorische Begriffe bleiben lateinisch.

Zu Beginn seines rhetorischen Exkurses innerhalb der Boethius-Bearbeitung beantwortet Notker die Frage *QUID SIT RHETORICA*. Er charakterisiert den Lehrgegenstand so: *Rhetorica íst éin dero septem liberalium artium. dáz chît tero síben búochlísto. díe únmánige gelírnêt hábent* 'die Rhetorik ist eine der sieben artes liberales, das heißt der sieben Buchkünste, die (nur) wenige erlernt haben' (TAX 1986: 54,21–24). Davon ist, fährt Notker fort, *grammatica diu êrista* 'die Grammatik die erste'. Nach einer Definition dessen, was unter *grammatica* zu verstehen ist, heißt es über die nächste Disziplin: *Tiu ánderíu íst rhetorica. tiu únsih férrôr léitet. uuánda sî gíbet úns tía gesprâchi. déro man in dínge bedárf únde in sprácho. únde so uuár dehéin einúnga íst gemeinero dúrfto. Tárazû diu chínt nehéin núzze sínt. núbe frúote líute* 'die andere ist die Rhetorik, die uns weiter führt, denn sie gibt uns die Beredsamkeit, die man bei Gericht braucht und wo auch immer Bedarf ist an allgemeiner Übereinkunft. Dazu taugen Kinder nicht, sondern nur kluge Leute' (ebd. 54,21–55,2).

Die relevanten rhetorischen Termini sind hier lateinisch, die Erklärungen, Beispiele und Begriffsbestimmungen dagegen volkssprachlich. Ein nahezu spiegelverkehrtes Verfahren wendet Notker in seiner Rhetorik (PIPER 1882: 623–684) an. Hier ist der fortlaufende Text weitgehend lateinisch, doch bildet Notker für zentrale Termini der Rhetorik volkssprachliche Äquivalente.

# 1 Die Septem Artes Liberales

> **[9] Aus Notkers lateinischer Rhetorik (PIPER 1882: 646, vgl. KING/TAX 1996: 113,26–115,1–11)**
>
> QUOT SINT GENERA CAUSARUM
> Est autem triplex. Iudicialis .i. tiu dinchlicha. quę considerat. quid ęquum quid iniquum quid iustum quid iniustum. Uersatur autem tota in accusando et defendendo. in petendo ueniam aut pęnam. ut illa est in orestem. Deliberatiua .i. tiu sprâchlicha. quę deliberat .i. pimeinit uel gechíusit. uel ahttot. quid faciendum. uel non faciendum sit. Hęc considerat. quid utile. quid inutile. et uersatur tota in suadendo et dissuadendo. Ut in bethulia presbiteri. deliberant. tradere ciuitatem holoferni. Suadet ergo multitudo. Iudit autem sola dissuadet. Demonstratiua .i. tíu zéigonta. vnde díu chîesenta. subauditur. quis dignus sit imperio uel episcopatu. Hęc quid honestum in eo sit uel turpe considerat. et uersatur tota in laudando eum uel uituperando.
>
> Wie viele Arten von Gründen es gibt. Es ist dreifach (zu verstehen): gerichtsmäßig, d.h. *diu dinchlicha*, die ihr Augenmerk darauf richtet, was recht und unrecht ist, was gerecht und ungerecht ist. Sie befasst sich insgesamt mit Anklagen und Verteidigen, mit dem Beantragen von Vergebung oder Strafe, wie es bei Orestes war. Die abwägende, das heißt *tiu sprâchlicha*, welche abwägt, das heißt *pimeinit* (überlegt) oder *gechiusit* (auswählt) oder *ahttot* (in Betracht zieht), was zu tun ist und was nicht zu tun ist. Diese richtet ihr Augenmerk darauf, was nützlich und unnütz ist und befasst sich insgesamt mit Zuraten und Abraten, so wie in Bethulia die Priester überlegten, die Stadt dem Holofernes zu übergeben. Es riet nämlich die Menge dazu, Judith aber riet ab. Die darstellende, das heißt die *zeigonta* (zeigende) und die *chiesenta* (auswählende), was meint, wer würdig ist für die Herrschaft oder das Bischofsamt. Darauf, was darin ehrenvoll oder schändlich sei, richtet sie das Augenmerk und befasst sich insgesamt mit Lob und Tadel.

Kennzeichnend für Notkers Fachsprache ist die **Verflechtung von Latein und Volkssprache**. In seinen Ausführungen zu Rhetorik und Dialektik verwendet er neben lateinischen Termini teilweise komplexe, von ihm selbst gebildete althochdeutsche Wörter, teils aber auch ein Vokabular, wie es in der **Allgemeinsprache** seiner Zeit geläufig war, das aber in den jeweiligen Kontexten mit spezifischer Fachbedeutung verwendet wird. Beispiele dafür wären *saga* 'Rede' (lat. *sermo*) und *sagên* 'reden, sagen' (lat. *dicere*), oder *cheden* 'sprechen' (ebenfalls für lat. *dicere*) und analog zu *saga* gebildetes *cheda* '(überzeugende) Rede' (lat. *dictio*).

Bei der Bildung geeigneter Termini ist Notker in hohem Maße wortkreativ. Er bedient sich vorhandener Wortbildungsmöglichkeiten (Komposition, Derivation), um sich neue, adäquate Termini im Bereich von Rhetorik und Dialektik zu schaffen. Ausgehend von *ding* 'Gericht(sversammlung), Streitsache' bildet Notker die Komposita *dingkôsi* 'Gerichtsrede' (lat. *sententia artis rhetoricae*), *dingman*

'Redner' (lat. *orator*), *dingstrît* 'Streitsache' (lat. *causa*) und ein Adverb *dinglîhho* 'auf gerichtliche Weise'.

Wiederkehrende **Wortbildungsmuster** sind Verben auf ahd. *-ôn* wie *wîssprâhhôn* und *wîsrahhôn* 'disputieren' (lat. *disputare*), *dingôn* und *sprâchôn* 'urteilen' (lat. *iudicare, decernere*), Abstrakta auf *-unga* wie *endunga* 'Definition' (lat. *definitio*), *festenunga* 'Beweisführung' (lat. *ratiociantio*), *machunga* 'Ursache' (lat. *causa*), *skaffunga* 'Gliederung' (lat. *dispositio*), teilweise auch mit komplexer Ableitungsbasis, z.B. *abanemunga* und *widerwerfunga* 'Zurückweisung' (lat. *remotio, relatio*), *gnôtmezzunga* 'Begriffsbestimmung', *wîssprachunga* 'Disputation' (lat. *disputatio*). Stellenweise wendet Notker auch mehrere synonym verwendete Wortbildungen auf, um einen einzelnen lateinischen Terminus wiederzugeben, für lat. *definitio* beispielsweise *forderunga uel scafunga uel endunga* (vgl. auch die Liste in KNAPE 1998a: 11f.).

Notkers rhetorische und dialektische Schriften basieren auf anerkannten lateinischen und zeitgenössischen Autoritäten wie Cicero, Boethius, Alkuin und Remigius von Auxerre. Dennoch scheut er sich nicht, Beispiele aus der Volkssprache in seine Darstellungen einzubauen (vgl. SONDEREGGER 1970: 94–96), wie die Verse über den Eber (KING/TAX 1996: 16,24–26), in denen man eine Anspielung an das mittellateinische *Waltharius*-Epos gesehen hat:

> *Der héber gât in lîtun*
> *trégit spér in sîtun*
> *sîn báld éllin*
> *nelâzet in uéllin*
> 'Der Eber geht am Abhang, trägt einen Speer in der Seite. Seine immense Kraft lässt ihn (dennoch) nicht zu Fall kommen'.

Selbstverständlich waren die sieben *Artes* auch später, in den mittelhochdeutschen Jahrhunderten, Unterrichtsstoff an Klosterschulen, aber es sind keine volkssprachlichen Fachtexte überliefert (bloße Erwähnungen der *Artes* in mittelhochdeutschen Texten sind bei STOLZ 2004: 73–85 zitiert). Es sollte nach Notker aber noch Jahrhunderte dauern, bis erneut Autoren versuchten, rhetorisches Wissen in deutscher Sprache und mit Deutsch als Objektsprache zu vermitteln. Erst im 15. Jh. wurden – nun unter ganz anderen Vorzeichen als um die Jahrtausendwende – wieder volkssprachliche Abhandlungen zur Rhetorik verfasst. Neu ist nun, dass die Rhetorik nicht mehr ausschließlich als Bestandteil der klösterlichen Ausbildung definiert wurde, sondern zunehmend als praxisorientiertes Wissensgebiet von eigenem Recht. Rhetorik wurde an den „Artistenfakultäten" der Universitäten gelehrt (zu den Lehrprogrammen vgl. GRUBMÜLLER 1983: 372–381). „Die Rhetorik, auch die deutsche Rhetorik, hat Konjunktur" (KNAPE/ROLL 2002: 12). Häufig handelt es sich um Brieflehren, in denen die Rhetorik im Dienste einer adäquaten Korrespondenzarbeit steht. Die lateinische Rhetorik ist dabei aber zumindest noch im Hintergrund präsent: Weiterhin werden lateinische Termini verwendet, die von Fall zu Fall durch deutsche Äquivalente erläutert werden. Joachim KNAPE

(1998b: 69) unterscheidet drei Möglichkeiten, wie die lateinische Rhetorik-Terminologie im Deutschen bewältigt werden konnte:

1. Eine „Kommentierungsmethode": Lateinische (ggf. griechische) Termini werden beibehalten und durch volkssprachliche Kommentare erläutert, „zumeist ohne begrifflich gefaßtes deutsches Interpretament" (ebd.).
2. Eine „Rekurrenzmethode": Ein Autor verfasst parallel eine lateinische und eine deutsche Rhetorik. Paradebeispiel ist Wolfgang Rathke (1571–1635). „Der Benutzer kann bei der Lektüre des deutschen Textes auf das lateinische Pendant genau rekurrieren, er kann aber auch die deutsche Rhetorik ganz allein lesen" (ebd.).
3. Eine „Äquivalenzbildungsmethode" (ebd.), bei der deutsche Termini gebildet werden, jedoch die lateinischen Äquivalente mitgeliefert werden, z.B. in Marginalien.

Bei den Autoren des 15. und 16. Jahrhunderts lassen sich ähnlich wie im Bereich der Grammatikterminologie für ein und denselben lateinischen Terminus verschiedene deutsche Entsprechungen finden, ein Indiz dafür, dass sich in der frühen Neuzeit noch keine feste Terminologie etablieren konnte (vgl. das Material in KNAPE/SIEBER 1998).

Von den spätmittelalterlichen und frühneuzeitlichen Lehrwerken werden nachfolgend drei näher betrachtet (zu weiteren deutschen Rhetoriken HAUSMANN 2006: 155–163, KNAPE/ROLL 2002).

Der Benediktinermönch **Friedrich von Nürnberg** verfasste um die Mitte des 15. Jhs. auf der Grundlage seiner eigenen lateinischen *Rhetorica Nova* eine deutschsprachige Rhetorik (Ausgabe: KNAPE/ROLL 2002: 53–87; vgl. WORSTBROCK 1980b). Dieses Werk, von dem bislang 12 Handschriften bekannt sind (HAUSMANN 2006: 151–153), ist ein Lehrwerk für die deutschsprachige Kanzleipraxis. Zu Beginn bezeichnet der Verfasser sein Werk als *die tüschen rhetorica, uß der man lernet tütsch brieff machen, och hoflich reden* (KNAPE/ROLL 2002: 69; vgl. HAUSMANN 2005: 756–760). Der beabsichtigte **Praxisbezug** ist also deutlich. Die deutschen rhetorischen Termini sind teilweise übersetzende Nachbildungen lateinischer Vorbilder, doch besteht ihre Funktion nicht darin, diese – wie noch bei Notker – in einem Unterrichtskontext lediglich zu erschließen und durchsichtig zu machen, sondern „Friedrichs Terminologie ist auch ohne das Lateinische verständlich, wenngleich entsprechende lateinische Termini noch das Muster lieferten" (HAUSMANN 2006: 145f.).

## 1.1 Die Fächer des *Triviums*

> **[10] Aus Friedrich von Nürnberg *Deutsch Rhetorik* (nach KNAPE/ROLL 2002: 70)**
>
> *Von dem mercken*
> *1. Drey Ding*
> *Vß dem concept, nach vnderwisung der figur des angebens, sol man drey ding under bedachtnuß pehalten:*
> *Eins von des wegen, der schreibt. Das ist der grad. Zwey von des wegen, dem man schreibt. Die sind der grad vnd das erwort.*
> *Nota: In das mercken dienen drey ding, genandt: standt, grad, erwort.*
> *Nota: Das drey stend sind: der geistlich, der gelert, der weltlich.*
> *Nota: Ein yeglicher stand hat drey grad: den hochsten, den mittlen, den nideren.*
> *Nota: Zw den graden vindt man die personat vnd bey den personaten die erworter, als sich hernach finden wirt.*
>
> *2. Der geistlich standt*
>
>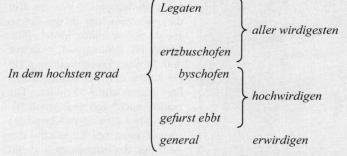
>
> *Nota: Die gefursten ebbt sind fursten des heiligen romischen reichs, bestetigt von dem babst vnd belechent von dem romischen keyser oder könig, als der von Fold* [Fulda], *von Wissenburg* [Weißenburg], *von Morbach* [Murbach].

Friedrich verwendet *verkundung* für lateinisch *narratio*, *begerung* für *petition*, *vbergeschrifft* für *superscriptio*, *meinung* für *intentio*. Aber nicht alle Termini folgen lateinischen Vorbildern. Lat. *captatio benevolentiae* übersetzt er mit *hoflich lob*. Das Kompositum *erwort* entspricht lat. *intitulatio*. Eigene **Verbalbildungen** sind z.B. *tuen* 'duzen' und *iren* 'ihrzen' (HAUSMANN 2006: 145f.). Friedrichs Text soll „Personen über das Verfassen von korrekten deutschsprachigen Briefen unterrichten, die über keine Kenntnisse der lateinischen Fachterminologie verfügen und diese auch gar nicht erlernen sollen oder wollen" (ebd. 147).

Eine **textstrukturelle** Besonderheit ist die Dreiteiligkeit auf verschiedenen Ebenen: Der Prozess des Abfassens eines Briefes beispielsweise ist dreigliedrig und besteht aus *angeben* (Sammeln der Argumente), *merken* (Beachten des Standes und der Situation des Adressaten) und *machen* (Abfassen des Textes). Auch innerhalb dieser Phasen werden jeweils drei Aspekte unterschieden, im Falle von *merken* der Stand des Adressaten, seine Position innerhalb seines Standes und die passende Anrede (vgl. ebd. 149). Friedrichs Darstellungsweise ist auch im Layout über weite Strecken schematisch und systematisierend, damit aber auch ökonomisch (HAUSMANN 2005: 756–758), wie [10] zeigt.

Ein herausragender Vertreter des im Geist des Humanismus erwachten Interesses an einer volkssprachlichen Rhetorik war **Friedrich Riederer** (ca. 1450 – ca. 1510), der Verfasser des 1493 gedruckten *Spiegel der wahren Rhetorik*.

[11] Titelholzschnitt aus Friedrich Riederers *Spiegel der waren Rhetoric*, Freiburg 1493, Herzog August Bibliothek Wolfenbüttel: A: 9.1 Rhet. 2°

Das Bild zeigt fünf allegorische Figuren: Auf dem Thron sitzt als gekrönte Figur die Theologie (oder Philosophie). Vor sie tritt die *Rhetorica*, die in der linken Hand Sonne und Mond hält. Etwas im Hintergrund zwischen den beiden Frauenfiguren steht ein Knabe in Ritterrüstung, offenbar ein adeliger Schüler. Die beiden nachfolgenden Männerfiguren links verkörpern Künste des *Quadriviums*: mit Kugeln um den Arm der Rechenmeister und mit Blick aus dem Fenster der Astronom. Die Rhetorik wird also ganz im traditionellen Sinn als Schulwissenschaft unter den *Artes liberales* eingeordnet, auch wenn das Bild eine herausgehobene Stellung unmittelbar vor dem Thron suggeriert (vgl. jedoch mit anderer Deutung L. SCHMITT 2010).

Riederer war Sohn leibeigener Leute aus einem Dorf bei Engen am Bodensee. 1475 wird er – ungewöhnlich für die Zeit – in den Universitätsmatrikeln von Freiburg im Breisgau geführt (Ausgabe: KNAPE/LUPPOLD 2008; vgl. dies. 2010: 12–15, KLEINSCHMIDT 1992). Nach dem Studium war er in Freiburg als Stadtschreiber tätig, daneben auch als Drucker. Seine Rhetorik, die deutlich über das hinausgeht, was die Formularbücher der Zeit boten, erschien erst im Selbstverlag,

## 1.1 Die Fächer des *Triviums*

wurde später aber auch in Augsburg und Straßburg nachgedruckt (SIEBER 1996: 115–120). Sie besteht aus drei Teilen, (1) einem rhetorischen Lehrbuch (*von der kunst rhetoric gemeins vnd zierlichs reden*), (2) einer Brieflehre (*von schribender vnd angebender person brieff zemachen*) und (3) einem Formularbuch (*von der handlung der bekomniß genant Contract*). Grundlage sind antike Quellen (insbesondere Cicero und die ihm lange Zeit fälschlich zugeschriebenen *Rhetorica ad Herennium*), dazu mittelalterliche und zeitgenössische lateinische Vorbilder (ebd. 109–115, KNAPE 2006: 22).

Obwohl die Rhetorik noch ganz im mittelalterlichen Verständnis als eine der *Artes liberales* definiert wird, versucht Riederer, „humanistisches Denken und Sprachempfinden mit einer am praktischen Gebrauch orientierten Textverfassungslehre in Verbindung zu bringen" (SIEBER 1996: 117). Anders als zeitgenössische und auch noch spätere Autoren, etwa Konrad Celtis (1459–1508), konzipiert Riederer eine konsequent deutsche Fachsprache der Rhetorik (ebd. 121–143), indem er alltagssprachliche Wörter in die Terminologiebildung einbezieht, Möglichkeiten der komplexen Wortbildung nutzt oder Umschreibungen verwendet.

> **[12] Aus dem Kapitel *Von wirdikeit der wort vnd der sinn* aus Friedrich Riederers *Spiegel der wahren Rhetorik* (Freiburger Druck von 1493, S. IIb–La)**
>
> Die Termini der lateinischen Rhetorik stehen als Marginalien an den Seitenrändern („Äquivalenzbildungsmethode" nach KNAPE 1998b). Im deutschen Text sind an den entsprechenden Stellen Spatien freigelassen.
>
> *Von wirdikeit der wort vnd der sinn, dem dritten vnd letsten teil zierlicher red* (am Rand: *De dignitate elocutionis parte tertia et vltima*)
>
> *Wirdikeit oder hüpscheit gibt die red wolgeziert mit erlüchtung der worten vnd sinn vnderscheiden. Geziert der sinn ist die, so in den dingen, dauon man redt, ettlich wirdikeit erzögt vnd wirdt vergriffen mit gebalierter swäry oder treffenlicheit der wort in solicher red bestimpt. Deren die erst zierung in endrung des wortz acht teil hat. Vnd wiewol oben in zesamen fügung gemeldt wirdt, daz empsig zesamenlouffung der wort lastersam sye, söllen wir verston, wenn solhs zeul empsig beschicht.* (am Rand: *Repetitio*) *Aber hie begibt sich solichs vff nachbegriffen form nit zeul empsig vnd ist hüpsch geziert der red. Zum ersten wenn ein wort zweyen, dryen oder mer reden oder teilen der red anuang gibt also: Welicher herr hat eerlicher stryt volfürt? welicher fürst ist küner sins libs vnd gemüts? welicher könig ist dannocht grössers lobs vnnd eeren wirdiger dann der allerdurchleuchtigest vnd großmächtigest fürst vnd herr herr Maximilian Römischer küng, Erzherzog zů österreich etc. vnser aller gnädigster herr?* (am Rand: *Conuersio*) *Zum andern wenn ein wort in vil reden zů vßgang gebrucht wirdt, also: Welich Statt in Swaben, Brißgow vnd Elsaß ist so gnuchtsam* [wohlhabend] *als fryburg? Wa ist solich*

> *gotzdienst vnnd zierd als zů fryburg? Nyendert ist besser wonen dann z fryburg* [...] (am Rand: *Complexio*) *Zum dritten wenn ein wort in vil reden den anuang gibt vnd ein ander wort in yeglicher derselben reden vßgang ist, also: Welichs schloß hat edel besitzer, die gefrygt herren zewerden billich wirdig sind? hohen kreigen* (Burg Hohenkrähen) [...] (am Rand: *traductio*) *Zum vierden wenn ein wort ettwie dick in einer red daraffter zesetzen sich wol füget, also: Der ist ein fründ, welicher sinem fründ in nöten fründschaft bewyset.* [...] (am Rand: *conduplicatio*) *Zum fünfften, wenn ein wort in einer red gezwyfaltiget wirdt vmb das sy schutzbar sye, also: Wolt gott, das ich der burdy lidig wer, das gott wölt. Ach we vnd ach wie hart ist mir daz angelegen* (am Rand: *commutatio*). *Zum Sechsten, wenn zwen widerwertig sinn einer red also werden vßgedruckt, das der letst schynt nutzbarlich vom ersten vßgangen sin, also: du můst essen, darumb das du lebest vnd nit leben, darumb das du essest* (am Rand: *gradatio*). *Zum Sybenden, wenn sich vil würckend oder lydend wort in einer red begebend, das dann der redende nit von eim vffs ander stigt, er hab dann vor das ein noch einost berürt, in glychnis wie ein kind, so die leiter vffstigt, mit eim fůß vff ein sprossen vnd den andern fůß ouch harnach vff denselben sprossen zücht vnnd kein staffel überstigt, beid füß syen dann vor byeinander daruff gewesen, das doch ein krefftiger mentsch nit thůt. Harüber nemen wir exempel Also: kein glori noch eer blib vnser Burgern über noch empfor, wenn vnsern vinden alle ding gezimpt, vnd was inen gezimpt, das sy das vermöchten, vnd was sy vermöchten, das sy das getörsten* [sich getrauten], *vnd was sy getörsten, das sy das täten, vnd was sy täten, das vns solichs nit verdruß.*

Der Textauszug zeigt charakteristische Züge der rhetorischen Terminologiebildung Riederers (ausführlich SIEBER 1996: 121–140, KNAPE/SIEBER 1998), in die zunächst **allgemeinsprachliche Lexeme** – Simplizia ebenso wie Wortbildungen – einbezogen werden. Beispiele begegnen in **koordinierten Wortgruppen** wie *wirdikeit oder hüpscheit* (als Äquivalent für lat. *elocutio*), ein Synonymenpaar, das sich „auf die sprachliche Ausgestaltung einer Rede" bezieht und „in Verbindung mit der Lehre von den Tropen und Figuren gebraucht" wird (KNAPE/SIEBER 1998: 47). Mit *würckend oder lydend wort* (lat. *gradatio*) sind sich wiederholende Wörter gemeint, die eine progressive Steigerung implizieren. Riederer veranschaulicht das mit dem Bild eines Kindes, das auf eine Leiter steigt, dabei immer einen Fuß auf die nächste Sprosse setzt und den anderen nur bis dahin nachzieht. Aber auch Einzelwörter wie *zierlich* in der Bedeutung 'angemessen', *widerwertig* in der Bedeutung 'semantisch entgegengesetzt', werden fachbegrifflich verwendet. *Empsig* 'fortwährend, hartnäckig' gebraucht Riederer in der Bedeutung 'wiederholt' mit Bezug auf Wörter. *Gebaliert* (nhd. *poliert*) ist zwar letztlich ein Fremdwort (lat. und it. *polire*, vgl. frz. *polir*), war aber bereits in der mittelhochdeutschen Handwerkersprache heimisch und bedeutete 'glatt oder glänzend machen, abreiben'. Die terminologische Bedeutung kommt hier (wie auch in vielen anderen Fällen) durch **metaphorische Übertragung** zustande und ist als 'rhetorisch schmückend' anzusetzen. Substantivische **Suffixableitungen** sind Abstrakta wie *zierung* 'Redeschmuck', *treffenlicheit* 'Adäquatheit'. **Zusammenbildungen**, also Ableitungen von Wortgruppen (zum Terminus vgl. FLEISCHER/BARZ 2012: 86f.) sind beispielsweise *zesamenfügung* 'Wortkombination', *zesamenlouffung* 'Worthäufung'. Bildungen auf *-heit* und *-ung* machen einen Großteil der von Riederer verwendeten Abstrakta aus (SIEBER 1996: 128). Ebenfalls im Gebrauch, wenngleich seltener, sind **Abstrakta** auf *-y* (mhd. *-e* < ahd. *-î*), im Textbeispiel etwa *swäry* 'Würde' (wörtlich eigentlich 'Schwere') für lat. *dignitas*.

**Abgeleitete Adjektive** in fachsprachlicher Verwendung sind in [12] *lastersam* '(rhetorisch) unangemessen' und *schutzbar* 'klagend' (davon abgeleitet auch die Zusammenbildung *schutzbarmachung*). Ein **abgeleitetes Verb** ist das Partizip *gezwyfaltiget* 'gedoppelt, zweimal verwendet'. Teilweise sind deutsche Termini nach dem Vorbild lateinischer Fachbegriffe gebildet (ebd. 133f.; vgl. auch KNAPE/SIEBER 1998 mit einer Übersicht über zentrale lateinische Rhetorik-Termini und ihre deutschen Äquivalente bei Riederer und anderen Autoren).

Die fachsprachlichen Begriffe werden vielfach durch praxis- und lebensnahe Beispiele illustriert: das Kind, das unbeholfen eine Leiter hinaufklettert, das Lob Kaiser Maximilians in einer Folge sukzessiver Fragen, die Charakterisierung der Burg Hohenkrähen im Breisgau oder die Mutmaßungen über die Herkunft des Reichtums eines dubiosen Zeitgenossen.

Die **lateinischen Termini**, die den Text an den Seitenrändern als Marginalien begleiten (in [12] in Klammern), belegen, dass der Humanist Riederer auch sprachlich in der gelehrten lateinischen Tradition steht. Das schlägt sich stellenweise auch in **syntaktischen Konstruktionen** wie *treffenlicheit der wort in solicher red bestimpt* (Partizipialkonstruktion) oder *das der letst schynt nutzbarlich vom ersten vßgangen sin* (Nominativ mit Infinitiv) nieder.

Der *Spiegel der waren Rhetorik* Friedrich Riederers kann als herausragendes Beispiel einer inhaltlich und terminologisch entwickelten volkssprachlichen Rhetorik an der Schwelle vom späten Mittelalter zur frühen Neuzeit gelten (weitere Beispiele bei KNAPE/ROLL 2002, vgl. auch BREUER/KOPSCH 1974).

Im reformatorischen 16. Jh. stellt sich die Frage nach dem Stellenwert der Rhetorik im Rahmen der Verkündigung des Evangeliums (KNAPE 2006: 11). Dazu äußerte sich u.a. auch Philipp Melanchthon (BERWALD 1994). Herausragender Vertreter einer solchen theologisch fundierten Rhetorik war der Marburger Hofprediger Caspar Gol(d)twurm (1524–1559).

Ein 1479 und in der Folgezeit vor allem in südwestdeutschen Offizinen erneut gedrucktes deutsches Rhetorik-Lehrbuch eines anonymen Autors mit dem Titel **Formulare und deutsch Rhetorica** umfasst drei Teile: (1) eine Brieflehre in Dialogform, (2) eine Darstellung der Anreden und Titulaturen für die verschiedenen Stände und (3) eine Sammlung von Musterbriefen und -urkunden (WORSTBROCK 1980a).

In [13] sind die entscheidenden rhetorischen Termini lateinisch: *Salutatio, Exordium, Narratio, Petitio vnnd Conclusio.* Lat. *missive* wird in einem parenthetischen Satz erläutert als *das ist eyn sendbrieff.* Die deutschen Wortpendants sind teilweise Lehnbildungen nach dem Muster der lateinischen Termini: *grüssung, verkündung, begerung oder bitung.* Von lateinischen Lexemen werden hybride Verben abgeleitet: *exordiieren* und *narrieren* 'darlegen'.

---

**[13] Aus *Formulare und deutsch Rhetorica* (Straßburg 1483, fol. 1ʳ)**

*Hie vahet an Rethorica haltende die dritten stat der siben freien kunsten. Doruß erlernen wie man tutsch missiuen, das sint sent brief, ordenlich, ieglichem noch sinem stat vnd wurden setzen sol.*
*Dialogus. Das ist do einer fraget vnd im selbs antwurt.*
*NV sag mir, woruß lernet man brieff dichten? Antwurt: Vsß Rhethorica der siben freyen künst eine. Frag: so man ein missiue, das ist ein sendtbrief, machen will, durch welche ordenung mag das geschehen, das sie onstrafber gesetzet werde? Antwurt: das můß beschehen etwen durch fünff artickel. Etwen durch fier. Etwen durch try. Etwen durch zwen, noch dem die sache gestalt oder einer dem andern gewant ist* [in welchem Verhältnis einer zum anderen steht]. *Frag: Vie heissen die selben fünff artickel? Antwurt: Sie heissent Salutatio. Das ist grüssung. Exordium. Das ist anfang. Narratio, verkündung. Petitio, begerung oder bitung. Coclusio, das ist der beschluß. Frag: bedarff ein yeglicher sendbrieff die fünf artickel? Antwurt: Etlicher bedarff die fünff alle, etlicher wier, etlicher zwen. Vnd wan er mit den fünff artickeln sol gemacht werden, so můß das exordium do by sein. Van er aber die fier hat, so sol das exordium do von syn* [weggelassen werden]. *Vnd wan er try artickel hat, so sol exordium vnd petitio do von syn. Frag: Vorumb belybt dan Conclusio finalis, das sie ouch nit wurt vsßgelassen?*
*Antwurt: Dorumb, das sie ein sache ist, der man nit geratten sol* [auf die man nicht verzichten soll]. *Dan alle sache, die man redt oder beschrybet, sollent mit gůtter ordnung in ein rechte beschlissung kommen, wan die redt oder geschrifft wurd sunst stroffber* [zu beanstanden]. *Frag: Worumb heisset der erst artickel Salutatio? Antwurt: Dorumb, wan man vmb frůntliche sachen schrybt, do sol zů dem ersten vor der meldung der sach grůst oder dienst gesetzet werden. Frag: Worumb heisset der ander artickel Exordium vnd wan sol er gesetzet werden? Antwurt: Vmb das, wan man will schryben, worumb gůt sey, das ein sach beschehe, das man das vor meldung der sach erlüttern vnd vsßlegen sol. Gelych als eyn weber eyn wepffen anzettelen* [einen Webfaden aufspannen] *můß, ee er garn doryn treit vnd tůch doruß machet. Also*

> *sol man die gûtheyt, so an einer sach ligt, die man thûn wil, zům ersten exordiieren, ee man die sach narriert oder verkůndet, vnd das sol noch der salutation beschehen.*

Die Fragen, die den Stoff gliedern, sind in der Regel knapp gehalten. Dagegen zeigen die Antworten, die den eigentlichen Lernstoff enthalten, teilweise komplexe Satzstrukturen. **Begründende Haupt- und Nebensätze** prägen das Gesamtbild. Die Partizipialkonstruktion *Rethorica haltende die dritten stat der siben freien kunsten* imitiert ein lateinisches Strukturmuster. Die Brieflehre mit ihrer Stoffpräsentation in Fragen und Antworten steht in der Tradition der mittelalterlichen Wissensvermittlung. Man denke an enzyklopädische Werke wie den *Lucidarius*. Vergleichbar ist auch eine unter *Stadtschreibers Examen* bekannte Rhetorik (vgl. KNAPE/ROLL 2002: 157–182). Andererseits greift der Anonymus auch auf Vergleiche aus der Alltags- oder Handwerkersprache zurück: Die Notwendigkeit, ein *Exordium* zu formulieren, vergleicht er mit dem Aufspannen von Webfäden, die die notwendige Voraussetzung für die Stabilität eines Gewebes sind.

### 1.1.3 Dialektik (Logik)

„Die in den Lateinschulen das Trivium bekrönende Kunst der Dialektik oder Logik, der von der Scholastik besonders gepflegten philosophischen Denk- und Gesprächsführung, bot – da von Fortgeschrittenen geübt – am wenigsten Anlaß zur Eindeutschung von Lehrschriften" (ASSION 1973: 71). Einzigartig in der ganzen deutschsprachigen Literatur des frühen und hohen Mittelalters stehen wieder Textpassagen Notkers des Deutschen da. Auch im Spätmittelalter und in der frühen Neuzeit lassen sich nur wenige Werke dezidiert der dritten *ars* des *Triviums* zuordnen.

Fragen aus dem Bereich der Dialektik kommen in **Notkers III. von St. Gallen** Bearbeitung der *Consolatio Philosophiae* des Boethius zur Sprache (Ausgaben: TAX 1988, FIRCHOW 2003). Auf Aristoteles basieren die thematisch einschlägigen kleineren Schriften Notkers, *De categoriis* (Ausgaben: KING 1972, FIRCHOW 1996) sowie *De interpretatione* (Ausgaben KING 1975, FIRCHOW 1995). „Wesentlich von der Rhetorik mitbestimmt ist ferner die kleine lat.-ahd. Schrift 'De syllogismis' [...], die ebenso zur Dialektik gerechnet werden kann" (SONDEREGGER 1987: 1218, vgl. ders. 1999: 2326–2330).

> **[14] Aus Notker, *De Syllogismis* (KING/TAX 1996: 267,4–11)**
>
> *Syllogismus grece. latine dicitur ratiotinatio. Teutonice autem possumus dicere.* geuuârrahchunga. *UEL plurimis uerbis.* éinis tíngis irrâtini. unde guuísheit fóne ánderên; *Item ratiotinatio est. quędam indissolubilis oratio. i.* féste gechôse. únzuîuelîg kechôse. peslózen réda; *Item est ratiotinatio. quędam orationis catena. et inuicta ratio. i.* sígenémelîh kechôse. táz man endrénnen nemág.
>
> (Der Begriff) *Syllogismus ist griechisch. Auf Latein sagt man ratiocinatio* ('vernünftige Schlussfolgerung'). *Auf Deutsch können wir sagen* logische Schlussfolgerung *oder mit mehreren Worten ausgedrückt* Begründung einer Sache und Gewissheit von anderen. *Ebenso ist eine vernünftige Schlussfolgerung eine unauflösliche Aussage, das heißt* feste Rede, unzweifelhafte Rede, schlüssige Rede. *Ferner ist eine vernünftige Schlussfolgerung eine Art Verkettung von Aussagen und eine unwiderlegbare Schlussfolgerung, das heißt ein unumstößlicher Schluss, dem man nicht ausweichen kann. Eine Frage ist (zum Beispiel), von jemandem, ob er frei sei oder nicht.* Ein Dissens besteht, ob ein Mensch frei sei. *Darüber schlussfolgern wir, indem wir zwei Voraussetzungen formulieren und etwas Drittes daraus folgern.* Dahin gelangen wir, indem wir zweierlei voraussetzen und davon die Gegensätze abwägen und das dritte unabhängig davon feststellen.

Für einen *syllogismus vulgaris* führt Notker wenig später (268,8–11) folgendes Beispiel an: *Item queritur de quolibet. quare uxorem non ducat; Et respondetur;* Úbela neuuíle er. Cuôta ne-uíndet er; *Hęc duo. conficiunt hoc tertium;* Pe díu nege-hîit er. Übersetzt: '*Ebenso stellt man von einem die Frage, warum er nicht heiratet. Und man erhält die Antwort*: Übles will er nicht. Gutes findet er nicht. *Beides fügt sich zum Dritten zusammen:* Deshalb heiratet er nicht.'

Es mag sein, dass der Leser bei der Lektüre dieses Traktats „in der Muttersprache ein bisschen aufatmen" (TAX 2003: 271) konnte, weil auch *uulgares syllogismi* 'landläufige Syllogismen' thematisiert und Fachtermini der lateinischen Dialektik in deutscher Sprache widergegeben und erläutert werden. Dennoch ist zu bedenken, dass Abstrakta wie z.B. *geuuârrachunga* für lat. *ratiocinatio* keineswegs der damaligen Alltagssprache angehört haben. Dieses Wort ist wie eine Reihe anderer im gesamten Althochdeutschen sonst nirgendwo mehr belegt und wahrscheinlich eine Notkersche ad-hoc-Bildung. Auch *irrâtani* 'Begründung' und das Verb *jihten* 'abwägen' kommen nur bei Notker und in seinem Umkreis vor. Der St. Galler Magister arbeitet auch mit **Paraphrasen**, um einen lateinischen Terminus zu fassen: Lat. *ratiocinatio* gibt er beispielsweise nicht nur mit *geuuârrachunga* wieder, sondern er umschreibt den Begriff auch *pluribus uerbis* 'mit mehreren Worten': *éinis tíngis irrâtini. unde guuísheit fóne ánderên* sowie *féste gechôse. unzuîuelîg.*

*kechôse. peslózen réda.* Generell kann für jede der Notker-Übersetzungen zur Rhetorik und Dialektik gelten, dass sie „nicht als eigenständiger Text konzipiert" ist. Ihre Funktion ist es nicht, den lateinischen Originaltext „zu ersetzen, sondern vielmehr, ihn so umfassend wie möglich verständlich zu machen" (HEHLE 2002: 127). „Neubildungen wimmeln geradezu in Notkers Werk" (St. MÜLLER 1998: 96). Offenbar hegte Notker „deutliche Skrupel [...] gegenüber der Verwendung vorgeprägter Begriffe" (ebd. 104). Er begründet noch keine deutsche Fachsprache der Rhetorik und Dialektik. Eine Rezeption seiner Schriften außerhalb der St. Galler Klosterschule lässt sich nicht nachweisen (vgl. SONDEREGGER 1987: 1230–1232).

Erst ein rundes halbes Jahrtausend nach Notker, in der Zeit frühhumanistischer Bemühungen um eine wie auch immer geartete literarische Kultivierung der Volkssprache, werden erneut Versuche unternommen, Kenntnisse im Fach Dialektik auf Deutsch zu vermitteln und dialektische Denkfiguren für das Deutsche zu adaptieren. Die Rahmenbedingungen sind die gleichen wie im Falle der Rhetorik.

**Ortolf Fuchsberger** (ca. 1490 - ca. 1542), ein Zeitgenosse Martin Luthers, studierte in Ingolstadt, erwarb dort den Grad eines Lizentiaten der Rechte, war anschließend als Lateinlehrer in Altötting tätig und unterrichtete – als Protestant! – Rhetorik und Logik im Kloster Mondsee (zu Lebensdaten und Werk vgl. PRANTL 1856: 197–199). 1533 erschien sein deutschsprachiges Lehrbuch *Ain gründlicher klarer anfang der natürlichen vnd rechten kunst der waren Dialectica*. Es basiert kompilatorisch auf verschiedenen lateinischen Dialektiken der Zeit (vor allem von Philipp Melanchthon und Rudolph Agricola; vgl. SIEBER 1994). Fuchsberger kommt es auf Praxisbezug an, nicht auf scholastische Disputationsfertigkeiten. Zwei Zielgruppen hat er vor Augen, zum einen einfache Geistliche, auch Klosterangehörige, denen argumentative Fertigkeiten vermittelt werden sollen, zum anderen Juristen und Kanzleipersonal. Fuchsbergers Darstellung wendet sich an ein interessiertes nicht-akademisches Publikum, das an alltagstauglichen Kenntnissen der Dialektik interessiert ist: *Nicht das sich die gelerten diß büchleins solten behelfen, das allain den anfachern ist verordent worden* (LXXXIXa, vgl. PRANTL 1856: 210). Das Werk ist keine „reine" Dialektik, sondern behandelt auch Themen der Rhetorik (SIEBER ebd.). Von *natürlicher Dialektik* spricht Fuchsberger, weil er davon ausgeht, dass jeder Mensch von Natur aus über gewisse dialektische Denkfähigkeiten verfüge, die allerdings durch Schulung gefördert werden können.

> **[15] Ortolf Fuchsberger,** *Ain gründlicher klarer anfang der natürlichen vnd rechten kunst der waren Dialectica,* **Augsburg 1533, S. XXXIXa**
>
> *Von dem Syllogismo oder gantzer schutzrede:*
> *DIe erst form Syllogismi begibt sich, wenn durch zwů warhafft rede ain zweyffelhaffter fürschlag bekrefftigt oder bewisen vnd in massen, wie hernach volgt, förmlich gestelt wirt. Vnnd seydmal Syllogismus ain bewarung des zůsammgesetzten fürschlags [ist], so lernt die natur zů bedencken, warumb oder auß was vrsach der hindertail, das ist predicatum, des selben fürschlags vom subiecto, das ist vom vordertail, geredt wirt. Die selb vrsach ist fleyssig zůmercken. Dar nach soll der hinder tail des fürschlags zů der vrsach inn ain gmaine vnnd für die erst rede vnnd nachmals für die ander nach rede der erst tail des fürschlags mit berürter vrsach gestelt vnd zů letst der fürschlag selb auch hinzů gethon vnd benent werden. Also:*
>
>       *Erster*                *Ander tail*
>  *Die forcht Gottes*     *ist allen dingen anzůnemen*
>             *Ursach*
> *Dann sie ist ain anfang der weyßhait*
>
> *Nun nymm den hindern tail des fürschlags sambt der vrsach vnd setze ain gmaine rede also: Alle ding, so anfang der weyßhait geben, seind vor andern anzůnemen. Zům andern: Nym den ersten tail deins fürschlags mit des selben vrsach also: Die forcht Gottes gibt anfang der weyßhait. Darauß volgt der fürschlage oder beschlußrede. Des halben ist die forcht Gottes vor allen dingen anzůnemen.*

Das ganze Werk Fuchsbergers wird von **lateinischen Marginalien** begleitet, die den deutschen Text in Bezug zur lateinischen Dialektik bzw. Logik und ihre Begrifflichkeit setzen. Innerhalb des deutschen Kontextes erscheinen lateinische Fachtermini, in [15] z.B. *Syllogismus, predicatum, subiectum.* Kennzeichnend für Fuchsbergers Fachsprache sind auch – ähnlich wie beim Rhetoriker Riederer – terminologische Verwendungen **allgemeinsprachlicher** Lexeme wie *fürschlag* 'Behauptung, Aussage', *bewarung* 'Beweis', *vordertail* 'erster Teil innerhalb eines Syllogismus' (lat. *subiectum*), *hindertail* (oder *ander tail*) 'zweiter Teil innerhalb eines Syllogismus' (lat. *predicatum*), *gmaine rede* 'Verallgemeinerung', *beschlußrede* 'Schlussfolgerung'. Die Diktion des Buches ist über Strecken die einer **belehrenden Anleitung,** die den Leser direkt anspricht: *Nun nymm den hindern tail des fürschlags* ... oder *Thů wie oben vnnd sprich.*

Ein Protestant in Klosterdiensten wäre ein halbes Jahrhundert nach Fuchsberger nicht mehr vorstellbar gewesen. **Wolfgang Bütner** (ca. 1530 – ca. 1596), Pastor in Wolferstedt bei Mansfeld, dessen *Dialectica Deutsch* (Untertitel: *Das ist Disputierkunst. Wie man vernünfftige vnd rechte Fragen mit vernunfft vnd mit kunst* *entscheiden vnd verantworten solle*), die 1574 in Leipzig erschienen ist, flicht eine Reihe antikatholischer Spitzen ein. Für ihn ist Dialektik weniger eine praktische Fertigkeit (wie für Fuchsberger), sondern eher theoretische Voraussetzung für die Philosophie. Er ordnet sie nach wie vor unter den Sieben Freien Künsten ein (*die tapffern freyen Künste*, wie er sie nennt). *Die erste ist die Grammatica, die leret recht schreiben vnd recht reden. Dialectica die leret wol gewis vnd eigentlich de quamuis Materia, von einer jeden sache, sprache halten, handlen vnd disputiren.* In Bütners System folgte die Rhetorik erst auf die Dialektik. Letztere *schreibet vor, wie man ornate, zierlich, eleganter, lieblich, vnd vrbane, höfflich, solle eine böse oder eine gute sache vorbringen, glaubwirdig machen oder in verdacht ziehen* (A4a) soll. Über weite Strecken basiert Bütners Dialektik auf Schriften Philipp Melanchthons. Die Darstellung ist dialogisch, wobei Fragen und Aufforderungen aus der Sicht des Lernenden formuliert werden.

Bütner verwendet reichlich **lateinische Termini** (die teilweise durch Antiqua gekennzeichnet sind): *Predicabilia, Species, Genus, Differentia, Accidens*, lässt diese aber nicht unerklärt stehen, sondern fügt unmittelbar deutsche Verständnishilfen hinzu, die dazu dienen, die lateinischen Begriffe teils wiederzugeben, teils zu paraphrasieren. Wiedergaben sind Einzellexeme wie *bild* für *Species*, *zufall* für *Accidens*. Paraphrasen sind *ein glast im verstande* ebenfalls für *species* oder *des bildes ampt vnd wirckung* für *proprium*. Auch die Möglichkeit, deutsche Wörter oder Wendungen metaphorisch zu verwenden, wird genutzt, z.B. *glast* 'Glanz, Schimmer', *ampt* 'Amt, Aufgabe' (heute würde man *Funktion* sagen), *zufallen* 'assoziieren'. Phraseologische Wortverbindungen (Funktionsverbgefüge) im zitierten Textstück sind beispielsweise *in das gemüte lauffen* oder *zu sinne kommen*, beides in der Bedeutung 'als Vorstellung entstehen'.

Eine andere Möglichkeit, im Deutschen terminologische Provisoria zu bilden, bietet die Wortbildung: Bütner greift zur Möglichkeit der **Kompositabildung** wie *einfasse wort* oder *scheide wort* (die Getrenntschreibung besagt nichts gegen den Ansatz von Komposita). Auffallend in seiner Terminologie ist die Gruppe um das Grundwort *meister*. Außer *hohe Meister wort* bildet er Fügungen wie *meisterliche Regel* (für griech. *criterion*), *meisterlich Gestalt* (für lat. *formale*), *meisterliche Gescheidenheit* (lat. *habitus*), *meisterlich Zeug* (lat. *instrumentum*), *hoher meister Spruch* (lat. *propositio*), *meisterlich Syllogismus* (lat. *syllogismus*). Für einzelne lateinische Begriffe werden auch alternative deutsche Äquivalente verwendet: *ein bild oder ein glast im verstande* oder *eine absonderung oder ein scheidewort* (vgl. PRANTL 1856: 217f.). Was Bütner hier darlegt, ist nicht mehr weit von dem entfernt, was in der Linguistik des 20. Jhs. unter „Prototypensemantik" firmierte.

# 1 Die Septem Artes Liberales

> [16] **Aus Wolfgang Bütner: *Dialectica Deutsch. Das ist Disputierkunst. Wie man vernünfftige vnd rechte Fragen mit vernunfft vnd mit kunst entscheiden vnd verantworten solle*, Leipzig 1574, ohne Paginierung [S. 25–27]**
>
> *Wie viel sind predicabilia oder hohe meister Namen? Fünffe:*
> Species, *ein bild oder ein glast im verstande.*
> Genus, *ein summarien oder ein begreiffe vnd einfasse wort*
> Differentia, *eine absonderung oder ein scheide wort*
> Proprium, *des bildes ampt vnd wirckung*
> Accidens, *ein zufall, das ist ein lob oder schmachwort*
> *Was ist Species oder ein Bilde wort?*
> *Es ist ein hohe Meister wort oder ein reicher Name, des bedeutunge oder bildnisse der Mensch in seinem sinne oder in seinem verstande einnimpt vnd betrachtet. Denn wie bald ich etwas nennen höre, so lauffet mir desselben Namen vnd gestalt, form oder bildnisse (das heist Species) in das gemüte vnd bringet mir einen glast, den ich in meinem sinne betrachte vnd beschawe.*
> *Exempla*
> *Ich höre eines Thieres gedencken; wohl höre ich das wort Thier; weil aber kein Thier ausdrücklich mit seinem Namen gennenet, so dencke ich, das es ein Rind, ein Wolff, ein Schaf, ein Lawe oder ein Beer sein könne. Vnd was ich mir vom Namen Thiere fur ein besonder bildnis in meinem sinne einbilde, das ist vnd heist Species.*
> *Ich höre von Metall reden; darumb fellet mir zu, das man von eisen, bley, ziehn, von golt oder von silber redet.*
> *Item, Man redet von freien künsten, so dencke ich, es wird Grammatica sein oder Dialectica oder Rhetorica, dauon man redet.*
> *Man redet von Kreutern; bald kommen mir zu sinne der Kreuter bildnisse oder Species, nemlich Isop, Salbey, Poley, Meioran, Lauendel.*
>
> | Redt man von | { | *Edlen steinen*<br>*Tugengen*<br>*Lasteren*<br>*Beumen*<br>*Fischen*<br>*Vöglein* | *So denck ich an* | { | *Corallen, Magneten*<br>*Warheit, Trewe,*<br>*Hass, Neid, Grollen*<br>*Eychen, Tannen, Buchen*<br>*Carpen, Hecht, Ole*<br>*Fincken, Meisen, Lerchen* |

Die **Syntax** ist bemerkenswert einfach. Bütner vermeidet überlange und komplexe Satzperioden. Mit Beispielen, teilweise in schematischen Darstellungen, wird das zuvor theoretisch Ausgeführte anschaulich gemacht.

Aufgrund der Dominanz des Lateinischen als Kirchen-, Wissenschafts- und Verwaltungssprache konnte es bis in die frühe Neuzeit **keine autochthone deutsche Rhetorik** geben. Rhetorik war per se lateinische Rhetorik, auch wenn schon Notker im Rahmen des Schulunterrichts althochdeutsche Rhetorik-Termini schuf, um,

## 1.1 Die Fächer des *Triviums*

wie sein Schüler und Biograph Ekkehard sagt, *propter caritatem discipulorum* 'aus Liebe zu seinen Schülern', die lateinische Begrifflichkeit verständlich zu machen. Notker ging es um Vermittlung der lateinischen Rhetorik unter Zuhilfenahme der Volkssprache. Erst mit der Expansion professioneller deutscher Schriftlichkeit entstand allmählich im 15. Jh. auch ein Bedarf an geeigneten Lehrwerken und Ratgebern im Bereich der Rhetorik und Dialektik (mit teilweise fließenden Übergängen). Deshalb kann es nicht überraschen, dass es vom Mittelalter bis in die frühe Neuzeit keine einheitliche Terminologie in diesen Fächern gegeben hat. Ein abschließend vergleichender Überblick über entsprechende Wort- und Begriffsprägungen bei Notker und – erst ein rundes halbes Jahrtausend später – bei Fuchsberger und Bütner macht das deutlich.

**[17] Termini der Rhetorik und Dialektik bei Notker, Fuchsberger und Bütner.**

| lateinisch | Notker | Fuchsberger | Bütner |
| --- | --- | --- | --- |
| *affectio* | anachomeni | Leidlichkeit, *affectiert Naiglichkait* | Begirden |
| *causa* | machunga | bewegend Ursach | Grund oder Zeug |
| *contradictorius* | uuiderechtig | tötlich Umbkerung per contrapositionem | contradictorie |
| *contrarius* | uuideruuartig | widerwertig | ungemäß vnd zuwider, contrarie |
| *differentia* | skîdunga | Differentz oder Unterschaidung, underschiedlich Wort | Absonderung oder Scheide wort |
| *essentia* | wist | Wesenlichkeit | Wesen |
| *genus* | taz kemeine chunne unde slahta | eenlich Wort | Summarien oder Begriffe und Einfasse wort, Generale |
| *impossibile* | unmahtlîh | unmüglich | unmöglich |
| *oppositum* | uuidersacho | Widertail, Gegenverstand, widerwertig | Widersprechung und Anfechtung |
| *situs* | gileganî | körperlich Bleiben | Geschicklichkeit am Leibe |
| *subiectum* | underin | Vortertail des Fürschlags, Subjectum | Grundwort |

# 1 Die *Septem Artes Liberales*

Eine wichtige Funktion des Deutschen im „trivialen" Unterricht an Universitäten und Schulen – von Notkers Gedicht über den Eber bis hin zu Fuchsbergers Definition des Wortes *anser* 'Gans' war es, **anschauliche Beispiele** zu geben. Eine Gans, so Fuchsberger, ist *ain vogel ains gelben braiten schnabels, braiter füß, haiser stymm, vnnd guter schreibfedern, vonn welcher wegen sie offt schendlich mit ainem zaunstecken dem schreiberischen gerichtszwang wird unnderworffen*. Das Beispiel ist in der Tat einprägsam. Doch die Fachterminologie selbst war – trotz immer wieder unternommener Experimente mit volkssprachlichen Begriffen – in der Hauptsache lateinisch.

## 1.2 Die Fächer des *Quadriviums*: Die rechnenden Wissenschaften

Das *Quadrivium* bestand aus den Einzelwissenschaften Arithmetik, Geometrie, Musik und Astronomie (Überblicke über Autoren und Werke: HAAGE/WEGNER 2007: 79–93, ASSION 1973: 72–81, EIS 1960: 1135–1146).

### 1.2.1 Arithmetik

Auch für die mathematischen Wissenschaften (vgl. SCRIBA 1985) war im Früh- und Hochmittelalter **Boethius** die wichtigste Autorität. Erst in der Zeit der Scholastik wurden antike Autoren wie Aristoteles, Euklid, Archimedes (wieder) entdeckt. Die Rezeption war zunächst ausschließlich lateinisch (HAAGE/WEGNER 2007: 79–81, vgl. auch den Überblick von GÜNTHER 1887). Sicher auf Boethius basierten die – leider verlorenen – mathematischen Lehrschriften **Notkers III. von St. Gallen**, der in seinem Brief an den Bischof Hugo von Sitten erwähnt, dass er auch Schriften zu den *principiae arithmeticae*, den 'Prinzipien der Arithmetik', verfasst habe. Aus den folgenden Jahrhunderten ist nichts Entsprechendes bekannt oder erhalten. Auch zu den Bereichen Arithmetik und Geometrie sind Texte erst wieder aus frühneuhochdeutscher Zeit überliefert. Darin geht es teils um Grundlagen des Rechnens an sich, teilweise aber auch um kaufmännische Praxis.

Der **Algorismus Ratisbonensis** ist ein um die Mitte des 15. Jahrhunderts verfasstes bzw. kompiliertes Rechenbuch eines namentlich nicht bekannten Mönchs im Regensburger Kloster St. Emmeram (Teilausgabe VOGEL 1954). Bislang sind neun (allerdings nicht textidentische) Handschriften bekannt (ZIMMERMANN 1978a). Den ersten Teil bildet eine Einführung in das Rechnen mit ganzen Zahlen, den zweiten in das Bruchrechnen. Der dritte Teil ist eine Sammlung von (kaufmännischen) Textaufgaben mit Erläuterungen und Anleitungen zu den erforderlichen Rechenoperationen (zu mittelalterlichen Textaufgaben vgl. FOLKERTS 1971). Darin werden allerdings nicht nur Fertigkeiten im Umgang mit den Grundrechnungsarten, sondern auch (im Rahmen des *Triviums* erworbene) Lateinkenntnisse vorausgesetzt: Eine große Anzahl von Aufgaben ist lateinisch oder auch gemischtsprachig lateinisch-deutsch. Nur ein Teil ist überwiegend auf Deutsch formuliert.

## 1.2 Die Fächer des *Quadriviums*

Aber auch darin finden sich lateinische Fachtermini, insbesondere zur Benennung von Rechenoperationen.

> **[18] Zwei Aufgaben aus dem *Algorismus Ratisbonensis* (nach VOGEL 1954)**
>
> S. 47, Nr. 63: *Es wolt ayner ayn mauer machen 20 ellen lang vnd 10 ellen hoch vnd 3 stain* [hier müsste es eigentlich *ellen* heißen] *dick vnd 1 stain ist lang 1/3 vnd 1/4 prait vnd 1/8 dick. Nu frag ich, wij vil er stain müeß haben. So multiplicir dy leng mit der hoch, erit* [das ergibt] *200 vnd darnach multiplicir dy dick mit 200, erit 600 vnd multiplicir 1/3 1/4 1/8. Dic* [sage, rechne] *3 per* [mal] *4 est* [ist] *12 et* [und] *12 per 8 erit 96 stain; dy kümmen in ain ellen. Nunc multiplica cum* [nun multipliziere mit] *600 et erit 57600. Vnd als vil stain kommen an dy maur.*
>
> S. 64, Nr. 114: *ein man hat sün* [Söhne] *vnd man wayß nicht, wie vil ir sind, vnd hat fl* [Gulden] *ligen in ainer wechselpanck vnd man waiß auch nit, wie uil ir sein. Nu sent er den elczten sun in dy panck vnd haist in nemen voraus 1 fl vnd daz 10 tail aller fl, dy do pleiben vnd spricht zw dem andern, daz er nem 2 fl vnd auch den 10 tail der fl, dy do pleiben, vnd zw dem driten spricht er, das er nem 3 fl etcetera alz vor. Also furpas* [und so weiter] *vncz* [bis] *auf den iungsten sun; den haist er all fl nehmen, dy noch pliben sind. Nu thun dy sün das vnd pringen all gleich süm* [Summe]. *Nu ist dy frag, wie vil der sün sein vnd wie uil fl. Machs also vnd merck auf den tail, den sy all gleich pringen, daz ist 10 vnd von den 10 zeuch 1 ab, pleiben 9 sün. Wiltu nu wissen, wie uil fl, so multiplicir 9 in sich, facit 81 fl.*

Die erste Aufgabe ist **gemischtsprachig**. Deutsch sind die Vorgabe, also der Plan des Mauerbauers, die Größe der projektierten Mauer und der Steine sowie das Schlussfazit. Der Rechenweg wird – wie in einer Reihe weiterer Aufgaben – lateinisch erklärt. Fachtermini sind im ersten Beispiel der morphologisch an das Deutsche angepasste Imperativ *multiplicir* 'multipliziere', ferner *erit* und *est* 'ergibt' (wörtlich 'wird sein' bzw. 'ist'), *per* 'mal' (nicht 'durch'!), *dic* 'rechne' (wörtlich 'sage') und der Imperativ *multiplica* 'multipliziere'. Die zweite Aufgabe ist nahezu vollständig deutsch. Aber auch hier erscheint *multiplicir*. Das Wort *süm* 'Summe' basiert auf lat. *summa*. Beide Wörter sind morphologisch assimiliert und werden deutsch flektiert.

Was an den beiden Beispielen beobachtet wurde, kann als generelle Tendenz im *Algorismus Ratisbonensis* gelten: Benennungen für Rechenoperationen sind häufig auch in deutschen Kontexten lateinisch. Es sind auch lateinische und/oder deutsche **Synonyme** im Gebrauch (einen Überblick über lateinische mathematische Termini und Vorschläge zu ihrer Verdeutschung gibt F. MÜLLER 1899: 319–333; vgl. auch REINER 1960: 45–121). Für 'addieren' beispielsweise werden synonyme Ausdrücke wie *addere, aggregare, iungere, summare* verwendet.

Daneben erscheinen aber auch bereits deutsche Imperativformen wie *machs zesam, tue zesam* oder *thw darczw* (Formulierungen auf der Basis von lat. *addere*) oder lateinisch-deutsche Wortkombinationen wie *addir zesam, setz adiert*. Synonyme für 'subtrahieren' sind z.B. lat. *subtrahere, amovere de, aufferre, deponere, minuere*, daneben aber auch volkssprachliche Verben oder Verbalbildungen, die lat. *subtrahere* nachbilden, wie *abslahen, abzyehen, davon nehmen, davon ziehen*. Morphologisch ans Deutsche angepasst ist das Lehnwort *subtrahiren*.

Für 'multiplizieren' verwendet der *Algorismus Ratisbonensis* lat. *multiplicare*, woraus parallel zu *addiren* und *subtrahiren* mit deutscher Verbalendung *multipliciren* gebildet ist (mit fester Präposition *per* bzw. *durch*, nicht wie heute *mit*). Als synonyme deutsch-lateinische Doppelung wird *mer* (Imperativ zu *meren* 'vermehren') oder *multiplicir* (173,27) verwendet. Für Multiplikation mit zwei wird lat. *dupl(ic)are* verwendet, worauf *duplieren* basiert, einmal auch *zwispilen*. Dreifachmultiplikation wird lateinisch als *tripl(ic)are* bezeichnet. Morphologisch integriert sind *tripliren* und *terpliren*. Auf lat. *dividere* basiert das Lehnwort *dividiren* (mit den Präpositionen *durch, mit* und *in*). Synonym werden auch *partiren* und *teilen* verwendet.

Insgesamt steht die mathematische Terminologie des *Algorismus Ratisbonensis* im Spannungsfeld von Latein und Deutsch. Die lateinische Begrifflichkeit überwiegt in den meisten Fällen noch deutlich. Auf der Grundlage der lateinischen Terminologie experimentieren Autoren mit Lehnbildungen, um praktikable deutsche Äquivalente auch für solche Benutzer zu erhalten, die sich die Begrifflichkeit nicht aus dem Lateinischen herleiten konnten.

Der **Satzbau** sowohl in den gestellten Rechenaufgaben selbst als auch in den häufig direkt anschließenden Erklärungen der Lösungswege ist denkbar einfach. Es dominieren **parataktisch** gereihte, teilweise mit *und* verbundene **Einfachsätze**. Abhängige Sätze kommen zwar vor, sind aber in der Regel von geringem Umfang. Schachtelsätze mit Abhängigkeiten zweiten oder gar dritten Grades sind selten. Wiederkehrende Nebensatztypen sind vor allem **Objektsätze** wie *Nu frag ich, wij vil er stain müeß haben – man wayß nicht, wie vil ir sind – zw dem driten spricht er, das er nem 3 fl etcetera alz vor* und relative Attributsätze wie *daz 10 tail aller fl, dy do pleiben – den haist er all fl nehmen, dy noch pliben sind – merck auf den tail, den sy all gleich pringen*. Charakteristisch für den knappen Stil sind ferner **Ellipsen**. In *Also furpas vncz auf den iungsten sun* fehlen Subjekt und Prädikat. In *pleiben 9 sün* ist die Stelle vor dem Prädikat *pleiben* nicht besetzt.

Ein Kuriosum, und schon allein deshalb erwähnenswert, ist das **Bamberger Rechenblockbuch** (Inc.typ.Ic I44 der Staatsbibliothek Bamberg), das zwischen 1471 und 1482 wahrscheinlich in Nürnberg im Holzschnittverfahren angefertigt worden ist (Ausgabe: VOGEL 1980; vgl. KEIL 2004). Von „Vervielfältigung" kann kaum die Rede sein, da gerade einmal zwei Exemplare erhalten sind. Allerdings ist bei einem derart schmalen kleinformatigen Heftchen (14 Blätter = 28 Seiten zu jeweils ca. 11 mal 19 cm) mit einer erheblichen Verlustquote zu rechnen. Vorgeschaltet sind tabellarische Einmaleinstafeln. Dann folgen Aufgaben aus der kaufmännischen Praxis, die einfache Preis- und Währungsberechnungen verlangen.

[19] **Eine Seite aus dem Bamberger Rechenblockbuch, Staatsbibliothek Bamberg, Inc.typ.Ic.I.44, fol. 7$^v$**

*Item einer kauft 2 seck mit Ingwer, wegen lautter* [die wiegen netto] *1 c(entner) 62 lb; kost 1 lb 6 ß 5 hlr; facit 51 fl 19 ß und 6 haller*

*Item Einer kauft 1 sack mit piper, wigt lautter 1 c(entner) 17 lb kost 1 lb 5ß 3 hlr; facit 30 fl 14ß 3 hlr*

*Item Einer kauft 3 seck mit mandel; wegen lautter 2 c(entner) 75 lb; kost 1 c(entner) 7 fl 9 ß facit 20 fl 9 ß 9 hlr*

*Item Einer kauft 1 lagel weinper; wigt 2 c(entner) ½ 12 lb; kost 1 c(entner) 4 fl 1 ort facit 14 fl 1ß 7 haller $^4/_5$*

*Item Einer kauft 3 seck mit pfeffer; der erst wigt 1 c(entner) 13lb. Der ander 1 c(entner) 73lb, der drit wigt 2 c(entner) minus 12 lb, vnd get fur die 3 seck ab 4lb ½ kost 1 lb 7ß 3 hlr facit 170 fl 3 ß 10 hlr 1/2*

Fremdsprachliche **Fachwörter** sind hier lediglich *minus* und *facit*. Fremdwörter, die zwar nicht der Sprache der Mathematik zuzurechnen sind, in kaufmännischen Zusammenhängen der Zeit aber unabdingbar, sind exotische Warenbezeichnungen wie *Ingwer* oder *piper* 'Pfeffer' und die Gewichtsangabe *c(entner)* 'Zentner'. Fachsprachlich verwendet ist das Adjektiv *lautter* in der Bedeutung 'ohne Verpackung, netto'. Die Aufgaben sind in einfachen **Kurzsätzen** formuliert. In einer Reihe von Fällen ist das Subjekt elliptisch weggelassen. Dieser Minimalismus kann sicher damit erklärt werden, dass jeder einzelne Buchstabe aus dem Holz geschnitten werden musste.

Ein **Bamberger Rechenbuch,** das nicht mit diesem Blockbuch identisch ist, wurde 1483 als erstes Rechenlehrwerk in der von Gutenberg erfundenen Technik gedruckt (Faksimileausgabe WAGNER 1988, vgl. ZIMMERMANN 1978b). Es ist in Anlage, Zielsetzung und Sprache aber durchaus vergleichbar (eine Reihe von Autoren und Werken des 15. bis 17. Jahrhunderts ist in den von Rainer GEBHARDT 1996, 1999, 2002, 2011 herausgegebenen Sammelbänden erwähnt; vgl. weiterhin FOLKERTS/KNOBLOCH/REICH 1989: 188–240).

# 1 Die *Septem Artes Liberales*

**Johannes Widmann** aus Eger wurde 1480 an der Universität Leipzig immatrikuliert, muss also in den 1460er Jahren geboren sein. 1486 hielt er in Leipzig eine Vorlesung über Algebra und Arithmetik. 1489 erschien von ihm in Leipzig das mathematische Lehrbuch *Mercantile Arithmetic* oder *Behende und hüpsche Rechenung auff allen Kauffmanschafft*, das mehrmals an verschiedenen Orten nachgedruckt worden ist. Um 1500 lebte er im erzgebirgischen Annaberg (zu Person und Nachleben vgl. GÄRTNER 2000: 1–11 und 569–577, KAUNZNER 1996, FOLKERTS 1999).

Das Buch gliedert sich in drei Teile: (1) eine Einführung in das System der arabisch-indischen Ziffern und elementare Rechnungsarten vom Addieren bis hin zum Wurzelziehen und Bruchrechnen, (2) Anleitungen zum kaufmännischen Rechnen und Aufgaben aus der Praxis und (3) Geometrie und Feldmesskunst mit Aufgaben. Der folgende Text [20] ist ein Auszug aus dem zweiten Teil.

---

**[20] Aus Johannes Widmann, *Behende vnd hubsche Rechnung auff allen Kauffmanschafft*. Druck: Leipzig 1489, fol. 32$^{r/v}$ (vgl. GÄRTNER 2000: 373f.)**

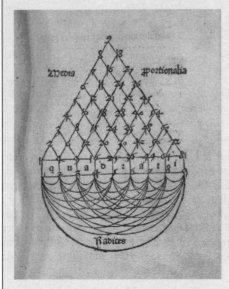

*Auch soltu mercken, das zwischen zweyen Cubicis seyn albeg zwey media proportionalia, Maius vnd minus, eyn groß vnd eyn kleynß; durch welche dan die zwu corporlichen zal miteynander vereynt werden. Wan gleych alß sich helt der grosser cubicus zu der grossern mittel zal, alßo helt sich das kleyner medium proportionale czu dem kleynern Cubico. Und ßo du daz grosser medium addirest zu dem grossern quadrat, wirt der grosser cubicus. Und szo du den kleinern quadrat subtrahirst von dem kleinern medio pleybt der kleyner Cubicus. Wiltu aber die zwey media vinden, so multiplicir die wurczel deß kleynernn quadratß in dem grossern quadrat, ßo kumpt das grosser medium vnd die wurczel deß grossernn quadratß in dem kleynern quadrat, szo erwechst das kleyner medium. Exemplum: 2 mol 2 zu 2 mol ist 8, der kleyner Cubicus 4 seyn quadrat vnd 2 seyn radix cubica. Und 3 mol 3 zcu 3 mol ist der grosser Cubicus 9 seyn quadrat vnd 3 seyn wurczel cubica]*

## 1.2 Die Fächer des *Quadriviums*

Der zitierte Textausschnitt umfasst 160 Wörter mit dem beträchtlichen Anteil von 35 **Fremdwörtern**, deren terminologische Bedeutung entweder als bereits allgemein bekannt vorausgesetzt wird (*addiren, subtrahiren, multipliciren, minus*) oder die von Widmann definiert werden wie z.b. im zitierten Textpassus *corperlich zal* und *radix cubica*. Beides ist kurz zuvor erklärt worden: *Also ist auch corperliche zal in zweyerley gestalt, wan etliche entspringet auß multiplicirung in sich selbst zwir, als 27 erwechst auß 3 mol 3 zcu 3 mal vnd 3 ist ir Radix Cubica* (GÄRTNER 2000: 372,7–9). Die einfachste Art, Fremdwörter zu erklären, ist die Gegenüberstellung mit deutschen Begriffsäquivalenten, z.B. *vnd darum soltu zum ersten mercken daß czu gleicher weiß als in geometria ist lenge alß linea, flech als superficies vnd dick alß Corpus* (371,19f.).

Widmanns Werk ist in der Offizin von Konrad Kachelofen in Leipzig gedruckt worden, der auf (lateinische) Universitätsschriften spezialisiert war. In diesem Kontext dürfte das Lehrwerk – trotz des erkennbaren Bezugs auf praktische Belange der *Kauffmanschafft* – zu sehen sein. Die Intention, auch „reine" mathematische Grundkenntnisse ohne unmittelbaren Anwendungsbezug zu vermitteln, schlägt sich auch in schematischen Darstellungen nieder (s. [20] links, mit vier lateinischen Begriffen).

Lateinische Termini werden teilweise **morphologisch an die deutsche Grammatik angepasst**. Lat. *quadratum* beispielsweise erscheint unter Tilgung der Endung als *quadrat*. Zahlreich sind vor allem die *-iren*-Bildungen (z.B. *proportioniren* 'in ein Verhältnis setzen', *quadriren* und *quadrupliren* 'vervierfachen', *reduciren, retormiren* 'den Kehrwert bilden'). Sie sind durch die Notwendigkeit entstanden, speziell **Verben** den grammatischen Erfordernissen des Deutschen anzupassen, also Personalformen, anleitende Imperative, Infinitive oder Partizipien zu bilden. Kennzeichnend für Widmanns Fachsprache sind außer Fremdwörtern **verbale Präfixbildungen** wie *abgehen, abhauen, abnehmen, abrechen* (zu *rechen* 'rechnen'), *abschlagen, abschneiden, absundern, abwägen, abziehen, aufgehen, aufheben, auflassen, auflesen, aufschlagen, aufsetzen, aufsteigen*. Seltener sind **verbale Suffixableitungen** wie *dreifächtigen*.

Häufig sind **abstrakte Suffixableitungen** wie *anschlagung, ausrichtung, ausschließung, ausstreckung, austeilung, benumung* 'Kennzeichnung', *überwachung* 'fortschreitende Zahlenreihe', *geradigkeit* 'Geradheit', *vorgleichnis* 'Vergleich, Gegenüberstellung' und **Substantivkomposita** wie *achtangel* 'Achteck', *ackerlänge* 'Länge eines Ackers', *haubtsumme* 'Gesamtergebnis', *haubtzal* 'Grundzahl'. Einige Ableitungen sind deutlich als **Lehnbildungen** zu erkennen, z.B. *manchfältigen* 'multiplizieren' (nach *multiplicare*), *manchfältigung* 'Multiplikation' (*multiplicatio*), *sternerkenner* 'Astronom' (*astronomus*). Eine terminologische **Adjektivbildung** ist *kreuzlich* 'über Kreuz' (*eyn kreuzliche multiplicirung*, 400,1). **Zusammenbildungen**, also Ableitungen von Wortgruppen (vgl. FLEISCHER/BARZ 2012: 86f.) sind *achtecket, vier-, funff seytigk*. **Hybridbildungen** aus lateinischen und deutschen Konstituenten sind z.B. *formlich* 'schematisch', *geordinieren* 'zuordnen', *halbdiameter* 'Radius', *corperlich* (1) 'kubisch', (2) 'als Kubikzahl', *sexangelseyte* 'Seite eines Sechsecks'.

Eine mögliche Quelle für die Gewinnung von Termini ist ferner die fachsprachliche Verwendung **allgemeinsprachlicher Wörter** wie *erwachsen* 'als Ergebnis herauskommen', *geschärft* 'spitz' (Winkel), *kreuz* in der Fügung *multiplicir [...] in das kreuz* 'multipliziere über Kreuz' (441,5), *nemen* 'subtrahieren', *unterscheid* 'Differenz', *kommen* 'als Resultat herauskommen'. Das Wort *wurczel* wird (in derselben Bedeutung wie heute) im Textauszug neben lat. *radix* verwendet (einen Überblick über die Terminologie Widmanns gibt das Glossar in GÄRTNER 2000: 539–568; allerdings sind die Bedeutungsangaben oft nicht ausreichend für das Textverständnis).

Der **Satzbau** in den eigentlich mathematischen Partien ist tendenziell komplexer als in den Rechenexempeln. Allein der kurze exemplarisch zitierte Textpassus enthält mehrere verschiedene Nebensatzarten: einen Objektsatz (*das zwischen zweyen Cubicis seyn albeg zwey media proportionalia, Maius vnd minus, eyn groß vnd eyn kleynß*), einen relativen Attributsatz (*durch weliche dan die zwu corporlichen zal miteynander vereynt werdenn*), einen Vergleichssatz (*gleych alß sich helt der grosser cubicus zu der grossern mittel zal*), zwei mit der Subjunktion *so* eingeleitete Konditionalsätze (*ßo du daz grosser medium addirest zu dem grossern quadrat* und *szo du den kleinern quadrat subtrahirst von dem kleinern medio*) sowie einen uneingeleiteten Konditionalsatz (*Wiltu aber die zwey media vinden*). Im anschließenden *Exemplum* wird der Satzbau sogleich wieder parataktisch: *2 mol 2 zu 2 mol ist 8*. Das folgende *der kleyner Cubicus 4 seyn quadrat vnd 2 seyn radix cubica* enthält kein Prädikatsverb (*ist*) und ist folglich elliptisch. Parallel: *Und 3 mol 3 zcu 3 mol ist 27, der grosser Cubicus 9 seyn quadrat vnd 3 seyn wurczel cubica*.

**Adam Ries** (auch „Riese"), der „Rechenmeister des deutschen Volkes", wie er auch genannt wurde, an den bis heute die Redensart *das macht nach Adam Riese ... erinnert*, wurde 1492 im fränkischen Staffelstein geboren. 1509 wohnte er in Zwickau. Nach einem kurzen Aufenthalt in Annaberg 1515, wo er erst später (1522 bis zu seinem Tod 1559) sesshaft werden und das Bürgerrecht erwerben sollte, lebte er von 1518 bis 1522 in Erfurt. Dass er in Annaberg den etwas älteren Johannes Widmann kannte, ist anzunehmen, doch weiß man über das Verhältnis der beiden Rechenmeister fast nur, dass Ries wenig von den didaktischen Fähigkeiten seines Kollegen hielt (zu Person, Leben, Bildung und Werk des Adam Ries vgl. GÄRTNER 2000: 204–219, DEUBNER 1992, KAUNZNER/WUSSING 1992: 9–33, zeitgenössische Quellen in RÜDIGER/LORENZ 2009). Ries hat mehrere praktische mathematische Lehrwerke mit Rechenaufgaben und Lösungsanleitungen verfasst. Er schreibt ausdrücklich *fur iunge anhabende schuler* (so in der Vorrede). Der Mensch unterscheide sich vom Tier – und Ries beruft sich hier auf Plato – dadurch, dass *er rechnen kann vnd verstand der zale hab*.

## 1.2 Die Fächer des *Quadriviums*

In Erfurt, wo Ries Kontakte zu Humanistenkreisen hatte, verfasste er sein erstes Rechenbuch, das aber nur geringen Erfolg gehabt zu haben scheint: Die Erstauflage von 1518 ist völlig verloren, von der 2. Auflage (Erfurt 1525) gibt es nur wenige Exemplare (DESCHAUER 1992: 26–31). Als Autograph überliefert ist eine 1524 verfasste *Coß* 'Algebra' von Adam Ries (KAUNZNER/WUSSING 1992, Faksimile des im Erzgebirgsmuseum Annaberg-Buchholz aufbewahrten Codex). Dieses Werk ist jedoch nicht gedruckt worden.

Ein Bestseller mit über 100 Auflagen bis 1656 wurde dagegen Ries' zweites Rechenbuch mit dem Titel *Rechenung auff der linihen und federn in zal, maß und gewicht auff allerley handierung gemacht und zusamen gelesen*, dessen Erstauflage 1525 in Erfurt erschienen ist (KAUNZNER/WUSSING 1992: 28–33). Enthalten ist wie im ersten Buch eine Einführung in das Rechnen „auf der Linie", d.h. in die Handhabung des Rechenbretts (Abakus), doch wird das Werk sodann um das „moderne" schriftliche Rechnen *mit den ziffern die Feder genant* erweitert. 1550 erschien das dritte Rechenbuch mit dem Titel *Rechenung nach der lenge auff der Linihen vnd feder. Darzu forteil vnd behendigkeit durch die Proportiones, Practica genant. Mit grüntlichem vnterricht des visierens*. Es basiert auf den beiden vorangegangenen Werken, ergänzt den Stoff aber noch um ein Kapitel über die Berechnung von Hohlkörpern. Ries beurteilt die Mathematik noch traditionell als Grundlage des *Quadriviums*, indem er (im Vorwort zum dritten Rechenbuch) die Mathematik als *ein fundament vnd grundt aller Künste* bezeichnet. Denn, so weiter, *ohne zal mag kein Musicus seinen Gesang, kein geometer sein mensur vollbringen. Auch kein Astronomus den lauff des Himmels erkennen.*

Sprachlich unterscheidet sich Ries sowohl im Hinblick auf die verwendete Terminologie als auch auf die insgesamt einfachen Satzstrukturen nur graduell von Widmann. Fachsprachliche **Lehnwörter** sind *addiren, diuidiren, dupliren* 'verdoppeln' (gleichbedeutend *zweyfeltigen*), *exempel* 'Beispiel', *facit* 'ergibt' (dafür auch *komet, thut, gybt*), *figur* 'Ziffer', *mediren* 'halbieren' (ebenso *halbiren, halb machen, in zwey gleyche teyl spalten*), *multipliciren, numerirn* 'zählen' (auch *zelen*), *proba* 'Probe', *progressio* 'Reihenberechnung', *resolvirung* 'Umrechnung in eine andere Maßeinheit', *(haupt)somma* '(Gesamt-)Summe', *sommiren* 'addieren', *subtrahirn* 'subtrahieren' (gleichbedeutend *abeziehen, (ab)nehmen*). Terminologisch verwendete Wörter der **Allgemeinsprache** sind beispielsweise *auffheben* 'kürzen', *das bleybend* 'Rest, Differenz', *verwechseln* 'umwandeln', *wurtzel*. Das meiste davon findet sich auch in anderen thematisch verwandten Texten, dem *Algorismus Ratisbonensis*, dem *Bamberger Rechenbuch* von 1483 und bei Widmann. Das zeigt, dass sich im 15. Jh. zumindest im Bereich der Elementarmathematik eine deutsche Terminologie etabliert hat.

Kennzeichnend für mathematische Lehrbücher sind bei Ries wie bei Widmann und in anderen Texten direkte **Anreden** des Lesers entweder mit **uneingeleiteten Konditionalsätzen** des Typs *wiltu eine zal mit zweyen figurn multiplicirn ...*, mit **Imperativsätzen** wie *teil ab die zal, welche aus dem multiplicirn komen ist* oder

mit Anweisungen mit dem Modalverb 'sollen', z.B. *Des gleichen soltu auch teiln*
... Der Hauptunterschied zwischen Ries und Widmann besteht in der Intention: Ries geht es primär um Vermittlung rechenpraktischer Fähigkeiten, Widmann darüber hinaus auch um grundsätzliches mathematisches Verständnis (vgl. GÄRTNER 2000: 217–219).

### 1.2.2 Geometrie

Deutlich um Praxisbezug geht es auch den Autoren des späten Mittelalters und der frühen Neuzeit, die geometrische Kenntnisse vermitteln. Die ältesten Lehrwerke für Handwerker, Feldmesser, Visierer, auch Architekten, wurden im 15. Jahrhundert verfasst (CHLENCH 2014, P.-O. MÜLLER 1999). Kenntnisse in angewandter Geometrie waren bei solchen Berufen unerlässlich.

„Ein Mittelding zwischen wissenschaftlicher und gewerblicher Thätigkeit stellt das ganze spätere Mittelalter hindurch die Visierkunst dar. Jedes größere Gemeinwesen hatte unter seinen Beamten einen Visierer, der die Volumina der ihm zur Aichung übergebenen Hohlmaße und Fässer zu bestimmen hatte, nebenher aber wohl auch noch anderweitige Ämter bekleidete und in vielen Fällen als Vorsteher einer Rechenschule thätig war" (GÜNTHER 1887: 327f.). Wie erwähnt, befasst sich Adam Ries in seinem dritten Rechenbuch auch mit *grüntlichem vnterricht des visierens*. Das einschlägige Kapitel handelt von der Berechnung dreidimensionaler Körper.

Die **Geometria Culmensis** ist ein um 1400 im Auftrag des Deutschordensmeisters Konrad von Jungingen verfasstes Lehrbuch in lateinischer und parallel dazu in deutscher Sprache, das die Berechnung unterschiedlicher Drei- und Vierecke, Polygone, Kreise und komplexerer geometrischer Figuren erklärt (Ausgabe: MENDTHAL 1886). Anlass für die Abfassung dürfte eine Verwaltungsreform im Deutschordensland am Ende des 14. Jahrhunderts gewesen sein, die Neuvermessungen nötig machte (zum Entstehungsumfeld PÄSLER 2003: 307–314). Erhalten sind zwei vollständige Handschriften (ein Fragment, das nur den deutschen Text enthielt, ist verschollen). „Diese älteste erhaltene geometrische Schrift in dt. Sprache zeichnet sich durch zahlreiche originelle Verdeutschungsversuche aus" (FOLKERTS 1980: 1194). Der Autor – möglicherweise sowohl des lateinischen Textes als auch der deutschen Version (vgl. PÄSLER 2003: 311) – ist nicht bekannt.

## 1.2 Die Fächer des *Quadriviums*

**[21] Trigonometrie in der *Geometria Culmesis* (nach MENDTHAL 1886: 23f.)**

*Campi triangularis rectanguli aream invenire. Ducatur unum laterum rectum angulum continencium in aliud, et medietas producti est area, et est planum, vel si ducatur medietas unius lateris rectum angulum continentis in totale latus alterum. 34 proposicione primi Euclidis. Habetur propositum: verbi gracia sit campus triangularis*

*Des rechtwinkeleyn geryn geuilde sal man alzo messen. Mere dy wende, dy do sint czu beslyssende den rechten winkel, yn anderen, vnde dy helfte, daz dovon bekumpt, das yst der geer, alzo steet geschreben in der 34. proposicio Euclidis. Adir wyl man meren dy helfte der eynen want in gancze ander, ys yst allys eyns. Eyn bewerunge: is sey eyn rechtwinkel*

Es folgt die Zeichnung eines rechtwinkligen Dreiecks mit den Ecken a, b, c, den Zahlen 16 und 24 an den Katheten und 192 in der Fläche

*rectangulus a b c, sitque b angulus rectus, et b c et b a sint latera angulum rectum continencia. Tunc ponat mensor gnomonem in puncto b, et trahatur funis a puncto b ad punctum a, et sit eius longitudo 16 perticarum. Deinde gnomone manente fixo trahatur corda de puncto b ad punctum c sitque 24 perticarum. Multiplicetur 16, que est longitudo lateris b a, per 12, que est, medietas lateris b c, et proveniunt 192, continencia campi dicti. Vel si volumus multiplicare 16 in 24, et proveniunt 384, cuius medietas erit campi continencia et redit in idem.*

*geervelt a b c, b sey der rechte winkel, b c vnde b a syn dy wende den rechten winkel beslyssende. So lege der messer dy rechtwinkel mose in das punct b vnde strecke eynen rechten vnde gerychten drebom von dem puncte b vncz punct a, vnde sey dy lenge der want 16 ruten. Dornoch of dy andir syte des winkelholczes strecke den drebom von dem puncte b uf das punct c, vnd sy dy lenge des drebomes 24 ruten. Mere 16, dy lenge der want b a, mit 12, das yst dy lenge der halben want b c, so werden 192 ruten dy behaldunge dys vorgelegeten geren. Ader welle wir mit 16 in 24, zo komen 384, dy helfte dovon wirt dy behaldunge des geren, vnde ist alleyns.*

Das zitierte Textstück zeigt charakteristische sprachliche Züge dieses frühen geometrischen Traktats. Für *campi triangularis rectanguli* 'eines Feldes, das ein rechtwinkliges Dreieck darstellt' verwendet der Verfasser *Des rechtwinkeleyn geryn geuilde*. Dabei entspricht *rechtwinkeleyn* 'rechtwinklig' lat. *rectanguli* und dürfte auch nach dessen Muster gebildet sein. Für *triangularis* steht *gere* (*geryn* ist der Genitiv). Mhd. *gêr(e)* bedeutet (u.a.) 'keilförmiges Landstück' (Lexer HWb I: 869). Die aktuelle Bedeutung im geometrischen Kontext ist 'Dreieck'. Lat. *campus* (hier Genitiv *campi*) wird durch *geuilde* 'Gefilde' wiedergegeben. Es geht jedoch nicht um Ackerland, sondern um die Fläche eines Dreiecks. Das heißt: In dieser einzigen Fügung aus drei Wörtern liegen zwei **Lehnbedeutungen** (*geryn*, *geuilde*) und eine Lehnbildung (*rechtwinkeleyn*) vor. Weitere **Lehnbildungen** oder **-fügungen** sind beispielsweise *den rechten winkel* für *rectum angulum*, die Abstrakta *lenge* 'Länge' für *longitudo*, *behaldunge* 'Inhalt' für *continencia*, *beweysunge* für *demonstraciones*, Komposita mit dem Grundwort *-winkel*, *-winkelik* oder *-winkelecht* wie *stumpwinkelik* (daneben die Wortfügung *dem stumpen winkel*) für *ampligonius*, *spytczwinkelecht* für *oxigonius*. Eine Verbalbildung auf lat. Grundlage ist *czweuechen* 'verdoppeln' für lat. *duplicare*.

Mehrfach behilft sich der anonyme Verfasser mit **Fachwortparaphrasen**. Ein Beispiel ist *dy helfte, daz dovon bekumpt* 'die Hälfte (dessen), das davon herauskommt' für lat. *medietas producti* 'die Hälfte des Produkts'. Hier wird *producti* nicht durch ein Einzelwort, sondern durch einen Nebensatz (*daz dovon bekumpt*) übertragen. Eine präzisierende Paraphrase ist *yn glycher czusamenereytunge* für *in proporcione*, wobei *czusamenereytunge* auf *proportio* basiert. Der Autor fand aber auch Mittel, lateinische Wortfügungen mit einem Einzelwort wiederzugeben, z.B. *dy twere* 'die Quere' für *lineam transversalem*. Mit dem Kompositum *kegenwinkel* wird *(ad) unum angulorum, que sit pro katheto* 'zu einem der Winkel, der einer Kathete gegenüber liegt' übersetzt.

Ähnlich wie im erwähnten Fall *geuilde* für *campus* 'geometrische Fläche' werden weitere **allgemeinsprachliche** Wörter terminologisch gebraucht, so z.B. (im späteren Textverlauf) *houereyte* für lat. *area*. Mhd. *hovereite* bedeutet 'unbebauter Hofraum zwischen landwirtschaftlichen Gebäuden' (LEXER HWb I,1365). Die vorliegende Bedeutung ist wieder 'geometrische Fläche'. Für die Seiten eines Dreiecks (lat. *latera*) verwendet der deutsche Bearbeiter *wende* 'Wände'.

**Fremdwörter** verwendet der Autor der *Geometria Culmensis* nur sparsam, und mehrmals mit dem expliziten Zusatz, dass es sich um Wörter aus *dem Latine* handelt. Ein eigener fachlicher Wortschatzbereich sind die Benennungen geometrischer Hilfsmittel wie *drebom* für *funis* und *corda*, womit offenbar Schnüre bezeichnet werden, die man beim Ziehen von Kreisen benützte. Das Kompositum *winckelholcz* bezeichnet ein Winkelmaß, das man bei der Konstruktion von Dreiecken benützte. Übersetzt ist *gnomo(n)*.

Die **Syntax** dieses geometrischen Traktats unterscheidet sich zumindest graduell von der anderer arithmetischer und geometrischer Lehrwerke der Zeit. Geradezu stereotyp sind Abfolgen von Aufforderungssätzen und mit *so* angeschlossenen Aussagesätzen (Beispiel: *mere 21 in sych, so entsprissen vs 441. Mere 28 yn sych, so werden 784. Mere ouch 35 yn sych, so werden 1225* 'multipliziere 21 mit sich selbst, so ergibt sich 441.' MENDTHAL 1886: 33). Doch formuliert der Autor auch komplexe Sätze mit einem breiteren Repertoire an Adverbial-, Inhalts- und Relativsätzen sowie Parenthesen, als sonst in zeitgenössischen mathematischen Lehrwerken üblich. Beispiele: *Were abir* (Konditionalsatz, Teil 1)*, das der stumpewinkel gere nycht hete zwene gleyche winkel of dem bodem der langen want* (Subjektsatz)*, so sich* 'siehe' (Hauptsatz)*, welch winkel der spytzeste sy* (Objektsatz). – *in der lengesten wandt* (Hauptsatz, Teil 1)*, dy kegen dem stumpen winkel* *yst* (Attributsatz), *sal man suchen noe dem myttele eyn punct* (Hauptsatz, Teil 2), *do man sych vormut* (Attributsatz), *das ys kerychte sy kegen dem stumpen wynkel* (Objektsatz) – *Vnde wen man denne hot den mitteldrebom adir eyn andir linie* (Konditionalsatz), *dy glyche lang yst* (Attributsatz), *das yst alleyns* (Parenthese), *dy mere in dy halbe wandt* (Hauptsatz), *dy do yst kegen dem winkel* (Attributsatz) (26f.).

Ein knappes Jahrhundert später verfasste **Matthäus Roritzer** (um 1440–1492/95, vgl. KEIL 1992d), Architekt und Steinmetz an verschiedenen süddeutschen Bauhütten, drei Lehrschriften über Geometrie, deren Zielgruppe nicht Feldmesser, sondern Baumeister, also (angehende) Berufskollegen waren. Gedruckt wurden die Werke in Roritzers eigener Regensburger Offizin: das *Puechlen der fialen gerechtigkeit* (Fialen sind die schmalen, nach oben spitz zulaufenden Türmchen an gotischen Bauten), ein Kurztraktat über die *maspreter und die plumen auf die wimperge machen* (Wimperge sind die giebelartigen Erhöhungen über gotischen Fenstern und Portalen). Ein drittes kurzes Werk trägt den Titel *Ettliche nuczpere stucklen aus der geometrey*, handelt aber, anders als der Titel vermuten lässt, nicht von reiner Geometrie, sondern wie die beiden anderen Texte von *nuczperen* 'nutzbaren' architektonischen Konstruktionen.

**[22] Aus Matthias Roritzer, *Puechlen der fialen gerechtikait*, Regensburg 1486 (nach GELDNER 1999, ohne Paginierung). Neben dem Text eine schematische Skizze.**

*Darnach wildv dy possen an den risen der fialen machen auf dem grunt, so mach den risen wider wy am negsten gemacht ist, aber dv darfst kain puchstaben nit seczen. Nvr vnten dy e, a, f vnd oben c, d, wan du wirst ander puchstaben seczen wann der puchstaben sunst zv vil wurden Darnach tail den riz von dem c pis zv dem e. in vi* [sechs] *gleiche tail. Des gleichen von dem d pis zv dem f vnd leg ain winkelmassz auf jde* [jede] *zal, besonders auf der lini c, e. Und des gleichen auf der lini d, f vnd mach rislen nag dem winkelmassz. Darnach secz den zirkel auf den mittelris jn dem gruntlen der fialen, do dy firung der possen ingerissen stet vnd zuich* [zieh] *den zirkel auf pis auf daz x; di selben weiten secz auf daz a an dem risen der fialen vnd mach auf yde seiten ain punckt auf der linj e, a, f, wann dy punckt werden weiter auf der linj raichen den das e oder f vnd dy selben punckt verzaichnet mit den puchstaben g vnd h. Darnach nim dy selben weiten an dem risen der fialen von dem e pis zv dem g; dy selbig weit secz oben auf das c; des gleichen auf der anderen seiten; secz auf das d vnd mach auf yde seiten ain punckt mit den puchstaben verzaichnet i, k. Dar nach zuich ain linj von dem i pis zv dem g. Des gleichen mach ain linj von dem k pis zv dem h. Darnach secz den zirkel auf das n in dem i gruntlein, da dy firung der possen gerissen sten, vnd zuich den zirkel auf vber dy lini a, d zv dem negsten n, wan dy selben czway n nohet pey ain ander sten, da stet nur ain e; da czwischen dy selben dick oder weit secz auf*

# 1 Die Septem Artes Liberales

> *jde zal pesunder vnd heb an vnten an dem e vnd mach puncktlen vbersich mit den puchstaben beczichnet k l m n o p vnd aus den selben puchstaben zuich ain linj pis auf dy linj i, g. Des gleichen auf der andern seiten pis auf dy lini k, h. Des ain exempel neben der geschrift gemacht stet, vnd das haist der risen auf dy fialen.*

Der Text enthält Fachbegriffe aus der Geometrie, teils auch aus dem Bauhandwerk. Die wenigen **Fremdwörter** wie *lini* 'Linie' oder *punct* 'Punkt', *firung* 'Quadrat' sind in deutschen Fachtexten der Zeit gebräuchlich. Die Sachbezeichnungen sind überwiegend deutsch. Bei *possen* 'Laubwerk' oder *risen* 'Helm, Spitzdach auf einer Fiale' handelt es sich um **fachsprachliche Sonderverwendungen** allgemeinsprachlicher Lexeme. **Komposita** zur Benennung fachspezifischer Gegebenheiten sind *winkelmassz* 'rechter Winkel' und *mittelris* 'mittlere Gerade'. **Diminutivbildungen** sind *rißlein* 'kleine Linie, Hilfslinie' und *gruntlein* 'Querschnitt, Basis'.

Der **Satzbau** ist einfach: Abgesehen vom Widmungsschreiben an den Eichstätter Bischof Wilhelm von Reichenau ist das ganze Büchlein über die Konstruktion von Fialen eine Aneinanderreihung von kurzen, vielfach **imperativischen** Sätzen, die Anweisungen geben, wie Zirkel und Lineal in richtiger Weise zu handhaben sind. Geradezu stereotyp (insgesamt sechsmal in dem kurzen zitierten Textstück!) wird ein Satz mit *darnach* eingeleitet. Alternativ dazu (fünfmal) wird ein Satz mit *des gleichen* angeschlossen. Dem Textverständnis dienen begleitende Skizzen, in denen das Geschriebene visuell umgesetzt wird.

**Albrecht Dürer** (1471–1528) war nicht nur einer der bedeutendsten Künstler der Renaissance, sondern er befasste sich in Lehrschriften auch mit praktischen Anwendungsaspekten. „Mit seinen Lehrbüchern bemüht er sich um die theoretische Grundlegung der Malerei, die er dadurch in den Rang einer Wissenschaft hebt. Dieses Anliegen, mit dem er das Selbstverständnis der deutschen Malerei als 'Handwerk' auf eine neue Stufe stellt, unterscheidet ihn auch von der vorausgehenden deutschen Fachliteratur, wie z.B. der *geometria deutsch* oder Matthäus Roritzers *Puechlen von der fialen gerechtigkait*, die beide am Ende des 15. Jhs. Anleitungen zur praktischen Arbeit, jedoch keine Erklärungen ihrer theoretischen Grundlagen enthalten" (HABERMANN/MÜLLER 1987: 125). In *Vnderweysung der messung mit dem zirckel vnd richtscheyt in Linien ebnen vnnd gantzen corporen* versuchte er, „jungen Malern und Handwerkern über die traditionellen Bauhüttenwörter und handwerklichen Fertigkeiten hinaus theoretisches Grundwissen und begründende Terminologisierung nahezubringen" (VON POLENZ 2000: 201). Wirkung erzielte das Buch allerdings im wesentlichen in der lateinischen Übersetzung durch Joachim Camerarius (HABERMANN/MÜLLER 1987: 126).

## 1.2 Die Fächer des *Quadriviums*

[23] Aus Albrecht Dürer: *Vnderweysung der messung mit dem zirckel vnd richtscheyt in Linien ebnen vnnd gantzen corporen*, Nürnberg 1525, ohne Paginierung [S. 9]. Unter dem Text steht eine Planskizze, auf die sich die Buchstaben *a* bis *h* beziehen.

*WO nun angezeigt ist, was ein lini, eyn breyte oder ebne vnd eyn Corpus, das ist ein leyb, sey, so muß man auch wyssen, das sölche ding (sie seyen groß oder kleyn) durch kunst gemessen mügen werden, dann das maß erreicht das fern vnd nahent. Nun will ich erstlich wider vornen anheben vnnd will etlich gemessen linien zyhen, die dann in etlichen wercken dinstlich* [nützlich] *zů brauchen sind. Es ist wyßlich* [nötig zu wissen], *das auß einer lini allein villerley gestalt getzogen vnnd im auffreissen* [beim Zeichnen] *angetzeigt mügen werden. Aber erstlich will ich ein schnecken lini mit dem zirckel zyhen auff einer ebne, dann es wirdet sich der planus oder ebene stettigs müssen brauchen lassen, es sey vmb der lini oder Corpus willen. Diese schneckenlini reiß ich also: ich mach ein auffrechte lini, die sey oben a, vnden b; die theyl ich mit dreyen punckten c, d, e in vier gleiche felt. Darnach teyl ich d, e mit einem punckten f in zwey gleich felt; darnach setz ich auff die recht seytten der lini ein g auff die linck ein h; darnach nym ich ein zirckel vnd setz in mit dem einen fuß in den punckten d vnnd mit dem andern in den punckten a vnd reiß auff die seyten h byß vnden in den punckten b. Darnach nym ich den zirckel vnd setz in mit dem ein fuß in den punckten f vnd mit dem andern in den punckten c vnd reyß gegen der seyten g byß vnden in den punckten b. Aber* [nochmals] *nym ich den zirckel, setz jn mit dem ein fuß in den punckten d vnd reiß gegen der seyten h, mit dem andern fuß auß dem punckten c byß in den punckten e. Darnach setz ich den zirckel mit dem einen fuß in den punckten f vnd den andern in den punckten d vnnd reiß von dann auff die seyten g byß in den punckten e. Darnach setz ich den zirckel auff die lini a,b mit dem einen fuß mitten zwischen d, f vnd den andern fuß setz ich in den punckten d vnd reiß von dann auff die seytten h byß in den punckten f. Also ist diese lini vertig vnd ist zůuil dingen gebreuchlich vnd vnder andern ist die zů einem horneiffen an ein capitel nützlich. Vnd das destbaß zůuersteen, hab ich zwůe gerad zwerchlini hie vnden auffgeryssen auß den zweyen punckten a,c vnd von der schnecken lini hyndersich getzogen.*

Der Textausschnitt zeigt beispielhaft, mit welchen sprachlichen Mitteln Dürer geeignete geometrische Termini (er)findet, nämlich (1) Verwendung von Lehnwörtern, (2) terminologische Verwendung allgemeinsprachlicher Lexeme, (3) Wortbildung (zu Dürers Terminologiebildung P.-O. MÜLLER 1993: 264–269).

**Lehnwörter** sind beispielsweise *lini* 'Linie', *corpus* '(dreidimensionaler) Körper' und *planus* 'ebene Fläche'. Beides wird auf Deutsch erläutert: *corpus* mit dem parenthetisch eingeschobenen Zusatz *das ist ein leyb* und *planus* mit glossierendem *oder ebene*. Andere Lehnwörter wie *lini, punckt, capitel* 'Kapitell' und *zirckel*, die auch Widmann und Ries verwenden, setzt Dürer offenbar als geläufig voraus und erläutert sie deshalb nicht. **Allgemeinsprachliche Wörter** in fachspezifischen Verwendungen sind beispielsweise *(auff)reißen* und *zyhen*, beides in der Bedeutung 'geometrisch zeichnen'. *Fuß* als Bezeichnung eines Teils des Zirkels ist ebenso eine metaphorische Verwendung wie *leyb* 'Leib' als Interpretament von lat. *corpus*. **Terminologische Wortneubildungen** sind die **Komposita** *schneckenlini* 'in Schnecken(haus)form gekrümmte Linie' und *zwerchlini* 'Querlinie, Diagonale'. Ein Fachbegriff aus dem Bauhüttenwesen zur Benennung von Voluten (schneckenförmigen Ornamenten) an Säulenkapitellen in [23] ist *horneiff* (weiteres bei HABERMANN/MÜLLER 1987: 125f.).

Der gesamte Abschnitt besteht fast nur aus **parataktisch gereihten Aussagesätzen**. Nur die Einleitung *Wo nun angetzeigt ist, was ein lini, eyn breyte oder ebne vnd eyn Corpus (das ist ein leyb) sey, so muß man auch wyssen, das sölche ding (sie seyen groß oder kleyn) durch kunst gemessen mügen werden* ist hypotaktisch strukturiert. Der weitere Text folgt – wie bei Roritzer – der Chronologie der Arbeitsschritte. Sechsmal wird auch hier das Konjunktionaladverb *darnach* als Satzverknüpfung verwendet. Anders als die zeitgenössischen Rechenmeister und Roritzer spricht Dürer den Leser nicht direkt mit *du* oder in Aufforderungssätzen an, sondern er beschreibt mit *ich*-Bezug seine eigenen Operationen, die ebenfalls mit geeigneten Musterskizzen illustriert werden. Anweisungen werden unpersönlich mit indefinitem Subjekt und Modalverb formuliert (*so muß man auch wyssen*), als unpersönliche Fügung (*Es ist wyßlich*) oder mit modalem Infinitiv (*Vnd das destbaß zůuersteen*). Allerdings verwendet Dürer in anderen Schriften, z.B. der Proportionslehre, auch die *du*-Anrede.

Der Textaufbau wird durch deutliche Gliederungssignale transparent gemacht. Entsprechende Formulierungen sind im Textbeispiel *Nun will ich erstlich wider vornen anheben...* und *Aber erstlich will ich...* Arbeitsschritte werden mit entsprechenden Adverbien angekündigt: *Diese schneckenlini reiß ich also...* oder *Aber* 'nochmals' *nym ich den zirckel*.

Dürer hat mit seinen geometrischen Schriften in der Folgezeit weitere Autoren zu ähnlichen Werken über „angewandte Geometrie" angeregt (vgl. P.-O. MÜLLER 1993: 269–274, zu weiteren – nicht nur deutschsprachigen – Lehrbüchern und Hilfsmitteln der Geometrie FOLKERTS/KNOBLOCH/REICH 1989: 127–185, HAAGE 2007, 79–85).

**Wolfgang Schmid**, ein Bamberger Rechenmeister, verfasste 1539 *Das erst buch der Geometria. Ein kurtze vnterweisung, was vnd warauff geometria gegründet sey vnd wie man nach anweysung der selben mit dem Circkel vnd Richtscheydt allerley Lini, Flech vnd Cörper außtheylen vnd in fürgegebner proportion machen soll. Aus bewerten leren gemelter freyen kunst allen liebhabern der selben zu einem eingang vnd allen künstlichen wercklewten zu sondern nutz vnd vorteyl zusamen geordnet*. Gedruckt wurde das Werk in Nürnberg. Der Autor, von dem

## 1.2 Die Fächer des *Quadriviums*

wenig bekannt ist, spricht von der Geometrie als von einer *freyen kunst*, ordnet sie also den *artes liberales* zu. Anders als Roritzer und Dürer geht es ihm nicht primär darum, geometrische Kenntnisse praktisch nutzbar zu machen, sondern er will *allen liebhabern* der Geometrie eine *kurtze vnterweisung* in dieser Wissenschaft geben. Im Widmungsschreiben an seine *sonders lieben günnern vnd freunden Johan Newdorffer Rechenmeyster vnd Johan Petreio Bůchtrucker beden burgern in Nürnberg* bedauert er, dass sich *der nutzlichen vnd freyen kunst Geometria* [...] *biß hero wenig in vnserer Teutschen sprach angenomen* hätten, obwohl *doch bemelte Geometria fast dienstlich* [sehr nützlich] *vnd zu wissen hoch von nöthen sei* (A2a). Sein Buch richtet sich dennoch auch an *alle künstliche werckleut, als Steinmetzen, Maler, Bildhawer, Schreiner vnd dergleichen künstner*. Im ersten von vier Kapiteln gibt Schmid eine Reihe von Erklärungen für Fachtermini der Geometrie mit nebenstehenden einfachen Skizzen.

Schmid führt am Anfang seines Werkes eine Reihe von (teilweise bis heute gebräuchlichen) geometrischen Termini ein, mit denen er im weiteren Verlauf arbeitet, und die er deshalb verstanden wissen will. Teilweise handelt es sich dabei um lateinische, vereinzelt auch griechische **Lehnwörter**. Zunächst werden allerdings einige deutsche oder bereits eingedeutschte Fachbegriffe erläutert, die u.a. bereits Albrecht Dürer in seinen Schriften verwendet hat: *Flech, Cörper, Krumm, Cirkellini, Circkeltrumm, Circkelrund, Schneckenlini, Schlangenlini*. Dafür gibt Schmid in der jeweiligen Definition auch **lateinische Äquivalente** an. Teilweise nennt er auch zwei deutsche, gelegentlich auch noch weitere fremdsprachliche Synonyme. Umgekehrt verwendet er in seinen Definitionen lateinischer und griechischer Termini deutsche Äquivalente, Komposita wie *Mittelriß, winckelhacken, Ecklini, Waglini, Ebenferrelini*, die er allem Anschein nach wenigstens teilweise selbst geprägt hat. Darauf deuten explizite Übersetzungsvorschläge wie *Möchte auch wol ein Schraubenlini gedeutscht werden* und *welche Neben lini oder Ebenferre lini gdeutscht möchten werden* hin.

[24] Definitionen aus *Das erst buch der Geometria* von Wolfgang Schmid, Nürnberg 1539: 1–6.

### Der erst theyl.

In disem ersten theyl werden erklert die stück/ darauff die Geometria gegründt/ vñ was der yedes sonderlich nach seiner außteylung sey.

**Geometria** / ist ein kunst/ durch welche alle bewegliche vnd vnbewegliche grösse/ gemessen mögen werden. Vnd ist gegründt auff Punct/Lini/Flech/ vnd Cörper.

**Ein Punct** / ist ein gröss also klein/das sie nit kleiner gemacht werden möcht. Solches punct wil ich anzeygen mit einem stüpffle beim a.

**Ein Lini** / ist ein langer riß oder strich/der kein breyte vnd dicke hat. Solche lini wil ich anzeygen mit dem riß a b.

**Ein Flech** / im latein Superficies genant/ ist ein ebne/die allein in die leng vñ breyte gemessen wirdt/ Solche flech wil ich anzeygen mit der figuren a b c d. in welcher sey a b die breyte/vnd b c die leng.

**Ein Cörper** / ist ein grösse/die in die leng breyte vnd dicke gemessen wirdt. Solches Corpus wil ich anzeygen durch die figuren a b c d. in derselben bedeut b a die breyte/b c die leng/vñ b d die dicke.

**Krumm** oder gebogen, im latein Obliqua oder Curua genant, ist die lini, so nit eben oder gleich ist. Diese krumme lini will ich anzeigen mit dem e f.

**Gerad** oder scheidrecht, im latein Recta genant, ist die lini, so eben vnd gleich ist, wie dieser riß f g.

**Von den krummen linien**
Die krumme lini ist mancherley; vnter denen will ich nur von ettlichen, vnd souil hier dienlich, meldung thun.

**Circkeltrumm**, im latein Arcus genant, ist ein scheublichte oder runde lini; die erwechst, so man ein Circkell (verstehe das instrument Circkel genant) mit eim fuß nidersetzt vnd mit dem andern beweglichen fuß einen riß thut. Als es sey ein circkel g b c; den nimm in die hand vnd setz in mit eim fuß als g c nider vnd reis mit dem andern beweglichen fus g b ein ris, so lang dirs gefelt; derselb sey yetzund e d a b; derselbig ist ein Circkeltrumm genant [...]

**Schneckenlini**, von den gelerten Spiralis genant, ist ein lini, die do stetigs mit eim ort einwerds gegen dem Centro vnd mit dem andern ort außwerds laufft vnd doch mit keim ort zum end kompt [...]

**Gewunden lini**, von den gelerten Elica genant, ist ein lini, die sich vbersich auff windt als der Schafft in eim holen oder gewundten Schnecken, den man gehet, oder wie ein schnur, so vmm ein runde Seuln gewunden ist. Möcht auch wol ein Schraubenlini gedeutscht werden, dann sie wind sich gleich den läibern oder gengen einer schrauben oder schraubspindel [...]

**Schlangen lini**, im latein Flexuosa genant, ist ein gekrummte oder hin vnd wider gebogne lini, gleich den flüssen der wasser oder den krichenden würmen [...]

**Von den geraden linien.**
Die gerad lini hat auch mancherley namen; vnter denselben will ich ettliche, souil gelegen sein wil, anzeigen.

**Diameter**, ein Mittelriß oder Durchzug, ist ein lini in einer runden Circkellini durch das Centrum gezogen, die mit beden orten in derselben circkellini anrürt [...]

> *Chorda* oder *Subtensa, ein Vnterzogner ris oder Sennen, ist ein lini, so in einem Circkelrunden ris mit beiden orten anrürt, vnd doch nit durch das Centrum laufft* [...]
> *Axis, ein Echs, ist die lini, so in einer Spehr* [= *Sphaera*] *oder runden kugel durch das centrum oder mittelpunct laufft, vnnd mit beden orten die kugel anrürt* [...].
> *Costa* oder *Latus quadrati ist die seyten von einer vierung, in welcher leng vnd breyte einander gleich sein* [...]
> *Basis, ein Grund lini, ist die lini, auff welcher die fürgenomen* [zu zeichnende] *figur stehet* [...]
> *Catheus, ein gesenckte lini, ist die auffrecht oder wagrecht seyten eines recht wincklichten Triangels, welche ein rechten winckelhacken mit Basis machet* [...]
> *Hypothenusa, ein gestreckte lini, ist die, so in eim rechtwincklichten Triangel vber ort geht* [...]
> *Diagonalis, ein Ecklini, ist der gerad ris, so inn einer flech vber orth aus eim winckel in den andern winckel gezogen wird* [...]
> *Perpendicularis* oder *Orthogonalis, Waglini, ist die lini, so wagrecht auf ein andre lini feld* [...] *Merck hie, das Auffrecht, Wagrecht, Winckelrecht vnd Bleyrecht alles ein ding ist.*
> *Paralell* oder *Equidistantes, welche Neben lini oder Ebenferrelini gdeutscht möchten werden, sein zwo lini, vnangesehen, das sie gebogen oder gerad sein, im gleicher weyten von einader stehent, welche nimmer zusamen lauffen, ob sie gleich on end gezogen würden, als die zwo leisten von den zweyen redern eins karren* [...]

Schmid versucht zudem, mit **alltagsnahen Beschreibungen** wie *gleich den flüssen der wasser* oder *den krichenden würmen* oder *als der Schafft in eim holen oder gewundten Schnecken, den man gehet, oder wie ein schnur, so vmm ein runde Seuln gewunden ist* geometrische Gegebenheiten zu veranschaulichen. Das erinnert an den Versuch Valentin Ickelsamers, phonetische Qualitäten mit Naturlauten zu charakterisieren.

### 1.2.3 Astronomie

Über Jahrhunderte hinweg glaubte man, man könne aus dem Lauf der Gestirne Rückschlüsse auf Irdisches ziehen. Astronomie war also gleichzeitig auch **Astrologie** (KNAPPICH 1998). Die Trennung von beidem setzte sich erst im Zuge der Aufklärung im 18. Jahrhundert durch, obwohl auch schon vorher Zweifel laut wurden, ob die Sterne etwas über Schicksale aussagen könnten. Die mittelalterliche Astronomie diente auch der **Komputistik**, der Zeit- und Festtagsberechnung. Kosmische Vorgänge wurden als Zeichen für heilsgeschichtliche Ereignisse gedeutet, was ja schon biblische Grundlagen hatte: Ein großer Stern wies den Magiern aus dem Orient den Weg nach Bethlehem. Als Jesus starb, verfinsterten sich Sonne und Mond. Am Jüngsten Tag endet die bisherige kosmische Ordnung. Dann wird „die Sonne verfinstert und der Mond seinen Schein verlieren, und die Sterne werden vom Himmel fallen" (Matthäus 24,29). Die ganze Johannes-Apokalypse ist voller kosmischer Bezüge.

Wiederum war es **Notker III. von St. Gallen**, der sich als erster in der Volkssprache mit Fragen der Astronomie befasste. Zwar hat Notker keinen eigenständigen astronomischen Traktat übersetzt, kommentiert oder gar selbst verfasst, doch finden sich in *De nuptiis Philologiae et mercurii* des Martianus Capella (KING 1979: 64,5–70,11) und in der Bearbeitung der *Consolatio Philosophiae* des Boethius (TAX 1986: 11,22–12,4; 96,10–97,23) thematisch einschlägige Passagen. Hier hat Notker sogar ohne Grundlage im lateinischen Text einen längeren althochdeutschen Exkurs über den Sonnenlauf durch die Tierkreiszeichen und die bewohnten Weltgegenden eingeschaltet (HELLGARDT 1991). Himmelsgegenden werden hier sozusagen auf die Erde projiziert.

---

**[25] Aus Notkers Boethius-Bearbeitung (nach TAX 1986: 96,16–97,17)**

*Uuír uuízen. dáz tia érda dáz uuázer úmbe gât. únde der fíerdo téil náhôr óbenân erbárôt íst. án démo sízzent tie ménnisken. Ter hímel lêret únsíh. táz iz ter fíerdo téil íst. Álle díe astronomiam chúnnen. díe bechénnent. táz equinoctialis zona den hímel réhto in zuéi téilet. únde fóne íro ze dien úzerostên polis îouueder hálb ében fílo íst. íh méino ze demo septentrionali. únde ze demo australi. Sô íst tiu érda sínuuelbíu. únde íst úns únchúnt. úbe si úndenân erbárot sî. óbenân dâr sî erbárôt íst. tár sízzent tie líute. ab ęthiopico oceano. usque ad scithicum oceanum. Tíe férrôst sízzent ad austrum. díe sízzent in ęthiopicis insulis. tîen íst tiu súnna óbe hóubete. sô si gât úzer ariete in uerno tempore. únde sô si begínnet kân in libram in autumno. Tíe hára báz sízzent in litore ęthiopico. tîen íst si óbe hóubete. sô si gât in tauro. únde in uirgine. Tíe óuh hára báz sízzent in meroe. tîen íst si óbe hóubete. sô si gât in geminis . únde in leone. Tíe óuh hára báz sízzent. tár siene íst ciuitas ęgypt. tîen íst si óbe hóubete. in solstitio. sô si gât in cancrum. Tánnân gât nórdert humana habitatio únz ze tile insula. díu férrôst íst in scithico mari. Tíe dâr sízzent. tíe sízzent únder demo septentrionali polo. Dáz skînet tánnân. uuánda sô súmeliche cosmografí scrîbent. tár íst átaháfto tág per sex menses. fóne uernali equinoctio. únz ze autumnali. únde átaháfto náht per alios sex menses. fóne autumnali ęquinoctio. únz ze uernali. Táz keskíhet fóne díu. uuánda ín sínt ferbórgeníu únder érdo sex signa omni tempore. pedíu íst ín náht. sô díu súnna in díen gât. ánderíu sex sínt ín óbe érdo semper. pedíu íst ín dág. sô díu súnna in díen gât. Uuánda septentrionalia sex signa. ín échert ze óugôn sint. tánnân skînet. táz in der polus septentrionalis óbe hóubete íst. únde in*

## 1.2 Die Fächer des *Quadriviums*

*dér állero hôhesto íst. Táz mág man uuóla sehen. án déro spera. díu in cella* SANCTI GALLI *nouiter gemáchôt íst.* sub PURCHARDO ABBATE. *Sî hábet állero gentium gestélle.*

'Wir wissen, dass die Erde das Wasser umschließt und der vierte, der höher liegende Teil [vom Wasser] entblößt ist. Auf dem wohnen die Menschen. Der Himmel lehrt uns, dass es der vierte Teil ist. Alle, die astronomisch Bescheid wissen, die sagen, dass die Zone der Tagundnachtgleiche den Himmel genau in zwei Teile teilt und dass es von dort zu den äußersten Polen auf jeder Seite gleich weit ist. Ich meine von dem nördlichen bis zum südlichen. Also ist die Erde kugelförmig, und wir wissen nicht, ob sie unten erhoben ist. Oben, wo sie erhoben ist, dort wohnen die Menschen vom äthiopischen Meer bis zum skythischen Meer. Die am weitesten südlich wohnen, die wohnen auf den äthiopischen Inseln. Denen steht die Sonne über dem Kopf, wenn sie im Frühling aus dem Sternzeichen des Widders geht und wenn sie im Herbst ins Sternzeichen der Waage geht. Die näher am äthiopischen Strand wohnen, denen steht sie über dem Kopf, wenn die ins Sternzeichen des Stiers geht und in das der Jungfrau. Die näher an [der Nilinsel] Meroe wohnen, denen steht sie über dem Kopf, wenn sie in das Sternzeichen der Zwillinge und des Löwen geht. Die näher dort wohnen, wo Syene ist, eine Stadt in Ägypten, denen steht sie über dem Kopf zur Sommersonnenwende, wenn sie ins Sternzeichen des Krebses geht. Von dort reicht das von Menschen bewohnte Gebiet nach Norden [d.h. diese ägyptische Stadt liegt auf dem nördlichen Wendekreis] bis zur Insel Thule, die am weitesten draußen liegt im skythischen Meer. Die dort wohnen, die wohnen unterhalb des [Himmels-]Nordpols. Das weiß man deshalb, weil manche Kosmographen schreiben, dort ist sechs Monate lang fortwährend Tag von der Frühlingstagundnachtgleiche bis zu der im Herbst und ununterbrochen Nacht während der anderen sechs Monate von der Herbsttagundnachtgleiche bis zu der im Frühling. Das geschieht deshalb, weil ihnen unterhalb der Erdkrümmung stets sechs Sternkreiszeichen verborgen sind. Deshalb haben sie Nacht, wenn die Sonne durch diese geht. Die anderen sechs sind für sie immer oberhalb der Erdkrümmung. Deshalb haben sie Tag, wenn die Sonne diese durchläuft. Weil ihnen nur die sechs nördlichen Sternzeichen vor Augen sind, wird deutlich, dass sie den [Himmels-]Nordpol über dem Kopf haben und der für sie am höchsten ist. Das kann man gut sehen an der Sphaera, die im Galluskloster neuerdings unter Abt Purchard angefertigt wurde. Sie zeigt die Lage aller Völker.'

Man hat sich also schon um das Jahr 1000 in einem großen Kloster wie St. Gallen mit Fragen der Astronomie befasst. Notker erwähnt eine *Sphaera*, ein in sich bewegliches Kosmosmodell, welches das Kloster unter dem Abt Purchard (1001–1022) besessen hat. Darüber hinaus beweist Notkers astronomischer Exkurs, dass man, anders als oft fälschlich behauptet wird, vor tausend Jahren die Erde nicht für eine Scheibe hielt, sondern von ihrer Kugelform wusste. Die Frage nach der Existenz von Antipoden lässt Notker im weiteren Kontext jedoch offen.

Obwohl Notker hier keinen unmittelbaren lateinischen Vorlagentext übersetzt, sind die zentralen **astronomischen Termini lateinisch**: Bezeichnungen der Sternbilder (*aries* 'Widder', *taurus* 'Stier', *virgo* 'Jungfrau' usw.) ebenso wie Benennungen von Himmelsgegenden (*equinoctialis zona* 'Zone der Tagundnachtgleiche', *polus septentrionalis* und *australis* 'Himmelsnord-' und '-südpol'). Auch die vom Sonnenstand abhängigen Zeitangaben (*solstitium* 'Sonnenwende', *aequinotium vernale* und *autumnale* 'Frühlings-' und 'Herbsttagundnachtgleiche') sind lateinisch und schließlich die Wörter *astronomia* als Bezeichnung der Wissenschaft vom Kosmos und *cosmographi* als Benennung der Gelehrten, die diese Wissenschaft betreiben. Auch das St. Galler Modell, über dessen Konstruktion und Aussehen man nur Vermutungen ausstellen kann (vgl. HELLGARDT 1991: 65f.), benennt Notker mit einem Fremdwort (*spera* 'Kugel, Sphäre'). Als volkssprachliche Fachwörter kommen allenfalls *sinwelbi* 'kugelförmig' und *erbarôt* 'entblößt, nicht mit Wasser bedeckt' in Betracht. Eine althochdeutsche astronomische Terminologie konnte es bei Notker noch nicht geben.

Im 12. Jh. trug ein unbekannter Mönch im bayrischen **Kloster Windberg** (bei Straubing an der Donau) Kalendernotizen in eine Psalterhandschrift (München, BSB, cgm 17) ein. Dem Text des lateinischen Psalters, der auch eine interlineare Übersetzung ins Frühmittelhochdeutsche enthält, ist ein Kalender vorangestellt (KIRCHERT 1979: 83–119). Zu den Monaten Februar und April sind volkssprachliche Anmerkungen über die Mondphasen eingetragen worden (der April wird allerdings mit dem jüdischen Monat *Nisan* gleichgesetzt, obwohl das christliche Osterfest auch in den späten März fallen kann).

> **[26] Windberger Kalendernoten (nach WILHELM 1960: 113f., vgl. KIRCHERT 1979: 93, 98)**
>
> Februar: *Dirre manot nehat uolle zale neweder dere tage. noh dere lune nihwan ie an deme uierden iare. daz heizzet in diutisken scaltiar. so hat er eines tages mere. und uolle lunam. daz ist tricesima. daz die osteren an ire antreitte iht gewechen.*
>
> April: *Ir sult merchen daz dirre manot eiginlichen unde sunterlichen heizzet ostermanot uone diu. daz die osteren iemmer ane si fruo oder spæte werden aller iarichliche dar inne choment. Noh zeware ander marh die osteren neheiniz habent nihwan daz uolemæne aprilis. so sind dere iuden ostere. suelhes tages diu quarta decima luna wideruert, daz ist so der schim uirzehen tage alt wirdit, des abentes opherent si daz lamb und ezzent iz. des anderes tages, so diu luna quinta decima ist. unde so die wochen, begent si mit derbem brote*

## 1.2 Die Fächer des *Quadriviums*

*die osterdulde. So ist aue unser ostermarh diu selbe quarta decima luna. daz ist, also ih e sprah so des manen schim uierzehen tage alt ist. daz ist das uolemane. uon dere luna des næhisten sunnentages dulde wir christene unseren ostertach. Vnde merchet. obe diu quarta decima eines sunnentages chumit. so habe wir bluompalmosteren. des nahisten sunnentages da nah uire wir den urstende tach. unde erwohset uns dannen diu luna ettewenne unze an uicesimam primam.*

Februar: 'Dieser Monat hat nicht die volle Zahl, weder der Tage noch der Mondstadien, außer in jedem 4. Jahr. Das heißt auf Deutsch „Schaltjahr". Dann hat er einen Tag mehr und durchläuft alle Mondphasen. Das ist die dreißigste, damit sich die Osterfeiertage mit ihrem Beginn nicht verschieben.'

April: 'Ihr sollt merken, dass dieser Monat mit Fug und Recht „Ostermonat" heißt, und zwar deshalb, weil Ostern stets – egal ob früher oder später – alle Jahre darin stattfindet. Außerdem haben die Ostern keinen anderen Termin außer dem Vollmond des Aprils. Da liegt das Ostern der Juden. An welchem Tag die 24. Mondphase eintritt, d.h. wenn der Schein 14 Tage alt wird, an dem Abend opfern die das Lamm und essen es. Am folgenden Tag, wenn die 25. Mondphase ist und wenn die Woche [beginnt], begehen sie mit ungesäuertem Brot das Osterfest. So ist aber unser Ostertermin dasselbe 24. Mondstadium. Das ist, wie ich schon sagte, wenn der Mondschein 14 Tage alt ist, das ist Vollmond. Beim Mondstadium des nächsten Sonntags feiern wir Christen unseren Ostertag. Und merkt: wenn das 14. [Mondstadium] auf einen Sonntag fällt, dann haben wir [erst] Palmsonntag. Am nächsten Sonntag darauf feiern wir unseren Auferstehungstag und es laufen bei uns die Mondstadien weiter bis zum 21. Tag.'

Diese kurzen frühmittelhochdeutschen Anmerkungen enthalten einige astronomische Begriffe: Mit lat. *luna* (eigentlich 'Mond') ist nicht der Himmelskörper gemeint, sondern der volle Mondzyklus. In Verbindung mit Ordinalzahlen bezieht sich *luna* auch auf einzelne Tage innerhalb des Zyklus: *luna quinta decima, quarta decima luna*, und *uicesima prima* '15., 14., 21. Tag innerhalb des Mondzyklus'. Jedes vierte Jahr wird der Februar um einen Tag verlängert, und *daz heizzet in diutisken scaltiar*. Der Terminus 'Schaltjahr' scheint – das legt die Formulierung nahe – im Deutschen bereits eingeführt zu sein. Dafür spricht auch, dass es einen viel älteren Beleg aus dem 8. Jh. gibt (StSG III,5,44). Mit *uolemæne* wird der Termin des Vollmondes bezeichnet, mit *ostermarh* der Ostertermin, der mit astronomischen Methoden zu berechnen ist. Mit den Formulierungen *Ir sult merchen* und *Vnde merchet* wendet sich der Autor an den zu informierenden Leser.

## 1 Die *Septem Artes Liberales*

Andere Bereiche der „angewandten Astronomie" sind die Diätik (die mittelalterliche Gesundheitslehre, in deren Zusammenhang auch der Lauf der Gestirne eine zentrale Rolle spielt) und die Prognostik.

Seit dem 12./13. Jh. wurden Werke **arabischer** Gelehrter ins **Lateinische** übersetzt. Über diesen arabisch-lateinischen Umweg wurden dann auch Lehren von Autoren der griechischen Antike (z.B. Aristoteles und Ptolemäus) in Mitteleuropa und damit auch im deutschen Sprachraum verbreitet (GASTGEBER 2010). Über astronomisches Wissen verfügten nicht nur Gelehrte, sondern auch Autoren wie Thomasin von Zerklære, Berthold von Regensburg, Frauenlob, Heinrich von Mügeln, Oswald von Wolkenstein (MATTHAEI 1912b: XIIf., KNAPPICH 1998: 174), Wolfram von Eschenbach (DEINERT 1960, KIBELKA 1965) oder Meister Eckhart (UNTERREITMEIER 1983: 35). Eine Rolle kann dabei auch dem weit verbreiteten *Lucidarius* zugekommen sein, einem enzyklopädischen Werk, das „Welt- und Glaubenswissen in der Volkssprache an Schüler und Nichtfachleute" vermittelte, „aber andererseits ein nicht unbeträchtliches Maß an Bildung bei seinen Adressaten" (GOTTSCHALL 1999: 2333) voraussetzte (zur Astronomie im *Lucidarius* ebd. 2335f.).

Ein sonst unbekannter Schreiber namens **Konrad von St. Gallen** hat um die Mitte des 14. Jahrhunderts in eine heute in der Universitätsbibliothek Basel aufbewahrte Handschrift (B VIII 27) die sogenannte **Mainauer Naturlehre** eingetragen (Ausgabe: MOSIMANN 1994; vgl. KEIL 1985). Es handelt sich um eine kürzende Bearbeitung einer Version des lateinischen *Secretum Secretorum*, einer pseudoaristotelischen Schrift, die ebenfalls auf arabische Grundlagen zurückzuführen ist (KEIL 1992). Im Vordergrund stehen Fragen der Zeitrechnung und der Diätik.

> **[27] Aus der Mainauer Naturlehre (nach MOSIMANN 1994, Beiheft: 15,16–17,23)**
>
> *Daz iar teilent die liute in zwei, in den winter vnde in den sumer; abir die meister teilent ez in vier teil. In den winter, der vat* [fängt] *an sant clementen tac an; ein meister heizit nvmma pompeius, der vahet daz iar an in dem winter, so die sunne in dem zeichen loufet, daz da heizit capricornus; wan so ist die sunne aller verrest* [am weitesten entfernt] *von vns vnde beginet vns nahen; so ist es och solsticium hyemale, daz winterlich solsticium; solsticium, daz ist, so die sunne als verre ist, daz si nicht verrer mac oder so nahe, daz si niht naher en mac; so ist die sunne aller verrest vnde ist die zit kalt vnde fiuhte, so svln wir vmbe keren die gewonheit vnsers lebins vnde svlint spulgen* [sollen gebrauchen] *warmer spise. Daz ander teil heizit der lenze, daz vahit an sant peters tag ane. Ein meister heizit Romelus, der vahet das iar ane in dem lenzen, so die sunne loufet in dem zeichen, daz da heizit aries; wan so blugent* [blühen] *elliv dinc, so ist es och equinoctium vernale* [Frühlingstagundnachtgleiche] *zvo merzen, so ist der lenzeliche equinocium. Equinocium, daz ist so div naht vnde der tac gelich lanc sint [...] ein lant heizit arabia; dez*

## 1.2 Die Fächer des *Quadriviums*

> *landes liute vahent daz iar an in dem sumer, so die sunne laufet an dem zeichen, daz da heizit cancer; die selbin geloubint daz di sunne wurde gemaht an dem zeichen, daz da heizet leo; so aber in cancro div sunne loufet, so ist es solsticium estiuale, daz svmerliche solsticium so vns die svnne aller nahest ist.*

Sternbilder (*capricornus* 'Steinbock', *aries* 'Widder', *cancer* 'Krebs' und *leo* 'Löwe') werden lateinisch benannt. Weitere astronomische Fachtermini werden nur zur Hälfte volkssprachlich erläutert: *solsticium hyemalem* 'Wintersonnenwende' wird mit *daz winterlich solsticium* übertragen. Das Adjektiv lat. *hiemalis* wird zwar durch *winterlich* übersetzt, aber für *solsticium* gibt der Verfasser kein volkssprachliches Wortäquivalent. Stattdessen wird das Wort mit einem Definitionssatz erklärt: *solsticium, daz ist so die sunne als verre ist, daz si nicht verrer mac oder so nahe, daz si niht naher en mac* 'solsticium ist, das ist, wenn die Sonne so weit entfernt ist, dass sie weiter nicht entfernt sein kann, oder so nahe, dass sie nicht näher (sein) kann'. Ähnlich im Fall von *equinoctium vernale*: Das Adjektiv *vernale* wird zwar mit *lenzelich* übersetzt, aber der eigentliche Fachterminus *equinoctium* wird nicht verdeutscht. Das Wortverständnis wird wieder mithilfe eines Definitionssatzes hergestellt: *Equinocium, daz ist so div naht vnde der tac gelich lanc sint* 'Equinoctium, das ist, wenn die Nacht und der Tag gleich lang sind'. Ähnlich wie ca. 300 Jahre zuvor bei Notker sind die zentralen astronomischen Termini, die Namen der Sternbilder, die Bezeichnung der Sonnenwende und der Tagundnachtgleiche lateinisch. Als volkssprachlicher Terminus kann in dem zitierten Passus allenfalls das Wort *zeichen* 'Sternbild' in Anspruch genommen werden.

Erst der vielseitig gebildete Regensburger Kanoniker, Domschullehrer und Domherr **Konrad von Megenberg** (1309–1374; zu Leben und Werk mehrere Beiträge in MÄRTL/DROSSBACH/KINTZINGER 2006) verfasste 1348 mit seiner *Deutschen Sphaera* (Ausgabe: BRÉVART 1980) ein astronomisches Lehr- und Fachbuch in der Volkssprache. Es handelt sich noch um keinen autochthonen Text, sondern Konrads *Deutsche Sphaera* basiert auf dem im späteren Mittelalter weit verbreiteten astronomischen *Tractatus de Sphaera* des in Paris lehrenden Engländers **Johannes von Sacrobosco** (ca. 1200–1256; vgl. BRÉVART/FOLKERTS 1983, MATTHAEI 1912a), der seinerseits aus älteren lateinischen Quellen (z.B. Johannes von Sevilla, 12. Jh.) schöpfte, die wiederum auf arabischen Vorlagen basieren, denen letztlich die griechische *Megale Syntaxis* (*Almegest*) des **Ptolemäus** zugrunde liegt (UNTERREITMEIER 1983).

> [28] Aus Konrad von Megenberg, *Deutsche Sphaera* (nach BRÉVART 1980, 7,10–8,12)
>
> *Spera oder deu rundengrözzen wirt in zwaier hande weiz getailt, nach dem selpwesen und nach dem zuvalle. Nach dem selpwesen wirt sie getailt in neun stüke. Daz erst stukke ist der erst lauf oder der erst waltzer und haizt auch der cristallisch himel, darümb, daz er zemal lauter ist und kainen stern hat. Und ob dem setzen die kristen und die juden ainen himel, der haizzet der feurein himel, davon, daz er an im selber zemal leuhtend und prehend ist. Und der hat kainen lauf, sunder got rüt mit seinen lieben darinne. Aber unser Johannes sagt von dem selben himel niht, noch kain ander haidenisch sternseher. Nach dem ersten waltzer ist der gesternt himel, den man haizt daz firmament. Darnach ist der himel des ersten planeten oder dez ersten selplauffigen sterns, der da haizet Saturnus oder der satjar. Und der himel hat neur [nur] ainen tunkeln stern, dapei man in erkennet. Nach dem ist des andern planeten himel, der da haizzet Jupiter oder der helfvater, darumb, daz er seinen vater satjar seiner kreft beraubet. Und wizze, daz itwederme der zwair planeten sein nam widerspruchig ist. Saturnus haizt der satjar, darumb, daz sein craft kalt ist und trukken. Und deu zwai sint allen fruhten und allem leben widerkriegend. Darümb hiez er paz der hungerjar wanne der satjar. Aber Jupiter haizzet der helfvater, darumb, daz sein kraft ist warme und feuht in seiner mozze. Und wanne er sich geselt dem satjar, so hindert er sein kreft, und darumb hiez er paz der raubvater. Nach dem helfvater ist Mars; der planet haizt der streitgot. Darümb, daz sein kraft haiz ist und truken, so zeuht er auz der erden und auz dem menschen vil behender feuhten und inhitzt den menschen, daz er leiht zürnt – wann zorn ist niht anders wanne ain anprunst dez plutes ümb daz hertzes.*

Konrad, der also am Ende einer langen Vermittlungs- und Übersetzungskette steht, erdachte für einen Großteil der astronomischen Fachtermini, einschließlich der Planetennamen seiner Vorlage, wie [28] zeigt, deutsche „laienkonforme" (DROSSBACH 2009: 13) Pendants. Darüber hinaus gab er beispielsweise *supercelestis spera* mit *himelische rundgrözze* 'himmlische Rundgröße' wieder. Die Fügung *der berinne himelspitz* 'der Bärin Himmelsspitze' verwendet er für *polum arcticum* (mit *berinne* ist das Sternbild des Großen Bären gemeint). Vielfach bildet er **Komposita**: für *orizon* 'Horizont' *augenender* 'Beender der Augenreichweite', für *equinoctialis circulus* 'Kreis (Meridian) der Tagundnachtgleiche' *ebennehter*, wörtlich 'Gleichnächter'. *Linea ecliptica* gibt er mit *scheinprecherinne* wieder. Damit ist „der größte Kreis, den die Sonne im Lauf eines Jahres scheinbar um die Erde beschreibt" (BRÉVART 1980: 132) gemeint. Als *waltohsenzegel* 'Waldochsenschwänze' bezeichnet er die *coluri*, die „beiden Längenkreise, die sich an den Himmelspolen rechtwinklig schneiden und den Tierkreis (die Ekliptik) an den Äquinoktial- und den Solstitialpunkten kreuzen" (ebd. 139).

## 1.2 Die Fächer des *Quadriviums*

In Anlehnung an lat. *meridianus* bildet Konrad *mittemtager*, und *zenith* übersetzt er mit *hauptpunct* (vgl. MATTHAEI 1912a: 10, UNTERREITMEIER 1983: 28; umfassend zu Konrads astronomischer Begrifflichkeit DESCHLER 1977).

**Fremdwörter** sind in Konrads *Deutscher Sphaera* eher die Ausnahme. Beispiele sind *aquilo* 'Nordwind; Norden', *astrolabium* 'Astrolab' (ein Gerät zur Positionsbestimmung von Sternen), dazu das deutsche Synonym *sternlebs* (*-lebs* aus lat. *lectio* 'Lesung, Abschnitt'), *attlanten* 'Siebengestirn', *auster* 'Südwind' (neben deutschem *fruchtwind*), *boreas* 'Nordwind', *clima* 'Zone zwischen zwei Breitengraden', *horalogium* '(tragbare) Sonnenuhr', *nadir* 'Gegenpunkt des Zenits auf der Erde', *spera* 'Sphäre'.

Kennzeichnend für die **Syntax** in Konrads von Megenberg *Deutscher Sphaera* sind **einfache Aussagesätze** und überschaubare Satzperioden. Die deutlich dominierenden Typen abhängiger Sätze sind **Attribut-** und **Kausalsätze**. In Attributsätzen werden Begriffe oder Sachverhalte erläutert, Zusatzinformationen gegeben oder Termini eingeführt. In Kausalsätzen werden Ursachen für astronomische Phänomene oder ihre Benennungen expliziert. Selbständige Sätze werden nicht nur mit den koordinierenden Konjunktionen *und*, *oder*, *sunder*, *aber* verknüpft, sondern vielfach auch mit begründenden Konjunktionaladverbien.

Rund anderthalb Jahrhunderte später wurde Konrads *Deutsche Sphaera* in einer Überarbeitung durch den Nürnberger Kleriker **Konrad Heinfogel** (ca. 1455–1517) sprachlich und stellenweise auch inhaltlich überarbeitet. Dieser Konrad nutzte die Namensgleichheit dazu, den nur stellenweise modifizierten Text als sein eigenes Werk auszugeben (STEER 1981); nach heutigen Maßstäben wäre das ein Plagiat. Es ist aber sprachhistorisch insofern von Interesse, als Heinfogel zwar die volkssprachliche astronomische Begrifflichkeit des älteren Namensvetters weitgehend beibehält, sie aber immer wieder auch um die entsprechenden lateinischen Termini ergänzt, den Text also wieder an die lateinische Vorlage rückbindet. Schon an den Seitenrändern der Megenberg-Handschrift A (München, BSB, cgm 156) sind vermutlich von Heinfogel selbst (STEER 1981) zu einer Reihe von deutschen Wörtern lateinische Entsprechungen eingetragen, die durchweg Johannes von Sacrobosco entnommen sind. Solche Randglossen sind beispielsweise *circkel* zu *kraiz*, *retrogradus* zu *hindergeer*, *Epiciclus* zu *überkraiz*. Mehrmals werden auch die entsprechenden Wörter aus dem Text Konrads von Megenberg am Rand mit wiederholt, z.B. *hawptpunckt cenith*, *mittertager meridianus*, *augennenner oder orizon*, *geometria messung*, *wertlich cosmicus*, *zeitlicher cronicus*.

Astronomisches hat Konrad von Megenberg auch in seinem erheblich weiter verbreiteten *Buch der Natur* thematisiert, das in über 100 Handschriften und acht Drucken überliefert ist (Ausgabe: LUFF/STEER 2003; zur Megenberg-Überlieferung vgl. HAYER 1998). Auch dieses Werk basiert auf einer lateinischen Quelle, dem *Liber de natura rerum* des Thomas von Cantimpré (STEER 1985). Das zweite Buch dieser umfassenden Naturlehre handelt *Von den himeln vnd von den siben planeten*. Konrads astronomische Darstellungen wurden bis in die frühe

Neuzeit tradiert und rezipiert (DROSSBACH 2009). Einer in Fachkreisen akzeptierten volkssprachlichen astronomischen Terminologie konnte er noch nicht zum Durchbruch verhelfen (UNTERREITMEIER 1983: 28).

Deutsche Texte über Sonne, Mond und Sterne befassten sich vorwiegend mit Grenzbereichen der Astronomie: der Erstellung von Almanachen und Kalendern, Horoskopen und Prognostiken, Wettervorhersagen, der Ermittlung von Tagen, die für den Aderlass und andere medizinische Maßnahmen günstig oder ungünstig sind. Thematisiert wird mitunter auch Handwerkliches: die Konstruktion von Astrolabien, Sonnenuhren, Kompassen und Quadranten wie beispielsweise in einer Wiener Sammelhandschrift (Österreichische Nationalbibliothek Cod. 3055, vgl. CHLENCH 2007).

Astronomische „Anwendungsbereiche" werden ausführlich auch in einem 1551 in Frankfurt gedruckten und reich mit Holzschnitten illustrierten astronomisch-astrologisch-technischen Kompendium in deutscher Sprache behandelt. Wie aber bereits der Titel (s. [30]) erkennen lässt, sind wesentliche Teile des Fachwortschatzes (*Influentz, Astronomei, Constellation, Natiuiteten* 'Geburtshoroskope', *Instrument, Astrolabien, Quadranten, Compäst, Nocturnal* 'Nachtuhr, Vorrichtung zur Feststellung der Zeit am Stand der Sterne') nach wie vor Lehnwörter aus dem Lateinischen.

[30] Astronomie und ihre Anwendungsbereiche. Titel eines 1551 in Frankfurt am Main gedruckten Kompendiums (Bayerische Staatsbibliothek München, Res/Astr.u. 309 u, Tbl.)

*Des Himmels Lauffes Wirckung vnnd Natürliche Influentz der Planeten, Gestirn vnd Zeychen auß grund der Astronomei nach jeder zeit, iar, tag vnd stunden Constellation. In Natiuiteten zur Artznei, wolfart vnd allem leben der menschen zuwissen vonnöten. Mitsampt Astronomischer vnd Mathematischer Instrument als Astrolabien, Quadranten, Compäst, Sonnuhrn vnd Nocturnal künstlicher zürichtung vnd nützlichen gebrauch. Alles Innhalt beigelegten Registers.*

*Zu Franckfort bei Chr. Egenolffs Erben*

Das kosmische Modell ist dem Konrads von Megenberg sehr ähnlich, enthält aber keine Benennungen.

Die astronomische Wissenschaftssprache des Mittelalters und der frühen Neuzeit blieb von **Nicolaus Cusanus** (1401–1464) über **Regiomontanus** (1436–1476) bis hin zu **Johannes Kepler** (1571–1630) weitgehend das Lateinische (vgl. die revisionsbedürftige, aber bisher nicht ersetzte Bibliographie von ZINNER 1925, ferner UNTERREITMEIER 1983, HAAGE 2007, 87–93). Deutschsprachige astronomische Wissenschaftstexte – wie die *Sphaera* Konrads von Megenberg – sind als Experimente einzelner Autoren und Übersetzer mit dem Ziel der Popularisierung astronomischen Wissens zu verstehen. Zahlreich sind dagegen Texte der genannten alltags- und praxisbezogenen Randbereiche, oft nur Einblattdrucke und zu Heftchen zusammengebundene Blätter, die sich im Spätmittelalter einer „ungeheuren Beliebtheit" (UNTERREITMEIER 1983: 29) erfreuten.

### 1.2.4 Musik

*Musica* als Teilfach des *Quadriviums* (HAAS 1999, FELLERER 1959) war im mittelalterlichen und frühneuzeitlichen Verständnis kein praktischer Gesangs- oder Instrumentalunterricht, sondern der „Musikgelehrte *(musicus)*, der sie betreibt, überschreitet enge Fachgrenzen. Er beschäftigt sich mit allen im *Quadrivium* vereinigten Disziplinen Arithmetik, Musik, Geometrie und Astronomie. Der *musicus* konzentriert sich auf das abstrakte Prinzip des *numerus*, auf die Erforschung der inneren Struktur mathematischer Gesetzmäßigkeiten" (DENK 1981: 2). Die Grundharmonien der Musik sind nach mittelalterlichem Verständnis eine Analogie zur Harmonie des Kosmos, also hörbare Schöpfung. Gott ist nach Augustinus der *summus musicus*, der 'höchste Musiker'. Die praktizierte Musik ist demgegenüber *Usus*, der praktizierende Sakralmusiker ist der *Cantor*, der Interpret weltlicher, unterhaltender Musik ist der am Rande der Gesellschaft stehende *Ioculator*. Allerdings vollzog sich im Laufe des Mittelalters eine Annäherung von Musiktheorie und -praxis. Ein Ergebnis davon ist die Entwicklung der Notenschrift.

Verfasser des ältesten Musiktraktats in deutscher Sprache war **Notker III. von St. Gallen**. Der Text – vom Umfang her nicht mehr als „ein schmales Heftchen" (VAN SCHAIK 1995: 2) – umfasst fünf Kapitel, die zwar in keiner Handschrift vollständig vorliegen, aber aus den fünf erhaltenen Teilüberlieferungen, die alle noch ins 11. Jh. datieren, bekannt sind (ebd.: 4–8, vgl. auch SONDEREGGER 1987: 1220). Behandelt werden die Einteilung der Tonintervalle auf einem Monochord, Tonskalen, die Kirchentonarten und die Mensur von Orgelpfeifen. Ein Monochord ist kein Instrument für musikalische Aufführungen, sondern ein mit Saiten bespannter hölzerner Klangkörper zur Berechnung von Tonhöhen in Relation zu unterschiedlichen Saitenlängen. Der nachfolgende Textauszug [31] handelt von Tonfolgen und -umfängen.

# 1 Die *Septem Artes Liberales*

**[31]** *De octo tonis* 'von den acht Tönen' aus Notkers Musiktraktat (nach VAN SCHAIK 1995: 17)

*Uuuizîn dârmîte, dáz an démo sánge dero stímmo échert síben uuéhsela sínt, díe uirgilius héizet septem discrimina uocum únde díu áhtoda in qualitate díu sélba íst sô díu êrista. Fóne díu sínt án dero lîrûn únde án dero rótûn îo síben séiten, únde síbene gelícho geuuérbet. Pe díu negât óuh án dero órganûn daz alphabetum nîeht fúrder âne ze síben buóhstaben dien êristen A B C D E F G. Téro síbeno sínt fiere – íh méino B C D E – állero sángo ûzlâza. Tíu des êristen toni únde des ánderen sint, tíu hábent ûzlâz án demo B, tíu des trítten únde des fíerden sint, án demo C, tíu des fínften únde des séhsten an demo D, tíu des síbenden únde des áhtoden, án demo E. Únde uuánda sángolîh uuállôn mág fóne sínemo ûzlâze níder únz ze demo fínften buóhstábe únde ûf únz ze demo níunden, sô dáz iz trîzene überlóufe, álso díu antiphona tûot án demo êristen tono „cum fabricator mundi", be díu sínt óbenân zúzesézzene des kemáchen alphabeti séhse die êristen A B C D E F únde nídenân drî die áfterôsten E F G. Tánne sínt íro séhszêne, sô uuîo dien áltên musicis fínfzen buóhstábo únde fínfzên séitôn gnúoge dûohtî; únde sie uuóltîn dáz tíu cithara sô mánige séiten hábetî únz ter óberosto demo níderosten inchâde in quadruplo. Táz ist tíu méista proportio únde méista simphonia, díu bis diapason héizet, díu fóne ánderen simphoniis bestât, uuánda diatesseron únde diapente máchônt éin diapason.*

'Dazu müsst ihr wissen, dass es beim Tonverlauf nur sieben Intervalle gibt, die Vergil *septem discrimina vocum* [sieben Unterschiede der Töne] nennt, und die achte [*stimma* d.h. der Ton], die hinsichtlich der Qualität wie die erste ist. Deshalb sind an der Lyra und an der Rotte immer sieben Saiten, und [zwar] sieben auf gleiche Weise [aufeinander] abgestimmt. Deshalb umfasst bei der Orgel das Alphabet nicht mehr als sieben Tonzeichen, [nämlich] A, B, C, D, E, F, G. Von diesen sieben sind vier – ich meine B, C, D, E – die Endtöne aller Tonarten. Die zum ersten und zum zweiten Ton gehören, die enden beim B, die zum dritten und vierten gehören, beim C, die zum fünften und sechsten beim D, die zum siebten und achten beim E. Und da jede Tonart von seinem Schlusston bis zum fünften Buchstaben abfallen und bis zum neunten aufsteigen kann, so dass sie dreizehn überschreiten, wie es [z.B.] die Antiphon *cum fabricator mundi* tut, deshalb muss man oben hinzusetzen aus dem passenden Alphabet die ersten A, B, C, D, E, F und nach unten die drei übrigen, E, F, G. Außerdem gibt es davon sechzehn, obgleich den alten Musikern fünfzehn Buchstaben und fünfzehn Saiten ausreichend dünkten, und sie wollten, dass die Cithara so viele Saiten hätte, die der oberste [Ton] dem untersten entspräche in quadruplo. Das ist die größte Proportio und die höchste Sinphonia, die zweimal Diapason heißt, die aus anderen Sinphonien besteht, denn Diatessaron und Diapente ergeben ein Diapason.'

## 1.2 Die Fächer des *Quadriviums*

Notker musste auch hier wie bei anderen volkssprachlichen Wissenschaftstexten terminologisch bei Null anfangen. Eine deutsche Musikterminologie gab es allenfalls in Ansätzen (RELLEKE 1980: 41–46). Mit Sicherheit hat er auf lateinische Quellen, insbesondere Boethius (vgl. TIEFENBACH 2000: 29), zurückgegriffen, geht aber nicht wie in anderen Schriften so vor, dass er lateinische Textsegmente zitiert, sie in lateinisch-deutsche Mischprosa übersetzt und sie dann kommentiert. Der Musiktraktat Notkers ist fortlaufend ohne Rückbindung an eine lateinische Vorlage formuliert. Dennoch enthält der Text eine beträchtliche Anzahl vor allem **griechischer** Musik-Termini wie *simphonia* 'Zusammenklang', *diapason* 'doppelte Oktave', *diatesseron* 'Quart' und *diapente* 'Quint'. Einige Textkomponenten sind **lateinisch**, so das Vergilzitat *septem discrimina uocum* (Aeneis VI,646; vgl. VAN SCHAIK 2012: 172) und der Anfang der Antiphon *Cum fabricator mundi* (ebd. 159–163), dazu *in qualitate*, *alphabetum* (das aber nur eine Anpassung des griechischen Wortes an das Lateinische ist), *tonus* (hier Genitiv *toni*) *antiphona*, *musicus* (hier Nom. Pl. *musici*), *quadruplum* (hier Abl. *quadruplo*), *proportio* (vgl. VAN SCHAIK 2012, WOITKOWITZ 2011, TIEFENBACH 2000).

In einem weiteren Sinne fachsprachlich sind die **Instrumentenbezeichnungen** wie (in [31]) *lîra* 'Lyra' (hier Dat. *lîrûn*), *rota* 'Rotte' (hier Dat. Sg. *rótûn*, ein gezupftes oder gestrichenes Saiteninstrument, vgl. RELLEKE 1980: 42–44), und *cithara* (ein gezupftes Saiteninstrument; vgl. KLUGE/SEEBOLD 2011: 360, 1013 zu nhd. *Gitarre* und *Zither*). An das deutsche Flexionssystem angepasst ist der Dat. Sg. *órganûn* zu *organa* 'Orgel'. Diese (und weitere) Bezeichnungen für Instrumente in Notkers Traktat sind schon früher im Althochdeutschen bezeugt, waren also zumindest in Kloster- und Gelehrtenkreisen bekannt (zu den von Notker erwähnten Musikinstrumenten vgl. das kommentierende Verzeichnis in VAN SCHAIK 2012: 104–125).

Notkers Traktat enthält auch mehrere **allgemeinsprachliche** Wörter in spezifischen Verwendungen (Zusammenstellung bei WOITKOWITZ 2011: 254–261). Ahd. *sang* bedeutet üblicherweise 'Lied, Gesang' (VAN SCHAIK 2012: 152f.). Im vorliegenden Kontext scheint das aber nicht gemeint zu sein, denn es ist die Rede auch von instrumentalen Tonverläufen. Auch *stimma* bedeutet hier nicht wie in den meisten Fällen 'menschliche Stimme', sondern allgemein 'musikalischer Ton'. Die gesamte Fügung *an démo sánge dero stímmo* wird deshalb in der Übersetzung als 'Tonverlauf' wiedergegeben. Ahd. *wehsal* (hier Pl. *uuéhsela*) bedeutet sonst 'Wechsel, Tausch, Änderung' (SEHRT 1962: 268). Notker gebraucht es in seinem Traktat in der spezifischen Bedeutung 'Intervall'. Ahd. *werban*, sonst zumeist 'drehen, wenden' liegt hier in der Bedeutung '(aufeinander ab-)stimmen' vor. Dahinter steht die Vorstellung vom Drehen an den Wirbeln eines Saiteninstruments. Gut belegt in althochdeutschen Quellen ist das Wort *buohstab* 'Buchstabe' (AWB I,1504–1507). Aber nur Notker gebraucht es in der Sonderbedeutung 'Tonzeichen' (TIEFENBACH 2000: 34). Auch die anschließende Benennung von Tönen mit Buchstaben ist fachsprachlich (vgl. VAN SCHAIK 2012: 131–135). Das Bewegungsverb ahd. *wallôn* bedeutet sonst 'wallen, schreiten, pilgern' (TIEFENBACH ebd.). Notker verwendet es als Bezeichnung für den Melodieverlauf. Für die Benennung der Melodierichtungen verwendet er die Adverbien *nider* 'nieder, nach unten' und *ûf* 'auf(wärts)' (TIEFENBACH 2000: 34). Das Verb *ubirloufan* ist für das Althochdeutsche nur bei Notker als Terminus für die Überschreitung eines Tonumfangs belegt (AWB V,1351).

Charakteristisch für die **Syntax** in Notkers Musiktraktat sind Passivkonstruktionen wie *Fóne díu uuérdent fíer simphoni án éinero fúnden* 'deshalb werden vier simphoni in einer einzigen angetroffen' (nicht im zitierten Textstück) und modale Infinitive (TIEFENBACH 2000: 33) wie *sínt óbenân zúzesézzene*. Fachtextspezifisch sind die **anaphorischen Verknüpfungen**, die ein hohes Maß an **Textkohärenz** herstellen wie *Fóne díu* und *Pe díu* 'deshalb', *Tánne* 'außerdem', *uuánda* 'denn'. Anaphorisch sind auch pronominale Anknüpfungen: *Téro síbeno...*, *Tíu des êristen toni... tíu des trítten* usw. Es begegnen verschiedenartige **Adverbialsatztypen**, beispielsweise in dem Satzgefüge *Únde uuánda sángolíh uuállôn mág fóne sînemo úzláze níder únz ze demo fínften buóhstábe únde úf únz ze demo níunden* (begründend: Kausalsatz), *so dáz iz trízene úberlóufe* (folgernd: Konsekutivsatz), *álso díu antiphona tûot an demo êristen tono „cum fabricator mundi"* (vergleichend: Modalsatz) *be díu sint óbenân zúzesézzene des kemáchen alphabeti séhse die êristen A B C D E F únde nídenân drî die áfterôsten E F G* (Hauptsatz). Die direkte Anrede des Lesers am Beginn des zitierten Abschnitts (*Uuuizîn dârmîte...*) kann ebenso als typisch für einen instruierenden Text gelten wie die Parenthese, die das soeben Gesagte nochmals mit anderen Worten zusammenfasst.

Musikwissenschaftliche Fachtexte in deutscher Sprache wurden erst wieder Jahrhunderte nach Notker verfasst. Das Hoch- und Spätmittelalter sind keineswegs arm an musiktheoretischen Texten. Aber die Sprache, in der man sich äußerte, war exklusiv das Lateinische. Die profanen Musikpraktiker, die mit Sicherheit auch eine Art von Fachsprache über Instrumentenbau, Spieltechniken, Metrik und Melodik hatten (und zu denen auch die Minnesänger gehörten), verständigten sich mündlich über ihre Kunst. Im Spätmittelalter kommt es allmählich zu einer Annäherung von Musiktheorie und -praxis. Die deutschsprachigen Texte des 15. Jhs. „sind erste Vermittlungsversuche, Überbrückungen zwischen der volkssprachlichen Laienmusikpraxis und der lateinischen Musikreflexion vokaler Mehrstimmigkeit" (DENK 1981: 6). Eine Reihe von frühneuhochdeutschen Musiktraktaten des 15. und 16. Jahrhunderts befasst sich mit theoretischen Fragen der Notation sowie praktischen Fragen der Vokalmusik (ebd. 14–169), weitere auch mit Instrumentalmusik (ebd. 171–185).

Ein solcher Traktat, der die Mensuralnotation behandelt, ist in einer Regensburger Handschrift aus der Mitte des 15. Jahrhunderts überliefert (s. [32]), die auch eine bisher übersehene Überlieferung des *Algorismus Ratisbonensis* enthält (ein Indiz dafür, dass beide Texte im Zusammenhang mit dem *Quadrivium* zu sehen sind).

1.2 Die Fächer des *Quadriviums*

[32] Notenwerte in Cod. 98th, S. 402 der Bischöflich-Proskesche Musikbibliothek, Regensburg (vgl. DENK 1981: 25–38)

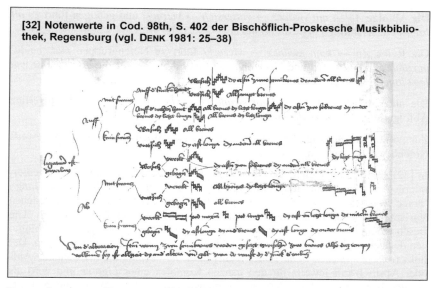

Es werden Arten, Unterarten, Unterunterarten (usw.) von Ligaturen (d.h. Notenverbindungen) unterschieden. Am linken Rand steht als Hauptüberschrift *Ligatur ist zwayerlay*. Die erste Unterscheidungsebene ist *Auff* und *Ab*, wobei jeweils zwischen *mit swancz* und *kain swancz* unterschieden wird.

Bei Ligaturen des Typs *Auff* → *mit swancz* wird differenziert zwischen *auff der lincken handt* (weitere Unterscheidung: *vbersich* und *vnttersich*) und *auff der rechten handt*. Weist der Strich am Anfang der Ligaturengruppe nach oben (*vbersich*) oder nach unten (*vnttersich*), sind *dy ersten zwene semibreues, dy andern all breues* oder *allsampt breues*. Verläuft der *swancz auff der rechten handt*, werden drei Konfigurationen unterschieden: (1) *all breues, dy letzt longa*, (2) *dy ersten zwo semibreues, die ander breues, dy letzt longa* und (3) *all breues, dy letzt longa*. Bei Gruppen, die *kain swancz* haben und einen Tonverlauf *vbersich* zeigen, sind *all breues*. Bei Tonverlauf *vnttersich* gilt *dy erst longa, dy andern all breues*.

Auch bei Ligaturen des Typs *Ab* wird auf der nächsten Ebene unterschieden zwischen *mit swancz* und *kain swancz*. Nächste Differenzierung bei Ligaturen *mit scwancz* ist wiederum *vbersich* und *vnttersich*, wobei jedesmal unterschieden wird zwischen *viereckt* und *gebogen*; in der Kategorie *kain swancz* wird sofort zwischen *viereckt* und *gebogen* differenziert. Verfolgt man die Reihen *Ab* → *mit swancz* → *vbersich* → *viereckt* und *gebogen*, gelangt man zu Notengruppen mit den Beschreibungen *dy ersten zween semibreues, andern all breues, dy letzt longa*.

# 1 Die *Septem Artes Liberales*

Die Abfolge *Ab* → *mit swancz* → *vnttersich* → *viereckt* und *gebogen* führt zu *all breues, dy letzt longa* bzw. *all breues.*

Die Reihe *Ab* → *kain swancz* → *viereckt* führt zu Notengruppen *ped* 'beide' *maxima* und *ped longa* und schließlich zu einer Abfolge, für die golt *dy erst vnd letzt longa, dy miteln breues.*

Die unterste Abfolge *Ab* → *kain swancz* → *gebogen* zeigt zwei gleichwertige Abfolgen *dy erst longa, die ander breuis.*

Zur Veranschaulichung werden für die unterschiedlichen Ligaturtypen jeweils Notenbeispiele gegeben.

In [32] sind die Bezeichnungen für die Notenwerte (also die eigentliche Fachterminologie) konsequent **lateinisch**: *breues* 'kurze', *semibreues* 'halbkurze', *longa* 'lange', *maxima longa* 'längste'. Das ganze Schema dient dazu, die verschiedenen Varianten und Subvarianten von *Ligatur* 'Notenverbindung' zu erläutern. Die Beschreibungen des Aussehens der lateinisch benannten Notentypen sind hingegen deutsch. Striche *vbersich* weisen nach oben, solche *vnttersich* nach unten. Der links (*auff der lincken handt*) oder rechts (*auff der rechten handt*) stehende Auf- oder Abstrich gilt jeweils für den ganzen Komplex einer *Ligatur* und wird als *swancz* bezeichnet. Dem Verständnis dienen die Notenbeispiele, die hier die Funktion dessen übernehmen, was in anderen Fachtexten vielfach Abbildungen leisten.

In nachfolgenden Textpartien werden (wieder ergänzt um Notenbeispiele) in deutscher Sprache Definitionen weiterer lateinischer Begriffe gegeben, die nahezu stereotyp dem Muster „*X* ist, wenn *Y*" folgen. Dabei ist X jeweils ein lateinischer Terminus, Y die deutsche Erklärung: *Quadrupla ist, wann vier minime oder vier semibreues werden auff aine gesetzt oder vier breues auff aine. – Sesquialtera ist, wann drey minima auff zwu werden gesetzt oder drey semibreues auff zwo oder 6 auff 4. – Sesquitercia ist, wann 4 minime oder 4 semibreues werden auff drey gesetzt oder 8 auff 6. – Sesquiquarta ist, wann 5 minime oder 5 semibreues werden gesetzt auf 4. – Dupla superparticularis ist, wann 8 minime oder 8 semibreues werden auf drey gesetzt. – Sesquioctava ist, wann 9 minime oder semibreues auff 8 werden gesetzt* (DENK 1981: 35f.). Dieser Passus zeigt deutlich, dass die lateinischen Fachtermini nicht ins Deutsche übersetzt wurden, wohl auch nicht übersetzt werden konnten und deshalb in der Volkssprache erläutert wurden. Funktion des Deutschen war es also nicht, die lateinische Terminologie zu ersetzen, sondern ihr Verständnis zu ermöglichen. „Die Bearbeiter der lateinischen Vorlagen [...] versuchen [...], die gelehrt-lateinische Terminologie durch die Anschaulichkeit der Volkssprache zu umschreiben" (ebd. 168). Der Leser wird mit hinweisenden Äußerungen (*Do waist du ..., darauf merck...*) direkt angesprochen. **Textkohärenz** wird durch Rück- und Vorausverweise hergestellt (*als do oben stet* oder *ir zaichen ist also* oder *dy nachgesetzt figur weist*).

## 1.2 Die Fächer des *Quadriviums*

Der um 1465 in Amberg (Oberpfalz) geborene **Sebastian Virdung** war der Autor des ersten umfassenden, reichlich mit Holzschnitten illustrierten deutschen Musiklehrbuchs mit dem Titel *Musica getutscht* (DENK 1999 und 1981: 177–183). Virdung trat 1483 in die Heidelberger Hofkapelle ein. Dort kam er auch in Kontakt mit dem blinden Organisten **Arnolt Schlick** (vor 1460 – nach 1521; vgl. DENK 1981: 171–176, 1992), dem Verfasser eines Buches über die Konstruktion von Orgeln und das Orgelspiel (Faksimileausgabe: SMETS 1959). Weitere Lebensstationen Virdungs waren Stuttgart, Konstanz und Basel, wo 1511 sein Lehrbuch gedruckt wurde, das bald mehrere Nachdrucke und sogar Übersetzungen ins Französische, Niederländische und Lateinische erfuhr. Der Stoff wird in einem fingierten Dialog zwischen einem musikkundigen Lehrer namens *Sebastianus* (im Text *Se.*), der wohl mit dem Autor selbst zu identifizieren ist, und einem Gelehrten – er heißt *Andreas Silvanus* (im Text kurz *A.*) – dargeboten. Ein Titelholzschnitt zeigt die beiden im Gespräch. *Silvanus* hat offensichtlich Wissenslücken auf dem Gebiet der Musik, die er durch Fragen an den Fachmann beheben will. Die Dialogform als Darstellungsmodus war auch in Lehrbüchern zur Rhetorik gebräuchlich. Das erste Kapitel behandelt Musikinstrumente, die in drei Gruppen eingeteilt werden (STRADNER 1983).

[33] Aus Sebastian Virdung, *Musica getutscht*, Basel 1511, Bayerische Staatsbibliothek München, 4 Mus.th 1616, Bildnr. 15

*Se: Die musica hat vil auß teilung vnd der glider eines ist von der musica der instrument; darumb so werden die selben zů iren namen gemalet, vff das, das sye dester kentlicher einem jetlichen anschauwenden werden. A: wie vil synd dann der selben instrument? Se: Du můst das glid der musica von den instrumenten in dryerley geschlecht auß teylen, so magst du mich recht verstan. A: wellichs synd die selben dry geschlecht? Se. Das erst ist aller der instrument, die mit seyten bezogen werden, vnd die heisset man alle seyten spill. Das ander geschlecht ist aller der instrument, die man durch den windt Lauten oder Pfeiffen macht. Das dritt geschlecht ist aller der instrument, die von den metallen*

# 1 Die *Septem Artes Liberales*

> *oder ander clingenden materien werden gemacht. A: Das kan ich nit wol verstan; bericht mich bas! Se: Wol an, ich will dir ein andere außteilung machen. Des ersten geschlechtes der saitten spill: Etlich die haben schlüssel vnd nach dem selben mag man sye regulieren vnd dann nach der regeln vff den selben spilen lernen, als zů glicher weyß die instrumenten mit den clauieren syndt.*
>
> *Clauicordium*                                          *Uirginal*

Die verschiedenen Instrumente werden nicht nur beschrieben, sondern auch in Abbildungen gezeigt. Die Namen – in [33] *Clauicordium* und *Uirginal* (weitere z.B. *Clauicimbalum, Clauiciterium, Lyra, Quintern, Psalterium*) – sind teilweise fremdsprachlich. Ein weiterer Teil trägt deutsche Bezeichnungen (*Pfeiffen, Harpffen, Hackbrett, Geigen, Trumscheit*). Andere wie *Lauten* oder *Flöten* sind zwar ihrer Herkunft nach Lehnwörter, wurden aber zu Virdungs Zeit sicher als deutsche Wörter empfunden (*Laute* geht über das altfranzösische *leüt* letztlich auf ein arabisches Wort *al-`ud* 'Holz' zurück und *Flöte* auf gleichbedeutendes altfranzösisches *fleute*; vgl. KLUGE/SEEBOLD 2011: 563 bzw. 305). Mehrere Wörter, darunter Fremdwörter, sind auch in der Allgemeinsprache der Zeit gebräuchlich, werden aber von Virdung in musikspezifischen Bedeutungen verwendet. Beispiele aus dem Text sind *schlüssel*, *instrument* und *regulieren*. Mit *schlüssel* sind nicht gewöhnliche Türschlüssel gemeint, sondern Tasten. Es handelt sich um eine Lehnbedeutung nach lat. *clavis*, das ebenfalls beide Bedeutungen – 'Schlüssel' und 'Instrumententaste' – hat (und noch in nhd. *Klavier* enthalten ist). Mhd./frnhd. *instrument* (aus lat. *instrumentum*) bedeutete vielfach 'Urkunde' oder 'Gerät' im weiteren Sinne, hat hier jedoch die spezielle Bedeutung 'Musikinstrument'. *Regulieren* heißt im vorliegenden Fachkontext 'eine Saite in Schwingung versetzen'. In späteren Kapiteln, in denen *Se(bastianus)* über Notenschrift, Notenwerte, Lautengriffe und -tabulatur, Grundlagen des Orgel- und Flötenspiels Auskunft gibt, unterstützen schematische Abbildungen sowie Notenbeispiele das Textverständnis. Die Beschreibung geht tiefer ins Detail als der Überblick über die Musikinstrumente am Anfang des Buches. Entsprechend ist auch die Fachterminologie dichter und komplexer.

## 1.2 Die Fächer des *Quadriviums*

> **[34] Aus Sebastian Virdung, *Musica getutscht*, Basel 1511 (ohne Paginierung [S. 51])**
>
> Se: *Du mûst wissen, das die singer firerlay quadratur haben, auß welchen sye alle noten formiren; die selben synd auß der freyen künste der Geometrey vnd der metrificatur oder aus der kunst der verß zů machen genomen. A: Welches synd die selben quadraturen? Se: Die erst haißt Quadrilatera. Die ander rombus. Die dryt romboides ist ein patronomicum von dem Rombo, die fiert quadratur altera parte longius et rectangulum. A: Was sagst du, wie kumpst du do her mit der geometrey vnd poeterey zů der musica zů bruchen? Se: liber, daß dichs nit wundern, ob du vnd ander noch vil mer des nit wissen, drum will ichs offenbarn vnd etwas sagen, das grundt hat: wann der selb nit gůt ist, so ist alles gebeü verlorn. A: was ist dan die erste quadrilatera für ein figur oder für ein note in dem gesang? Se: das heissen die steinmetzen ein gantz fireckte figur, die vff alle ort* [an allen Ecken] *gleich ist. Die haben die singer genomen zů der musica vnd ein breue genant, darum dann sye die alten alle schwartz haben gemacht, vnd so die vff das aller schlehtist vnd beldist* [am einfachsten und schnellsten] *zů machen ist, darum heist sy breuis.*

Virdung beginnt hier mit der Erklärung der Notenformen und verwendet dabei ausschließlich **lateinische** Fachterminologie. Es beginnt mit *quadratur* 'Viereck', dem Oberbegriff für sämtliche Notenzeichen, die um 1500 noch nicht rund oder oval waren, sondern unterschiedliche viereckige Form hatten. Die einzelnen Notentypen werden aufgezählt und kurz charakterisiert: *Quadrilatera* ist, wie *Se(bastianus)* wenig später erklärt, *ein gantz fireckte figur, die vff alle ort gleich ist*, also ein Quadrat. Die Termini *rombus* und *romboides* bezeichnen eine aufrecht (also auf der Spitze stehende) und eine liegende gleichseitige Raute. Beides wird der Sache nach nicht erklärt, aber Virdung gibt eine etymologische Erläuterung für *romboides*: Die Bezeichnung leitet sich als *patronomicum* von *rombus* her. Für die rechteckige Notenform gibt Virdung keinen Terminus, sondern eine lateinische Umschreibung: *quadratur altera parte longius et rectangulum* 'viereckig, auf einer Seite länger und rechtwinklig'. Im weiteren Textverlauf werden Details (einschließlich der Haltung der Feder beim Schreiben) beschrieben. Eine schwarze *quadrilatera*, fährt *A(ndreas)* weiter, bezeichnen *die singer* als *breue*. Die Benennung – *breve* bedeutet 'kurz' – bezieht Virdung allerdings nicht auf die Tondauer, sondern darauf, dass eine solche Note mit einem einzigen Federstrich aufs Papier gebracht wird: *so die vff das aller schleht ist vnd beldist zů machen ist* 'weil die ganz einfach und am schnellsten zu machen ist'. Die Terminologie, die Virdung hier verwendet, ist „interdisziplinär": Er bezieht einzelne Termini aus *der Geometrey vnd auß der freyen der metrificatur oder aus der kunst der verß zů machen*.

Eine Berufssprache, die nahezu **ohne lateinische Termini** auskam, besaßen um 1500 **Instrumentenbauer**, wie folgender Text der Zeit aus einer Erlanger Hand-

# 1 Die *Septem Artes Liberales*

schrift belegt. Lateinisch ist hier nur die Überschrift *Pro clauicordys faciendis* (frei übersetzt 'wie man Clavichorde baut'):

> **[35] Aus Ms. 554, Universitätsbibliothek Erlangen (nach DENK 1981: 199f.)**
>
> *A*
> *1 Pro clauicordis faciendis*
> *2 Item tail die leng von dem ersten b bis zu dem staffel in xvj tail.*
> *3 Der erst punckt ist das erst b, der ander punckt das erst c, der funft punckt ist das erst e, der sibend das erst g, der newent das ander b, der xj punckt das ander e, der xij das ander g, der xiij ist das dritt b vnd der xiv das dritt e, der xvij punctus ist der steffan oder staffel.*
> *4 Nun tail das erst c in iiij tail, so hast das erst f vnd das ander cc vnd das dritt ccc, tail das erst f in 4 tail, so hast das erst be-moll vnd das ander ff vnd das dritt fff.*
> *5 Tail das erst b moll in 4 tail, so hast das sibent X vnd das ander b moll.*
> *6 Vnd setz den mitel in das erst b moll vnd tail ij hyndersich, so hast das andre X.*
> *7 Tail das andre cräutz in uier tail, so hast das uierd iiij X vnd das xij X, das iiij X tail in vier tail, so hast das vj X vnd das ij X vnd setz den mitel in das iiij crautz vnd·tail ij hynder sich, so hast das X tail.*
> *8 Tail das erst X in iiij, so hast da iij vnd das xj X; tail das iij X in iiij tail, so hast das d X.*
> *9 Setz den mitel in das iij X vnd tail ayns hindersich, do hast das erst d, tail von dem ersten d iiij, so hast das ander d vnd das es.*
> *10 Tail das ander d in iij tail, so hast das ander my vnd setz den mitel wider in das ander d vnd tail j hynder sich, so hast das erst a vnd tail das corpus in v tail vnd nym j tail zu haubt pret, so hast güte formen zu allen clauicorden.*
>
> *B*
> *1 Alia practica.*
> *2 Tail a primo das corpus in 4 tail vnd nym iij tail zů der weit.*
> *3 Tail die weit in v tail vnd nym iij tail zu dem ersten ausschnit vnd nym xv zu dem andern außschnit vnd tail das haubt in viij.*
> *4 Vnd j tail sey die treff, vnd tail j tail von den ix tailn in ij tail vnd nym j tail zu dem ersten clauis.*
> *5 Vnd nym j tail von den ix, nym uon dem end biß zu dem staffel vnd nym j tail von den ix vnd tails in iij.*
> *6 Das wirt das loch c von dem ersten b; tail iiij piß zu dem staffel, so hast das erst g vnd das ander b vnd das iij b. 7 Tail von dem ersten E 4, so hast das erst a, das ander e vnd iij eee vnd j ze rugk, so hast das erst C vnd tail von dem erst C la iiij, so hast das erst f vnd das an der C vnd das dritt C.*
> *8 Vnd tail von dem ersten f in 4, so hast das erst d fa mi punctum semitonum*

## 1.2 Die Fächer des *Quadriviums*

> *vnd das ander f vnd das dritt f vnd iiij ze rugk.*
> *9 N ym j so hast das erst semiton vnd tail von dem ersten C iiij, so hast das erst g vnd das ander g von dem ersten g.*
> *10 Nym iij, so hast das ander d vnd das dritt d vnd j ze rugk, so hastu das erst d.*
> *11 Heb an dem ersten b fa mi secundum semitonum vnd tail ij tail, so hast das ander ef fa be mj vnd j ze rugk, so hast den andern semiton.*
> *12 Heb an am ersten a vnd tail 2x j ze rugk, so hast das ander a, heb am ersten # dur an vnd tail iiij so hast 2 semiton.*
> *13 Heb an dem andern semiton vnd tail 4, so hast 3 semiton, so dann heb an am ersten semiton vnd das erste a vnd tail 2, so hast einen semiton.*

Die wenigen lateinischen Wörter (*punctus* neben bereits eingedeutschtem häufigerem *punckt*, *moll* 'kleine Terz', *a primo* 'zunächst', *corpus* 'Klangkörper', *clauis* 'Taste', *semitonum* 'Halbton', neben auch schon endungslosem *semiton*) sind Termini, die einem Instrumentenbauer der Zeit auch ohne akademische musiktheoretische Ausbildung offenbar geläufig waren. In der Fachsprache der Instrumentenbauer werden **allgemeinsprachliche** Wörter terminologisch verwendet. Beispiele in dem kurzen Text sind *staffel* = *steffan* (pseudoetymologisch an den Namen angelehnt) mit der Bedeutung 'Instrumentensteg', *punckt* 'Stelle, an der die Saite auf dem Steg aufliegt', *mitel* 'Teilungsmittelpunkt beim Vermessen', *hauptbrett* 'Boden des Klangkörpers', *weit* 'Breite des *Hauptbretts*'. Mit *cräutz* wird ein Halbtonschritt über einer Note bezeichnet. Der Verfasser verwendet statt des ausgeschriebenen Wortes vielfach das Symbol *X*. Der Text (DENK 1981: 200) enthält darüber hinaus weitere Beispiele: *ziehen*, *richten* und *stellen* bedeuten 'stimmen', *Aufzug* 'Normalstimmung', *Abzug* 'Tieferstimmung der tiefsten Saite um einen Ganzton', *Leyrerzug* 'Bordunstimmung'. *Zwicken* ist der Terminus für 'Fingerpicking'. *Schlag* bedeutet 'Anschlag der Saite mit dem Daumen'. Die Schwingung, die dadurch erzeugt wird, ist die *Widerschlagung*. Die Tasten werden auch hier mit dem deutschen Wort *Schlüssel* bezeichnet.

Unter **syntaktischem** Aspekt stellt sich der Text als Abfolge von kurzen Imperativsätzen dar, denen stereotyp ein mit *so* angeschlossener Aussagesatz folgt, in dem gesagt wird, was der Effekt dessen ist, wozu der vorausgehende Satz anweist. Insgesamt nehmen jedoch in der Fachliteratur zum Instrumentenbau um 1500 die graphischen Elemente, „Bilder, Skizzen, Schemata und analoge Zeichnungen aller Art" (DENK 1981: 203) mehr Raum ein als die sprachliche Darstellung. Vielfach stellen sich die Texte als (sekundäre) Kommentare zu den (primären) Abbildungen dar.

## 2 Die *Artes mechanicae* – die „Eigenkünste"

Parallel und analog zu den *septem artes liberales* wurden im Mittelalter und in der frühen Neuzeit auch die alltagspraktischen Fertigkeiten und Berufe, die *artes mechanicae* bzw. *artes illiberales* oder *Eigenkünste*, mehrfach in einer Siebener Reihe zusammengefasst (BACHER 2000: 36; Überblicke über Autoren und Werke: HAAGE/WEGNER 2007: 94–265, ASSION 1973: 82–158, EIS 1960: 1146–1203 und 1950). Einen entsprechenden Entwurf lieferte beispielsweise **Hugo von St. Victor** (ca. 1100–1141) in seiner Schrift *Didascalion de studio legendi* (Ausgabe: OFFERGELD 1997). Er nennt folgende Tätigkeitsbereiche: *lanificium* (Textilgewerbe), *armatura* (Kriegskunst), *navigatio* (Seefahrt und allgemein Handel, auch zu Lande), *agricultura* (Acker- und Gartenbau), *venatio* (Jagd und Erzeugung von Nahrungsmitteln auch im weiteren Sinne), *medicina* (Heilkunde), *theatrica* (Hofkünste). Kanonische Geltung wie die Sieben Freien Künste konnte diese Reihe aber nicht erlangen (BACHER 2000b: 37), was seine Ursache auch darin hat, dass im Laufe der mittelalterlichen Jahrhunderte Arbeitsteilung und Spezialisierung der Berufe immer weiter voranschritten.

Auf Hugo basiert eine ausführliche deutschsprachige Einteilung der *sebin eygen kunste*, der 'sieben Eigenkünste' eines unbekannten mitteldeutschen Autors des 15. Jhs. in der Handschrift Kassel, UB, 4° Ms. poet. et roman. 8, fol. 150$^r$–152$^r$ (kürzender Abdruck CRECELIUS 1856). Zunächst nennt der anonyme Verfasser die sieben *eygen kunste* pauschal, ehe er zu jeder einzelnen die Unterparten aufführt: *Dy erste ist di buwende kunst, die andere di webende kunst, die derte dy schiffinde kunst, di ferde di ackerkunst, dy funffte di spisende kunst, dy sechste dy arczinde kunst, dy sebende di hofekunst* (fol. 150$^r$). Der Text begründet auch die Benennung als 'Eigenkünste': Es seien die Tätigkeiten, die einem Unfreien, einem Leibeigenen zukommen. Die Wertschätzung dieser sogenannten „Eigenkünste" war dementsprechend auch geringer als die der akademischen *artes* (zur Theorie und Bewertung der *artes mechanicae* im Mittelalter BACHER 2000b, STERNAGEL 1966).

Längst nicht alle historischen Berufssprachen haben schriftliche Zeugnisse hinterlassen, denn viele Handwerkstechniken und Fertigkeiten wurden lange Zeit nur mündlich und durch Demonstration im Arbeitsprozess selbst weitergegeben, nicht durch Lehrschriften. Die Spezialisierung von Handwerkstechniken musste aber schon im Mittelalter dazu führen, dass sich entsprechende Fachsprachen ausbildeten, doch wurden diese kaum verschriftet. Wir wissen kaum etwas über die Sprache der Architekten und Handwerker, die die romanischen und gotischen Dome erbaut haben. Aber nicht nur imposante Bauwerke sind Errungenschaften des Mittelalters. „Viele Dinge, die heute selbstverständlich scheinen, wurden im Mittelalter 'erfunden': Schubkarren, mechanische Uhren, Banken, Universitäten, Kleider, die auf den Körper des Trägers zugeschnitten sind, um nur einige zu nennen" (MÄRTL 2006: 126f.).

Erst seit dem Spätmittelalter wurde einiges aus dem Bereich des alltäglichen Berufslebens schriftlich festgehalten, um ein immer komplexer werdendes Fachwissen verfügbar zu halten und weiterzugeben. Der Volkssprache kam dabei in vielen Bereichen eine tragende Funktion zu. Weit stärker als bei Texten der „Freien Künste", die grundsätzlich vor dem Hintergrund des Lateinischen zu sehen sind, kommen bei Aufzeichnungen aus den Bereichen der praktischen Berufe sprachgeographische, dialektale Unterschiede zum Tragen. Das setzt sich bis heute fort und kann sogar noch an heute gebräuchlichen Berufsbezeichnungen (vgl. die Wortkarten in KÖNIG 2011: 192–197), aber auch bei Benennungen für Arbeitsgeräte, Arbeitsvorgänge und Naturalien (ebd. 198–229) beobachtet werden.

Nicht erst Quellen des 15. Jhs., sondern schon der Bestand an althochdeutschen und altsächsischen Komposita mit *-man* als Grundwort (VOETZ 1977) deutet auf eine gewisse Vielfalt der beruflichen Tätigkeiten und der zugehörigen Benennungen im Frühmittelalter hin. In althochdeutschen Quellen sind belegt: *ackerman, bûman* 'Bauer', *aranman* 'Schnitter', *boimwercman, holzman, holzwercman, zimberman* 'Schreiner, Zimmerer', *hantwerkman, werkman* 'Handwerker', *koufman, merkatman, merzeman* 'Kaufmann, Händler', *salzman* 'Salzhändler', *skifman* 'Seemann', *wîngartman* 'Winzer'. Aus der Vielzahl der Handwerke und anderer praktischen Arbeitsbereiche, die es bereits im Mittelalter gab, und die sich bis zum Beginn der frühen Neuzeit immer mehr ausdifferenzierten, können in der Folge nur einige exemplarisch berücksichtigt werden. Der Anordnung wird die historische Einteilung des genannten Kasseler Anonymus zugrunde gelegt.

## 2.1 Bauhandwerke

Frühes Vokabular des Bauhandwerks ist zwar noch nicht in fortlaufenden Texten fassbar, doch enthalten althochdeutsche Glossen erste Spuren davon, z.B. dann, wenn in der Bibel oder bei kirchlichen Schriftstellern von entsprechenden Tätigkeiten die Rede ist und solche Textpassagen glossiert wurden. Einiges findet sich auch in Gesetzestexten, sowohl in lateinischen Leges als auch in volkssprachlichen Quellen (HILKER-SUCKRAU 1981). Ein weiterer Quellenbereich sind frühe Sachglossare wie beispielsweise das *Summarium Heinrici* (Ausgabe: HILDEBRANDT 1974–82). Speziell für althochdeutsche Werkzeugbezeichnungen liegen Untersuchungen von Heinrich TIEFENBACH (2009b, 1983) vor. Althochdeutsche Benennungen für 'Axt' und 'Beil' sind *ackus, barta, bîhal, tuerhakes* 'Queraxt'. Für 'Hobel' und 'Stemmeisen' sind maskulines *scabo*, das Kompositum *boumscabo*, daneben feminines *scaba* belegt, ferner *lohheri, huobil, lîchîsan, lîchstein, nuoil, stuîsan, stôzîsan*. Ahd. *nabagêr* 'Bohrer' lebt dialektal noch in bair. *Neiger* fort. Wörter für 'Säge' oder 'Maurerkelle' sind ebenfalls schon früh belegt, und zwar als ahd. *saga* (mit der Variante *sega*) bzw. *kella* 'Kelle'. Weitere althochdeutsche Werkzeugbenennungen sind *meizel* 'Meißel', *mûrwâga* und *pundar* 'Lot, Senkblei'; dieses ist ebenso ein Lehnwort aus einer romanischen Kontaktsprache wie *circil* 'Zirkel'. Nhd. *Feile* geht zurück auf ahd. *fi(ha)la*. Bezeichnungen für unterschiedliche Arten von Hämmern sind *hamar*, *slaga* und *tangol*, das zur selben Wortfamilie gehört wie das Verb nhd. *dengeln*. Häufig belegt ist ahd. *zanga* 'Zange', ein Wort, das nach Ausweis von altnordischem *töng* sehr alt ist und auf ein germanisches Grundwort zurückweist. Andere Wörter mit der Bedeutung 'Zange' sind ahd. *kluft* und das Kompositum *kluftzanga*.

Belegt sind auch Bezeichnungen von Bauhandwerkern: *listwurhto* und *zimbarmeistar* 'Baumeister, Architekt', *deckâri* 'Dachdecker'. Für Steinmetzen sind die Benennungen *metzo*, *steinmetzo* und *steinwirko* belegt, für Maurer und Ziegler *mûrâri* bzw. *ziagalâri*. Holzverarbeitende Berufe sind *tubilâri* 'Schreiner' und *zimbarman* oder *zimbaro* 'Zimmerer'.

Frühe Bezeichnungen von Baumaterialien im umfassenden Sinne sind *anazimbar*, *anazimbi* und *zimbarunga*. Für Holzbaumaterialien und -techniken werden autochthone Bezeichnungen verwendet: *zwek* 'Nagel', *pfostsûl* 'Säule', *gitubila* 'Zapfen', *(h)nuoa* 'Nut', *balko* 'Balken', *spannula*, *dwerahbank* und *hengelboum* 'Quer-, Strebebalken'. Als Material zum Dachdecken wurden Schindeln verwendet. Das althochdeutsche Wort ist *skintala*, das auch im Kompositum *firstskintala* 'Firstschindel' enthalten ist. Dagegen sind die meisten Termini des Steinbaus Lehnwörter: *marmul* und das verdeutlichende Kompositum *marmulstein* 'Marmor', *mortâri* 'Mörtel', *ziagal* und ebenfalls verdeutlichendes *ziagalstein*. Für 'Eckstein' wurden aus autochthonen Konstituenten die Ableitungen *winkilâri* und das Kompositum *winkilstein* gebildet.

Benennungen von Gebäuden und Gebäudeteilen sind überwiegend Komposita wie *dahtro(p)f* und *umbihûsi* 'Dachtraufe' (daneben aber auch das Simplex *liwa*), *absîda* und *dwerahsîta* 'Gewölbe' (daneben bereits die Ableitung *giwelbi*), *feldgang* 'Abtritt', *firstboum* 'First', *linaberga* 'Pfosten, Gitter', *dwerahhûs* 'Querhaus, Verbindungshaus', *nidanentigî* 'Fundament', *wentilstein* 'Wendeltreppe'. Lehnwörter in diesem Sachbereich sind *mûra* 'Mauer' (lat. *murus*), *dormenter* 'Schlafraum' (lat. *dormitorium*), *pforzih* 'Vorhalle' (lat. *porticus*), *pflastar* 'Pflaster' (lat. *emplastrum*), *solâri* 'Söller' (lat. *solarium*).

In Glossen sind mehrere Verben belegt, die bereits spezialisierte Arbeitsvorgänge bezeichnen: *zimbarôn* 'zimmern, erbauen', *bizimbarôn* 'verbauen', *gizimbarôn* 'erbauen', *ubarzimbarôn* 'überbauen', *untarzimbarôn* 'unterbauen'. Weitere Ableitungen sind *ubar-* und *obardecken* 'überdachen', *gidillôn* 'mit Brettern belegen'. Ableitungen sind *gnitisôn* (vom starken Verb *gnîtan* 'reiben, scheuern') und *hasanôn* (vom Adjektiv *hasan* 'glatt'); beides bedeutet ebenso wie das primäre Verb *nuoen* 'glätten, polieren'.

## 2.1 Bauhandwerke

Auch aus mittelhochdeutscher Zeit (Hochmittelalter) sind noch keine Texte überliefert, die Arbeitsprozesse oder Bautechniken beschreiben. Mittelbare Quellen für den Fachwortschatz sind neben literarischen Werken spätmittelalterliche Zunftordnungen, Rechnungs- und Stadtbücher sowie Kanzleitexte, in denen Errichtung und Erhalt von Bauten thematisiert werden. Manches findet sich in lateinischen Quellen, z.b. in Baurechnungen der Jahre 1364/65 aus dem Regensburger Kloster St. Emmeram (FUCHS 1986). Darin enthalten sind Wörter wie *slossstayn* 'Gewölbeschlussstein', *chapttellen* 'Kapitell', *welbstayn* 'Gewölbestein', *pockchstal* 'Gerüst zur Aufführung hoher Gewölbe', *füllstayn* 'Füllstein', *nůsch* 'Dachrinne', *holtragen* 'Kästen mit Tragevorrichtungen'. Mit *chlůftholz* dürfte 'gespaltenes Holz' gemeint sein. Die im Text aus Ausgabenposten genannten *pflasterstayn ad pavimentum under dem chůfgewelb* sind 'Pflastersteine für den Bodenbelag unter dem Tonnengewölbe'. Offenbar standen dem Verfasser/Schreiber keine entsprechenden lateinischen Spezialtermini zur Verfügung, weshalb er notgedrungen auf volkssprachliches Handwerkervokabular zurückgreifen musste. Aus dem 15. Jh. haben sich zahlreiche Baurechnungen (vor allem profaner Bauherren) in deutscher Sprache erhalten. Beispiel sind die Aufzeichnungen über die Kosten am Ingolstädter Schlossbau (HOFMANN 1980–92).

---

**[36] Aus Ingolstädter Baurechnungen von 1485 (nach HOFMANN 1980, 37)**

*Item im von der grossen scheiben zu hoff zu buchsen vnd ein nagel darein zu machen zu lon XXX d.*
*Item mer hat er verschmidt XVI lb eysens, darauß hat er VI klammen zu den stiegen gemacht, dauon zu lon XLVIII d.*
*Item Hanns schloßer hat verschmidt LVIII 1/2 lb stabeysens, darauß hat er gemacht X thuer vnd schließhakken, dauon zu lon VI s XXV d.*
*Item dem wagner vmb schauffel stil vnd helme in die stain hutten XXXVI d.*
*Item dem Geudner, von II tagen mit III pferden vnd III tag mit II pferden zewg auffzufuren, zu lon 1 lb IIII s d.*
*Item Conzen Rotten vmb LXXII vierzig schuechig pawm, ye vmb ein XLI d, facit XII lb LXXII d.*

---

Viele solcher Quellen schlummern noch in Archiven und sind noch nicht einmal ediert, geschweige denn sach- und wortgeschichtlich ausgewertet. Allein diese wenigen Zeilen enthalten mehrere fachsprachliche Termini: Mit *klammen* müssen eiserne Halterungen gemeint sein, die beim Bau einer Treppe verwendet werden. Ein *stabeysen* ist ein Eisenbarren als unbearbeitetes Rohmaterial. Die *thuer vnd schließhakken* sind Verschlusshaken, die an Türen Verwendung finden. Hauptbestandteile dieser Fachsprache sind **Substantive** als Benennungen fachtypischer Realien, doch werden auch spezifische **Verben** und **Adjektive** gebildet. Ein Beispiel aus dem Textauszug ist *verschmidt* 'verschmiedet', ein Partizip II zu einem Verb *verschmieden* 'bei Schmiedearbeiten verbrauchen'. Eine besondere Adjek-

## 2 Die Artes mechanicae

tivbildung ist *vierzig schuechig*, eine Maßangabe mit der Bedeutung 'vierzig Schuh lang'. Morphologisch gesehen handelt es sich um eine **Zusammenbildung** (zum Terminus vgl. FLEISCHER/BARZ 2012: 86f.).

Eine andere Quellen- und Textsorte repräsentiert das Nürnberger Baumeisterbuch des **Endres Tucher** (1423–1507). Es enthält genaue Anweisungen darüber, welche Handwerker im Auftrag der Stadt Nürnberg für welche Tätigkeiten zuständig und wie sie zu entlohnen waren. Obwohl auch dieser Text (Ausgabe: LEXER 1862) kein informierender Fachtext im Sinne einer Erläuterung von Arbeitstechniken ist – im Vordergrund stehen administrative Aspekte – bietet er eine beträchtliche Anzahl von Fachtermini. Zu einem großen Teil handelt es sich um **Substantivkomposita**. Sie bezeichnen vielfach Werkzeuge oder Hilfsmittel wie *eispeihel* 'Pickel, Beil zum Aufhacken des Eises', *faumlöffel* 'Gerät zum Abschöpfen von Schaum', *felsloß* 'Schloss, das ohne Schlüssel zuschnappt', *grundschaufel* 'Gerät zum Reinigen eines Brunnenbodens', *kellzigel* 'Ziegel, der zu liegen kommt, wo zwei Dächer einen Winkel bilden', *hebrigel* 'Hebel', *kleibzweck* und *pantnagel* 'starker Nagel aus Eichenholz', *pockstall* 'hölzernes Gestell', *poltzholtz* 'Stützbalken, Pfeiler', *pünnagel* 'Eisennagel für Dachlatten', *störchschnabel* 'ein Werkzeug zur Bearbeitung von Pflastersteinen'. Eine weitere Gruppe sind Benennungen von Materialien wie *deffelbrett* 'dünnes Brett', *werckeisen* 'Eisen als Rohmaterial'.

Mehrere Komposita weisen einen **Verbalstamm als Bestimmungsglied** auf, z.B. *fulstein* 'Füllstein zum Ausfüllen eines Fachwerks', *schleißholz* 'gespaltenes Holz', *setzeisen* 'ein Steinmetzwerkzeug', *streuholtz* 'Querhölzer, mit denen die Balken einer Brücke abgedeckt werden', *treufzigel* 'Ziegel an der Dachtraufe'. Sie vertreten einen Strukturtyp, der sich erst im Frühneuhochdeutschen etabliert (HENZEN 1965: 69–71). Der Impuls für den Ausbau dieses heute gängigen Wortbildungstyps (Typus *Liegestuhl, Esszimmer*) könnte von den Fachsprachen ausgegangen sein.

Fachspezifische **Präfix-** und **Partikelverben** in Tuchers Baumeisterbuch sind *ausfuttern* 'mit Holz verkleiden', *einfaren* 'einen Steinbruch eröffnen', *einquellen* 'einweichen', *erpören* 'zu trocken werden und deshalb Risse bekommen' (vom Holz), *erstrecken* 'sich ausdehnen, krumm werden', *nachsitzen* 'versickern', *verdachen* 'überdachen', *verzwicken* 'ausbessern'. Denominal abgeleitet ist *prucken* 'eine Brücke errichten'. Fachsprachliche **Adjektive** sind u.a. *afterstellig* 'übrig', *gelessig* und *schal(l)ig* 'brüchig, porös', *kluftig* 'in vier Teile gespalten' (von Baumstämmen).

Die Architektur ist eine praktische (angewandte) Nachbardisziplin der *Triviums*fächer Arithmetik und Geometrie. **Albrecht Dürer** hat sich in einer Schrift mit dem Titel *Etliche vnderricht zu befestigung der Stett, Schlosz vnd flecken* (Nürnberg 1527) auch zur Konstruktion von Festungsbauten geäußert. „Durch die Allianz aus gründlicher Explikation, Deskription und Anleitung zum Nachvollzug der zeichnerisch-bildlichen Veranschaulichungen, die vielfach ein imaginäres Sich-Hineinversetzen in dieselben ermöglichen, wird der Leser-Betrachter beim Ab-

und Durchschreiten der dargestellten Architekturen gleichsam an die Hand genommen ... das Buch unternimmt sein Bestes, den Rezipienten visuell-ikonisch und textuell zu 'bestürmen'" (MÜNKNER 2011: 239). Baustoffe oder Werkzeuge spielen hier kaum eine Rolle. Dürers Interesse galt primär der angewandten Geometrie, was sich in einer Reihe von schematischen, teilweise doppelseitigen Abbildungen niederschlägt.

[37] Aus Albrecht Dürer, *Etliche vnderricht zu befestigung der* Stett / Schlosz / vnd flecken, Nürnberg 1527 (ohne Paginierung [29r])

*Wo aber yemant nit grossen kosten auff der gleychen gepeu legen wolt, der mag wol ein geringers fürnemen vnd nemlich, also man nem für das ort der stat mauer, do man die pastey hin setzen wöll; darzu praucht man gewönlich ein eck vnd man laß auch die stat maur zu nutz kummen, das sie nit werde abgebrochen; diß eck der mauer schneyd man auff peden teylen gleych ab mit einer geraden lini hundert vnnd dreyssig schuch lang, die sey a-b; das sey vnden im grund die leng der pastey. Nun ist fürbaß [weiterhin] zumercken, wie disser grund sol sein: Erstlich werde gerissen ein gerade lini zu gleychen wincklen mitten durch a-b in den selben puncten setz man ein k; auß dieser kreutz lini werde ein recht wincklich vberlengte fierung gemacht; die sey fornen d-e vnd hinden l-m, vnd wo die kreutz lini k-d-e anrürt, da setz man ein h, aber hinden, do sie rürt l-m, setz man ein n, vnd das n-h habe drey vnnd viertzig schuchlenge. Dar nach ziech man die lini k-h für sich hinauß, so lang man der bedarff, vnd setz ein zirckel mit dem einem fuse in den puncten k vnd reyß mit dem andern auß dem d in das e, vnd wo die fürstreychet lini k-h durchschnitten wirdet, dahin setz man ein i; also ist zu vnderst im grund diß fundament gar vmbrissen. So aber der grund in der stat hoch vnd fest ist, so darff man dest weniger mit dem grund hinden vndersich [abwärts] farn; er sparet ein grosses [großen Aufwand]. Vnd die eusser mauer vmb alle dise pastey werde zehen schuch dick gemacht; darnach mach man ein mauer zehen schuch dick auff der lini n-i; mer ziech man zwo mauern fornen pey d-e zehen schuch dick gegen dem puncten k an die mauer n-i. Aber [weiterhin] ziech man zwo mittel mauren zehen schuch dick zwischen d-z vnd i-e alle gegen dem puncten k. Weyter setz man ein zirckel mit dem einen fuß in den puncten k vnd mit dem andern reyß man zwo rund mauren dreyer schuch dick zwischen dem eck der stat mauer vnd der eussern pogen mauren i gleych eingeteylt zu peden seyten biß an die zwerch maur a-k-b; die sol auch zehen schuch dick gemacht werden vnd kreutzweyß durch die mauer n-i geen durch den puncten k. Darnach mach man noch vier streb maurn dreyer schuch dick zwischen den fünff dicken mauren; die ziech man alle zu dem puncten k; man solle aber die maurn pey dem puncten k nit kleiner machen, dan sie fornen an der runden mauren d-i-e sind, wie for angezeygt ist, sunderlich die dünnen mauren. Darumm muß ein dick steinwerck for dem puncten k auffgefürt wer-*

## 2 Die Artes mechanicae

> *den, dann der gröst gewalt strebet daran. Nachuolgend vergitter man die hinderhalb fierung a-b-m-l mit fünff mauren, die fünff schuch dick sind; wil man darnach kreutzmauren darein machen quaders dick oder ploß außfüllen mit ertrich, das stee zu dem pau herrn; wie aber die stiegen sollen gemacht werden, ist for angezeygt; allein mach man in disen pau auß der stat ein stiegen hinauff neben der kreutz mauren n-h, auff welcher seyten man will, der hat man genug. Vnden mach man fünff streichwör, eine zehen schuch weyt vnd dreyzehen hoch.*

Der Text nimmt mit seinen Angaben zu Punkten und Linien, die mit Kleinbuchstaben bezeichnet werden, Bezug auf vorausgehende schematisch-geometrische Skizzen. Eine Reihe von Komposita kann der Baumeister- und Architektensprache zugeordnet werden: *mittelmauer, rundmauer, pogenmauer, strebmauer, kreutzmauer, kreutzlini, streichwör* 'Streichwehr' (ein Bollwerk, von wo aus der Feind unter Beschuss genommen – *bestrichen* – werden kann). Die Wortfügung *recht winckliche vberlengte fierung* 'lang gestrecktes Rechteck' ist ebenso ein geometrischer Fachausdruck wie *fürstreychet lini* 'verlängerte Linie'.

**Syntaktisch** konstitutiv sind für diesen anweisenden Text Sätze mit indefinitem Subjekt *man* und Prädikat im Konjunktiv: *man laß auch die stat maur zu nutz kummen*, ebenso *diß eck der mauer schneyd man auff peden teylen gleych ab* oder *da setz man ein h, aber hinden, do sie rürt l-m, setz man ein n* (usw.). Ein beträchtlicher Teil der Sätze im zitierten Passus (und in der gesamten Dürer-Schrift) weist diese Grundstruktur auf. Der theoretische Charakter des Textes äußert sich darin, dass Benennungen gedachter Linien durch imaginativen Konjunktiv ausgedrückt werden: *mit einer geraden lini hundert vnnd dreyssig schuch lang, die sey a-b; das sey vnden im grund die leng der pastey*, ebenso *mit einer geraden lini hundert vnnd dreyssig schuch lang, die seyn a-b* oder *ein recht winckliche vberlengte fierung ... die sey fornen d-e vnd hinden l-m*. Trotz des eher theoretischen Charakters der Abhandlung hatten Dürers Überlegungen Einfluss auf reale Baumaßnahmen beispielsweise in Nürnberg, Straßburg und Schaffhausen.

## 2.2 Bergbau

Bergbau wurde im deutschen Sprachraum schon seit dem Frühmittelalter betrieben. Die ältesten Fachtexte aus diesem Gebiet waren lateinisch, so beispielsweise das Werk *De mineralibus et rebus metallicis libri V* des Albertus Magnus (ca. 1200–1280). Aufgrund technischer Innovationen nahm der Bergbau im 15. Jh. einen beträchtlichen Aufschwung (SOKOLL 1994). Im Zusammenhang damit entstand ab etwa 1500 auch deutschsprachige Fachliteratur. Auch Rechtstexte aus dem Montanbereich (Überblick bei WILLECKE 1977: 35–57) wie beispielsweise die *Rattenberger Bergordnung* (LUDWIG 1989), die *Salzburger Bergordnungen*

(GRUBER 1992) oder das *Schwazer Bergbuch* (EGG/KEIL 1992) enthalten Fachvokabular. Handschriften des *Schwazer Bergbuchs* der Textredaktion von 1554/56 enthalten außer bergrechtlichen Bestimmungen und ca. 100 Illustrationen des Malers Jörg Kolber auch einen Anhang mit einem **Fachglossar** (vgl. die Faksimileausgabe der Wiener Handschrift, EGG 1988).

Der erste Autor, der ein deutschsprachiges Fachbuch zum Thema Bergbau verfasste, war **Ulrich Rülein** (1465–1523), geboren im württembergischen Calw. Rülein war sehr vielseitig, wurde gar mit Leonardo da Vinci verglichen (KEIL 1995a: 228). Er studierte Medizin in Leipzig und lehrte schon während seines Studiums Mathematik an der dortigen Artistenfakultät. Später war er Stadtarzt, Ratsmitglied und Bürgermeister im sächsischen Freiberg, betätigte sich als Vermessungstechniker, Architekt und Bergbauunternehmer. Im herzoglichen Auftrag plante er die Anlage der neu gegründeten Bergbaustädte Annaberg und Marienberg. 1519 kehrte er nach Leipzig zurück, wo er die letzten Jahre seines Lebens verbrachte (Lebensdaten bei PIEPER 1955: 17–47). Er verfasste mathematische und medizinische Schriften sowie ein 1501 erschienenes Fachbuch zum Bergbau (Faksimile ebd. 65–112), das unter variierenden Titeln bis 1698 elf Auflagen erfuhr (Nachweis ebd. 139f.). Das Werk „ist ein wahres Volksbuch geworden, das über 50 Jahre lang den Wissensdurst der deutschen Bergleute gestillt hat" (PIIRAINEN 1999: 1931f.). Die Drucke sind mit 13 erläuternden Holzschnitten illustriert, die für die Erstausgabe Rülein selbst angefertigt hatte. Eine spanische Übersetzung wurde noch beim Bergbau in den Anden verwendet. Einzelne Passagen fanden im 20. Jh. Eingang in amerikanische Handbücher.

Zwar beruft sich Rülein auch auf antike Autoren, doch basieren seine Kenntnisse auf eigenen Erfahrungen oder auf Informationen durch sachkundige Bergleute. Zielgruppe waren Investoren und Unternehmer, „denen er das Fachwissen einer Lagerstättenkunde vermittelte und das geologische Rüstzeug an die Hand gab, Erzräume aufzuspüren und die Abbauwürdigkeit von Erzvorkommen so sicher zu beurteilen, daß Fehlinvestitionen vermieden werden konnten" (PIEPER 1955: 238). Zu Beginn gibt sich das Buch als Dialog zwischen dem Propheten Daniel, einem der Patrone der Bergleute, und einem wissbegierigen *Knappius* aus, dessen sprechender Name unschwer einen Bergknappen erkennen lässt (zur Textstruktur HÜNECKE 2014). Im weiteren Verlauf mündet der anfängliche Dialog dann allerdings in eine monologische Lehrschrift in zehn unterschiedlich langen Kapiteln. *Knappius* kommt nicht mehr dazu, weitere Fragen zu stellen.

[38] Aus Ulrich Rülein, *Ein nutzlich bergbuchleyn*, Erfurt 1527 (ohne Paginierung [S. 11–13 und 42–44])

[S. 11–13] *Das dritte Capitel oder teyl ist von dem streichen vnd ausgehend der genge vnd klüffte. Streichen der genge ist yhre streckung, nach welcher die genge sich ferner hinweg ziehen nach der lenge zwischen dem gestein des gepirgs.*
*Dieses streichen der genge ettlichs ist von dem Morgen* [Osten] *in den abendt* [Westen], *etliches von dem Abendt ynn den Morgen. Dieser ganck hat seyn streychen auß dem Morgen in den Abendt, welches gesteyn ynhangends (mit seinen schmerklüftlein) sein fallendt hat gegen dem abent vnnd herwiderumb der ganck streycht aus dem abendt ynn den Morgen, welches gesteyn fallend ist gegen dem Morgen, als hie bezeichnet ist in der figur. Diß wirdt geteylt nach dem gehehg deß Bergs.*
*Der ersten figur geheng ist gegen dem Mittag* [Süden].
*Der andern figur geheng ist gegen der Mitternacht* [Norden]

*Dises metalertz ein teil wirdt in schifferigem fletzwerck gefunden vnd ein teil ganghafftig mit mancherley art: Etliches braun, etliches grün, etlichs kyßsick. Das kupffererz yn dem schifferwerck ist gar mit vil tauben gepirg vermenget, das schwerlich das metall alles durch das schlechte durchlassen oder schmeltzen eraus gebracht wird. Sonder das ganckhaftig kupfer ertz wird besser vnd güldiger erfunden, nach dem der ganck yn seinem hangend vnd ligend mit eynem edlern vnd artigern tzechstein vervast wird, auch darnach die geng ire streichen haben von bequemlichen* [leicht zugänglichen] *örtern der wellt, als oben gesagt ist von den silber gengen vnd auch dar nach die geng mehr vnnd mehr von zufelligen klüfften vnd geschicken werden veradelt. Darnach auch füren sie besser vnd reicher kupfererz in yhn selbs. Das streychen der kupffergeng vnnd yhr voradlung vernym zu gleycher weys, wie oben gesagt ist von dem streychen vnd veradlung der silbergeng, denn allein thun das gemeinlichen die kupfergeng, die do streichen an dem gehehg des bergs gegen der mitternacht, die sindt mechtig vnd yr kupffer ist doch geringer am silber. Aber die geng, die do streichen an dem gehehg des bergs gegen dem mittag, sindt subtiler vnd yhre kupffer ist reicher von silber. Auch werden dise gengg veradelt durch yre streichen, als oben von den silbergengen gesagt ist.*

## 2.2 Bergbau

Konstitutiv für die Fachsprache des Bergbaus um 1500 ist ein nominaler Fachwortschatz, der sicher nicht von Ulrich Rülein geschaffen worden ist, sondern in einer bereits existierenden **mündlichen Tradition** steht. Wie Text [38] zeigt, besteht ein erheblicher Teil der Fachwörter aus **Substantivkomposita**. Beispiele sind *schmerklüftlein*, womit „Absonderungsfugen des Nebengesteins, die ... eine schmierige Masse enthalten" (PIEPER 1955: 120, Anm. 13) gemeint sind. 'Silbergänge' (*silbergeng*) sind Vorkommen von Silbererz in Gesteinsspalten. Der *tzechstein* (wörtlich wohl 'Zähstein', d.h. 'zäher Stein', vgl. DWB 31,432) ist mit Ton durchsetzter Kalkstein. Zwei Wortbildungen – *fletzwerck* (wörtlich 'Flözwerk') und *schifferwerck* (wörtlich 'Schieferwerk') zeigen *-werk* als zweite Konstituente, und zwar in einer Verwendung, die der von nhd. *-werk* als Halbsuffix entspricht (vgl. FLEISCHER/BARZ 2012: 230, HENZEN 1965: 192).

Einen auffallenden Wortbildungstyp vertreten **substantivierte Präsens-Partizipien**: *ausgehend* 'Auslaufen, Ende', *fallend* 'nach unten abfallender Verlauf', *hangend vnd ligend* 'senkrechter und waagerechter Verlauf'. Mehrfach liegen auch **substantivierte Infinitive** vor: Was bergmannssprachlich unter *Streichen* zu verstehen ist, erläutert Rülein mit dem Zusatz *ist yhre streckung, nach welcher die genge sich ferner hinweg ziehen nach der lenge zwischen dem gestein des gepirgs*. Abstrakta auf *-ung* wie *streckung* treten in Texten zum Bergbau häufig auf. Mit *veradlung* ist wahrscheinlich die natürliche Verbesserung (d.h. geringere Verunreinigung) eines Kupfervorkommens in ihrem Verlauf gemeint. Deverbale Abstrakta sind *geheng(e)* 'Abschüssigkeit' und *geschicken* 'erzführende Schichten'. Terminologische Sonderverwendungen auch allgemeinsprachlich geläufiger Wörter liegen in *gang* 'Verlauf einer Erzader' und *gepirg* 'Gestein' vor.

Kennzeichnend sind besondere **Adjektivbildungen** und -verwendungen auf *-ig*, die bestimmte Beschaffenheiten zum Ausdruck bringen, z.B. *schifferig* 'mit Schiefer durchsetzt', *ganghafftig* 'in Gängen oder Hohlräumen verlaufend'. Mit *kyßsick* – wörtlich 'kiesig' – dürfte Metallerz, in dem auch Kies eingeschlossen ist, gemeint sein. Sonderverwendungen gemeinsprachlicher Adjektive sind *taub* 'keine Mineralien enthaltend' und *mächtig* 'von erheblicher Masse oder Durchmesser'. Ebenso werden einige **Verben** mit spezifischen Bedeutungen verwendet: *durchlassen* bedeutet 'aufbereiten', reflexiv gebrauchtes *sich ziehen* 'sich erstrecken'. Für das Partizip II *entbunden* ist eine Bedeutung 'frei von etwas' anzusetzen (es geht um feuchtes Kupfererz).

Auf **syntaktischer** Ebene ist die hohe Frequenz von **Passivsätzen** charakteristisch. Beispiele: *Dyß wirt geteilt nach dem geheng deß bergs; Das kupfer ertz ist gewirckt auß einflus veneris; von welcher hytz des schweffels das gantze metal durch alle seyne teil rodt geferbt wirt; Dises metalertz ein teyl wyrt in schifferigem fletzberck gefunden.*

Ab der 3. Auflage (Worms 1518) wurde dem *Bergbüchlein* ein Glossar mit Fachausdrücken des Bergbaus angefügt, das allerdings nicht von Rülein selbst stammt und Wörter enthält, die im Buch selbst nicht vorkommen. Diese Sammlung gibt jedoch einen weiteren guten Einblick in die Fachterminologie.

> **[39] Aus dem Verzeichnis von Fachtermini der Bergleute im Anhang zu Ulrich Rüleins *Bergbüchlein* (Augsburg 1534)**
>
> *Fundgrüb vnnd eyn Wehr.* EYn Fundgrüb ist die erst zech oder grüben auff eym newen gang vnd hat drei wehr. Eyn Wehr ist 14. lachter [Klafter]. Vnd eyn Fundgrüb hatt drey wehr für ir maß; das ist 42 lachter.
> *Negsten vnnd Messen.* Die Negsten vnd andern massen, so uil auff dem selben Gang aufgenommen werden, hat ein jedes maß nit mer dann zwey wehr; das ist 28. lachter.
> *Eyn Lehen.* Eyn lehen ist 7 lachtern, 2 lehen ist ein Wehr, 3 wehr ist eyn Fundgrüb. 2 wehr ist eyn Negste oder annder maß wie oben berürt ist
> *Fierung.* Eyn jeder Ganck hat in ewige tieffe vierdthalb lachter ins hangends vnd vierdthalb lachter ins ligends. Das heyßt deß gang vierung macht beyds 7 lachter.
> *Hangendts.* Deß Gangs hangends ist das dach, so auf dem gang ligt vnd sein dach ist.
> *Ligends.* Deß Gangs ligends ist, darauff der Gang ligt.
> *Ausgehends.* Ist da er an tag außstößt, alls etlich Geng haben ir außgeends inn morgen, ettlich in mittag, etlich in abent, etlich gegen mittnacht, auch etlich zwischen der obbemelten vier orten ihr außgeng haben; ist auff einem Compast leichtlich zů verstehen.
> *Streichens der Geng.* Etlichs ist vom morgen inn abend, etlichs von Mittag gegen Mitnacht, wie man auch auff eynem Compast bericht haben kan.
> *Fletz.* Ist, das eben hinweg ligt vnd weder vndersich noch vbersich felt.
> *Ein fletz, wie er gelten wirt.* Wenn man auf einem fletz verleicht, so verleicht man in die fierung als ein Frundgrüb in die leng 42 lachter vnd in die breyt auch 42 lachter.
> *Klüfftlin.* Wölch schmal sind wie messerrück, schmeler oder dicker, vnd haben ir streichens vnd außgeens wie die Geng.
> *Schächt.* Schächt, Liechtlöcher oder Winschet ist alles eyn nam; so man darinn vnder sich arbeyt, nennt man gesuncken.

## 2.2 Bergbau

> *Richtschacht.* Ist, darinn man fürdernus hat mit bergärtz vnd den man tieff sinckt.
> *Hornstatt.* Ist ein weite gebrochen, da der haspel steet.
> *Haspelstützen.* Ist, darinn der rund baum ligt.
> *Hengbanck.* Ist, darinn die haspelstützen stehen.
> *Haspel.* Ist, damit man berg vnd ertz herauß zeucht mit eim seyl.
> *Bergkübel.* Ist, darinn man berg zeucht; was nit ertz ist, haißt alles berg.
> *Ertzkübel.* Ist, darinn man ertz zeucht.
> *Wasserzuber.* Ist darinn man wasser zeucht.
> *Sumpff.* Ist, darinn man wasser helt.
> *Pfützeymer.* Ist, damit man einpfützt; dann man spricht „einpfützt", nit „eingeschepfft".
> *Fart.* Ist, darauff man inn die grůb fert; heyßt „eyn fart", nit „eyn laiter".

Die Sammlung enthält 84 derartige Erklärungen. Überwiegend handelt es sich – ebenso wie bei den Fachtermini im Buch selbst – um **Substantivkomposita**. Das Glossar enthält ferner **substantivierte Partizipien und Infinitive** in der Form des Neutrums: *Hangendts, Ligends, Ausgehends, Streichens*. Ein denominales fachsprachliches **Partikelverb** ist *einpfützen*. Mehrmals nennt der anonyme Verfasser explizit Fachtermini, die er von allgemeinsprachlichen Begriffen abgrenzt, die ein Laie falsch verstehen könnte. Beispiele sind *man spricht „einpfützt", nit „eingeschepfft"* oder *heyßt „eyn fart", nit „eyn leyter"*. Der Abstand zwischen Expertensprache und laienhafter Ausdrucksweise war dem Autor also wohl bewusst.

Ein besonderes Merkmal der Bergmannssprache sind **Fachphraseologismen**. Das Glossar zu Rüleins *Bergbüchlein* enthält (ebenso wie Rüleins Text) mehrere Beispiele mit Erklärungen (Zitate ebenfalls aus dem Augsburger Druck von 1534), darunter Präpositionalkonstruktionen, z.B. *Gezeüg in huten* (Erklärung: *das gezeug in hüten, damit man arbeytet, heyßt man fewrhacken, renneysen, stecheysen, brechstangen etc.*), Genitivfügungen z.B. *Eins stollen mundtloch* (Erklärung: *Eyn stoln ist, den man anfahet in eim tal oder grund vnd zů eyner grůben treiben will, vnd ee man vnderkreucht, heist es „des stollen mundtloch"*), Verbalkonstruktionen *Seyl vnd kübel eingeworfen* (Erklärung: *Ist, wenn eyner geschürffet hat vnd der schürff zů tieff wirt, das er eyn haspel darüber setzen můß, vnd die erste Füdernuß, die er heraußthůt mit seyl vnd kübeln, das heyst „seyl vnd kübel eingeworffen"*).

Ein jüngerer Zeitgenosse Rüleins war **Georg Agricola** (1494–1555). Er verfasste mehrere lateinische Schriften über den Bergbau. Sein Hauptwerk ist das Lehr- und Handbuch *De re metallica libri XII* (1556), in dem er auch Ulrich Rülein erwähnt. 1566 erschien – ebenfalls reich mit Holzschnitten ausgestattet – die stark erweiterte deutsche Version *XII Bücher vom Bergbau und Hüttenwesen*, die Rüleins *Bergbüchlein* den Rang ablief, ohne es jedoch gänzlich zu verdrängen.

## 2 Die *Artes mechanicae*

Georg Agricola stammte aus Glauchau. In Chemnitz besuchte er die Lateinschule und studierte an der Universität Leipzig zunächst Altphilologie. Ab 1518 versah an er an der Zwickauer Ratsschule zuerst das Amt des Konrektors, danach des Rektors. Unter seiner Leitung wurde das traditionelle altsprachliche Lehrprogramm mit Latein, Griechisch und Hebräisch um Praxisfächer wie Acker-, Garten- und Weinbau, Mathematik, Medizin und Militärkunde erweitert. 1522 nahm er in Leipzig ein „Zweitstudium" der Medizin auf und setzte im Jahr darauf seine Studien in Padua und Bologna fort. Ab 1527 praktizierte er als Arzt in Joachimstal (heute Jáchymov CZ) und forschte gleichzeitig auf mehreren natur- und technikwissenschaftlichen Gebieten. Agricola verfasste seine Schriften in lateinischer Sprache. Sein Grundlagenwerk *De re metallica libri XII* wurde von Philippus Bechius (1521–1560) ins Deutsche übersetzt.

**[40] Aus Georg Agricola, *Berckwerck Buch*, Frankfurt am Main 1580, S. LXXVI.**

Der abgebildete Holzschnitt zeigt *Drey seiger* [senkrecht] *gerichte schächt, vnder welchen der erst noch nicht biß zum stollen fellt* (Verweisbuchstabe *A*). *Der ander fellt zum stollen (B). Zum drittenn ist der stollen noch nicht getriben (C).* Unten waagerecht verläuft *Der stollen (D)*.

Die Abbildung kombiniert eine realistische Landschaftsdarstellung im Stil der Zeit mit schematischen Aufrissen der senkrecht in die Erde führenden Schächte und eines waagerecht verlaufenden unterirdischen Stollens. Dargestellt sind auch Arbeitsvorrichtungen und über und unter Tage arbeitende Bergleute.

Auch Agricolas Buch enthält ein Glossar von Fachtermini, „das zusammen mit den Abbildungen ein Lexikon des Bergbaus in der frühen Neuzeit bildet" (PIIRAINEN 1999: 1932 mit anschließenden Hinweisen auf vergleichbare Werke des 16. bis 20. Jhs.). Agricolas Glossar gibt jedoch, anders als der terminologische Anhang von Rüleins *Bergbüchlein*, zu deutschen Bergwerksbegriffen keine deutschen, sondern nur lateinische Entsprechungen. Agricolas Werk ist mit zahlreichen informativen Holzschnitten illustriert. Die Legenden zu den Abbildungen verweisen (wie auch schon bei Ulrich Rülein) auf teils möglichst naturgetreu, teils auch schematisch Dargestelltes.

Die Bergmannssprache zeigt bereits im 15. und 16. Jh. sehr deutliche fachsprachliche Konturen im Bereich der Wortbildung und Wortverwendung, auf syntaktischer Ebene und im Gebrauch fester phraseologischer Ausdrucksweisen. Schon die frühesten Drucke bedienen sich der Möglichkeit, das Textverständnis durch geeignete Abbildungen zu unterstützen.

Spätestens seit dem 13. Jh. waren die Berufe des Bergmanns und des Schmelzers nicht mehr identisch: Bergleute förderten die Erze zu Tage, Schmelzer gewannen daraus bearbeitbare Metalle. Seit dem Mittelalter entwickelte sich somit auch eine eigene **Hüttensprache**, deren Vokabular sich von dem der Bergleute unterschied (MENDELS 1968).

## 2.3  Textil- und lederverarbeitende Gewerbe

Die ältesten Beispiele für Fachtermini aus textil- und lederverarbeitenden Gewerben sind wiederum in althochdeutschen **Glossen** belegt. Schon die frühen Berufsbezeichnungen deuten auf einen gewissen Grad an Spezialisierung hin. Belegt sind *webâri* 'Weber', davon abgeleitet *webârin(na)* und *webarissa* 'Weberin'. Ahd. *ladant(in)âri* und *lavantâri* sind Bezeichnungen für den Tuchwalker. Mehrere Benennungen sind für den Färber bezeugt: *farawo*, *meito*, *zehâri* und *zouwâri*. Speziellere Bezeichnungen sind *pflûmâri* 'Brokatwirker', *glîzâri* 'Damastweber' und *flehtâri* 'Zeltmacher'. Erst mittelhochdeutsch belegt sind *snîdære* und *schrôtære*, was aber nicht heißt, dass es diesen Beruf nicht auch schon in althochdeutscher Zeit gegeben haben kann. Ebenso ist die *schuoh-sûtære*, die Vorform von nhd. *Schuster* erst in mittelhochdeutscher Zeit belegt. Das Grundwort *sûtâri* (aus lat. *sutor* 'Schuster' entlehnt) ist bereits im Althochdeutschen bezeugt. Althochdeutsche Bezeichnungen für Lederer sind *ledarâri*, *ledargarawâri* und *ledargarwo*.

Schon früh sind auch Bezeichnungen für **Materialien** zur Herstellung von Stoff- und Lederbekleidung belegt, ebenso Benennungen von Stoff- und Lederprodukten: *garndrât* 'Faden', *blezza* und *blezzo* 'Flicken, Lappen', mehrere Bezeichnungen für Seide wie *ringo*, *serih*, *sîda*, *sîdintuoch*, *zindâl*, *zindât*. Sogar für die Seidenraupe gab es eine althochdeutsche Bezeichnung: *gotawebbiwurm* (wörtlich in etwa 'Feingewebewurm'). Aus lat. *pallium* entlehnt ist *pfellôl* und *pfelli*, 'feiner Stoff, feines Gewand'. Bezeichnungen grober Stoffe sind *filzlahhan* und *rezina*.

Benennungen textiler **Produkte** sind z.B. *ambahtlahhan* 'Tischtuch', *arahlahhan*, *bizog*, *fêhlahhan*, *hullilahhan* 'Decke, Überwurf'. Unspezifische Bezeichnungen für Kleidung sind *anagilegi*, *analegida*, *anaslouf*, *anawant*, *giwerida*. Spezieller sind *lînbruoh* 'Leinenhose', *lînrockili(n)* 'Leinenrock', *lînsoc* 'Strumpf', *diohfano* 'Lendentuch', *bruoh* und *diohbruoh* 'Hose', *rîsa* 'Frauenschleier'. Eine Reihe von Komposita wurde mit dem Grundwort *rok* 'Rock' gebildet, z.B. *brustrok* 'Brustbekleidung', *gotawebbirok* 'purpurfarbenes Obergewand, Staatsmantel', *rôtroc* 'Rock aus rotem Stoff', *sarrok* 'Kriegsmantel', *zwilîh-* und *zwilrok* 'Zwillichrock' (einiges ist allerdings erst im spätalthochdeutschen *Summarium Heinrici* belegt).

## 2 Die *Artes mechanicae*

Lederprodukte sind *skuoh* 'Schuh', *giriumi* 'Sandalen', *skok* und *sokskuoh* 'Schlüpfschuh', *zuhalinc* 'Schnürstiefel'. Fachwörter der Färberei sind *zouwa* 'Farbe, Färben' oder *wata, weita, weito* 'Färberwaid' (eine blaue Pflanzenfarbe) und *rôtî* 'roter Farbstoff'. Mit ahd. *keimat* wurde ein violettes Leder bezeichnet.

Mehrere althochdeutsche Bezeichnungen sind für Teile des Weberbaums, des quer über dem Webstuhl verlaufenden Rundbalkens, überliefert. Althochdeutsche Synonyme dafür sind *anabint, fizziboum, garnboum, mittelboum, mittul, mittil, mittulla, mittulli, webbiboum, webeboum* (vgl. LIPPE 1987). Für das Weberschiffchen ist *skeiting* belegt. Benennungen des Spinnrockens sind *rocko, garnrocko* und *wollarocko*, der Garnwinde *garnbret, garnscrago* und *garnwinta*. Für 'Stecknadel' ist *spenula* bezeugt. Rohstoff für die Herstellung von Leinen war Flachs. Mit der Bedeutung 'Flachsbreche' sind ahd. *dehsa, dehsîsen* und *brehha* belegt. Nhd. *Haspel* (ein Kurbelgerät zum Auf- und Abwickeln von Fäden u.ä.) geht zurück auf ahd. *haspil*.

Der überwiegende Teil der in althochdeutschen Glossen belegten Wörter sind **Substantive**: Komposita (für Materialien, Produkte und Werkzeuge wie *garndrât, ambahtlahhan, fizziboum, gotawebbirok*), Ableitungen (für Tätigkeiten wie *webâri, webârinna, glîzâri*), ererbte Simplizia (für textile Gegenstände wie *rok, skuoh, bruoh*), mehrfach auch Lehnwörter für besondere Stoffe wie *pfelli* oder *sîda*, ein Lehnwort aus einer romanischen Sprache, das auf lat. *saeta Serca* 'Serisches Haar' zurückgeht (KLUGE/SEEBOLD 2011: 839). Dagegen sind in den Glossen nur wenige Verben belegt, die Arbeitsvorgänge benennen. Beispiele hierfür wären *rezzôn* 'rot färben', as. *bôkan* 'stricken', *firwalkan* 'verfilzen'. Auch die Zahl der Adjektive ist gering. Belegt sind einige Stoffadjektive auf ahd. *-în* wie *sabenîn* 'aus Seide', *filzîn* 'aus Filz', *loskîn* 'aus rotem Leder', *weitîn* 'mit Waid gefärbt'.

Das entsprechende Wissen wurde bis ins Spätmittelalter mündlich tradiert. Reichhaltige indirekte Quellen sind allerdings **höfische Dichtungen**, deren Verfasser immer wieder breiten Raum auf detaillierte Beschreibung von Textilien verwenden (vor allem natürlich der kostbareren und exotischen Sorte), ferner **Predigten**, die zur Schau getragenen Luxus kritisieren und **Kleiderordnungen**, die vorschreiben, welche Stände was an Garderobe tragen dürfen und was nicht (materialreich ist BRÜGGEN 1989). Viele Bezeichnungen für kostbare Textilien, die in höfischen Dichtungen erwähnt werden, sind entlehnt (ebd. 268–293), doch werden auch bereits althochdeutsch belegte Lexeme fortgeführt. Dabei handelt es sich jedoch vorwiegend um Bezeichnungen alltäglicher Kleidungsstücke wie *bruoh* 'Hose' (ahd. *bruoh*), *gürtel* (ahd. *gurtil*), *hose* (ahd. *hosa*), *huot* (ahd. *huot*), *mantel* (ahd. *mantal*), *schuoch* (ahd. *skuoh*) u.a.

Mehrere Bezeichnungen für Textilien oder Gegenstände der Textilherstellung sind ebenfalls autochthon, zeigen aber terminologische **Sonderbedeutungen** gegenüber den allgemeinsprachlichen Verwendungen. Beispiele sind *dach* 'Oberstoff im Gegensatz zum Futter' (sonst 'Dach'), *gater* 'gitterartig karierter Stoff' (sonst

## 2.3 Textil- und lederverarbeitende Gewerbe

'Gatter, Gitter'), *gêr(e)* 'eingenähtes keilförmiges Stoffstück' (sonst 'Stichwaffe'), *kel(e)* 'Pelzstück' (sonst 'Kehle'), *marder* 'Marderfell' (nicht das Tier), *nagel* 'Stift, mit dem Goldschmuck und Borten befestigt werden' (sonst 'Nagel').

Zahlreiche Fachwörter in BRÜGGENS Material sind **Komposita** wie *beingewant* und *beinwât* 'Beinbekleidung', *brîsschuoh* 'Schnürschuh', *bruochgürtel* 'Hosengürtel', *hosennestel* 'Band, mit dem der Strumpf an der Hose befestigt wird', *kamergewant*, *reiskleit* und *reisegewant* 'auf Reisen mitgenommene Kleidung', *krâmgewant* 'zum Verkauf angebotenes Gewand', *kurzebolt*, wohl 'kurzes Obergewand', *mantelort* 'Mantelsaum', *nidercleit*, *nidergewæte* und *nidergewant* 'Unterbekleidung'.

Für das Mittelhochdeutsche sind mehrere **Verben** belegt, die Tätigkeiten der Textilherstellung und -verarbeitung bezeichnen wie *binden* 'eine Kopfbedeckung anlegen', *bræmen* 'einfassen, verbrämen', *brîden* 'weben', *brîsen*, *dwingen* und *engen* 'schnüren, der Körperform anpassen', *dringen* 'flechten, weben', *lenken* 'zuschneiden', *lesen* 'beim Weben die Fäden ordnen', *mâlen* 'färben', *næjen* 'nähen', *rîhen* 'auffädeln'. Mit *dringen*, *lenken*, *lesen* und *rîhen* enthält auch diese Liste terminologische Sonderbedeutungen.

Ein frühes Beispiel für einen Fachtext aus dem Bereich der textilen Gewerbe ist das nach 1460 im Nürnberger Katharinenkloster geschriebene *Nürnberger Kunstbuch* (Ausgabe: PLOSS 1977: 101–129), eine „kunstgewerbliche Lehrschrift in drei Teilen, deren erster (Kap. 1–34) sich mit Tuchen, Stoffen, Stoffabmessungen für liturgische Gewänder, Farbauffrischung und Fleckenreinigung befaßt, während der zweite Abschnitt (Kap. 36–85) in den Zeug- bzw. Bilddruck einführt, darüber hinaus Anleitungen zum Färben sowie Veredeln von Geweben bietet und mit Anweisungen zur Farbherstellung sowie zum Wachsfärben schließt; der dritte Abschnitt (Kap. 86–91) lehrt die Glasmalerei und beschreibt die Herstellung von Kirchenfenstern" (KEIL 1987: 1257, zur Handschrift PLOSS 1977: 101–103).

> **[41] Aus dem Nürnberger Kunstbuch (nach PLOSS 1977: 109)**
>
> *Ein gut fundament auf zu trücken silber vnd golt.*
> *Wiltu ein gut fundament machen auf zu trücken silber vnd golt, so merck die regel: nym ein pfunt pley weiß vnd iiij [4] lot mastix vnd ein halbs seydlein gut vernyß; etlich sprechen, das man dar zu sull nemen claret vnd terpentin, es ist aber nit not. Wiltu das fundament zu gold, so nym i lot oggers, das ist gelbe erden als der leimen vnd reib den ogger vnter das pleyweiß auf einem stein gar wol ab mit wasser, so du druckenst mügst, so wirt das fundament goltfarb. Wiltu es aber zu silber, so darfst des ogers nit vnd thu es in einen verglasten scherben vnd nym die iiij lot mastix vnd thu die in einen besunden scherben vnd thu dar an einen loffel fol oder ij vierneß vnd setz yn über ein glut vnd loß in zergen vnd seyh yn durch ein schönes tuchlein vnter den plei-*

> *beyß vnd thu das halb seydlein vierneß dar vnter vnd rür es gar wol vnter ein ander vnd setz es über ein glut vnd laß es gar wol syden als lang, piß das es wirt als ein muß* [Brei]. *Wiltu es probiren, wenn es sein genung hab, so laß ein tropfen fallen auf ein messerklingen vnd grewf mit eim finger dar ein; ist es, das es fast hast* [wenn du es fest bekommen hast], *so hat es sein genung, hast es aber nit, so laß es paß syden vnd thu es her ab vnd laß es erkalten vnd nym denn ein pelsterlein* [kleines Kissen] *vnd trag es auf einen form vnd leg den furm auf ein gestercke leynbat* [Leinen], *die da geplanirt sey vnd reyb es dar ein mit einem knebel auf einer ram* [Rahmen, Gestell] *gar wol vnd leg den das golt dar auf vnd trück es gar subtil* [behutsam] *nyder mit einer pawmwollen vnd loß es trucken vnd ker es denn ab mit einem weichen purstlein, so wirt es gut. Wer aber das fundament zu starck, das es auf dem furm nit wolt haften, so setz es wider auf ein glut vnd loß es zu gyn vnd geüß dar vnter ein loffel vol leynöls oder ij vnd loß es erwallen oder ersyden, so wirt es gut. Also hastu die rechten bewerten kunst vnd ist auch für wasser vnd wasch es halt, vnd ob dich ymant wolt anders lernen, so soltu im nit folgen.*

Hier wird das Herstellungsverfahren einer Grundierung für den Silber- oder Golddruck auf Textilien beschrieben. Die Bezeichnung dafür ist *fundament*. Weitere **Fremdwörter** sind *mastix* (aus mittellat. *mastix*, ein aus Pistaziensträuchern gewonnenes Harz), *verniß* mit der Schreibvariante *vierneß* 'Firnis' (aus afrz. *vernis*, vgl. KLUGE/SEEBOLD 2011: 297f.), *terpentin* (aus mittellat. *terebintina*, ebd. 913), *ogger* 'Ocker' (aus lat. *ochra*, ebd. 665), das im Text mit *das ist gelbe erden als der leimen* 'das ist gelbe Erde wie der Ton' erläutert wird. Bei *planiren* (in [41] Partizip *geplanirt* 'geglättet') handelt es sich um eine im Deutschen erfolgte Ableitung von mhd. *plâne* (aus lat. *planum* 'Ebene, Fläche'; ebd. 709). Das Maskulinum *form* mit der heute noch im Bairischen vorhandenen maskulinen Variante *furm* basiert auf lat. *forma*. Die vorliegende Bedeutung ist 'Model'. Ob *claret* 'Lärchenharz' auf lat. *larix* 'Lärche', zurückzuführen ist, muss offenbleiben.

Fachspezifische **Komposita** sind *pleyweiß* (Variante *pleybeiß*) 'Bleikarbonat' und *leynöl* 'Leinöl'. Weitere, nicht im zitierten Textstück [41] vorkommende Beispiele sind *bergrün*, die Bezeichnung einer Aquarellfarbe, die aus Beeren gewonnen wird, *bercgrün* 'Kupfergrün, Malachit', *biberschwarz* 'braunstichiges Schwarz' (nach der Farbe des Biberfells), *erbselgel* 'Gelb aus *erbsel* (Sauerdorn)', *galitzenstein* 'Vitriol' (nach der spanischen Provinz Galizien benannt), *kesselbraun* 'Englischrot' (Eisenoxyd), *rotschetter* 'rot gefärbter Leinenstoff'.

Fachsprachliche **verbale Präfixbildungen** sind *verglasen* (in [41] das Partizip *verglasten*) sowie die offenbar synonym gebrauchten Verben *erwallen* oder *ersyden* 'aufkochen'. Das Präfix *er-* bringt die inchoative Aktionsart zum Ausdruck: Die Masse, die nochmals erhitzt wird, soll nicht kochen, sondern nur kurz zum Aufkochen gebracht werden. Das Präfix *ver-* hat im zitierten Text ornative (FLEI-

## 2.3 Textil- und lederverarbeitende Gewerbe

SCHER/BARZ 2012: 391) Funktion, d.h. die Wortbildung drückt aus, dass etwas mit etwas versehen oder ausgestattet ist, im vorliegenden Fall ein Tongefäß mit einer Glasbeschichtung, damit die eingefüllte Masse nicht festklebt. Weitere Verbalbildungen sind beispielsweise *abentwerfen* 'nach Vorlage zeichnen' (mit Doppelpräfix *ab-ent-*), *absetzen* 'zwei Farben, zwei Töne eines Farbwertes gegeneinander absetzen', *ansetzen* 1. 'eine Farbe ansetzen', 2. 'eine Grundfarbe setzen, die durch eine zweite überdeckt wird', *alûnen* 'ein Gewebe vor dem Färben oder während des Färbens mit Alaun beizen', *bresilieren* 'mit Brasilholz (Rotholz) färben', *braunieren* 'polieren, glänzend machen', *leimtrenken* 'mit Leim tränken, appretieren', *muosieren* und *florieren* 'schmücken, verzieren', *polmenten* 'einen Grund setzen, wenn auf Stoff vergoldet wird'.

Einige **allgemeinsprachliche** Wörter werden mit besonderer Bedeutung gebraucht: Das Adjektiv *schön* bedeutet im Zusammenhang des zitierten Textausschnitts nicht 'schön', sondern 'rein, sauber'. Ebenso bedeutet *starck* nicht 'kräftig', sondern 'dickflüssig'. Weitere (nicht in [41] belegte) vergleichbare Wortverwendungen sind *klar* 'Eiklar zum Stärken und Appretieren', *grunt* 'erste Farbschicht' (z.B. Blau, wenn mit Gelb übermalt wird, damit im Endeffekt Grün entsteht), *stoßen* 'Färbegut einbringen'.

In **syntaktischer** und **textstruktureller** Hinsicht unterscheiden sich die Anweisungen des *Nürnberger Kunstbuchs* kaum von anderen Rezepten: Zunächst wird das Produkt genannt, das hergestellt werden soll, ein *fundament ... auf zu trücken silber vnd golt*. Der Leser wird in einem einleitenden Konditionalsatz direkt angesprochen: *Wilt du ... machen*. Es folgt eine Beschreibung des Herstellungsvorgangs mit mehreren Konditionalsatzgefügen, die ebenso stereotyp mit *wilt du* eingeleitet werden. Der anschließende Hauptsatz wird mit korrelativem *so* aufgenommen: *Wiltu das fundament zu gold, so nym (...), Wiltu es aber zu silber, so darfst (...), Wiltu es probiren, wenn es sein genung hab, so laß (...)*. Abgesehen von kurzen, teils stereotypen Nebensätzen dominieren paratktische Reihungen kurzer Anweisungssätze, die mit *und* verbunden sind: *vnd laß es erkalten vnd nym denn ein pelsterlein vnd trag es auf einen form vnd leg den furm auf ein gestreckte leynbat, die da geplanirt sey vnd reyb es dar ein mit einem knebel auf einer ram gar wol vnd leg den das golt dar auf vnd trück es gar subtil nyder mit einer pawmwollen vnd loß es trucken vnd ker es denn ab mit einem weichen purstlein*.

Aus dem Jahr 1516 stammt die Aufzeichnung von Fragen, die einem Schneidergesellen gestellt wurden, der sich anschickt, sich in Augsburg zum Meister ausbilden zu lassen (Überlieferung: Heidelberg UB, cpg 109, fol. $77^r$–$78^v$). Abgefragt wird, welche Stoffarten und -mengen für verschiedene Ständekleidungen benötigt werden, und welche Zuschnitte vorzunehmen sind.

### [42] Prüfungsaufgaben für Schneidergesellen (nach SCHMITT 1972: 29f.)

*Das ist die künst vnd der brieff, dar in da statt geschriben, wie ain schneyder knecht sol lernen, wan er für stann will vnd mayster werden wil, so geyt man im vil seltzamer [schwierige] stück für zü schneyden; das find er alles hie jn disem brieff. Vnd jch, Hanns Bader, vnd Six Miellich, bayd schneyder zw Augspurg jn der statt, vnd jch, Simpertus Kröll, weber vnd burger zw Augspurg, hab den brieff abzaychnet jnss Hanns Kaüffmans hawss ob dem creytz im oberen gemach, da haben sy sich gmüstert im 1516.*

*Das ist ain dantz rock: dar zw kompt zehenthalb elenn tuchs, vnd mach das hinderthayll lang 3 elen on das brystlin vnd mach das hinderthayll weyt 7 elenn vnd 5 elenn vnd mach das pristlin oben dem örbel [Ärmel] vnnd mach dy örbel 7 fiertayl vnd j elenn lang.*

*Das ist ain nunnen rock: dar zw kompt 6 elenn minder j fiertail, vnd mach in lang j fiertail vnd ij elen; er gatt nit gar auff die achsel, die örmel koment oben darein, die örbel erlengerent jn vmb j halb fiertayl, vnd mach dy örbel j elen lang vnd dy gestalt ij fiertayl lang, so fügen sich dy stückel darein, vnd 3 elen tuchs, darzw kommpt 8 elen, vnd leg 6 doppelt, vnd auff denn anderen 2 elenn; maches sy [wohl verschrieben: entweder muss es maches 'mach es' heißen oder mach sy 'mach sie'], wie es vor dir stett.*

*Das ist ain mantel auff allen netten schlemm [auf allen Nähten einfach], vnd nimm dar zw 9 elen tuchs vnd mach in 3 elenn lang vnd lass die stück auss auff dy mitten; gan sy dir vnden daran, so fugs.*

*Das ist ain frawen schawb: dar zw kompt 7 elen tuchs, mach die schauben lang ij fiertayl vnd ij elenn, das hinder thayll weyt vnd 6 elenn bloss vnd das forder 5 elen vnd die ermel j fiertayl vnd j elen lang. Das hinder stuck findestü neben dem örbel, vnd schneyd die schawben auss ain ander, wie sie vor dir stett. Jtem du müst dich fyrsechen, das du die schawben machest auss 7 elenn.*

*Das ist ain gesöllen klayd, dar zw kompt 7 elenn. Mach denn rock lang 2 elen, mach die vorderen thayll vornen weyt 3 elen, das hinder on ainn fiertail 4 elenn weytt vnd mach das hinder bristlinn 3 fiertail lang. Tayll den rock auss, wie er vor dir stett. Lass die kappen vornen am örmel herauss gann vnd nim ander halb fiertayl vnd j elen wolgemessen.*

*Das ist ains armen manss klayd, mantel vnd zypfel vnd kappen vnd hossen; darzw kompt 6 elen, vnd mach den mantel lang 2 elen vnd mach die kappen lang 3 fiertail vnd lass die zipfel neben der kappen auss her gann, vnd wen du jm auff dem gradt von ain ander schneydst, so wyrt er langk 2 elenn vnd iij fiertail; das ist ain elen vnd ain fiertail, darauss mach hossenn on ain gesess.*

*Das jst ain bawren rock: dar zw kompt 6 elenn, vnd mach den rock lang ij elenn vnd die örbel auch so lang, wie sy vor dyr stand, vnd greyff vmb vnd vmb j fiertail in das tuch. Jtem du müst dich auch fyrsechen, das du on ain fiertail 6 elenn zü dem rock brauchest du. Jtem des seind die örbel, vnd daz schmalb kert auff dy achsel.*

## 2.3 Textil- und lederverarbeitende Gewerbe t

> *Jtem das ist ain flygel rock: dar zw kompt 10 elen, vnd mach das hinder thayll lang 4 elen vnd das hinderthayl weytt 7 elen vnd das foder tayll 3 elen vnd j fiertayl lang vnd die weytte 5 ölenn vnd mach den fligel lanng 3 elen vnd dy fligel halben tuchs weytten vnden. Der rock hat kain erbel. Jtem du müst dich auch fyrsechen, das an dem rock der strich aller vnder sich gang vnd das tuch leytt auffgeworffenn, vnd schneyd das tuch in der mitt ab vnd das im der strich nit verkert werdt.*

Auffallend sind selbst in diesem kurzen Textstück mehrere fachsprachliche Verwendungen **allgemeinsprachlicher** Wörter. Manches ist nicht sicher zu deuten. Wenn es zu Beginn heißt, *Hanns Bader, Six Miellich* und *Simpertus Kröll* hätten *sich gmüstert*, so ist damit wahrscheinlich gemeint, dass sie sich Musterstücke zurechtgelegt haben (vgl. DWB 12, 2766). Einige der verwendeten Termini bezeichnen Gewandteile: Mit *brystlin* (Variante *pristlin*) 'Brüstlein' ist der Teil eines Gewandes (im vorliegenden Fall eines Tanzkleides) gemeint, welcher die Brust bedeckt. Die Diminutivform legt die Vermutung nahe, dass es sich um ein in irgendeiner Weise verziertes Gewandstück handelt. Die *fligel* 'Flügel' sind wohl herabhängende Teile eines Gewandes. Dementsprechend ist ein *flygel rock* ein Rock mit lose angebrachten „Flügeln". Das Wort *gesess* 'Gesäß' bedeutet wohl 'verstärkter oder doppelter Hosenboden'. Unter *gestalt* dürfte der den Körper bedeckende Hauptteil eines Kleides zu verstehen sein. Für *gradt*, das in mehreren Bedeutungen belegt ist (FWB 7,131–316), ist aufgrund des Kontextes anzunehmen, dass es sich um ein kantiges Arbeitsgerät handelt. Für *strich* ist im gegebenen Zusammenhang eine Bedeutung 'Borte' oder 'Stoffbesatz' zu vermuten. Unsicher ist die Bedeutung von *kert*. Es könnte sich um eine dialektale Form einer Substantivierung des Adjektivs *gehärt* 'behaart, mit einem Pelz besetzt' (DWB 5,2326) handeln. Die Bedeutung von *daz small kert* wäre dann 'der schmale Pelzstreifen' (SCHMITT 1972: 30 liest wohl fälschlich *smalb*).

Es sind einige **Komposita** bezeugt, die Kleidungsarten bezeichnen: *dantz rock* 'Tanzkleid', *ain frawen schawb* 'eine Frauenschaube' (ein mantelartiger, vorne offener Überwurf), *ain nunnen rock* 'ein Nonnenrock, Habit', *ain gesöllen klayd* 'ein Gesellenkleid'. Die Kongruenz des Artikels mit dem jeweiligen Grundwort zeigt, dass es sich trotz der Getrenntschreibungen um Komposita handelt, nicht etwa um Genitivfügungen. Mit *fiertail* 'Viertel' ist nicht das Viertel von einem Ganzen gemeint, sondern ein Längenmaß. Auch einige fachspezifische verbale **Präfixbildungen** kommen vor: Das Partizip *auffgeworffenn* bedeutet im Kontext wahrscheinlich 'erhoben, gewellt' (andere Bedeutungen von *aufwerfen* FWB 2,790–795), *auslassen* 'weit(er) fassen' (andere Bedeutungen ebd. 1136–1142) und *erlengern* 'verlängern'. **Phraseologisch** ist die Wendung *wie sy vor dyr stand*. Der Kontext legt die Annahme einer Bedeutung 'nach Maß' nahe. Das Pronomen *sy* bezieht sich auf die künftigen Träger der in Auftrag gegebenen Kleidungsstücke.

## 2.4 Seefahrt

Seit vorgeschichtlicher Zeit betreiben Menschen an den Nord- und Ostseeküsten Seefahrt, auch wenn man sich zunächst nicht allzu weit aufs offene Meer wagte. Belege sind archäologische Schiffsfunde, prähistorische Steinsetzungen in der Form von Schiffen, Felszeichnungen und andere bildliche Darstellungen insbesondere in Schweden und auf Gotland. Seit dem Frühmittelalter wurden von Anwohnern der Nord- und Ostsee hochseetaugliche Schiffe gebaut (vgl. GÜNTHER 1987, ELLMERS 1984). Doch weder aus Skandinavien noch aus Norddeutschland oder England sind früh- oder hochmittelalterliche Fachtexte über Schiffbau oder Navigation überliefert. Auch das praktische Wissen der Schiffsbauer, Konstrukteure und Seeleute wurde mündlich weitergegeben. Erst im Übergang vom Spätmittelalter zur frühen Neuzeit wurden aufgrund veränderter Bedingungen **nautische Handbücher** verfasst. „Die über Generationen praktizierte orale Wissenstradierung konnte den sich erhöhenden Anforderungen an die Schiffsführung nicht mehr genügen. Diese Form der Weitergabe von Wissen und Instruktionen entsprach nicht mehr den Bedürfnissen der Schifffahrt, die nun ihre Fahrtrouten veränderte, ausweitete und auch in weniger bekannte Gewässer vordrang. Das Gedächtnis des Einzelnen konnte zur Speicherung des enorm anwachsenden Wissens nicht mehr ausreichen" (RÖSLER 1996: 254).

Das älteste derartige Handbuch ist ein mittelniederdeutsches **Seebuch** aus der 2. Hälfte des 15. Jhs. (Ausgabe KOPPMANN 1876). Der anonyme Verfasser benützte wahrscheinlich ältere Aufzeichnungen (vgl. SAUER 1996: 63–71, ASSION 1992a: 1015f.). Einige Kapitel sind erst später hinzugefügt worden (BEHRMANN 1906: 9). Darin werden Routenbeschreibungen und Kursbestimmungen gegeben, die „die europäische Atlantikküste von Cadiz bis zum Kanal, die Küsten Südirlands und Süd- sowie Ostenglands, die deutsche und dänische Nordseeküste, die dänische Inselwelt und die Ostsee bis zum Bottnischen Meerbusen umfaßt. Ein zusätzlicher Ausgriff auf den Bereich des Mittelmeeres ... ist als beiläufige Ergänzung einzuschätzen" (ebd. 1014). Das *Seebuch* ist in zwei Handschriften und einem Fragment aus dem 15. Jh. überliefert (SAUER 1996: 16–20; zu einem jüngeren niederdeutschen Navigationshandbuch des 16. Jhs. vgl. KÖBERER 1983; Bibliographie weiterer einschlägiger Werke bei BEHRMANN 1906: 94–110).

## 2.4 Seefahrt

[43] **Seewege zwischen den dänischen Inseln im mittelniederdeutschen Seebuch (nach KOPPMANN 1876: 52f.)**

XII.6 *Item alse Schagenreff gepasset ist, und gy 14 vadem weke grunt hebben, ghaet sudewart, anders geen koers, so lange dat Lesoe nortost van juw ist; gaet dan sutost, want dat dy krygen 10 vademe, werpet dat lǒt; volget Jutlandes syden vort sutsutwest na Helm vnde vort suden na Wedersreve, als gy hebben 7 vademe, nicht neger, dar is eyn deep water tusschen; went de o van Wederoe van juw licht westnortwest, so gat sutsutwest, so lange dat gy seyn Kalligenborch, so ghaet suden ten oesten went to Rumspoe; vortan suden ten osten wente Spro. Wan Spro van juw licht dwers schepes, unde gy heben 13 vadem weke grunt, se gy de Wresen; komet en nicht neger dan vij vademe. Wan gy hebben 16 ofte 20 vademe, holdet vaste an loff na Langelande sudewart to myd landes, vortan sutsutwest; alse gy denne gepasset hebben Trones, so ghaet oestsutost, so kome gy vor de Wernowe.*

XII.7 *Item van den Schagen to Lesoe dat sint twe kennynghe; dat kors is sudosten osten.* […]

XII.12 *Item wachtet juw vor Lappesande, dar stat eyn toren an dat sutost unde van Helschenor, den holdet bedecket van dem slote, so undersegele gy dat sant nicht.* […]

XII.16 *Item van Valsterbode to Borneholme dat sint 14 weke zees, se sint grot; dat koers ys osten suden.*

'XII.6 Item: Wenn ihr Skagen Rev passiert habt, und ihr auf 14 Faden weichen Grund habt, geht südwärts, keinen anderen Kurs, solange bis ihr Læsø nordöstlich von euch liegt. Geht dann nach Südost, bis ihr zehn Faden bekommt, werft das Lot. Folgt Jütlands Küste weiter in südsüdwestlicher Richtung nach Hjelm und weiter Richtung Süden nach Hatterev, bis ihr sieben Faden habt, nicht näher! Dazwischen ist tiefes Wasser. Wenn die Insel Vejrø westnordwestlich liegt, so geht Richtung Südsüdwest, solange bis ihr Kalundborg seht. Dann geht Süd zu Ost bis nach Romsø, weiter Süd zu Ost bis Sprogø. Wenn Sprogø querab liegt und ihr auf 13 Faden weichen Grund habt, seid ihr bei Vresen. Kommt nicht näher als sieben Faden! Wenn ihr 16 oder 20 Faden habt, haltet stark nach Luv auf Langeland zu, südwärts auf die Mitte des Landes, danach Richtung Südsüdwest. Wenn ihr dann Trones passiert habt, geht Richtung Ostsüdost, dann kommt ihr vor die Warnow.

XII.7 Item: Von Skagen nach Læsø sind es zwei Kennunge. Der Kurs ist Südostost.

XII.12 Item: Hütet euch vor Lappesand, dort steht ein Turm im Südosten, und zwar der von Helsingör. Den haltet vom Schloss bedeckt, dann segelt ihr nicht zu nahe an die Sandbank.

XII.16 Item: Von Falsterbo nach Bornholm, das sind 14 *weke zees* [ein Längenmaß], die sind groß. Der Kurs ist Südost.'

## 2 Die *Artes mechanicae*

Der Spezialwortschatz der Nautik besteht zu einem beträchtlichen Teil aus **Nominalkomposita**. Das zitierte Textstück [43] belegt mehrere kombinierte Bezeichnungen der Himmelsrichtungen wie *sutost* 'Südost', *sutsutwest* 'Südsüdwest', *oestsutost* 'Ostsüdost' im zitierten Textsegment, die bis heute gebräuchlich sind. Strukturell gesehen handelt es sich um **Kopulativkomposita** (FLEISCHER/BARZ 2012: 149–152). Der weitaus häufigere Kompositionstypus (vgl. das Glossar in KOPPMANN 1876: 79–129) sind jedoch **Determinativkomposita**. Beispiele für terminologische Wortbildungen dieses Typs im *Seebuch* sind *achterebbe* 'letzte Zeit der Ebbe', *achtervlot* 'letzte Zeit der Flut' (dazu KLUGE 1911: 277, GOEDEL 1902: 9), *anckerholt* 'Festliegen vor Anker' (ebd. 22), *overgank* 'seichte Durchfahrt', *sandbaye*, *sandbage* 'zum Ankern geeignete Bucht mit sandigem Untergrund', *scharcleff* 'Felsklippe' (wörtlich 'Schärenklippe'), *schepelenckte* 'Schiffslänge' (als Längenmaß), *tide-*, *tydehaven(e)* 'Fluthafen', *varwech* 'Fahrweg, Wasserstraße', *vorebbe* 'erste Zeit der Ebbe' und *vorvlot* 'erste Zeit der Flut', *zeekant* 'Küste'.

Seltener sind **nominale Ableitungen**. Beispiele in [43] sind *kennynghe* 'Anhaltspunkt für die Navigation', ein Wort, das in anderen Bedeutungen allerdings auch außerhalb der Seemannssprache verwendet wurde (GOEDEL 1902: 238–240, SCHILLER/LÜBBEN 1876: 445f.), *lopelinge* 'Stromläufe bei Ebbe und Flut', *loper*, wörtl. 'Läufer' (damit sind zwei markante Geländepunkte am Ufer gemeint, die während der Fahrt in den Blick kommen, wobei der nähere schneller als der entferntere seine Lage zum Schiff verändert), *vlekede* 'Untiefe' (eine Ableitung von *flak* 'flach'), *vorscheydinge* 'Entfernung'. Eine Ableitung von einer Wortgruppe (*land* und *strecken*), somit eine **Zusammenbildung** (vgl. FLEISCHER/BARZ 2012: 86f.), ist *lantstreckinge* 'Erstreckung des Landes'.

Die Tatsache, dass sich Seeleute wie kaum eine andere Berufsgruppe zwischen Ländern und damit Sprachen bewegten, führte dazu, dass **Lehnwörter** in ihren Wortschatz Eingang fanden (zu niederländisch-niederdeutschen Transferenzen der Hansezeit vgl. DE SMET 2004). Ein Beleg aus dem zitierten Textstück ist *koers* 'Fahrtrichtung' (frz. *cours*, vgl. GOEDEL 1902: 275f.). Weitere Beispiele aus dem *Seebuch* sind *confers* 'Handelsort' (wohl aus dem Französischen, genaue Herkunft jedoch unsicher), *entringe* 'Hafeneinfahrt' (engl. *entering*), *fosse* 'Kanal, Passage' (frz. *fosse* 'Graben'), *raes*, *ras* 'heftige Strömung, besonders in einem Kanal' (vgl. engl. *race*, frz. *rasse*, *raise* 'Kanal'). Das Längenmaß *weke* (KOPPMANN: XLf., dazu auch BEHRMANN 1906: 49) könnte aus einer skandinavischen Kontaktsprache kommen (Beleg im Text: *dat sint 14 weke zees*). In späteren nautischen Quellen kommt es nicht mehr vor. Ein anderes Längenmaß ist *kabel* (z.B. *twe kabel lang*). Das Wort ist zunächst in der Bedeutung 'Schiffstau' aus dem Französischen entlehnt (KLUGE/SEEBOLD 2011: 461, GOEDEL 1902: 219f.).

Mehrere substantivische **Simplizia** gehören der Seemannssprache an. Beispiele sind *espink* 'Schiffsbord', *loff* 'Luv, Seite, von der der Wind kommt, Luv' (GOEDEL 1902: 310–315, im zitierten Textstück *holdet vaste an loff na Langelande*

## 2.4 Seefahrt

*sudewart*), ferner *bake* 'Merkzeichen, um das Fahrwasser zu finden' (ebd. 42–45), *glap* 'enges Fahrwasser', *reff* 'Riff' (GOEDEL 1902: 390f.), *reyde, rede* 'Ankerplatz' (nhd. *Reede*, ebd. 381f.), *rutze, rotze, ruds* u.ä. 'Fels, Klippe'. Substantive der **Allgemeinsprache**, die in nautischen Zusammenhängen terminologisch verwendet werden, sind *vadem* 'Faden' als Längenmaß (GOEDEL 1902: 128f., im Text *14 vadem weke grunt*), *bank* 'Bank', hier 'Sandbank', *deep* 'Tiefe', hier 'Fahrwasser', *water* in der Bedeutung 'Meeresströmung'. Das Wort *mane* 'Mond' bedeutete in der nautischen Sprache des *Seebuchs* 'Mondschatten auf einem Strichkompass zur Berechnung der Gezeiten' (KOPPMANN 1876: XLV).

Auch gemeinsprachliche **Adjektive** werden im *Seebuch* zur Bezeichnung der Beschaffenheit von Gewässern verwendet: Im zitierten Textausschnitt ist *wek* (wörtlich 'weich') in der Fügung *weke grunt* belegt. Gemeint ist, dass keine Unterwasserfelsen die Fahrt gefährden. In ähnlicher Bedeutung werden *reyne* (wörtlich 'rein') und *schone* (wörtlich 'schön') verwendet. Den Gegensatz, also 'gefährlich', bezeichnet in der Sprache des *Seebuchs* das Adjektiv *vul* (wörtlich 'faul'). **Abgeleitete Adjektive** sind *afflandich* 'ablandig', *rudzaftich* 'felsig, mit Klippen' (zu *rutze* u.ä. 'Fels, Klippe', s.o.), *wasaftich* 'schlammig' (zu *wase* 'Schlamm'). Aus dem Französischen entlehnt ist *contrarie* 'entgegenkommend' (vom Wind).

In der Seemannssprache kommt Richtungsbezeichnungen, also **Adverbien** und **adverbialen Ausdrücken**, besondere Bedeutung zu. In [43] sind die adverbialen **Genitivfügungen** *dwers schepes* 'querab, seitlich zum Schiff' und *myd landes* 'in Richtung auf die Landmitte' belegt. Substantive können auch ohne formale Kennzeichnung adverbial verwendet werden. Ein Beispiel ist *backbord* 'links'. Ebenso werden die zusammengesetzten Nominalkomposita zur Bezeichnung von Himmelsrichtungen (*sutost* 'Südost', *sutsutwest* 'Südsüdwest' usw.) adverbial gebraucht. Daneben kennt das *Seebuch* auch mit *by-* 'bei-' präfigierte Bildungen: *bynorden, byosten, bysuden, bywesten* 'in nördlicher, östlicher, südlicher, westlicher Richtung'.

Einige **allgemeinsprachliche Verben** werden im *Seebuch* mit spezifisch nautischer Bedeutung verwendet: *ryden* (wörtl. 'reiten') bedeutet 'bei hohem Wellengang vor Anker liegen'. Das Verbum *setten* (wörtl. 'setzen') wird ohne Objekt oder zusätzliche adverbiale Bestimmung mit der Bedeutung 'Anker werfen' gebraucht, *scheiden, scheden* als 'abfahren, lossegeln'. Als Beispiel fachsprachlicher **Verbalkomposita** ist im Text *undersegelen* 'zu nahe heran segeln' belegt (*so undersegele gy dat sant nicht*). Mit *overvallen* (wörtlich 'überfallen') wird das Zusammenlaufen zweier Meeresströmungen bezeichnet. Weitere Verbalbildungen sind *henholden* (wörtlich 'hinhalten') 'das Schiff in die richtige Fahrtrichtung bringen', *mysdoen* (wörtlich 'misstun') 'falsch navigieren'. **Verbale Ableitungen** sind *depen* 'mit Senkblei die Tiefe ausloten' (zu *dep* 'tief'), *drogen* 'seicht werden' (zu *droge* 'trocken'), *rumen* (zu *rum* 'Platz') 'in sicherer Entfernung umschiffen'. **Lehnwörter** im Verbalbereich sind *passen* 'vorbeifahren' (vgl. frz. *passer* und engl. *to pass*), *dubbeleren* 'umsegeln' (vgl. frz. *doubler*, engl. *to double*) mit einem Beleg im Textzitat (*alse Schagenreff gepasset ist*) und *laveren* 'kreuzen, lavieren' (wohl aus frz. *lovier,* einer Verbalbildung zu *lof* 'Windseite', das seinerseits aus mnd. *lof* 'Luv' entlehnt ist; vgl. KLUGE/SEEBOLD 2011: 564).

Das *Seebuch* verbindet **deskriptive** Informationen über Routen, Entfernungen, Hindernisse, Orientierungsmöglichkeiten mit **präskriptiven** Anweisungen (RÖSLER 1996: 256f.), wie diese Routen unter Umgehung der Hindernisse und unter Nutzung der Orientierungsmöglichkeiten zu bewältigen sind. Diese Doppelfunktion führt dazu, dass zwei wenig komplexe Satztypen dominieren: Deklarativsätze (in [43] *van den Schagen to Lesoe dat sint twe kennynghe; dat kors is sudosten osten*) und Imperativsätze (*gaet dan sutost ... werpet dat lôt*). Im Unterschied zur Leseradressierung in anderen Fachtextsorten wird im *Seebuch* durchgehend der Plural verwendet. Der gedachte Adressat ist nicht ein einzelner, sondern die Schiffsmannschaft.

Auf der Grundlage des *Seebuchs* wurde 1541 in Amsterdam eine **Caerte van der zee** gedruckt. Der Titel ist allerdings irreführend, denn es handelt sich bei diesem und ähnlichen Werken um Bücher mit Streckenbeschreibungen in Textform, also um „Lesekarten", die „noch nicht zu Seeatlanten ausgewachsen sind" (BEHRMANN 1906: 96). Während das *Seebuch* küstennahe Routen beschreibt, greift die *Caerte van der zee* auch *dwars ouer die zee* 'quer über das Meer' aus. Die Anordnung der beschriebenen Strecken in Einzelartikeln folgt einer strengeren Systematik als im *Seebuch*. Erstmals 1566 wurden Holzschnitte mit Küstenansichten beigefügt (RÖSLER 1996: 257–268, BEHRMANN 1906: 10f., 68–93), auf die im Text Bezug genommen wird.

## 2.5 Handel

Im Früh- und Hochmittelalter waren Kaufleute mit ihren Waren selbst unterwegs (vgl. SCHNEIDER 1989, zum volkssprachlichen Wortschatz des frühen Warenverkehrs im deutschsprachigen Raum vgl. KREJČI 1932: 4–16). Schreibarbeiten wurden von Klerikern auf Latein erledigt. Erst im Spätmittelalter entstanden Handelsunternehmungen, die eigenes Personal beschäftigten, um Buchführung und Korrespondenzen auf Deutsch zu erledigen (RAUTENBERG 2000: 1298, ENGEL 1987, KREJČI 1932: 17–48). Die historische Kaufmannssprache findet ihren Niederschlag in sehr unterschiedlichen Textsorten. Wichtige Quellen sind Geschäfts- und Privatbriefe, Inventare, Begleitschreiben und Bilanzen. Eines der ältesten Geschäftsbücher in deutscher Sprache ist das Regensburger **Runtingerbuch**, das u.a. die Einnahmen und Ausgaben des Handelshauses der Runtinger von 1383 bis 1407 dokumentiert (Ausgabe: BASTIAN 1935–43). Es setzt sich „aus verschiedenen Segmenten" zusammen, „die zusammengenommen eine 'komplette' Buchführung ergeben: Im Zentrum stehen drei 'Handlungsbücher', die unterschiedlichen Schauplätzen und Handelsunternehmungen gewidmet sind, daneben gibt ein 'Münzbuch' über Währungspolitik sowie Prägetätigkeit des

## 2.5 Handel

Finanzplatzes Regensburg Auskunft. Den breitesten Raum beansprucht ein 'Wechselbuch' mit seiner täglichen Dokumentation des Runtingerschen Bankgeschäfts" (KEIL 1992e: 392f.; vgl. ferner EIKENBERG 1976).

Die Runtinger waren im internationalen Tuchhandel aktiv. Die erhaltenen Akten überliefern deshalb eine große Menge von **Stoffbezeichnungen**, neben in [44] belegtem *Mailonischer parchant* beispielsweise auch *balikin* (ein orientalischer Seidenstoff), *pawmboll* 'Baumwolle', *portseid* 'Bortenseide', *finseide* 'Feinseide', *ritterseid* 'Seide für standesgemäße Ritterkleidung', *slairseiden* 'Seide für Schleier', *sarisanat* 'Seidenstoff nach sarazenischer Art', *leinwat* 'Leinen', *scharlach* (ein niederländischer Stoff), *schollawm* 'Wollstoff aus Châlons', *schürprant* 'lodenartiges Überzugtuch'. Mehrere Tuchsorten sind nach den Herkunftsorten wie Aachen, Brüssel, Frankfurt, Köln, Maastricht benannt (vgl. BASTIAN 1943: 241f.).

---

**[44] Abrechnungen für Warentransporte des Jahres 1384 aus dem Regensburger *Runtingerbuch* (nach BASTIAN 1935: 72–74)**

*Fürttär in dem 1384 jar*
*Item ez fur Ulr. Fürttär hie auz dez samptztagz in den 4 tagen in der vasten* [Fastenzeit] *und furt mir mit ym 210 Mailonischer parchant* [Mailänder Barchentstoff] *und 10 gepleitew* [gebleichte] *parchant; suma 220 parchant, pringt 2 saum* [Last eines Transportpferdes] *und 3 virtail. Ich gib je vom sawm untz gein Prükch in Pehaym* [Brücke in Böhmen, wohl Moldaubrücke in Prag] *105 g.* [Groschen], *suma daz lon 5 sex.* [60 Groschen] *ân* [ohne, abzüglich] *11 g.*
*Item ich gab dem Mürren wagenman 9 gulldein und 7 g. an dem furlon an demselben tag; suma pringt an dem furlon an demselben tag: suma pringt sex. ân 11 g.*
*Item so schol im der Fürttär geben 2 sex. g. ze Prükch an dem furlon.*
*Item ez fur der Fürttär mit dem gut hie auz den dem weissen suntag gein Pruckx. Ich hab im ze fur und ze zirung 30 guldein und 22 g. auf daz gut; da sol er mit farn gein Frankchenfürtt an di Oder oder gein Stetyn oder gein dem Sünn oder wo er wänt, da er ez allerpest verdreiben müg.*
*Item und gab im 40 Amberger.*
*Im 1384 jar Wiennen*
*Item ich sant gein Wiennen pey dem Chuntzel Griezpechk 100 gepleity parairct, er fur hie awz dez michen in der ander vastwochen* [Mittwoch in der 2. Fastenwoche]; *der parairct sint 40 gezaichent mit dem mezzer und 60 mit den gemainen zaichen. So hat der Chuntzzel Griespechk selb 3 parairct da; dy sint nicht gezaichent. Furman Ortel awz dem Nidern Wirt* [Unterer Wöhrd, Regensburger Stadtteil an der Donau].
*Item ich gab dem Chuntzzel Griezpechk 3½ lb.* [Gulden] *und 22 dn.* [Pfennige] *Wiennär ze furlon und ze zirung awf das gůt.*

## 2 Die *Artes mechanicae*

> *Item ich gab dem Ortel Schifferlein in dem Nidern Wirt 12 s. dn. Regenspurger, dy hat er dem Chuntzzel Griezzpechk gelichen ze Winen.*
> *Item ich gab dem chlainen Niklein vor Pruke 24 gulldein dez freitag in der osterwochen, dy furt er ab gein Passawe, und dy sol er dem scheffman geben, der dy wein fürt, und der schefman sol dy weinn damit her füren.* [...]
> *Item so ist darauf kangen ze maut, ze fur und di zirung gein Wien 9 lb. 5 s., 18 dn. Wiener.*
> *Item so hat der Kriespechk verzirt ze Wien 18 s. dn. Wiener; so hat er von Wien uncz herwider haim verzirt mit drein pfärden und ain knecht 2 lb. dn. Wiener; so gab er dem chnecht, der di pfärd mit im heraüf furt, 6 s dn. Wiener.*
> *Suma daz auf der vart darauf kangen ist, alz oben geschriben stet, pringt 14 lb. 5 s. 18 dn. Wiener*
> *Item so hat er der Mailanischen parichant, di oben geschriben stent, ainz verporgt um 10 s.dn. Wiener dem häusler ze Wiener herberg, porg Hartman daselbs auf di sunbend* [Sonnwend].

Neben Stoffbezeichnungen ist auch eine erstaunliche Anzahl damaliger **Luxusartikel** in den Büchern des Regensburger Handelshauses verzeichnet. Einen beträchtlichen Posten machen exotische Gewürze und Früchte aus wie beispielsweise *aney* 'Anis', *kubeben* 'Kubebenpfeffer', *saferan* 'Safran', *pomaderanczy* 'Pomeranze, Grapefruit', *imber* 'Ingwer', *kuriander* 'Koriandersamen'. Nicht minder begehrt waren Parfüme und Arzneimittel, deren älteste Bezeichnungen in Handelsakten wie dem *Runtingerbuch* erscheinen: *ambra* 'Ausscheidung des Pottwals' (aufbewahrt in kostbaren Behältern in Apfelform, die als *amerapfel* bezeichnet wurden), *balsam* 'Balsam', *galgant* 'Galgant', *dymargarety* 'aus Perlen und Gewürzen bereitete Medizin', *dypenidyan* 'Heilmittel aus raffiniertem Zucker', *triosandely* 'Sandelholz'. Die Benennungen sind naturgemäß fremder Herkunft. Weitere begehrte Importartikel waren *koffet* 'Konfekt', *aingehuren pain* 'Stoßzähne vom Rhinozeros', Edelsteine wie *safir* 'Saphir' oder *dematytum* 'Hämatit, Blutstein'. Neben substantivischen Warenbezeichnungen sind auch einige **Verben** belegt, die Tätigkeiten des **Warentransports** bezeichnen, in [44] z.B. *verdreiben* 'verkaufen, losschlagen', *sechen* 'in Säcke verpacken', *vervâhen* 'in Empfang nehmen'.

Einen weiteren Teilbereich des Handelswortschatzes bilden Begriffe des **Geldwesens**. Als erstes zu nennen sind substantivische Währungs- und Münzbezeichnungen wie *Perner*, die Benennung eines kleinen venezianischen Geldwerts, *turnos* 'nach Vorbild von Tours geschlagener rheinischer Groschen', *grözzel* 'fränkischer Groschen', *plaphart* 'Weißpfenning' (aus lat. *blaffardus* mit volksetymologischer Anlehnung an Personennamen auf -*hard*). Häufige Abkürzungen (oft mit Herkunftsbezeichnungen) sind *dn.* 'Pfennig', *g.* 'Groschen', *sex.* '60 Groschen', *fl.* 'Gulden'.

## 2.5 Handel

Mehrere **allgemeinsprachliche** Wörter werden in der Kaufmannssprache mit fachspezifischen Sonderbedeutungen verwendet, so beispielsweise *panch* und *wegsel* 'Wechselbank, Geldinstitut', *chegel* 'Geldrolle', *sach(e)* 'Guthaben'. **Spezifische Adjektivverwendungen** sind *berait* 'bar', davon abgeleitet *beraitschaft* 'Bargeld', und *swär* 'mit hohem Gehalt an Feinmetall'. **Komposita** sind *prantsilber* 'durch Brand verfeinertes Silber', *gewandgelt* 'Einnahmen aus dem Tuchhandel', *geltschuld* 'Barschuld', *quitbrief* 'Quittung', *unczengolt* 'Drahtgold nach Unzen'.

**Präfix- und Partikelverben** bezeichnen Geschäftsvorgänge: *ausweisen* 'bilanzieren', *darleihen* 'vorstrecken', *einnemen* 'einnehmen', *einpringen* 'eintreiben', *einsetzen* 'als Bürgen einsetzen; verpfänden', *verporgen* 'auf Kredit verkaufen', *verreiten* 'an Transportkosten verbrauchen', *verschaffen* 'Forderungen an Dritte abtreten', *verschreiben* 'bilanzieren', *verwürcken* 'Verlust machen', *verziehen* 'eine Zahlung hinauszögern'. Das Simplex *pringen* ist in der Bedeutung '(Gewinn) erbringen' belegt.

Zum **Transportwesen** gehören in [44] belegte **Berufsbezeichnungen** wie *wagenman* und *furman*, die Waren zu Lande transportierten. Dagegen ist der *scheffman* in der Binnenschifffahrt unterwegs. Wanderhändler, die offenbar nicht in Diensten des Handelshauses standen, aber in dessen Auftrag unterwegs waren, wurden als *lantvarer* (ansonsten die Bezeichnung für Bettler, Spielleute und andere Leute ohne festen Wohnsitz) bezeichnet.

Das *Runtingerbuch* enthält mehrere fachspezifische Wortfügungen und **Phraseologismen** wie *anthais werden* 'sich zu etwas verpflichten', *anwerden fur gut* 'zum vollen Preis veräußern' (z.B. eine schlechte Münze), *chlain ausgeben* 'kleine Ausgabe, Spesen' (wörtlich 'kleines Ausgeben'), *ehaft not* 'rechtsgültiges Hindernis', *mit trewen willen halten* 'treuhänderisch verwalten'. In [44] ist *darauf kangen* 'bezahlt worden' belegt, eine in historischen Handelsakten häufige Ausdrucksweise, die nicht wie nhd. *draufgehen* umgangssprachlich konnotiert war.

Der Anteil an **Fremdwörtern** hält sich in der Kaufmannssprache um 1400 – abgesehen von den genannten fremdländischen Warenbezeichnungen – noch in engen Grenzen (zur Sprache der Hanse vgl. R. PETERS 2000, zum Kaufmannswortschatz der Hanse und zur gleichzeitigen oberdeutschen Handelssprache SCHIRMER 1911: XV–XXXI). In [44] ist *summa* belegt. Einige weitere Beispiele sind *stimiren* 'abschätzen, probieren' (ital. *stimare*), *fardel* 'Pack, Bündel' (ital. *fardello*), *drachma* (Benennung einer kleinen Gewichtseinheit, letztlich aus dem Griechischen) und *dedit* (aus lat. *dedit* 'hat gegeben, bezahlt'). Der Großteil der italienischen Handelswörter gelangt jedoch erst im Laufe des 15. Jhs. in die deutsche Kaufmannssprache (PFISTER 2004: 3211f., ÖHMANN 1974: 361–393, KÜHEBACHER 1968: 493–496).

**Syntaktisch** gesehen sind Einnahmen-, Ausgaben-, Warenlisten u.ä. vielfach additive Aufzählungen von Posten, die nicht in Satzform ausformuliert werden mussten. Durchaus repräsentativ sind deshalb die in [44] belegten **komplexen Nominal-** bzw. **Präpositionalkonstruktionen** wie direktionales *uncz herwider haim*, temporales *dez samptztagz in den 4 tagen in der vasten*, modales *ze maut, ze fur und di zirung gein Wien*, Objekte wie *210 Mailonischer parchant und 10 gepleitew parchant* (Akkusativ) und *dem häusler ze Wiener herberg* (Dativ). Soweit Sätze formuliert werden, handelt es sich überwiegend um einfache parataktisch gereihte **Deklarativsätze**, wie der Anfang des zitierten Textstücks [44] belegt: (1) *es fur Ulr. Fürttär hie auz dez samptztagz in den 4 tagen in der vasten* (2) *und furt mir mit ym 210 Mailonischer parchant und 10 gepleitew parchant; suma 220 parchant*, (3) *pringt 2 saum und 3 virtail*. (4) *Ich gib je vom sawm untz gein Prükch in Pehaym 105 g.*, (5) *suma daz lon 5 sex. ân 11g*. Der kurze Passus umfasst fünf einfache Aussagesätze. Zwei davon, (3) und (5), sind **elliptisch**. Abhängige Sätze in derartigen Texten sind vielfach attributive Relativsätze, die eine nominale Größe näher bestimmen. Textbeispiele sind *dem scheffman geben, der dy wein fürt* und *dem chnecht, der di pfärd mit im heraüf furt*.

Eine Art zeitgenössisches niederdeutsches Pendant zum *Runtingerbuch* sind die schriftlichen Hinterlassenschaften des Hansekaufmanns **Hildebrand Veckinchusen** (ca. 1370–1426). Erhalten sind ein umfangreiches Briefkorpus und Handelsakten (Ausgabe: STIEDA 1921, LESNIKOW/STARK 2013; vgl. ULMSCHNEIDER 1999; zum Handelswortschatz JESKE 2005). Ein rundes Jahrhundert nach den Regensburger Runtingern stieg in Augsburg das Handels- und Bankhaus der **Fugger** zum wirtschaftlichen und politischen „global player" auf.

Voraussetzung für eine umfangreichere Übernahme italienischer Handelswörter in die deutsche Kaufmannssprache war die **Zweisprachigkeit** vieler Kaufleute. Beredte Zeugnisse dafür, dass deutsche Händler versuchten, sich die Sprache ihrer Geschäftspartner wenigstens bis zu einem gewissen Grade anzueignen, sind italienisch-deutsche Sprachbücher, die neben Vokabellisten und Flexionsmustern mitunter auch fiktive Gesprächssequenzen bieten (Ausgaben: BLUSCH 1992, PAUSCH 1972). Text [45] enthält ein fiktives Gespräch, wie man es sich gut auf einem Marktplatz vorstellen kann. Der Text ist im Original zweisprachig italienisch-deutsch. Nachfolgend wird nur der deutsche Textteil wiedergegeben. Die Rollenverteilung mit „A" und „B" dient der besseren Lesbarkeit. Sie steht nicht im Original.

**[45] Ein fiktives Handelsgespräch im 15. Jh. (nach BLUSCH 1992: 120–123)**

A: *schow die hab* [sieh die Waren an] *vnd lůg ob nütz fur dich sey.*
B: *Daz garn ist wol fur mich, wann ez ist wiss* [weiß] *vn clain* [fein].
A: *nutz ir* [benützt] *och garn in dem antwerck?*
B: *Ja trun* [ja, in der Tat] *sölich garn.*
A: *wol an in gotz namen, niempt vas euch wol chom* [was Euch zusagt]
B: *wie fil mag si sein?* [wie viel kann es sein?]
A: *ez ist funfftalb zientner* [5 ½ Zentner]
B: *wie püt ir den zientner?* [Was verlangt Ihr für den Zentner?] *wie chom die elen?* [wie teuer die Elle?] *ist er xxv dugaten wert?*
A: *Jch acht das selben nit. Jch wil nit nach der eln verchauffen. Ich wils mit ain ander verchauffen, als gewonhait ist.*
B: *wie gelaubt irs* [was stellt Ihr Euch vor?], *ich mag sämlich* [genau dasselbe] *garn haben ain pfund vmb vier schilling.*
A: *Ich gelaubt dir allu ding mag sein* [das glaube ich dir alles]; *ob es ist fur dich, so niems wie du wild. Daz mir vnd dir recht geschech.*
B: *mit dir wil ich nichs gewinen* [mit dir will ich kein Geschäft machen]; *welt ir daz ichs euch sag wie ichs mag niemen* [soll ich Euch sagen, wie ich es nehmen kann?]
A: *Ja. Sag nur an, daz ich daz hauptgut nit verluess vnd bi dem hobtgůt belib.*
B: *Des gewins han ich mich erwegen mit dir* [deinen Gewinn habe ich schon durchgerechnet]. *Jch wil euch achtzechen dugaten vn ein ort* [Viertel] *vmb den zientner geben vnd wil euch geben als vil tücher vnd seiden als daz garn trifft* [vom Preis her aufwiegt].
A: *gib mir berait pfening, so wil ich ton vas du wilt*
B: *pey minen trüen, ich han nit pfening Jetzund. Ich pin gar charg* [knapp bei Kasse] *jetzund an gelt.*
A: *Nudar* [Nun ja], *wie welt ir tůn? ich hän euch gesagt in aim wort, vas ich tůn mag. Schau zum minsten ob du mir mugest halb gelt geben! Du wirst mir ain grossen dienst tun.*
B: *Samer vnser fraw, ich mag euch chain geben, wenn ich han chain.*
A: *wie mag daz sein? du hast erst Jetzund pfening von mir enpfangen.*
B: *Ich schozot du söltest mir haun gelichen, ob ich ir het bedürfft de tzo* [ich fände, du solltest mir Kredit geben, wenn ich es nötig hätte].
A: *O wie gern tät ich daz, ob ich dar zu berait wer. Euer pfening sind ander swo andren löcher verscheuben* [stopfen]
B: *Ob ir mir welt porgen huntz zů dem nosten mol, daz ir her chompt, so sint euer pfening berait.*
A: *nain, ich vil e tücher von dir niemen.*
B: *Sider es mag nit anders gesin* [wenn's nicht anders geht]. *Jn gotz namen, tůt wie ir wölt.*

Dieses Gespräch enthält wie das *Runtingerbuch* Wörter, die als typisch für die Kaufmannssprache gelten können: das Kompositum *hauptgut* beispielsweise ist die Bezeichnung der Ware und des Warenwerts ohne Gewinn und Verlust. Daran will „A" verständlicherweise keinen Verlust machen. Mehrere **allgemeinsprachliche Verben** werden mit spezifischen handelssprachlichen Bedeutungen gebraucht: *bieten* (im Text 2. Pl. *püt*) mit interrogativem *wie* bedeutet '(einen Preis) verlangen'. In zwei speziellen Bedeutungen wird *komen* verwendet: für *chom* (3. Sg. Konj. Präs.) mit Dativ (*euch*) ist eine Bedeutung 'zusagen, gefallen' anzusetzen, für *komen* mit interrogativem *wie* 'kosten, einen bestimmten Preis haben'. Für *erwegen* legt der Kontext einen Bedeutungsansatz 'durchrechnen, veranschlagen' nahe, für *treffen* 'gleich viel wert sein'.

Auch dieser Auszug aus einem Handelsgespräch zeigt wie das *Runtingerbuch* mehrere feste **phraseologische Ausdrucksweisen**, was ein Indiz dafür sein kann, dass der anonyme Verfasser versucht hat, einen kolloquialen Ton zu vermitteln. Feste Wendungen sind beispielsweise *nach der eln verchauffen* 'nach der Elle verkaufen' (im Sinne von 'nach Ellen als Maßeinheit bemessen'), *berait pfening* 'bares Geld', *züm minsten* 'wenigstens', *löcher verscheuben* 'Löcher stopfen' (im Sinne von 'andere Schulden bezahlen'), *ain grossen dienst tun* 'einen großen Gefallen tun'.

## 2.6 Landwirtschaft und Gartenbau

Seit sich Menschen nicht mehr vom Sammeln und Jagen ernährten, sondern damit begannen, Ackerbau und Viehzucht zu betreiben, bildete sich ein entsprechender Wortschatz aus. Wörter wie nhd. *Acker, säen, Hund, Schwein, Wagen* lassen sich durch Jahrtausende zurück bis zur indogermanischen Grundsprache verfolgen (zusammenfassend HETTRICH 2013). Auch das althochdeutsche Wort für 'pflügen', *erjen/erren*, gehört zu dieser Schicht. Die allmähliche Verbesserung landwirtschaftlicher Produktionsmethoden führte auch zu einer immer stärkeren Ausdifferenzierung des zugehörigen Vokabulars. Deutsche Agrartermini, die sich auf das Germanische zurückführen lassen, sind beispielsweise die Wörter *Bauer*, ahd., mhd. *bûr* (dazu BERGMANN 1975), *Pflug*, ahd., mhd. *pfluog* (dazu H. BECK 1980 mit weiteren verwandten Termini, SCHMIDT-WIEGAND 1981), *Mist*, ahd., mhd. *mist* und ahd. *atel*, bair. *Odel* 'Jauche' (vgl. TIEFENBACH 1980a).

In der Zeit des **römischen Kultureinflusses** erfuhr der germanische Landwirtschaftswortschatz eine beträchtliche Erweiterung. „Landwirtschaftswörter", die diese Kontakte belegen und bis heute im Deutschen fortleben, sind beispielsweise *Sichel* (lat. *sicila*), *(Dresch-)Flegel* (*flagellum*), *Mühle* (*mulinae*), *Kohl* (*caulis*), *Rettich* (*radix*) und *Wein* (*vinum*). Die frühmittelalterliche Klosterkultur übernahm Techniken des Land- und Gartenbaus aus dem Mittelmeerraum. In Klostergärten und auf Klosterfeldern wurden Obst-, Kräuter- und Gemüsesorten kultiviert, die nördlich der Alpen bis dahin unbekannt waren. Mit den neuen Kulturtechniken wurden auch zahlreiche damit verbundene Benennungen übernommen, was zu einem neuerlichen Schub an **Lehnwörtern** im Frühmittelalter führte (ANKENBRAND 1970: 9–14). Zu dieser zweiten Schicht von Entlehnungen gehört neben Begriffen des Feld- und Gartenbaus auch eine erhebliche Anzahl von Weinbautermini (zur mittelalterlichen Winzerei und ihrer Fachsprache vgl. WUNDERER 2001, ALANNE 1950). Typische „Klostergartenbegriffe" aus althochdeutscher Zeit sind z.B. *balsama* 'Balsam' (lat. *balsamum*), *lattuh* 'Lattich' (*lactuca*), *mandala* 'Mandel' (*amandula*), *salbeia* 'Salbei' (*salvegia*), *petersilia* 'Petersilie' (*petrosilium*). Nhd. *Weiher* geht zurück auf ahd. *wîwâri* aus lat. *vivarium* 'Teich, in dem lebende Fische gezüchtet werden'. Was innerhalb von Klostermauern gesät und geerntet wurde, kannte man im Laufe der Zeit natürlich auch außerhalb. Die Namen für die Kulturpflanzen wurden allmählich sprachliches Allgemeingut.

Texte über Land-, Garten- und Weinbau wurden im Früh- und Hochmittelalter nur in lateinischer Sprache verfasst. Berühmte Beispiele der Karolingerzeit sind z.B. das **Capitulare de villis** (ein Erlass Karls des Großen über die Verwaltung königlicher Latifundien mit Nennung zahlreicher Nutzpflanzen) und die Schrift *De cultura hortorum* 'über den Gartenbau' des Reichenauer Abtes Walahfrid Strabo (808/9–849). Beide Texte wurden althochdeutsch glossiert. Das karolingische *Capitulare* enthält allerdings nur wenige volkssprachliche Einträge, darunter *ibischa* 'Eibisch' für lat. *altaea* (StSG IV,329,44f.; zur einzigen Handschrift vgl. BERGMANN/STRICKER 2005: 1831f.). Walahfrids Text ist in drei Handschriften dichter mit althochdeutschen Glossen versehen, am reichhaltigsten in einer Leipziger Handschrift des 10. Jhs. (Leipzig, UB Rep. II, fol. 1$^r$–10$^r$, Edition: StSG II,767f.).

Eine große Anzahl althochdeutscher Wörter aus den Bereichen Acker-, Garten- und Weinbau sowie Viehzucht kennt man aus **Bibelglossen** und -übersetzungen, da diese Lebensbereiche sowohl im Alten als auch im Neuen Testament eine wichtige Rolle spielen. Eine weitere Quelle sind Glossen zu Vergils Georgica. Sachlich geordnete lateinisch-althochdeutsche Glossare wie der sehr frühe **Vocabularius Sancti Galli** oder das spätalthochdeutsch-mittelhochdeutsche **Summarium Heinrici** überliefern einschlägiges Vokabular (zu den Flurbezeichnungen in diesen Wörtersammlungen vgl. TIEFENBACH 1980b). Einen anderen Wortschatzbereich stellen Bezeichnungen für Personen dar, die in der Landwirtschaft tätig waren (reiches Material schon aus dem Frühmittelalter bietet BRANDSCH 1987). Ein im Jahr 1200 im oberbayerischen Füssen abgefasstes Urbar verzeichnet Güter, Abgaben und Dienstleistungen. In dem kurzen Text sind mehrere landwirtschaftliche Fachbegriffe enthalten.

## 2 Die *Artes mechanicae*

> **[46] Aus einem Füssener Urbar von 1200 (nach WILHELM 1960: 112)**
>
> *Mægi ich ainis wisi. so helf erz rechin. vnd tailen ez. In der uaiztun eu. dantur XXX. Casei. Stokkingen* [hier fehlt eine Mengenangabe] *casei. Ergich ainis andirn mannis akir. vnd segin so nim ich dim pfluogi. aini garbi. dimi samin die andirun. dim akiri. dir drittun. Tungin ouch. al daz selbi. Dim roggin. vnd dim waizzin. vnd dimi kernin. vnd gerstun. vnd bonon. muozimi alsi diki tungin. somisi sêt. Den habirn. sętimi wol nah in ungitvngit. er ist abir ie bosir vnd bosir. vnd ærwizzi. Rossimist vnd gaizimist sint allirbesti. Dehsimist ist bezzir denni mosiheuwis.* [...] *Zweni scheffili des imi spicheri. ist ain maltir. vnd ain metzi. Driv maltir. ain burscheffil. Ain burscheffil. ist driv malter vnd ain metzi. roggin oldir kernin. iezŏ idest. anno M.CC. Zweni scheffili des imi spicheri. sint ain maltir.*
>
> 'Mähe ich von jemandem die Wiese, dann helfe er es rechen und zerteilen. In der „Feisten Au" werden dreißig Käse gegeben. Stockingen [?] Käse. Pflüge ich eines anderen Mannes Acker und baue ihn an, so nehme ich für den Pflug eine Garbe, für das Saatgut die zweite, für den Acker die dritte. Dünge ich ihn auch, [nehme ich] genau dasselbe. Den Roggen und den Weizen und das Korn und die Gerste und die Bohnen muss [ich] ihm ebenso oft düngen, wenn man sie sät. Den Hafer sät man nach ihnen ungedüngt. Er ist aber immer schlechter und schlechter. Und Erbsen. Rossmist und Ziegenmist sind am allerbesten. Dächsmist [= verfaulte Baumnadeln] ist besser als von Moosheu [eig. 'moosheuener']. Zwei Scheffel davon im Speicher sind ein Malter und eine Metze, drei Malter ein Burgscheffel. Ein Burgscheffel ist drei Malter und eine Metze Roggen oder Kern. [Das gilt] jetzt, im Jahr 1200. Zwei Scheffel davon im Speicher sind ein Malter.'

Es werden mehrere Getreidesorten genannt (alle Formen im Dativ): *gerstun* 'Gerste', *habirn* 'Hafer', *kernin* 'Korn', *roggin* 'Roggen', *waizzin* 'Weizen'. Außerdem werden *ærwizzi* 'Erbsen' und *bonon* 'Bohnen' genannt. Maßeinheiten sind *maltir* 'Malter', *scheffili* 'Scheffel' und das Kompositum *burscheffil* 'Burgscheffel'. Damit ist ein spezifisches Hohlmaß gemeint, das auf einer bestimmten Burg oder in einer Stadt gebraucht wird (vgl. MWB I,1132). Als eine Maßeinheit in einem weiteren Sinne ist auch *garbi* 'Garbe' zu verstehen. Damit wird eine erbrachte Arbeitsleistung abgegolten. Düngemittel werden mit **Komposita** bezeichnet: *gaizimist* 'Ziegenmist', *Rossimist* 'Pferdemist' und *Dehsimist* 'Mist aus Tannennadeln'. Hierher gehört auch das von einem Kompositum *mosheuwi* abgeleitete **Adjektiv** *mosiheuwis* 'aus Moosheu bestehend' (gemeint ist Dünger aus faulem Heu von feuchten Wiesen). Mehrere **Verben** bezeichnen typische landwirtschaftliche Arbeitsvorgänge: *Ergich* 'pflüge ich', *Mægi ich* 'mähe ich', *rechin* '(zusammen) rechen', *segin* 'sähen', *Tungin* 'düngen'. Ein davon gebildetes negiertes Partizip ist *ungitvngit* 'ungedüngt'.

Der Text enthält mehrere **Ellipsen**, z.B. *Tungin ouch. al daz selbi* 'düngen auch. Alles dasselbe' oder *Driv maltir. ain burcscheffil* 'drei Malter, ein Burgscheffel'. In **textpragmatischer** Hinsicht fällt auf, dass die Vorschriften großenteils in der Ich-Form formuliert sind, so als wäre der Schreiber entweder selbst Weisungsempfänger gewesen, der im Nachhinein notiert hat, was ihm aufgetragen worden ist. Denkbar ist auch, dass er der Urheber der Weisungen war, der sie so notiert hat, wie sie einem Knecht vorgetragen werden sollten.

Im späteren Mittelalter wurden lateinische Texte antiker, aber auch zeitgenössischer Autoren, die über Landwirtschaft schrieben (HAAGE/WEGNER 2007: 147–150) ins Deutsche übersetzt. Um 1350 verfasste **Gottfried von Franken** (zu Person, Leben und Werk KEIL 1981) zunächst in lateinischer Sprache ein Werk über Pflanzung, Veredelung und Pflege von Obstbäumen sowie Weinbau. Dieses *Pelzbuch* (von *pelzen* 'veredeln') fand in deutscher Übersetzung (Ausgaben: ANKENBRAND 1970, EIS 1944) vom 15. bis ins 18. Jh. vor allem im südostdeutschen Raum große handschriftliche Verbreitung und wurde auch gedruckt. Auf einem deutschen *Pelzbuch*-Text basiert auch eine tschechische Übersetzung. Gottfried, der viel aus eigener Erfahrung und Anschauung schreibt, muss weit herumgekommen sein: Er erwähnt Griechenland, Kalabrien und Brabant. Auch besaß er ein Landgut bei Bologna.

**[47] Aus Gottfrieds Pelzbuch (nach EIS 1944: 150f.)**

*Manigerlay syt vnd gewohnhait ist auf pelczung, den ich hernach gib zu erkennen.*
*Der erst syt ist, das du geest zu einem pawm vnd nym darab ein czwey, das eins jars alt ist, vnd das erkenne dabei: Wann ein yegleichs edles czwey hat ein wülst vnd ein chnöberl, als ein vinger hat gelyd. Also vnder dem selben glid czwayer nagel prait solt du das czwey ab prechen. Vnd zunachst bei dem glid sneid vncz auf den chern jn das czwei vnd wirff das selb tail hin. Das ander tail, das nach an dem czwei stet, das sneid vnder sich dünne vnd laz es so du praytest machst, vnd sneid denn die obern rinten gar chlügleich von der gruenen rinten, vnd nur als vil, als du sein in den pelczstokch wilt stossen. Vnd dornach nym ein heles hölczel vnd das darczu gemacht sey. Es sol auch der pelczstokch mit einem scharffen messer oben gar eben gesnyten sein. Darnach mit dem painlein oder hölczel stich czwyschen des pelczstokch rinten; vnd darnach nym das pelczczwei vnd cher die gruenen rinten an des pelczstokchs rinten vnd das holcz an des pelczstokch holcz, vnd das es eben vnd slecht auf gestossen sey. Darnach pint es gar vast mit dem passt zusamm, das der luft nach der regen da enttwischen nicht müge chomen. Darnach bestreich es mit rinder har vnd mit laym wol dikch und pint vber das rinder har auch rinten, das jm der regen nicht geschaden müg. In soleicher weis macht du meniger czwey stossen auff einen grossen pelczstokch. Doch scholt du nur piern czwei stossen auf einen piren stokch; wann stiest du ein piern*

## 2 Die *Artes mechanicae*

> *czwey auf einen apholter stokch, das mocht zu einer gemeleicheit wol bechomen* [das könnte vielleicht lustig sein], *er wer aber jn dy leng nicht werhaft* [= *berhaft* 'tragend']. [...]
> *Der dritt pelcz syt ist gar frömd vnd gar klueg vnd behennd. Das ist, das du scholt gen zu einem geslachten* [schon veredelten] *pierpawm oder apholterpawm, vnd tů das jn dem Aprilli, wann die pawm saff gewinnent vnd wart, wo du vindest ein czwei, das czway gruen augel hab vnd das mynner sey denn dein mynnster vinger, vnd prich das von dem pawm vnd leg es auf dein chnie; vnd vor den paiden auglein, da das pras* [Schössling] *aus entspringet wol eines guten halm prayt, vmb sneyd das czwei hinden vnd vorn vnd ledig denn das rorl, da die augel anstent, das er sich an dem holcz vmb reyd* [dass es sich innerhalb der Rinde dreht], *vnd czewch das nicht herab, vncz das du chumbst zu einem andern edeln pierpawm oder zu ainer apholten, vnd suech ein czwey, das also groz sey, als das rorlein ist, das du geledigt hast, vnd sneid denn das czwei vorn ab, von dem czwei ein rorl, das als lanng vnd als groz sey, als das rorl oder das pfeyffel, das du wider an wilt stossen. Vnd wart an dem gestözz, das dy czwo rinten zusammen stossen, das sew gar wol vnd eben auf einander ligen, und vmbwint sy mit einem chlainen past wol vnd saůberlich die örter hinden vnd vorne, das jm das wasser nicht schade. Vnd in dem ersten jar entspringt lawb vnd czwei aus dem auglein, vnd jn dem andern jar so pringt es plued* [Blüte]. *Die selbig plued sol man jm nemen, wann das rorl oder pfeyffel ist nach zu kranckh* [schwach], *das es nicht frucht mag pringen. Vnd jn dem dritten iar so pringt es plued vnd frucht. Vnd du macht einem pierpawm oder einem apholter meniger pirn pelczen. Ich hab auch soleich rorlein gestossen auf wild pelczstokch vnd die bechomen.*

Die meisten Fachwörter in diesem Text sind **Substantive**, mehrere davon sind **Komposita** mit *zwei* 'Zweig' oder *stokch* 'Stock' als Grundwort. Mit *pelczczwei*, wörtlich 'Pelzzweig', wird das zum Aufpfropfen bestimmte Edelreis bezeichnet, mit *piern czwei* das Edelreis eines Birnbaums. Der *pelczstokch* 'Pelzstock' ist der oben abgeschnittene Stumpf eines noch nicht veredelten Obstbaumes, auf den ein Edelreis gepfropft werden soll. Im Fall von *apholter stokch* handelt es sich um ein für das Veredeln vorbereitetes Apfelbäumchen. *Wein*-Komposita sind *puntwein* 'Wein, in den beim Gären ein Bund Weizenähren getaucht wird' und *strobein* 'Wein, der durch eine Strohschicht gefiltert wird'. Das Trikompositum *pokchshorndlchern* bezeichnet 'Körner des Johannesbrotes' (zahlreiche weitere Komposita im Auswahlglossar von EIS 1944: 189–195).

Fachsprachliche **Verbalabstrakta** in [47] sind *pelczung* 'Vorgang des Veredelns' (von *pelzen* 'veredeln') und *gestözz* 'Stelle, aus der mehrere Zweige aus einem Stamm wachsen' (zu *stoßen*). Eine verbale Wortbildung ist *ansten* (wörtlich 'anstehen') 'aus dem Zweig wachsen'. **Denominale Verben** (nicht in [47]) sind *pik-*

## 2.6 Landwirtschaft und Gartenbau

*chen* 'mit Pech bestreichen' (zu *pech*), *cheidigen* 'Sprossen treiben' (zu mhd. *kîde* 'Spross') oder das Partizip *gemöstelt* 'zu Most vergoren' (zu *most*).

Einen weiteren Typus von Fachbegriffen stellen hier wie auch in anderen Bereichen **allgemeinsprachliche** Wörter dar, die mit einer spezifischen Sonderbedeutung verwendet werden wie *augel* und *auglein* 'Knospe' (nicht 'kleines Auge') und *gelyd* und *glid* 'Teil eines Pfropfreises zwischen zwei *auglein*' (nicht 'Körperteil'). Das **Adjektiv** *wild* wird in der Bedeutung 'nicht veredelt' gebraucht. Der Gegensatz ist *geslacht* '(bereits) veredelt'. Fachsprachlich verwendet ist auch das **Verb** *stossen* 'aufpfropfen' (z.B. *In soleicher weis macht du meniger czwey stossen auff einen grossen pelczstokh* 'auf solche Weise kannst du mehrere Zweige auf einen großen *pelczstokh* pfropfen').

Texte wie das *Pelzbuch* sind vielfach stark landschaftlich gebunden. Die in [47] vorliegende Version ist in eindeutig bairischer Schreibsprache verfasst: Typisch sind u.a. *ai* und *ay* für mhd. *ei* (z.b. *gewohnhait, Manigerlay*), *p* für germ. *b* (z.B. *pawm, praytest*) und *kch* für germ. *k* (z.B. *krankch* und durchgehend *stokch*). Die landschaftliche Gebundenheit zeigt sich aber auch auf der Wortschatzebene. Ein Beispiel aus dem Textzitat ist *chnöberl* 'Verdickung', das als Synonym neben *wůlst* 'Wulst' steht. Weitere Beispiele sind *durchel* 'löchrig' und *dur(k)cheln* 'durchlöchern', *felberpawm* 'Weide', dazu das Adjektiv *felbrein* 'aus Weidenholz', *gerben* 'Hefe', *hantig* 'bitter', *chlewben* 'zerhacken', *kranibetholcz* 'Wacholderholz', *resch* 'flink, munter' und *reytter* 'Sieb'. Dabei handelt es sich um keine Fachwörter.

Der **Satzbau** ist einfach: Der zitierte Textpassus [47] umfasst 45 Gesamtsatzstrukturen. Davon sind 27, also mehr als die Hälfte, einfache Deklarativsätze. Gefüge aus einem Haupt- und einem Nebensatz liegen in 14 Fällen vor. Drei Gefüge enthalten zwei Nebensätze, und nur ein Gesamtsatz umfasst über den Hauptsatz hinaus drei Nebensätze: *vnd suech ein czwey* (Hauptsatz), *das also groz sey* (relativer Attributsatz), *als das rorlein ist* (Vergleichssatz), *das du geledigt hast* (relativer Attributsatz). Die vertretenen Nebensatztypen sind – das eben zitierte Beispiel zeigt es – mehrheitlich relative **Attributsätze**. Bei den Adverbialsätzen überwiegen mit *das* eingeleitete **Finalsätze** wie in dem Gefüge *und pint vber das rinder har auch rinten, das jm der regen nicht geschaden müg* (Text [47] enthält vier Beispiele). In einem Fachtext dieses Typs ist das kein Zufall, denn der Leser soll auch vom Sinn und Zweck der Anweisungen in Kenntnis gesetzt werden. In 25 Fällen (mehr als die Hälfte) in [47] sind Sätze mit *vnd* verknüpft. Nur zweimal fungiert kausales *wann* als Konnektor: *Wann ein yeglichs edles czwey hat ein wůlst* und *wann stiest du ein piern czwey auf einen apholter stokch, das mocht zu einer gemeleicheit wol bechomen.*

Ratschläge für die Landwirtschaft, den Obst- und Gartenbau nehmen in der späteren „Hausväterliteratur" des 16. bis 18. Jhs., die auch allgemeine Fragen der Lebensführung, des Wirtschaftens, des Familienlebens und des Umgangs mit Dienstboten thematisiert, breiten Raum ein. Mancherorts lassen sich darin bis weit in die frühe Neuzeit Reminiszenzen des *Pelzbuchs* Gottfrieds von Franken nachweisen.

## 2.7 Jagd und Fischerei

Lange bevor Menschen Ackerbau und Viehzucht betrieben und ihren Lebensunterhalt durch Vorratsspeicherung sicherten, diente die Jagd zum Nahrungserwerb und zur Gewinnung tierischer Rohstoffe. Spätestens seit dem Hochmittelalter galt Jagen nicht mehr nur als existenzsichernde Notwendigkeit, sondern die „Hohe Jagd" auf Rot- und Schwarzwild, auf Raubtiere wie Bären, Wölfe und Luchse, sowie auf bestimmte Vogelarten, Auerhahn und Fasan beispielsweise, war dem hohen Adel vorbehalten (SCHWENK 1999: 2384). Die „Niedere Jagd" auf andere Wildtiere durfte frei ausgeübt werden.

Für das **Althochdeutsche** ist noch keine spezifische Jagdterminologie nachgewiesen. Belegt ist allerdings das Verbum *jagôn*, davon die Ableitungen *jagâri* 'Jäger', *jagôd* 'Jagd' und *jagahund* 'Jagdhund' (AWB IV,1774–1779). Schon in den frühmittelalterlichen lateinischen *Leges* kommen verschiedene volkssprachliche Bezeichnungen vor, die im Zusammenhang mit der Jagd stehen (vgl. GIESE 2013, SCHWENK 1999: 2385): *leitihund* 'Leithund', *triphunt* 'Treibhund', *spurihunt* 'Spürhund', dazu auch *suuarzuuild* 'Schwarzwild' (wozu Bären und Auerochsen gerechnet wurden), *ortfocla* 'zahmer Jagdhabicht' und *hapuhhunt* 'Habichtshund', womit wohl ein „zum Aufstöbern dienender Vogelhund, der das Flugwild herausstieß, so daß der Beizvogel geworfen werden konnte" (LINDNER 1940: 260), gemeint ist. Solche Wörter sind jedoch per se noch keine lexikalischen Zeugnisse einer Jagdfachsprache. Für das Althochdeutsche ist anzunehmen, „daß die der Jagd zuzuordnenden Bestandteile des erfaßbaren Vokabulars noch durchaus in der Gemeinsprache eingebettet waren" (LINDNER 1966: 412). Dennoch kann als sicher gelten, dass schon im Frühmittelalter (sprachhistorisch gesehen also in althochdeutscher Zeit) das Jagen ein „extrem körperbetontes Gemeinschaftserlebnis der Oberschicht" war, das sogar „unter permanentem sozialem Wettbewerbsdruck stattfand" (GIESE 2011: 266; vgl. dies. 2013; allgemein zur Jagd im Frühmittelalter FENSKE 1997, RÖSENER 1997: 126–129, LINDNER 1940).

Die Jagdthematik spielt bereits in **chronistischen** und **fiktionalen Texten** des Hochmittelalters (damit auch des **Mittelhochdeutschen**) eine wichtige Rolle (Überblicke bei GIESE 2007, BRACKERT 1997, DALBY 1965: X–XXXIII). Kaiser Friedrich I. (Barbarossa) wird in den *Gesta Friderici* als vorzüglicher Jäger gerühmt, der bei seiner Pfalz Kaiserlautern sogar einen Wildpark anlegen ließ, in dem er bei festlichen Anlässen Schaujagden durchführen ließ (RÖSENER 1997: 137f.). Der Meuchelmord an Siegfried im *Nibelungenlied* wird auf der Jagd verübt, und der junge, eben erst vierzehnjährige Tristan erklärt den Jägern seines Onkels Marke, dass man einen Hirsch nicht *ûf alle viere sam ein swîn* (2791) legt,

## 2.7 Jagd und Fischerei

um ihn zu zerteilen, sondern ihn *enbestet*, wovon allerdings die Jäger von Cornwall noch nie etwas gehört haben. Tristan führt es ihnen vor:

[48] Aus Gottfried von Straßburg, Tristan (2872–2922, Mhd. Text nach RANKE/KROHN 1984)

| | |
|---|---|
| *zem hirze gieng er obene stân.* | zum Hirsch trat er von oben her. |
| *dâ begunde er in entwaeten,* | Dann begann er ihn zu enthäuten. |
| *er sneit in unde entnaeten* | Er schnitt ihn und zertrennte ihn |
| 2875 *unden von dem mûle nider.* | vom Maul abwärts. |
| *ze den buocbeinen kêrte er wider,* | Den Vorderläufen wandte er sich zu. |
| *diu entrante er beide nâch ir zît,* | Die trennte er nacheinander ab, |
| *daz rehte vor, daz linke sît.* | den rechten zuerst, den linken danach. |
| *diu zwei hufbein er dô nam* | Die beiden Hinterläufe nahm er dann |
| 2880 *unde beschelte diu alsam.* | und enthäutete sie ebenso. |
| *dô begunde er die hût scheiden* | Dann begann er die Haut zu lösen |
| *von den sîten beiden,* | von den beiden Flanken, |
| *dô von den heften über al,* | überall von den Sehnen |
| *al von obene hin ze tal* | von oben bis ganz unten |
| 2885 *und breite sîne hût dô nider.* | und breitete seine Haut da aus. |
| *ze sînen büegen kêrte er wider.* | Zu seinen Vorderkeulen kehrte er zurück, |
| *von der brust enbaste er die,* | von der Brust her *entbastete* er die, |
| *daz er die brust dô ganze lie.* | wobei er die Brust ganz ließ. |
| *die büege leite er dort hin dan.* | Die Schulterstücke legte er zur Seite. |
| 2890 *sîne brust er dô began* | Seine Brust begann er dann |
| *ûz dem rucke scheiden* | aus dem Rücken zu schneiden |
| *und von den sîten beiden* | und von den beiden Seiten |
| *ietwederhalp driu rippe dermite.* | jeweils auch drei Rippen dabei. |
| *daz ist der rehte bastsite.* | Das ist die rechte Weise eines *bast*. |
| 2895 *diu lât er iemer dar an,* | Die lässt derjenige immer daran, |
| *der die brust geloesen kan.* | der die Brust auslösen kann. |
| *und al zehant sô kêrte er her,* | Und sogleich wandte er sich her. |
| *vil kündeclîche enbaste er* | Äußerst geschickt *entbastete* er |
| *beidiu sîniu hufbein,* | seine beiden Hinterläufe, |
| 2900 *besunder niht wan beide in ein.* | nicht einzeln, sondern beide gleichzeitig. |
| *ir reht er ouch den beiden liez,* | Er behandelte sie beide richtig, |
| *den brâten, dâ der rucke stiez* | das Stück, wo der Rücken überging |
| *über lanken gein dem ende* | über die Lenden bis zum Ende |
| *wol anderhalber hende,* | etwa anderthalb Hand breit, |
| 2905 *daz die dâ cimbre nennent,* | was diejenigen *cimbre* nennen, |
| *die den bastlist erkennent.* | die die Kunst des *bast* beherrschen. |
| *die rieben er dô beide schiet,* | Die Rippen trennte er beidseitig. |
| *beide er si von dem rucke schriet,* | Beide trennte er vom Rücken, |
| *dar nâch den panzen ûf den pas.* | danach den Pansen auf dem Gekröse. |

## 2 Die *Artes mechanicae*

| | |
|---|---|
| 2910 *und wan daz ungebaere was*<br>*sînen schoenen handen, dô sprach er:*<br>*„wol balde zwêne knehte her!*<br>*tuot diz dort hin danne baz*<br>*unde bereitet uns daz!"*<br>2915 *sus was der hirz enbestet,*<br>*diu hût billîche entlestet.*<br>*die brust, die büege, sîten, bein,*<br>*daz haete er allez über ein*<br>*vil schône dort hin dan geleit.*<br>2920 *hie mite sô was der bast bereit.*<br>*Tristan der ellende gast*<br>*„seht" sprach er „meister, deist der*<br>*bast".* | Und weil das zu unappetitlich war<br>für seine feinen Hände, sprach er:<br>„sofort zwei Knechte her!<br>Bringt das besser dort hinüber,<br>und bereitet uns das vor!"<br>So wurde der Hirsch *entbastet*,<br>die Haut ordnungsgemäß abgelöst,<br>die Brust, die Keulen, Flanken, Beine,<br>das hatte er alles übereinander<br>ordentlich dort beiseite gelegt.<br>Damit war der *bast* erledigt.<br>Tristan der fremde Gast,<br>„seht", sprach er, „Meister, das ist der<br>*bast*". |

Die Episode zeigt, dass König Markes Jäger weder mit der Technik, die man in Tristans Heimat Parmenien *entbesten* nannte, vertraut waren, noch überhaupt jemals das (Fach-)Wort *bast* gehört hatten. Es ist nur in Gottfrieds *Tristan* belegt, bedeutet 'Haut des Hirsches' und wird metonymisch auch „auf den Vorgang des Enthäutens und Zerwirkens" (MWB I,449) übertragen. Das von *bast* abgeleitete Verb ist nach dem Muster von frz. *eschorchier* (wörtlich 'entrinden') gebildet.

Im Fortgang der Erzählung fallen zwei weitere **französische** Jagdtermini: *furkîe* 'Befestigung von Teilen des Wildbrets an einer Astgabel' und *curîe* 'Fütterung der Jagdhunde mit Jagdabfällen' (zur französisch beeinflussten Jagdterminologie im Tristan vgl. RÖSENER 1997: 138f., KOLB 1979, LINDNER 1966: 415f.). Jagdbegriffe in [48] sind aber nicht nur *bast*, die Verbalbildung *enbesten* und die Komposita *bastlist* und *bastsite*, sondern die Verben *entwæten*, *entnæten* und *beschelen* ebenso wie die Bezeichnungen von Körperteilen des erlegten Hirsches, *buoc* (im Text Dat. Pl. *büegen*) *buocbein*. Allerdings ist nicht sicher, ob Gottfried hier Wörter der realen deutschen Jägersprache seiner Zeit verwendet, oder ob er auf der Grundlage seiner Vorlage für seine Zwecke rein literarische Kunstbegriffe gebildet hat. Denn in der fiktionalen Epik „erscheint die höfische Jagd in Funktionszusammenhängen des jeweiligen literarischen Werkes und erhält von ihnen her Bestimmung und Bedeutung" (BRACKERT 1997: 367). Jagdreminiszenzen und entsprechende Metaphern erscheinen im *Tristan* auch in anderen Handlungszusammenhängen (ebd. 391–395, zu Jagdallegorien im Zusammenhang mit dem Minnethema ebd. 398–401).

Auch Übersetzungen lateinischer Texte, z.B. von **Albertus Magnus** (ca. 1200–1280) und **Petrus de Crescentiis** (ca. 1230–ca. 1320) enthalten deutsche Wortbildungen nach fremden Mustern (Beispiele bei LINDNER 1966: 417). Spätestens im Hochmittelalter kam der Jagd in Adelskreisen eine mehrfache Funktion zu, nämlich „als unspezifische Übung zur Leibesertüchtigung oder spezieller als auf den

## 2.7 Jagd und Fischerei

Kriegsfall vorbereitendes Training, als 'Freizeitvergnügen', als didaktisch-pädagogisches Disziplinierungsinstrument wie auch als generelle Charakterprüfung, als Forum zur Machtdemonstration und Selbstinszenierung und nicht zuletzt als Möglichkeit zur Nahrungsbeschaffung" (GIESE 2007: 24). Das mit der Jagd verbundene Sozialprestige, das auch in der Tristan-Episode zum Ausdruck kommt (schon das Wegtragen der Jagdabfälle besorgen Diener, weil Tristans Hände zu fein sind), förderte die allmähliche Ausbildung einer ebenfalls exklusiven Weidsprache, die sich, wie das Wörterbuch von DALBY (1965) zeigt, von Anfang an zwar vielfach **allgemeinsprachlicher** Lexeme bediente, diese aber mit **spezifisch fachsprachlichen Bedeutungen** unterlegte (LINDNER 1966: 413–415). Vergleichbar in der heutigen Jägersprache sind allgemein bekannte Beispiele wie *Schweiß* 'Blut(spur) eines angeschossenen Tieres' oder *Lichter* 'Augen'.

Der älteste deutsche Fachtext zum Thema Jagd im eigentlichen Sinne ist die wahrscheinlich noch im 14. Jh. von einem unbekannten Autor verfasste **Ältere deutsche Habichtslehre** (Ausgabe: LINDNER 1964: 279–323). Es ist über weite Teile eine Anleitung zur Pflege und Abrichtung (weiblicher) Habichte, die im 15. Jh. neu bearbeitet wurde und noch im 16. Jh. nur leicht modifiziert zum Druck gelangte (vgl. GIESE 2003 und 2009).

---

**[49] Aus der *Älteren deutschen Habichtslehre* (nach LINDNER 1964: 296–298)**

*MErck, so man den habich nűe begynnet ze tragen, so sal man io stet as haben vnd ym das offt pieten, so gewont er dez mannes. Auch merck: vor allen dingen sal man daz bewarn, das men den habich nit überchröphff* [überfüttert].
*Nű merck: so der habig gar berait ist vnd wol hant chumen vnd man damit vahen sal oder wil, so sal man mircken, ab er das hawpt vlecht vnd die augen scherpfft. Alz er den vogel sicht, so wil er vahen. Du salt den habich snell werffen vnd wol dez ersten bestetten, das er icht vall vnd das er durch den swanck seiner begier nit vergeß. Mann sal en des ersten uersűchen zű den grossen vogelen. Das ist gut, ab er den nemen wöll.*
*Zu der wilden ganß oder kranych oder zu dem reiger.*
*Engert er dez nicht, so versuech en mit der chra* [Krähe] *oder mit dem antvogel* [Ente]. *Aber mag er dez nicht herfliegen, so wirff en zu den raben. Merck: flűcht er von erst vnd er vacht doch nicht, so sal man in nit mer zu dem selben mal werffen vnd sal en seczen.*
*Avch myrck: wil der habich nicht vahen, so sal man in dez ersten mit einem fűrlaß anpringen* [scharf machen] *mit einer gans, die geuar sey als ein raiger* [dieselbe Farbe hat wie ein Reiher] *oder trapp. Chanstu dez nicht, so pist ein lap. Dem pind man die flűg* [Flügel] *vnd laß jms fűr zwir oder dreistunt* [zwei- oder dreimal]. *Vnd asse en* [füttere ihn] *von dem hirnn der gans ein guten kropff* [Stück].

## 2 Die *Artes mechanicae*

*Wann men den habich straffen wil, so sal man in dez gewenet haben, das er hantkomen sey von erd vnd aus denn pawmen. Doch so ist mannig habich, der nymmer hantchomen wirt, pis er vahet.*

*Als er dan berait wirt, so saltu in dez morgens frŭe tragen vncz an die essen zeit. Vnd sal en dan seczen jn ein finster pis gar auff den abent, vnd laß jm dan den vorlaß fur. Das ist gut.*

*Merck: mit dem groß habich ist die paiß gut in dem lansen* [Frühling] *vnd an dem tag dez morgens vnd dez abentz.*

*Der mager habich vächt dez morgens gern. Auch sal man in des abentz darzu beraiten, wann die vogel bestetten dez morgens gernn. Der vaist habich vächt dez abentz gern. Merck: in pösem wetter vnd in pösem wetterlichen tagen oder wind sal man nicht payssen, want die habich chomen vngern wider.*

*Auch merck: man sal den habich nicht werffen, da sweyn sind, noch über cheyn zewne, noch über chein tieffs wasser, noch pey dicken stawden, noch pey vngeschnietten kornn, noch zu cheynen vogel, da man jm nicht gahes gehelffen mag. Auch mirck: wö man daz siecht, das der vogel nit bestatten wil, da sal man den habich nymmer werffen. Wenn der vogel geruet essen oder raittiert sein gefieder oder das er daz hewpt vnder gestossen hat vnd so der chranig wirt springen, so wellent si gestatten.*

*Merck: men sal rawmen, daz mann gegen dem wind werff zŭ dem vogel. Auch sal men dem habich pald helffen, alz man in wirfft zu dem grossen vogel. Dem cranig vnd dem raiger sal man den snabel stossen in die erd vnd die fŭße prechen nieder dez halbs des mitteren gelitz. Der gans sal man die flŭg prechen.*

*Merck: vonn dem cranig gibt men dem habich das hirnn, von der gans daz hercz, das nympt man von zu der lencken flŭg, vnd den ars, von dem reyger das marck aus der flŭg, von dem antuogell den hals.*

*Auch merck: dieweil der habich auff dem vogel stee, nym daz hercz aus jm oder ein anders as vnd stoß zwo vederen darein vnd deck den vogel vnder dez habich fŭzz vnd wirff jm daz as mit den vederen fur. So lesst er den vogl vnd stet auff das as. Nŭ merck: nym das as, do du den habich nach der payß äsen wölst, vnd stoß ez zu der weich* [Weiche am Körper] *in den ersten vogel, den du vahest, so ist ez io warm vncz abent vnd ist dem habich gesuntt.*

*Auch merck: swingt sich der habich ze ser nach den vogln, so ist ez zŭ mager. Meint er dez vogels nicht* [nimmt er den Vogel nicht an], *so ist er ze vaist.*

Beizjagd war im Mittelalter und auch noch in der frühen Neuzeit eine wichtige Technik. Ihre Sprache war „im besonderen Maße geeignet, wortbildend zu wirken, denn für zahlreiche Vorgänge bei Aufzucht, Abrichtung und Pflege der Beizvögel und für die zugehörigen jagdlichen Hilfsmittel bot die Gemeinsprache kein leicht übertragbares Vokabular" (LINDNER 1966: 421). DieFachsprache zeigt, wie [49] belegt, jagdsprachliche **Verbverwendungen**, die nur in Jagdtexten belegt sind. So wird *tragen* nicht im allgemein üblichen Sinne verwendet, sondern 'abrichten, an den Menschen gewöhnen' (was natürlich damit verbunden ist, dass man das Tier auf dem Arm *trägt*). Der Habicht *vlecht* (wörtlich 'flicht') den Kopf und *scherpfft* (wörtlich 'schärft') die Augen. Das heißt, er bewegt den Kopf hin und her und fasst ein Ziel oder eine Beute ins Auge. Für *anpringen* ergibt sich aus dem Kontext ein Bedeutungsansatz 'scharf auf Beute machen'. Eine fachsprachliche Bedeutung 'angreifen' liegt bei *meinen* (mit Genitivobjekt) vor. Das Verb *bestetten* wird einmal sogar allgemeinsprachlich (*Du salt den habich snell werffen vnd wol dez ersten bestetten, das er icht vall*) verwendet und zweimal fachsprachlich (*wann die vogel bestetten dez morgens gernn* und *das der vogel nit bestatten wil*). Die allgemeinsprachliche Bedeutung ist 'Sorge tragen, Acht haben' (hier: dass der Habicht nicht beim ersten Flugversuch abstürzt), die fachsprachliche Bedeutung dagegen ist 'sitzen bleiben'. Ein genuin jagdsprachliches Verbalkompositum ist *überkröpfen* 'überfüttern'. Bei *raittieren* (hier 3. Sg. *raittiert*) handelt es sich wohl um eine Abwandlung von *reitern* (mhd. *rîtern*) 'durch ein Sieb schütteln, reinigen' (Beispiele aus der Hirschjagd bei LINDNER ebd. 426f.). Die Bedeutung wäre dann '(das Gefieder) reinigen'.

Jagdsprachliche **Nominalkomposita** in [49] sind *fürlaß* 'Attrappe' und das zusammengesetzte Adjektiv *hant chumen* bzw. *hantkomen* 'an die Hand des Jägers gewöhnt'. Die Habichtsjagd wird als *paiß* 'Beize' (mhd. *beiʒe*) bezeichnet. Mit *kropff* wird nicht wie ein Auswuchs am Hals oder (verächtlich) der Hals benannt, sondern ein Futterstück, das dem Habicht gegeben wird.

**Syntaktische Strukturen** ergeben sich daraus, dass es sich bei dem Textstück (wie bei der gesamten *Habichtslehre*) zwar einerseits um einen **Instruktionstext** handelt, zugleich auch Faktenwissen vermittelt werden muss. Der Verfasser wendet sich zwar auch mit einigen kurzen **Imperativsätzen** direkt an den Leser, doch formuliert er Bedingungen in **Konditionalsätzen**, zeitliche und lokale Umstände in **Temporal-** und **Lokalsätzen**, Begründungen in mit *wen(t)* an den vorausgehenden Satz angeschlossenen **Deklarativsätzen**. Ein hochfrequentes Strukturmuster, das den Gesamttext prägt, ist die zweigliedrige **Abfolge von Konditional- und Hauptsatz** mit korrelativem *so*, z.B. *so man den habich nŭe begynnet ze tragen, so sal man io stet as haben vnd ym das offt pieten* oder *Aber mag er dez nicht herfliegen, so wirff en zu den raben*.

Die Anweisungsintention des Textes kommt darin zum Ausdruck, dass Sätze geradezu **stereotyp** mit *(Auch) merck* eingeleitet werden, zum anderen durch die häufige Verwendung des Modalverbs *sollen*. In denjenigen Textteilen von *Habichtslehren* und *Beizbüchern*, in denen nicht von Abrichtung und Jagd die Rede ist, sondern von der Behandlung kranker Tiere, ändert sich auch die Diktion und gleicht sich „dem für die medizinische Literatur dieser Zeit typischen Rezeptstil" an. Charakteristisch „sind Konditionalsätze in Kapitelüberschriften und im

## 2 Die *Artes mechanicae*

Text die Erteilung von imperativischen Handlungsanweisungen an einen fiktiven Fragesteller in direkter Anrede" (GIESE 2003: 507; zu Texten über die Behandlung von Jagdfalken vgl. dies. 2008). Aus dem Darstellungs- und Anweisungsrahmen im zitierten Textstück fällt die Zwischenbemerkung an den Leser *Chanstu dez nicht, so pist ein lap* 'schaffst du das nicht, dann bist du ein Trottel' heraus. Aber gerade das zeigt die Expertenattitüde gegenüber einem unkundigen Leser.

Spätmittelalterliche und frühneuzeitliche Jagdtexte (Bibliographie: ROOSEN 1995: 28–91) behandeln nicht nur die Jagd mit Greifvögeln, sondern auch die Hetzjagd mit Hunden und verschiedene Arten von Schussjagd. Das „vornehmste" Jagdwild war der Hirsch. Andere jagdbare Tiere (Schwarzwild, Rehe, Gebirgstiere wie Gemsen oder Steinböcke) werden in den frühen Jagdtexten kaum erwähnt (LINDNER 1966: 420f.; speziell zur Gemsjagd GIESE 2009b). So ist es kein Zufall, dass sich der zweitälteste Fachtext über die Jagd mit der **Lehre von den Zeichen des Hirsches** befasst (Ausgabe: LINDNER 1956). Es handelt sich um „eine Anweisung zur Unterscheidung der Geschlechter beim Rotwild und die Bestimmung ihrer Stärke aufgrund aller von diesen hinterlassenen, vornehmlich in der Fährte zum Ausdruck gekommenen Zeichen" (ebd. 11). In historischen Jagdtraktaten seit dem 15. Jh. erscheinen zahlreiche nur dem Experten verständliche Wörter. Sie dienen nicht nur als Termini der reibungslosen Verständigung „nach innen", sondern auch der sozialen Abgrenzung „nach außen". Insofern sind sie Elemente nicht nur einer Fach-, sondern darüber hinaus einer **Standessprache** (LINDNER 1966: 410f., SCHWENK 1999: 2386). Dem Nachweis der gesellschaftlichen Zugehörigkeit diente die Kenntnis von „Weidsprüchen" (LINDNER 1968). Es ist deshalb kein Zufall, dass der württembergische Hofgerichtssekretär **Johann Helias Meichßner**, der 1538 ein *Handbüchlin grundtlichs berichts recht vnnd wolschrybens der Orthographie vnd Grammatic* veröffentlichte, in dem er zunächst Fragen von Orthographie und Rhetorik behandelt (GÖTZ 1992: 273–322) und Briefmuster vorgibt, auch ein Kapitel mit der Überschrift *Etliche zierliche vnd artliche wörter, deren man sich vff und zů dem waidwerck gebrucht, einem schryber by Fürsten vnd herrn dienende hoflich vnd nutzlich zůwissen* aufgenommen hat. Ein professioneller Schreiber bei Hofe musste auch hier Bescheid wissen. Meichßner beginnt mit einer Liste von Termini der Falkenjagd (*Erstlich zum vederspil gehörig*). Das zweite Kapitel handelt *Von den Hirschen*.

Der Passus [50] enthält zahlreiche **Verben** und **verbale Ausdrücke**, die auch **allgemeinsprachlich** verwendet, hier jedoch in **Sonderbedeutungen** gebraucht werden: *springen* 'begatten', *spüren* 'aufspüren, finden', *besteten* 'stellen', *rinnen* 'schwimmend entkommen', *nider legen* 'erlegen', *sweissen* 'bluten'. Exklusiv weidsprachlich ist *bürschen* 'pirschen', ein Lehnwort aus dem Französischen (KLUGE/SEEBOLD 2011: 708). **Phraseologische Ausdrücke** sind *in die brunfft treten* 'brünftig werden', *in die garn vallen* 'mit einem Netz gefangen werden', *ein seil nehmen* 'das Fangnetz zerreißen'. Meichßners Zusammenstellung enthält ferner **Substantive** mit **Sonderbedeutungen** wie *stangen* 'Geweih', *enden* 'Geweihspitzen', wobei hinzugefügt wird, der Laie würde das Wort *zincken* gebrauchen. In diesem Zusammenhang finden sich auch Hinweise auf die besondere jägersprachliche Zählweise, die bei Geweihenden nur gerade Zahlen kennt. Weitere Beispiele sind *kolben* und *morchi*, beides bedeutet 'noch nicht ausgebildetes (mit Bast überzogenes) Geweih'. Letzteres ist wahrscheinlich mit dem Wort *Möhre* (mhd. *morhe*) zu identifizieren, das im älteren Deutschen nicht nur 'Karotte' bedeutet, sondern auch 'Morchel'. Benennungsmotiv wäre die Ähnlichkeit eines aufkeimenden Geweihs mit einer Morchel. *Gezüg* (mhd. *geziuge*) bedeutet 'Gebüsch, Unterholz', durch das ein gejagter Hirsch entkommen kann. Auf fol. 45$^v$ werden explizit jagdsprachliche Fachwörter möglichen allgemeinsprachlichen Entsprechungen gegenübergestellt: *Die bueg heissen knöpf. Die seitten von einem hirsch heißen krieben oder wänd* usw.

[50] Aus Johann Helias Meichßner, *Handbüchlin grundtlichs berichts* [...], Druck: Tübingen 1550, fol. 45$^{r/v}$, Bayerische Staatsbibliothek München, L.germ. 171, S. 45.

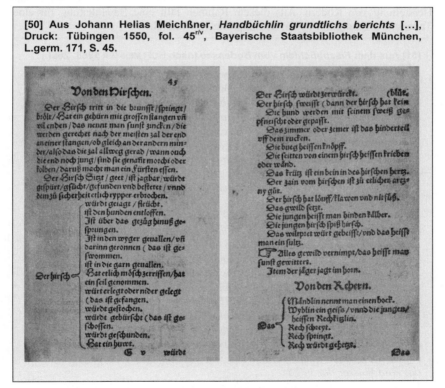

Meichßners Sammlung von Jagdwörtern hat insgesamt zehn Auflagen erfahren (zu späteren vergleichbaren Quellen vgl. SCHWENK 1999: 2389f.; eine umfassende Bibliographie von historischen Jagdtexten gibt LINDNER 1976).

## 2 Die *Artes mechanicae*

Eine um 1450 geschriebene Sammelhandschrift (Karlsruhe, Landesbibl., Cod. Donaueschingen 792), eine schlichte Gebrauchshandschrift, enthält u.a. neben human- und veterinärmedizinischen Texten, Gottfrieds Pelzbuch und Rezepten zur Herstellung und Behandlung von Wein, Essig und Met auch das **Fischbüchlein vom Bodensee** (Ausgabe: HOFFMEISTER 1968; vgl. auch SCHANZE 1980a). Wesentlich repräsentativer ist das aufwendig illustrierte **Fischereibuch Kaiser Maximilians I.** (auch als *Tiroler Fischereibuch* bezeichnet), das 1504 von dem Innsbrucker Jagdschreiber Wolfgang Hohenleitner geschrieben worden ist (Ausgabe: UNTERKIRCHNER 1968; vgl. SCHANZE 1980b). Ansonsten sind im Normalfall Fachrezepte für Fischer „inmitten anderer Materien als zufällige Einsprengsel" (EIS 1971: 287) überliefert.

Das *Fischbüchlein vom Bodensee* aus dem 15. Jh. ist in seiner Überlieferung typisch für Texte dieses Inhalts. Es enthält hauptsächlich Anleitungen zur Herstellung von Ködern. Aus diesem Rahmen fällt eine Bauanleitung für eine Taucherausrüstung mit einem teleskopartigen Schnorchel.

> **[51] Aus dem *Fischbüchlein vom Bodensee* (nach HOFFMEISTER 1968: 268f.)**
>
> *Visch zů vachen mit einem ror. Item lass dir ain ror machen von vischim leder* [Fischleder] *oder von buckim leder* [Bocksleder]*, ob du das vischin nit gehaben macht. Also lass das leder wol zů berayten, das es ze mal zůtätig sye. Vnd das das ror sye vingers wyt und lang als du wilt, von stuken gemacht, das du ains an das ander seczen vnd es kürczren vnd lengern mugist. Vnd das die stuk an den orten* [Enden] *mit rören gemacht syen, das du ains an das ander binden vnd versorgen mugist. Vnd aller obrest am obresten ror, das obnen durch das Wasser uff raigen* [hinausragen] *sol, daran hab gefügt ain schiben, die enmitten* [in der Mitte] *ain loch habe vnd ainen rand an der ainen siten vmb das loch, daran du das lidrin ror wol binden mugest. Ouch sye das ror obnen gestalt vnd dester höher vnd diker gemacht vnd von lichtem holcz, das das wasser dester minder dar in schlahen muge. Das ordinier, so du best iemer kanst, vnd darnach* [je nachdem ob] *das wasser, darinne du es bruchen wilt, wild oder stille ist. Das ror mach an ain wasserkappen mit glesinen ougen, als du kanst. Oder nim es in den mund, das es gefügt vnd gemacht sye an ein leder, das du vmb das hopt bindest, oder wie du kanst. Vnd stoss ain klain bomwullen mit bomöle* [Baumöl] *gefüchtiget in die oren. Vnd wenn du in das wasser gan wellist, so überschlach vor by ettlicher mass, wie tüff es sye. In der lengi bind die ror ze samen gar vest vber die rören, die an den orten der rören sind. Vnd die fügen verstrich wol mit ainem past, gemacht von rowem wolgebüluertem winstain vnd von vnschlit, das verhept* [verhindert]*, das kain Wasser dar in gat.*
>
> *Denn gang in das Wasser: Vnd ob du joch das ror mit dir in das wasser nimpst vnd es denn von dir erst im wasser last, das die schib* [Verschlussscheibe] *uff schwimpt. Was denn wassers darin gat, e das die schibe über das*

## 2.7 Jagd und Fischerei

> *wasser kumpt, das macht du denocht in dem wasser vsser dem rore wol lassen, also das du das rore ergiffest, so hoch als du macht; vnd lass es vnnen vss dem mund vnd truk vnd straiff das wasser mit der hand vndersisch* [nach unten] *hinab uss dem rore. Denn griff aber übersich* [nach oben] *vnd straiff uss, was wassers her nach sinket, also lang bis das du ganczlich us habist gestraiffet, was wassers her nach gesessen* [nachgesickert] *ist. Vnd wo du zů den vischen kumpst, so kracz sy gemechlich vnnen am buch, so stand sy stille, bys das du sy by den oren* [Kiemen] *ergriffen machst.*

Entsprechende Konstruktionen von wasserdichten Anzügen, die das Atmen unter Wasser zulassen, kommen mehrmals auch in Lehrschriften über Kriegsausrüstungen vor, die es ermöglichen sollten, sich unter Wasser an einen Feind anzuschleichen (EIS 1971: 288). Was zunächst für militärische Zwecke entwickelt wurde, sollte auch für zivile Zwecke nutzbar gemacht werden (durchaus eine Parallele zur modernen Technik). Auch diese mittelalterliche Konstruktionsanleitung enthält fachsprachliche **verbale Wortbildungen**, davon drei mit dem **Präfix** *ver-*. Im Fall von *verstrichen* 'zuschmieren, abdichten' und *verhaben* 'abdichten' (zu einem Simplex *haben* in der Bedeutung 'halten') „markiert *ver-* die vollständige Durchführung der Handlung" (FLEISCHER/BARZ 2012: 390). Vergleichbar (aber nicht in [51] belegt) ist *verlimen* 'verleimen'. Das Verb *versorgen* (im Text) ist in der speziellen Bedeutung 'zusammenfügen' verwendet. Bildungen mit **Verbalpartikeln** sind *uberslahen* 'einschätzen', *uff schwimen* 'nach oben gedrückt werden', *her nach sitzen* 'nachsickern'. **Deadjektivische** Ableitungen sind *kurczren vnd lengern* 'kürzen und verlängern' und das zusammengesetzte Partizip *puluern* 'zerpulvern' (in [51] *wolgebuluert*). Nicht in [51] enthalten ist das Partizip II *geharczet* 'mit Harz bestrichen'. **Entlehnte Verben** sind *ordinieren* 'einrichten, konstruieren' (im Text), ferner *temperieren* 'mischen', *respondieren* in der Sonderbedeutung 'sich zusammenfügen', *putrificieren* 'faulen', *coagulieren* 'gerinnen'.

**Fachspezifische Substantive** sind das möglicherweise vom Verfasser ad hoc gebildete Kompositum *wasserkappe*, ferner **deverbal** gebildetes *gebaisß* 'Köder zum Anbeißen'. Aus dem Kontext lässt sich erschließen, dass es sich um ein helmartiges Ausrüstungsstück, das man sich über den Kopf stülpt, handelt. Weitere Komposita sind *vischkuttlen* 'Fischdärme', *keslim* 'Käseleim' (wohl 'klebriger Käse'). In diesem Zusammenhang ist auch *(glesine) ougen* nicht als 'Augen' zu verstehen, sondern als '(verglaste) Gucklöcher'. Auch das Wort *oren* 'Ohren' ist auf spezielle Weise verwendet. Es kann, da Fische bekanntlich keine Ohren haben, nur 'Kiemen' bedeuten. Das Wort *garn* wird in der Bedeutung 'Fischnetz, Kescher' gebraucht. Mehrmals kommen auch lateinische Fremdwörter und medizinische Fachwörter vor, was ebenso wie ein längerer lateinischer Passus (in Nr. XV des *Fischereibüchleins*) als Indiz für einen gehobenen Bildungsstandard des Verfassers (oder der Verfasser) gewertet werden kann. Beispiele sind *oleo benedicto* 'mit Salböl' (wie es bei Krankensalben verwendet wird), *medianader* (eine Armvene), *confeckte* 'Gemisch', *per descensum* 'durch Destillation'.

Ähnlich wie in anderen anweisenden Texten dominieren **Imperativsätze** des Typs *lass dir ain ror machen* oder *Also lass das leder wol zů berayten*. Anders jedoch als beispielsweise in Koch- oder Arzneirezepten weist dieser Text einen vergleichsweise hohen Grad an **syntaktischer Komplexität** auf. Von 21 Ganzsatzstrukturen umfassen nur drei keinen abhängigen Nebensatz. In sieben Fällen liegt ein Hauptsatz mit einem abhängigen Nebensatz vor. Den mit acht prädikathaltigen Teilstrukturen höchsten Komplexitätsgrad erreicht das Gefüge *Vnd ob du joch das ror mit dir in das wasser nimpst* (Temporalsatz) *vnd es denn von dir erst im wasser last* (koordinierter Temporalsatz), *das die schib uff schwimpt* (Konsekutivsatz), *was denn wassers darin gat* (Subjektsatz), *e das die schibe über das wasser kumpt* (Temporalsatz), *das macht du denocht in dem wasser vsser dem rore wol lassen* (Hauptsatz), *also das du das rore ergiffest* (Modalsatz), *so hoch als du macht* (Modalsatz). Ein vergleichsweise hoher Anteil entfällt auf **Adverbialsätze**: In 14 **Modalsätzen** wird gesagt, auf welche Weise vorzugehen ist. Das soeben zitierte komplexe Gefüge enthält zwei Beispiele: *also das du das rore ergiffest* 'auf die Weise, dass du das Rohr ergreifst' und *so hoch als du macht* 'so hoch du nur kannst'. An zweiter Stelle stehen zehn **Temporalsätze**, die auf Situationen Bezug nehmen, in denen die beschriebene Apparatur zum Einsatz kommt. In neun relativen **Attributsätzen** werden Bezugsnomina näher erläutert. Der anonyme Verfasser war also sehr wohl in der Lage, komplexe Sachverhalte in entsprechend komplexe Sprachstrukturen zu fassen. Bei dem *Fischbüchlein* handelt es sich also kaum um das Werk eines einfachen Fischers.

Diese Relationen sind allerdings eine Besonderheit der Konstruktionsanweisung in [51]. Ähnliche hypotaktische Komplexität weist innerhalb des *Fischbüchleins* noch die Anweisung auf, wie man *ain liecht in ain wasser mit ainem rore visch zu versammen* herstellen kann (Nr. XI). Die zumeist kürzeren Köderrezepte setzen sich überwiegend aus paratraktisch gereihten Direktivsätzen zusammen wie z.B. folgende Empfehlungen für den Aalfang: *Wilt du äle vahen, so nim bonen blůst* [Bohnenblüten] *und erwsen, baider oder das aine; aber erwsen blůt ist besser. Tů das in ain rüschen* [Reuse] *also: Brich das blůst ab mit dem stengilin vnd bind es zů samen an ain büschilin vnd henk es steck es in ain rüschen: die äle louffent im nach vnd essent es* (Nr. XIX).

Mehrmals werden **Erfahrungswerte** oder Meinungen Dritter mitgeteilt: *Der Garnlein hat ains Johannes Morell* 'von diesen kleinen Netzen hatte einst Johannes Morell welche', *Etlich mainent, das glas solle rot sin an der laternen, das sye dester besser*. Die eigene Meinung wird explizit als subjektiv relativiert: *bedunkte mich gut*. Der Leser wird aufgefordert, ein Verfahren zu verbessern: *nach gelegenheit* [Beschaffenheit] *des wassers vnd der vischen macht du dis ordnen vnd nach diner vernunffte bessren, wie es dir denn gefellet*. Zweifel an einer Methode schwingt mit, wenn der Autor schreibt *Ettlich mainent: man bind rayger füss* [Reiherfüße] *an die bain vnd gang da mit in das wasser, so louffind die visch darzů vnd lassint sich vachen.*

## 2.8 Kochkunst

Zwar gibt es für die alt- und mittelhochdeutsche Zeit noch keine Kochbücher – das älteste entstand erst im 14. Jh. – doch lässt sich bereits für die althochdeutsche Zeit ein sehr differenzierter Küchenwortschatz fassen (grundlegend und materialreich MIKELEITIS-WINTER 2001; historischer Überblick über Küchenliteratur: WISWE 1970, vgl. auch A. SCHULZ 2011). Hauptquelle sind wiederum die Glossen, einiges findet sich auch in zusammenhängenden Texten.

Kennzeichnend schon für die älteste Schicht ist ein reichhaltiges Repertoire an **Verben**, denn vielfach werden Arbeitsprozesse benannt. Allein für das Zerkleinern von Getreide sind mit *bôzen, gibliuwan, (fir)niuwan, stampfôn, stempfen, griozan* (MIKELEITIS-WINTER 2001: 77–97) mehrere Verben belegt. Der Mahlvorgang wird mit *(zisamane)malan* und *mullen* bezeichnet. Verben für das Sieben des Getreides sind *(gi)rîtarôn, redan, siften, fewen* (ebd. 97–104), für Garen und Erhitzen *(fir)siodan* '(zer)kochen', *follasiodan* 'fertig kochen', *kohhôn* 'kochen', *ûzsmelzen* 'zerlassen', *brâtan* 'breten', *brennen* 'rösten, braten', *grouben, hersten* und *sweizen* '(in Fett) backen', *roupen* 'rösten, dörren', *(gi)rôsten* 'rösten' (ebd. 143–170). Schon in althochdeutscher Zeit kannte man Möglichkeiten, Speisen durch Würzen zu verfeinern. Verben dieses Sachbereichs sind *soffôn, pîmentôn* und *wurzen* 'würzen', *salzan* 'salzen', *milsken* und *suozen* 'süßen', *temparôn* 'mischen, würzen', *anarîban* 'hineinreiben', *honagôn* 'mit Honig süßen', *salbôn* 'glasieren' (ebd. 171–186).

Benennungen von Personen, die mit der Nahrungsmittelzubereitung beschäftigt waren, sind mehrfach **deverbale Nomina agentis**. Solche Bezeichnungen (ebd. 271–308) sind z.B. für den Bäcker *becko, beckeri, brôtbecko* u.ä., für den Metzger *fleischhacker, -hackel, slahâri, metzilâri, lidâri,* für den Bierbrauer *brouwer* und *grûzeri*. Diese Bezeichnungen sind insgesamt später überliefert als die zugrundeliegenden Verben (ebd. 328). Daneben stehen auch Lehnwörter wie *pfistur* (aus lat. *pistorius*), *mulinâri* 'Müller' (aus lat. *mulinarius*), *koh* 'Koch' (aus lat. *coquus*).

Auch aus der klassischen mittelhochdeutschen Zeit, den Jahrzehnten vor und nach 1200, gibt es noch keine autochthone Küchenfachliteratur. Zwar werden nach wie vor Handschriften mit althochdeutschen Glossen abgeschrieben und dem neuen Sprachduktus mehr oder minder angepasst, oder lateinische Texte werden im traditionellen Stil neu glossiert. Aber aus alledem ergeben sich noch keine Fachtexte. Einblick in den mittelhochdeutschen Küchenwortschatz können – ähnlich wie im Fall der Jagd- und Textilterminologie – Schilderungen von höfischen

## 2 Die Artes mechanicae

Festen geben. Ein Beispiel bietet der *Parzival* Wolframs von Eschenbach: Der Artusritter Gâwân wird zu einem Abendessen eingeladen, bekommt aber außer drei von einem Jagdsperber geschlagenen Haubenlerchen, von denen er höflicherweise auch noch eine abgibt, nur Vegetarisches vorgesetzt – für einen Ritter weder standesgemäß noch sättigend:

---

**[52] Schön, aber spärlich: Französische Küche in Wolframs *Parzival* (Spiwok 2010, 550,28–551,24)**

| | |
|---|---|
| 550,28 *nu hete daz sprinzelîn* | Nun hatte das Sperberweibchen |
| *erflogen* | erjagt |
| *des âbents drî galander:* | am Abend drei Haubenlerchen. |
| *die hiez er mit ein ander* | Die befahl der Hausherr zusammen |
| 551 *Gâwân tragen alle drî,* | Gâwân alle drei vorzusetzen |
| *und eine salsen derbî.* | und eine Suppe dazu. |
| *diu juncfrouwe niht vermeit,* | Die Jungfrau scheute sich nicht: |
| *mit guoten zühten sie sneit* | Mit guten Manieren schnitt sie |
| 5 *Gâwân süeziu mursel* | Gâwân süße Leckerbissen |
| *ûf einem blanken wastel* | auf einer blanken Weißbrotscheibe |
| *mit ir clâren henden.* | mit ihren zierlichen Händen. |
| *dô sprach si „ir sult senden* | Da sprach sie: „Ihr sollt geben |
| *dirre gebrâten vogel einen* | einen von diesen gebratenen Vögeln |
| 10 *(wan si hât enkeinen),* | (denn sie hat keinen), |
| *hêrre, mîner muoter dar."* | Herr, meiner Mutter. |
| *er sprach zer meide wol gevar,* | Er sprach zu dem schönen Mädchen, |
| *daz er gern ir willen tæte* | dass er gerne ihren Wunsch erfülle, |
| *dar an ode swes si bæte.* | oder worum sonst sie ihn bäte. |
| 15 *ein galander wart gesant* | Eine Lerche wurde gegeben |
| *der wirtîn. Gâwânes hant* | der Hausherrin. Vor Gâwâns Gabe |
| *wart mit zühten vil genigen* | verneigte man sich höflich, |
| *unt des wirtes danken niht verswigen.* | und der Herr verhehlte nicht seinen Dank. |
| *dô brâht ein des wirtes sun* | Da brachte ein Sohn des Hausherrn |
| 20 *purzeln unde lâtûn* | Portulak und Lattich, |
| *gebrochen in den vînæger.* | eingelegt in Weinessig. |
| *ze grôzer kraft daz unwæger* | Um zu Kraft zu kommen, ist ungeeignet |
| *ist die lenge solhiu nar:* | auf lange Sicht solche Nahrung. |
| *man wirt ir ouch niht wol gevar.* | Man bekommt so auch keine gute Farbe. |

---

Diese Episode, in der sich Wolfram ganz offensichtlich über französische Essgewohnheiten lustig macht, enthält einige Küchenlehnwörter, die auch in späteren Kochrezepten wiederkehren: *salse* 'gesalzene Brühe' (afrz. *salse*; eine jüngere Form ist *sauce*, das später ins Deutsche entlehnt worden ist), *mursel* 'Leckerbissen, Schnitte' (frz. *morcel*), *wastel* 'Weißbrotscheibe' (afrz. *gastel* 'ungesäuertes

Weißbrot'), *purzel* 'Portulak' (aus lat. *portulaca*), *lâtûn* 'Lattich' (aus lat. *lactuca*), *vînæger* 'Weinessig' (afrz. *vinaigre*).

Das älteste deutschsprachige Kochbuch ist das um 1350 geschriebene **Buch von guter Speise** (Anfang: *Diz bûch sagt von gûter spise. Daz machet die vnverrihtigen köche wise*). Es handelt sich dabei aber nicht um ein selbständiges Buch, sondern um eine Sammlung von Kochrezepten in dem ursprünglich zweibändigen „Hausbuch" des Würzburger fürstbischöflichen Protonotars Michael de Leone, in dem sehr verschiedene deutsche und lateinische, geistliche und weltliche Texte zusammengetragen waren (Ausgabe: HAJEK 1958, Faksimile: HAYER 1976; zum Buch und zur Person seines ersten Besitzers vgl. RUGE-SCHATZ 1997, KORN-RUMPF 1987). Die Kochrezepte wurden nicht aus dem Gedächtnis notiert, sondern sind aus älteren schriftlichen Vorlagen übernommen. Begonnen wird mit einer bunten Abfolge sehr verschiedenartiger Rezepte, die keine sachliche Ordnung erkennen lassen. Im weiteren Verlauf wird jedoch eine gewisse Absicht erkennbar, denn es wird nach Fasten- und Fleischspeisen sortiert (HAYER 1976, 7–10). „Die Speisen, die in das 'Hausbuch' Michaels aufgenommen wurden, sind fast durchwegs Luxusgerichte, Leckerbissen, die durch aromareiche Gewürze, pikante Saucen, Parfümierung und Färbung in ihrer natürlichen Konsistenz so stark verändert wurden, dass man nicht mehr wußte, was man da eigentlich aß" (ebd. 9).

---

**[53] Aus dem *Buch von guter Speise* (nach HAJEK 1958: 24f.)**

*Ein gût getrahte.*
*Nim gebratene eyern vnd ro sur epfele vnd nim vnder wahsen fleisch gesoten vnd nim pfeffer vnd saffran, daz stoz zũ sammene vnd mache ez weich mit roen eyern; so mache ein blat von eyern vnd zũ teile daz, fülle dar vf die materien, daz glich werde; so wint daz blat zũ sammene vnd machez naz von eyer teyge vnd legez in siedenz smaltz vnd backez harte; so stecke do durch einen spiz vnd legez zN dem viüre vnd beslahez eins [einmal] mit eyern vnd eins mit smaltze mit zwein swammen [Pilzen], also lange biz daz ez singe vnd rot werde, vnd gibz hin.*
*Ein gût fülle.*
*Nim lampriden vnd snit sie an sehs stücke, daz mittelst stücke daz mache minner danne die andern stücke; besprenge ez mit saltze vnd legez vf einen hültzinen rost; brat sie gar; nim daz mittelste stücke, als ez gar si geröst, stoz ez in eime mörser vnd tũ dar zũ eine swartzen rinden brotes; die weiche in ezzige, vnd tũ dar zũ gestozzen galgan vnd pfeffer vnd ingeber vnd kümel vnd muschat blůmen vnd negelin; wilt duz aber lange behalden, so mach ez scharpf mit ezzige vnd ein wenic honiges vnd südez vnd leg ez kalt dor in; noch dirre wise mahtu machen gebratene nünaugen oder waz du wilt.*
*Wilt du machen ein spise von hünern.*
*Diz heizzent küniges hünre. Nim junge gebratene hünre, hau die an kleine*

## 2 Die *Artes mechanicae*

> *mursel. nim frische eyer vnd zů slahe die; menge dar zů gestozzen ingeber vnd ein wenic enys, güz daz in einen vesten mörser, der heiz si mit dem selben crute; daz tů du zů den eyern, da mit bewirf die hünre vnd tů die hünre in den mörser vnd tů dar zů saffran vnd saltz zů mazzen und tů sie zů dem viür vnd lazze sie backen glich heiz mit ein wenic smaltzes; gib sie gantz hin; daz heizzent kůniges hünre.*
> *Wilt du machen ein gůt lebern.*
> *Nim ein rindes lebern, die niht steineht si, vnd snit si an fünf stücke vnd lege sie vf einen rost vnd brat sie, also sie sich hat gesübert, so wasche sie in warmem wazzer oder in sode also veizt; süde daz vnd laz sie braten gar vnd nim sie denne abe vnd laz sie kalden vnd besnit sie schone, vnd nim denne ein halb stücke vnd stozz ez in eynem mörser vnd stoz dar zů ein rinden geröstes brotes, tů pfeffer dar zů vnd ingeber, daz ez scharpf werde, vnd nim ein wenic anis vnd mal daz mit ezzige vnd mit honicsaume vnd erwelle ez, biz es dicke werde, vnd laz ez kalt bliben vnd lege dor in der lebern als vil du wilt, vnd zů der hochzit gibz vür hirz lebern vnd des wilden swines lebern mache auch also. Conf. Vnd nach dirre manunge erdenke auch ander spise.*

Dieser spätmittelhochdeutsche Text enthält erwartungsgemäß fachspezifische **Verben und Verbalbildungen**, ebenso Beispiele für einfache Verben mit **Sonderbedeutung**. Beispiele sind *singen* 'brutzeln' (*also lange biz daz ez singe*) und *weichen* 'einweichen', eine Verbalableitung vom Adjektiv *weich*. Eine **Ableitung** von mhd. *rôst* ist *rœsten* 'rösten'. Fachspezifische **Präfixverben** sind *erwellen* 'aufkochen, aufwallen', *besprengen* und *bewerfen* 'bestreuen', möglicherweise auch 'einreiben', *beslahen* 'umhüllen, belegen', **Partikelverben** *zusamene stozen* 'miteinander verrühren', *zusamene winden* 'zusammenrollen', *darûf füllen* 'aufbringen, darüberstreichen'. Das küchensprachliche Lexikon von Eva HEPP (1970) verzeichnet eine Reihe von verbalen fachsprachlichen Wortbildungen. Beispiele für *ab*-Verben sind darin *abbereiten, abgilben, abmachen, abmengen, absetzen, abstoßen, abtemperieren, abwurzen*, Verbalbildungen mit *durch*- *durchreden, durchrinken, durchslahen, durchstreichen, durchtreiben, durchzwingen*.

Ähnlich wie Verben können auch **Substantive** in „küchenspezifischer" Bedeutung gebraucht werden. Ein Beispiel in [53] ist *blat* 'Blatt' für ausgerolltren Teig. Benennungen von Speisen sind vielfach **Komposita** wie *küniges hünre* 'Königshühner' und *eyer teig* (im Dativ *teyge*). Damit dürfte kein Teig gemeint sein, sondern eher Eischnee oder ein geschlagenes Ei, denn die Rede ist davon, dass eine Teigrolle (ein *blat*) damit *naz* 'nass' gemacht werden soll.

Spätere Kochbücher überliefern häufiger scherzhaft-phantasievolle Namenskomposita für Speisen, so z.B. im 16. Jh. das Kochbuch der **Philippine Welserin** (Ausgabe LEMMER 1983) *hener derem* 'Hühnerdärme', *nunen firtzlach* 'Nonnenfürze', *schaubhiettla* 'Strohhüte' oder *hasenerla* 'Hasenöhrchen'; vgl. ebd: 30). Substantivische **Ableitungen** sind *fülle* 'Fülle' (zu *fol*), *getrahte* (zu *tragen*) 'Speise, Gericht' und *manunge* (von *manen* 'anleiten') 'Rezept'. **Fremd- und Lehnwörter** bezeichnen in der Küchenliteratur vielfach zum Kochen verwendete pflanzliche und tierische Materialien. In [53] sind es *lampriden* 'Lampreten' (eine Fischart). Auch das schon in Wolframs zitierter Küchenpersiflage [52] belegte *mursel* ist entlehnt (Weiteres im Glossar von HAYER 1976: 12–15). Spezifische **Adjektive** in [53] sind *vnderwahsen* 'durchwachsen' und *steineht*, womit wahrscheinlich 'abgelegen, hart geworden' gemeint ist.

Rezepte aus dem *Buch von guter Speise* kommen auch in Sammlungen jüngeren Datums vor. Sie müssen nicht direkt daraus abgeschrieben sein, sondern können direkt oder – was wahrscheinlicher ist – indirekt auf gemeinsame Parallel- oder Vorüberlieferungen zurückgehen. Gleiche Rezepte wie die in der Sammlung des Michael de Leone sind beispielsweise in dem um etwa 100 Jahre jüngeren **Kochbuch des Meisters Eberhard** enthalten (Augsburg, UB, Cod. III.1.2° 43, fol. 59ʳ–70ʳ, Ausgabe FEYL 1963). Eberhard stand als Küchenchef in Diensten des bayerischen Herzogs Heinrichs des Reichen (Regierungszeit 1404–1450) in Landshut. Auch diese Kochrezepte (24 an der Zahl) sind – typisch für die Zeit – zusammen mit Arzneirezepten, einer Jahreszeitenlehre, Monatsregeln, einem Kräuterbuch, einer Abhandlung über gebrannte Wässer, einem Rossarznei- und einem Salbenbuch überliefert (vgl. AICHHOLZER 1999: 19f.).

Aus dem 15. Jh. sind selbständige handschriftliche Kochbücher erhalten und mehrfach auch ediert (Beispiele bei HAAGE/WEGNER 2007: 160–164; vgl. auch die Faksimile-Ausgaben EHLERT 1996, 1999 und die Edition dreier österreichischer Exemplare AICHHOLZER 1999). Bereits im späten 15. Jh. wurden deutschsprachige Kochbücher auch gedruckt, als erstes 1485 die **Küchenmeisterei** in der Offizin von Peter Wagner in Nürnberg (KEIL/WLODARCZYK 1985). Noch vor 1500 erschienen davon an verschiedenen Orten zwölf Nachdrucke, weitere Ausgaben folgten im 16. und 17. Jh., die letzte 1674 (BUNSMANN-HOPF 2003: XVIII, GLASER 1996). Es handelt sich bei der *Küchenmeisterei* um einen Best- und Longseller der Inkunabel- und Frühdruckzeit.

Kochbücher sind keine kohärenten Texte, sondern Abfolgen von Kurztexten, was – ähnlich wie bei Arzneibüchern – dazu geführt hat, dass es zu Neuzusammensetzungen und Streuüberlieferungen gekommen ist. Rezepte aus der *Küchenmeisterei* finden sich in zahlreichen anderen gedruckten Kochbüchern (MILHAM 1972).

[54] Aus der *Küchenmeisterei* (Augsburger Druck von 1497), ohne Paginierung [S. 17–19]

(27) *Stockfisch můß man plüen* [klopfen] *vnd einweichen; mit wein oder mit wasser gesoten; seind gůt mit würtzen abbereit oder gemacht.*

(28) *Reinfisch vnd polcken* [Dörrfisch] *in wasser abgesotten, kraut darbey oder salsen ist gůt. Dieselben vische vnd all geraucht dürr visch mag man in pfeffer geben oder neben suppen oder kraut an allen vastagen.*

(29) *Wiltu gůt suppen machen, so nim dürr růbenprů vnnd leuter sy schon mitt absaigen oder durch ein tůch in ein pfannen; ein wenig honigs darein; mach es ab mit gůten würtzen saltz; versůche es wol vnd geüß dann uber. Du magst ein erbisprů damit bessern. Vnd zů allen andren suppen von gebråtem brot vnd yngwer darauff geton; wiltu erberen leüten sollich suppen geben an vastagen, so såe zucker darauff vnd heiß visch darbey also trucken.*

(30) *Wiltu machen ein gůt můß von kirschen. Prich die stil ab vnd stoß in einem mörser mit kern vnd al; nym feygen, weinber auff ein essen; nym weyßbrotschniten; die waich in wein; temperir es durch einander; streichs durch ein tůch mit andrem wein; machs nit zů dick noch zů dünn; thů ein stublen melbs darein vnnd schmaltz; thů es durch ein pfannen; zerreyb es gar wol, vnd die weil es seüt* [kocht] *als ein ander můß, so richtz auch an vnd såe lautter schaltz* [wohl fehlerhaft für *schmaltz*] *vnd auch gůt würtz darauff vnd trage es dann also für. Also magst du auch amerellen, weigßel, eerbirmůser machen. Roter wein zimbt darzů bas dann weisser vnd das stublen melbs sol man vorhin* [zuvor] *wol mit dem wein zwern, ee man das ein thůt; denn růrs gar wol, bis es geseüt* [fertig kocht], *so můset es sich gar wol vnd steet schon.*
[...]

(32) *Hie ler ich vergulden můß oder was von gepraten oder gebachnen, das da kalt ist: Mach ein klein honig wasser; bestreich die metal damit vnd scheüß das gold oder silber darauff also naß vnnd trucke es mit baumwolle zů, wa es nit gleich ligt. Du magst leckůchen oder ander sach also verg(u)lden; sunst taugt kein andre assit zů essenden dingen; mach ein hülzene scher, damit du das gold hebst, vnd růr daz nit mit b(l)osser hand an; es verdirbt anderst.*

(33) *Ein plabes můß mach also von mandel vnd reiß: Stoß kornblůmen gar wol mit wasser; trucks durch ein tůch; das behalt. Stoß mandel mit dem selben wasser vnd zwing es aber* [nochmals] *durch, so hastu ein p(l)abe milich; dauon mach das můß mit reiß oder ein weytzen můßlen; wiltu gern, so streü weinberlen darauff vnd versaltzs nit; laß es nicht anprinnen. Die můßlen streü gar wol in neüwen zynen schüsseln oder in weissen hültzen schüsseln.* [...]

(35) *Ein gůt gemůß von mandel vnnd von vischen: Thů daz ingeweid auß; reinig das, hacks wol; wart* [achte] *auff die gallen; nim das pråt der visch;*

## 2.8 Kochkunst

> *seüds ab on wurtz mit wasser; daz seich ab; tů die prů hin; stoß die visch wol mit mandelmilch vnd mit weißem prot geweicht in mandelmilch; treibs durch mit gesotem weichem reiß; thůs in ein pfann über ein feŭr; laß erhi(tz)en; rŭrs wol vnd versaltz nit; ist es zů dick, so thů mer mandelmilch darzů; machs ab mit zucker vnd setz fŭr.*

Auch die jüngere *Küchenmeisterei* zeigt wie das ältere *Buch der guten Speise* einen spezifischen, differenzierten **Verbwortschatz**. Simplizia mit sachspezifischer Bedeutung in [54] sind *säen* 'bestreuen', *streichen* 'drücken'. **Abgeleitete Verben** sind *zwern* 'verrühren' (zu mhd. *twer* 'quer'), *rauchen* 'räuchern', *(ein)weichen* 'weich machen' und reflexives *sich muosen* 'sich breiig verdicken'. **Präfixverben** sind *vergulden* 'mit Gold überziehen', *versalzen* 'zu stark salzen' (in der stereotyp wiederkehrenden Wendung *versaltzs nit*) und *zerreyben* 'klein reiben'. Ein beträchtlicher Anteil der Verben sind **Partikelverben** mit *ab, an, ein, durch(einander)* und *fŭr*: *abbereiten* 'zubereiten', *absieden* 'gar kochen', *absaigen* 'abseihen', *abmachen* 'abschmecken', *anprinnen* 'anbrennen', *anrichten* 'zubereiten', *durchzwingen* 'durchpassieren', *durchtreiben* 'durch-, zusammenrühren', *daraufscheußen* 'aufbringen', *fŭrsetzen* 'vorsetzen'. Auch wenn es sich überwiegend um andere Lexeme handelt als im *Buch von guter Speise*, so ist es doch eine auffallende Parallele, dass es wiederum vor allem abgeleitete Verben, Präfix- und Partikelverben sind, die den küchensprachlichen Spezialwortschatz prägen (vgl. auch BUNSMANN-HOPF 2003: LVf.).

Fertige Speisen oder zur Weiterverarbeitung bestimmte Zwischenprodukte werden auch hier vielfach mit **Komposita** benannt. Beispiele im Textpassus sind *rŭbenprů* 'Rübenbrühe', *erbisprů* 'Erbsenbrühe', *honig wasser* 'Wasser, in dem Honig aufgelöst ist' (?), *weytzen mŭßlen* 'Brei aus aufgeweichten Weizenkörnern' (?), *mandelmilch* 'Mischung aus zerstoßenen Mandeln mit Milch'. Eine koordinierte Kompositareihung ist *amerellen, weigßel, eerbirmůser* (ins Neuhochdeutsche umgesetzt müsste es *Amarellen-, Weichsel-, Erdbeermuße* heißen). **Lehnwörter** sind *salsen* 'gesalzene Brühe', das auch schon bei Wolfram [52] vorkam. Mit *assit* (aus lat. *axis, assis* 'Brett, Bohle') ist eine Art stabilisierende Grundierung für einen Überzug aus Gold oder Silber gemeint. Ein dialektales Küchenwort dürfte *stublen* sein. Gemeint ist 'kleine Menge, Messerspitze'.

Kulinarische Fachlexik des 14. bis 16. Jhs. verwendet vielfach **allgemeinsprachliche Lexeme** mit **spezifischen Bedeutungen**. Auch das „Küchenfachwörterbuch" (BUNSMANN-HOPF 2003), das auf dem Wortbestand von sechs einschlägigen Werken des 15. bis 18. Jhs., darunter der *Küchenmeisterei*, basiert und insgesamt ca. 2.400 Lemmata umfasst, bestätigt diese Feststellung: „Im allgemeinen dienen Verben der sprachlichen Realisierung spezifischer Vorgänge, Tätigkeiten und Zustände. In der frühneuzeitlichen Küchensprache wird dieses Kommunikationsbedürfnis einerseits mit der Anwendung allgemeinsprachlicher Verben auf spezielle Arbeitsgebiete ... bewältigt; andererseits werden unter dem Druck ungewohnt großer Anforderungen hinsichtlich der Verdichtung von handlungsanleitenden Informationen neue sprachliche Mittel genutzt." (ebd. LV). Die Präfixe und Verbalpartikeln dienen vielfach dazu, „unterschiedliche Aktionsarten" (ebd.) auszudrücken: Inchoatives *erwellen* 'aufkochen, aufwallen' (*Buch von guter Speise*) kann verdeutlichend paraphrasiert werden als 'beginnen zu kochen'. Dagegen kommt beispielsweise in *absieden* 'gar kochen', paraphrasierbar auch als 'das Ende des Kochvorgangs erreichen', die egressive Aktionsart zum Ausdruck. Vergleichbar ist *absaigen* 'abseihen' in der *Küchenmeisterei*: Bereits das einfache Verb *saigen* bringt zum Ausdruck, dass Festes und Flüssigkeit getrennt werden. Die Partikel *ab-* akzentuiert den Aspekt des abschließenden Trennens zusätzlich. Andere Verbzusätze haben die Funktion, die Bedeutung des Simplex zu verstärken wie beispielsweise *zusamene* im Verbalkompositum *zusamene winden* im *Buch von guter Speise*: Das Simplex *winden* bezeichnet eine Tätigkeit, die durch den adverbialen Zusatz *zusamene* nochmals explizit zum Ausdruck kommt.

Für den **Nominalbereich** konstatiert BUNSMANN-HOPF (2003: LIV), dass „die zweigliedrigen Determinativkomposita, die sich entweder aus zwei Substantiven ... oder aus Verb und Substantiv ... konstituieren, mit 53 Prozent aller im Wörterbuch auftretenden nominalen Kompositionsformen den größten Anteil" ausmachten.

Auf **syntaktischer Ebene** dominieren parataktisch gereihte, einfache, häufig geradezu minimalistische **Direktivsätze**, wie folgende Sequenz aus der *Küchenmeisterei* zeigt: (1) *Thủ daz ingeweid auß;* (2) *reinig das,* (3) *hacks wol;* (4) *wart auff die gallen;* (5) *nim das prầt der visch;* (6) *seüds ab on wurtz mit wasser;* (7) *daz seich ab;* (8) *tủ die prủ hin*. Acht Sätze umfassen zusammengenommen 30 Wörter. Der Durchschnitt liegt damit bei unter vier Wörtern. Hochfrequent ist der Singular des Imperativs als „Ausdruck eines Befehls, einer Bitte, einer Aufforderung, einer Anweisung, eines Wunsches" (EHLERT 1990: 262f.). Alternativ erscheinen auch Deklarativsätze mit Modalverbprädikaten wie *Stockfisch mủß man plüen vnd einweichen* oder *vische vnd all geraucht dürr visch mag man in pfeffer geben oder neben suppen oder kraut an allen vastagen.*

Der Ausdrucksminimalismus führt wiederholt auch zu **Ellipsen** wie in den nicht seltenen Fällen, in denen ein isolierter **Konditionalsatz** mit Verberststellung ein Rezept eröffnet (ebd. 264f.), wie z.B. *Wilt du machen ein spise von hünern* oder *Wilt du machen ein gủt lebern,* beides im Auszug aus dem *Buch von guter Speise*. Ähnlich in der *Küchenmeisterei*: *Wiltu machen ein gủt mủß von kirschen*. Das Gefüge *Stockfisch mủß man plüen vnd einweichen; mit wein oder mit wasser gesoten; seind gủt mit würtzen abbereit oder gemacht* in [54] enthält mit der Partizipialkonstruktion *mit wein oder mit wasser gesoten* und dem subjektlosen Rumpfsatz *seind gủt mit würtzen abbereit oder gemacht* zwei Ellipsen. Weitere Beispiele aus demselben Passus sind *seind gủt mit würtzen abbereit oder gemacht* (fehlendes Subjekt), *ein wenig honigs darein* (fehlendes Prädikat) sowie *Vnd zủ allen andren suppen von gebrầtem brot vnd yngwer darauff geton* (fehlendes Prädikat).

In den gedruckten und handschriftlichen Sammlungen von Kochrezepten beginnen die Einzeltexte im Normalfall mit Überschriften, die das Nachfolgende zusammenfassen. Beispiele im *Buch von guter Speise* sind *Ein gût getrahte* oder *Ein gût fülle*, in der *Küchenmeisterei* die erwähnten (elliptischen) Konditionalsätze. Die Bezeichnung des Gerichtes, dessen Zubereitung im Rezept beschrieben wird, kann auch als Subjekt im ersten Satz erscheinen: *Stockfisch mûß man plüen* oder *Reinfisch vnd polcken in wasser abgesotten, kraut darbey oder salsen ist gût*.

Eher die Ausnahme ist ein einleitender Satz wie *hie ler ich vergulden mûß* oder *was von gepraten oder gebachnen, das da kalt ist* (zu weiteren formalen, teils auch typographischen Spielarten GLASER 1996). Das Textende vieler Rezepte wird mit Aufforderungen wie *vnd gibz hin* (*Buch von guter Speise*) oder *vnd setz für* (*Küchenmeisterei*) markiert.

## 2.9 Heilkunde

### 2.9.1 Krankheit und Heilkunde im Althochdeutschen

Schon die Mönchsregel des hl. **Benedikt von Nursia** (ca. 480–547) schreibt Gesundheitsfürsorge und Krankenpflege vor. Die *Etymologiae* des **Isidor von Sevilla** (ca. 560–636), das enzyklopädische Handbuch des Früh- und Hochmittelalters schlechthin, widmet basierend auf antiken Autoritäten wie Plinius dem Jüngeren (um 100 n. Chr.) das ganze vierte Buch der Heilkunde. **Alkuin** (735–804), der „Kulturminister" Karls des Großen und sein vielseitig gelehrter jüngerer Zeitgenosse Hrabanus Maurus (ca. 780–856), Abt von Fulda, erhoben die *medicina* quasi in den Rang einer *ars* gleichauf mit den Wissenschaften des *Quadriviums*. **Walahfrid Strabo** (808/9–849; zu Person und Werk vgl. LANGOSCH/VOLLMANN 1999), Schüler des **Hrabanus Maurus** in Fulda und später Abt des Klosters auf der Reichenau im Bodensee, verfasste den berühmten *Hortulus* (Ausgabe mit Übersetzung und Kommentar: STOFFLER 2000), eine Schrift über den Gartenbau, in dem er in Versen 23 Heilpflanzen beschreibt, die er selbst im Reichenauer Klostergarten kultivierte. Es ist das erste botanische Werk des Mittelalters. Drei Codices, die den lateinischen Text überliefern, sind althochdeutsch glossiert (BERGMANN/STRICKER 2005, Nr. 383, 457, 810). Mehrere Handschriften (RIECKE 2009a: 1140) überliefern Walahfrids lateinisch-althochdeutsche Aufzählung der menschlichen Körperteile, eine Wörterliste, die auf ein anatomisches Interesse ihres Verfassers schließen lässt.

Schon der deutlich ältere, noch dem 8. Jh. angehörige **Vocabularius Sancti Galli** enthält etliche lateinisch-althochdeutsche Körperteilbezeichnungen (RIECKE 2009a: 1139–1142). Auch das älteste medizinische Fachbuch, das im deutschen Sprachraum geschrieben worden ist, das lateinische **Lorscher Arzneibuch** (um 800, heute Staatsbibliothek Bamberg, Msc. Med. 1, Ausgabe mit Übersetzung und Glossar: STOLL 1992, Faksimile STOLL/KEIL 1989), ist im Zusammenhang mit der

Klostermedizin der Karolingerzeit entstanden und enthält ebenfalls einige althochdeutsche Glossen (BERGMANN/STRICKER 2005: I,172–174). Das **Summarium Heinrici** (Ausgabe: HILDEBRANDT 1974–82) enthält ein Kapitel mit Körperteilbezeichnungen (hierzu RIECKE 2009a: 1140f., ders. 2004: I,156–198). Hinzu kommen weitere Glossen in lateinischen Handschriften mit heilkundlichem Inhalt (RIECKE 2004: I,127–137). Überliefert sind beispielsweise Krankheitsbezeichnungen wie *gelogunt* 'Gelbsucht, Aussatz, Lepra', *grint* 'Grind', *bula* 'Beule, Schwellung' oder auch *pula in arse* 'Hämorrhoiden' (wörtlich 'Beule im Arsch'). Volkssprachlich glossiert sind auch lateinische Rezepte (ebd. 138–140, STRICKER 2003: 99–114). Volkssprachlicher medizinischer Wortschatz des 8. bis 11. Jhs. findet sich darüber hinaus auch in solchen Texten, die nicht dezidiert von Heilkunde handeln, etwa in der St. Galler Interlinearversion der *Benediktinerregel*, in Notkers Boethius-Bearbeitung oder in Glossen zu ganz unterschiedlichen Texten (RIECKE 2004, I,199–206).

### 2.9.2 Rezepte

Zu den frühesten überhaupt erhaltenen althochdeutschen Texten gehören die um 800 aufgeschriebenen **Baseler Rezepte**. Sie stehen in einer aus Fulda stammenden Handschrift (heute Basel, UB, F.III.15a, fol. 17$^r$). Das erste Rezept, die erweiterte Übertragung eines vorausgehenden lateinischen Textes, soll gegen Fieber helfen. Das zweite nennt Mittel gegen (Haut-)Krebs. In der Handschrift folgen weitere lateinische Rezepte (RIECKE 2004: I,116f. mit dem Text von fünf weiteren althochdeutschen Rezepten).

---

**[55] Die Baseler Rezepte (nach SKD 39f.)**

1. *murra, seuina, uuiroh daz rota, peffur, uuiroh daz uuizza, uueramote, antar, suebal, fenuhal, pipoz, uuegabreita, uuegarih, heimuurz, zua flasgun uuines, deo uurzi ana ziribanne, eogiuuelihha suntringun; enti danne geoze zisamane enti laze drio naht gigesen enti danne trincen, stauf einan in morgan, danne in iz fahe, andran in naht, danne he en petti gange; feorzuc nahto uuarte he e tages getanes, daz he ni protes ni lides ni neouuihtes, des e tages gitan si, ni des uuazares nenpize, des man des tages gisohe, ni in demo niduuahe ni in demo nipado, ni cullantres niinpiize ni des eies, des in demo tage gilegit si, ni eino nisi, ni in tag ni in naht, eino nislaffe, ni neouuiht niuuirce, nipuz de gisehe, de imo daz tranc gebe enti simplum piuuartan habe, erist do man es eina flasgun, unzin dera giuuere; ipu iz noh danne fahe, danne diu nah gitruncan si, danne gigare man de antra flasgun folla.*

'Myrrhe, Sadebaum, roter Weihrauch, Pfeffer, weißer Weihrauch, Wermut, Antdorn, Schwefel, Fenchel, Beifuß, Breitwegerich, Wegerich, Heimwurz, zwei Flaschen Wein, die Kräuter hinein zu reiben, ein jedes davon gesondert. Und dann gieße es zusammen und lasse [es] drei Nächte gären und [den

Kranken] dann trinken einen Becher am Morgen, wenn es ihn erfasst den zweiten in der Nacht, wenn er zu Bett geht. Vierzig Nächte meide er zuvor am [selben] Tag Beschafftes, dass er nicht Brot und nicht Wein, nichts was früher am Tag beschafft wurde, kein Wasser zu sich nehme, das man am Tag holt. Darin wasche er sich nicht, in dem bade er nicht, er esse nicht Koriander und nicht von dem Ei, das an dem Tag gelegt worden ist. Er bleibe nicht allein, nicht am Tag, nicht nachts. Alleine schlafe er nicht. Er arbeite nichts, es sei denn, der sieht es, der ihm den Trank gibt und [ihm] immer aufgewartet hat. Erst bereite man davon eine Flasche, solange es damit reicht. Wenn es [ihn] dennoch befällt, wenn die [erste Flasche] fast getrunken ist, dann bereite man die zweite Flasche voll.'

2. *uuidhar cancur: braenni salz endi saiffun endi rhoz astorscala; al zesamene gemiscę; mid aldu uuaiffu aer þu hręne; rip anan daz simplę, unz dęz iz blode, filu oft analęgi, simplę þui ana, od dę itzs arinne lot þęt al aba arinnę; ende nelaz iz naezen nesmeruen hrinan daemo dolge; thanne iz al ob siae rhaeno, do zęsamone aegero dęz uuizsae aende hounog rhene: lachina mid diu daez dolg.*

'Gegen Krebs. Verbrenne Salz und Seife und Schleim der Austernschale, alles zusammen gemischt. Mit alter Wolle zerdrücke es zuerst. Reibe das daran immerzu, bis es blutet. Lege es sehr oft auf, drücke immer drauf. Oder wenn etwas herunter läuft, passe auf, dass alles herunter rinnt und lass es nicht nässen, nicht schmieren, auf die Wunde rinnen. Wenn es bis ganz oben rein ist, tue von Eiern das Weiße und Honig zusammen, reinige [und] kuriere damit die Wunde.'

Medizinisches Fachvokabular ist in den *Baseler Rezepten* kaum enthalten. Allenfalls kann man *cancur* 'Krebs' und *lachina* 'kuriere', eine verbale Ableitung von *lâhhi* 'Arzt', im zweiten Rezept nennen. Im weiteren Sinne heilkundlich sind Heilpflanzennamen wie *murra* 'Myrrhe', *seuina* 'Sadebaum', *uuiroh daz rota* 'roter Weihrauch', *peffur* 'Pfeffer', *uuiroh daz uuizza* 'weißer Weihrauch' (unsicher, denn im Text steht *uueiha* 'weicher'), *uueramote* 'Wermut', *antar* 'Antdorn', *fenuhal* 'Fenchel', *pipoz* 'Beifuß', *uuegabreita* 'Breitwegerich', *uuegarih* 'Wegerich' und *heimuurz* 'Heimwurz'. Typisch für die althochdeutsche (und auch noch die spätere) Rezeptliteratur sind die **paratatisch** gereihten, überwiegend **konjunktivischen** Anweisungen im ersten Rezept und die **imperativischen** Anweisungen im zweiten. Ein Novum der **frühmittelhochdeutschen** Zeit (11. und 12. Jh.) sind planmäßig angelegte **Rezeptsammlungen** mit einer Anordnung in der Regel *a capite ad calcem* 'vom Scheitel zur Sohle' (KEIL 2014, SCHNELL/CROSSGROVE 2003: 4–6).

Die wichtigsten Bestandteile heilkundlicher Substanzen wurden aus Pflanzen gewonnen. Seltener verwendete man tierische Produkte (in den *Baseler Rezepten* etwa Eiweiß und Eierschalen), Mineralien, vereinzelt vom Menschen stammende Substanzen (Muttermilch, Exkremente). Die heilkundlichen Pflanzenbücher des Mittelalters gehen generell auf **lateinische Quellen** zurück, die ihrerseits meistens wieder auf griechischen oder arabischen Vorlagen basierten (FINGERNAGEL 2010). Die deutschen Texte repräsentieren noch keine autochthone „Volksmedizin".

Eine frühe Rezeptsammlung der genannten Art ist das **Arzenîbuoch Ypocratis** (auch als **Züricher Arzneibuch** bezeichnet; Ausgabe: WILHELM 1960: 53–64, lateinische Quellentexte ebd. 141–153). Es umfasst ca. 60 Applikationen (KEIL 1978a, STRICKER 2003: 117–120). Begonnen wird mit Rezepturen gegen Leiden am oder im Kopf (Kopf-, Augen-, Ohren-, Zahnschmerzen) gefolgt von Rezepten gegen Brust- und Magenbeschwerden und Anwendungen bei Krankheiten im Verdauungstrakt. Dazwischen stehen auch Anweisungen, wie verschiedenartige Verletzungen zu behandeln sind. Auf den anatomisch-systematischen Teil folgen heilkundliche Anweisungen für den Jahresverlauf (sogenannte „Monatsregeln"), Rezepte für verschiedene Salben, einige rein lateinische Rezepte für diverse Krankheiten und Segenssprüche. Die Nähe der Rezepte zu den Segenssprüchen wird deutlich, wenn pseudosakrale Handlungen wie ein dreimaliges Vaterunser (*ter pater noster*), vorgeschrieben sind.

---

**[56] Aus dem *Arzenîbuoch Ypocratis* (nach WILHELM 1960: 53–57)**

*Hie beginnet daz arzinbŏch ypocratis, daz er het gescribin widir allen den suhtin, die der mugin irwahssin in allen dem mennisclichem libe.*
*Ad capitis dolorem: Nim wormatun, rutam, ebehŏe, daz an der erde wahsset, und nuez mit honege vnd mischiz mit dem wizin des eies; legez an ein tŏhc vnd virbint daz hŏbet dirmite. Nim des phersichis chernin vnd nue sie mit oleo rosato alde mit deme einvaltigin ole; tŏ daz halbtteil des sarphin ezzichis darzŏ; salbe daz hŏbet allez dir mitte unz an die nath.*
*Obe dich dunke, daz sich daz hŏbet spaltin welle fon deme svere, so nuwe daz ebehŏe vnd mische ole dar zŏ vnd druchez durch ein tŏc vnd salbe daz furhŏbet mit dem, daz daruz rinnit; ez hilfit dich uile wol. [...]*
*Contra sanguinem de naribus fluentem: Nim die eigerschal, dannan div ivngen hŏnlv sint gehecchet vnd puluer sie vnd blasez in div naseloch, so gestat daz blŏt. Stoz die rutun fur div naseloch. Bint die nezzelun wrcun an daz hŏbet older funfblat.*
*Ad dolorem dentium: Nim die espinun rinde vnd niv sie mit dem ezzike vnd lege sie in den munt. [...] Ad sananda grauia uulnera: Nim mirram, wirŏch, mastice, harz, pech, orgimunde, polgalga, aloe, gips, hirzzeshorn, aristolociam rotundam. Dŏ der aller gelich vnd mach ein puluer dannan vz vnd sæ ez dar ane. Nim bli vnd brenne ez in einer phannun vnd tribez mit enir schinun unze ez uerbrinne vnd tŏ ez tanne in ein hŏlzin vaz vnd tŏ dar zŏ einluzel oles vnd ezzikes vnd tribez vnz ez diche werde vnd salbe ez damite.*

## 2.9 Heilkunde

> 'Hier beginnt das Arzneibuch des Hippokrates, das er gegen alle Krankheiten geschrieben hat, die überall im menschlichen Körper entstehen können.
> Gegen Kopfschmerzen: Nimm Wermut, Rauten, Efeu, das an der Erde wächst, und zerreibe es mit Honig und mische es mit dem Weißen vom Ei. Lege es an ein Tuch und umwickle den Kopf damit. Nimm Pfirsichkerne und zerreibe sie mit Rosenöl oder mit gewöhnlichem Öl. Gib halb so viel vom scharfen Essig dazu. Schmiere den ganzen Kopf damit ein bis zum Scheitel.
> Wenn dich dünkt, dass dir der Kopf zerspringen möchte von dem Schmerz, dann zerreibe das Efeu und mische Öl dazu und drücke es durch ein Tuch und bestreiche damit den Vorderkopf, dass es [aus dem Tuch] heraus rinnt. Es hilft dir sehr gut.
> Gegen Blut, das aus der Nase rinnt: Nimm Eierschalen, aus denen die jungen Hühnchen geschlüpft sind und pulverisiere sie und blase das in die Nasenlöcher. Dann stoppt das Blut. Drücke Rauten in die Nasenlöcher. Binde Nesselwurzeln an den Kopf oder Fünfblatt.
> Gegen Zahnweh: Nimm Espenrinde und zerreibe sie mit Essig und lege sie in den Mund.
> Zur Heilung schwerer Wunden: Nimm Myrrhe, Weihrauch, Mastix, Harz, Pech, Auripigment, (Arsentrisulfid), Flöhkraut, Galgant, Aloe, Gips, Hirschhorn, runde Osterluzei. Nimm von alledem gleich viel und mache ein Pulver davon und trage es auf. Nimm Blei und erhitze es in einer Pfanne und bewege es mit einem Stab, bis es flüssig wird, und tu es dann in ein hölzernes Gefäß und gib dazu ein wenig Öl und Essig und rühre es um, bis es dick wird, und trage es damit auf.'

Die Grenze zu **Zauberspruch** und **Segenshandlung** ist gegen Ende der Sammlung bei einer Empfehlung zur Heilung von Hufrehe (einer Pferdekrankheit) überschritten, wo es heißt *primo dic pater noster in dextram aurem. Marh, phar, nienetar, muntwas, marhwas, warcomedvdo, var in dinee, cirpríge, indine, marisere; daz dir zebǒze, ter et pater noster* (WILHELM 1960: 63, Zeile 384–388). Verständlich ist hier nur die lateinische Anleitung 'zuerst sprich ein Paternoster ins rechte Ohr'. Die folgenden Wörter reimen oder alliterieren, sind aber unverständlich (und sollten es wohl sein). Nur Einzelheiten können halbwegs sinnvoll angeschlossen werden: Das einleitende (reimende) *Marh, phar, nienetar* könnte 'Mähre, Pferd, wage es nicht' bedeuten. Was dann folgt, bleibt dunkel. Allenfalls *marh-* in *marhwas* könnte wieder mit mhd. *merhe* 'Pferd, Mähre' in Verbindung gebracht werden, *marisere* vielleicht mit lat. *miserere* 'erbarme dich'. Erst das abschließende *daz dir zebǒze, ter et pater noster* 'das (gereicht) dir zur Besserung, drei weitere Paternoster' ist wieder verständlich.

Substanzen, die zu Heilmitteln verarbeitet werden sollen, werden zu einem guten Teil **lateinisch** benannt (*rutam, mit oleo rosato, aloe, aristolociam rotundam*).

## 2 Die *Artes mechanicae*

Teilweise sind die Pflanzennamen zwar lateinischer Herkunft, aber bereits ans Deutsche **assimiliert**. Insofern können die entsprechenden Lexeme bereits als volkssprachlich gelten. Beispiele in [56] sind *phersich* (*persicus*, 'persisch'), *ezzich* (*acetum*), *puluer* (mittellat. *pulvere*). Auch *phanne* (hier Dat. Sg. *phannun*) ist lateinischen Ursprungs (lat. *panna*). Heimische Pflanzen werden zumeist mit ihren deutschen Bezeichnungen aufgeführt. Gleiches gilt für die Bezeichnungen von Körperteilen. Eine besondere Wortverwendung ist *nath* 'Naht' mit der (anzunehmenden) Bedeutung 'Scheitel'. Ein heilkundliches Fachwort könnte mehrmals vorkommendes *lutertranc* sein. Die wörtliche Bedeutung ist zwar 'Lautertrank, reiner Trank', doch deutet der Kontext darauf hin, dass eine bestimmte Mixtur gemeint ist, also kein beliebiger unvermischter „Trank". Als spezielle **Verbalbildungen** kommen *pulveren* (im Textbeispiel *vnd puluer sie* 'und pulverisiere sie') und *versieden* (*unz ez uerside* 'bis es verkocht', nicht in [56]) in Betracht. Solche Wortbildungen deuten auf Ansätze zur Bildung einer Fachsprache hin. Insgesamt prägend ist jedoch das unvermittelte Nebeneinander von Latein und Volkssprache.

**Syntaktisch** gesehen handelt es sich – ähnlich wie bei den althochdeutschen *Baseler Rezepten* – um eine Abfolge von anweisenden **Imperativsätzen**. Der zweite Absatz in [56] umfasst in wenigen Zeilen neun selbständige syntaktische Einheiten von nur sehr geringem Umfang: 1: *Nim wormatun, rutam, ebehŏe, daz an der erde wahsset* 2: *und nuez mit honege* 3: *vnd mischiz mit dem wizin des eies* 4: *legez an ein tŏhc* 5: *vnd virbint daz hŏbet dirmite* 6: *Nim des phersichis chernin* 7: *vnd nue sie mit oleo rosato alde mit deme einvaltigin ole* 8: *tŏ daz halbtteil des sarphin ezzichis darzŏ* 9: *salbe daz hŏbet allez dir mitte unz an die nath*. Nur ein einziger Nebensatz ist enthalten, der Relativsatz *daz an der erde wahsset* mit Bezug auf *ebehŏe*. Solche Abfolgen kurzer Anweisungssätze – vier davon sind mit *und* verbunden – sind charakteristisch für die Rezeptliteratur der Zeit.

Um 1200, also etwa gleichzeitig mit dem *Arzenîbuoch Ypocratis*, ist das **Innsbrucker Arzneibuch** entstanden (Ausgabe: WILHELM 1960: 39–42). Auch diese Sammlung von Rezepten ist in lateinisch-deutscher Mischsprache abgefasst. Der Lateinanteil ist in der ältesten Handschrift (Innsbruck, UB, Hs. 652, fol. 76$^v$–78$^v$) noch deutlich höher als im *Arzenîbuoch Ypocratis* (KEIL 1983a, STRICKER 2003: 115–117). Überwiegend **lateinisch** beschrieben sind hier die Symptome, ebenso die Anwendungsvorschriften. Dagegen sind die Zubereitungshinweise weitgehend deutsch. In einer jüngeren Überlieferung des 13. Jhs. (München, BSB, clm 14851, fol. 115$^v$–119$^r$) ist der Gesamttext verdeutscht. Unmittelbar an das Arzneibuch schließt sich in derselben Handschrift das **Innsbrucker Kräuterbuch**, das im **Prüller Kräuterbuch** eine Parallelüberlieferung besitzt (KEIL 1983b, Ausgabe beider Texte: WILHELM 1960: 42–45). Im 13. Jh. nimmt die Produktion volkssprachlicher heilkundlicher Literatur deutlich zu (SCHNELL 2003). Im 14., 15. und 16. Jh. wurden zahlreiche weitere, auch wesentlich umfangreichere Sammlungen dieser Art in der Volkssprache angelegt (Überblick bei HAAGE/WEGNER 2007: 197–207).

## 2.9 Heilkunde

Noch vor 1200 entstand der volkssprachige **Bartholomäus**, ein medizinisches Lehrbuch, das man „als den Prototyp eines 'Arzneibuchs' ansehen kann" (SCHNELL 2003: 256). Es enthält neben medizinischen Traktaten ebenfalls eine Reihe von Rezepten und fand in den folgenden Jahrhunderten weite Verbreitung (KEIL 1978b, CROSSGROVE 1994: 51f., HAAGE/WEGNER 2007: 195f.). Die Zahl der erhaltenen Textzeugen beläuft sich auf über 300. Der Name *Bartholomäus* ist freilich nicht der des Autors, sondern der anonyme Kompilator hat ihn von der lateinischen *Practica Bartholomaei* geliehen, die stellenweise auch als Quelle diente. Er stand wissenschaftlich auf der Höhe der Zeit, denn er übersetzte lateinische Texte aus der berühmten medizinischen Schule von Salerno, wo im Hochmittelalter antike griechische Texte (u.a. Aristoteles), aber auch arabische Lehrwerke ins Lateinische übertragen wurden (FINGERNAGEL 2010: 166–169). Das Werk ist in mehr als 200 Handschriften im ganzen deutschen Sprachraum verbreitet und wurde in Auszügen sogar ins Dänische und Tschechische übersetzt.

---

**[57] Aus dem *Bartholomäus* (nach PFEIFFER 1863: 144f.)**

*Ditze saget von dem houbet unde von alle dem daz dâ zue hôret.*
*Swem diu ougen tunchel werdent, daz er niht wol gesehen mach, der sol nemen wîze myrren und sol die ze stuppe malen unde temper daz mit honecseime, der wol gesiede ân rouch ouf der glüete, unde salbe diu ougen dâ mit: si werdent schiere lûter unde schône.*
*Sô dem menschen diu ôren verwahsent oder vervallent, daz ez niht gehören mach, sô nime eines widers gallen unde misch die mit eines wîbes spunne* [Muttermilch] *und giuz daz in daz ôre. Nehelphe daz niht, sô nim die maden, die die âmeizen tragent, und mule si in einem morser unde temper die mit wîbes spunne unde mit ole und giez daz in daz ôre: er wirt in churzer stunt gehôrent.*
*Nim wurz, heizet barba Jovis, hirzwurze, die sol man mulen* [zerstoßen] *unde trucken durch ein tuoch unde trouphe daz in daz ôre, daz ist guot. [...]*
*Swem diu ougen rinnen, der nem eins phares* [eines Ochsen] *gallen unde eines âlen gallen unde den souch* [Saft] *der wurze verbena unde fenchelwurze und rîp den souch dar ouz und misch diu alliu zuo einander unde werme siu bî einem fiure unde sîh iz dann durch ein tuoch und giuz si danne alliu samt in ein horn oder in ein chopher vaz unde strîch die salben ûzen umbe daz ouge: iz wirt schiere gesunt unde trucken. [...]*
*Centauriam daz chrût sol man mulen unde sol ez tempern mit honecseime unde diu ougen dâ mit salben, sô werdent si heiter unde lieht. Nemugestû diu diu ougen anders niht heiter gemachen, sô nim eines hanen gallen unde temper si mit honecseime unde huote dich ein jâr vor dem rouche unde vor dem starchen glaste* [grellem Licht] *unde iz die erzenîe alle tage, so hâstû immer mêr guotiu ougen.*

## 2 Die Artes mechanicae

Lateinisch sind im *Bartholomäus* vor allem noch Pflanzennamen. In [57] sind das *barba Jovis*, das mit *hirzwurze* 'Hirschwurz' erklärt wird, *verbena* 'Eisenkraut', *Centauria* 'Kornblume'. Als Fachwort an die deutsche Morphologie angepasst ist *tempern* (aus lat. *temperare*) 'mischen'. Fachspezifische **Verbalbildungen** sind *verwachsen* und *vervallen*. Beides bezeichnet das Schwinden des Gehörs.

Ein deutlicher Unterschied zum *Arzenîbuoch Ypocratis* besteht in der **Syntax**. Zwar enthält der *Bartholomäus* ebenfalls Serien von Einfachsätzen, daneben aber auch komplexere Gebilde. Konstitutiv sind **Bedingungsgefüge**, die grundsätzlich zwei Mustern folgen: (1) verallgemeinernde Relativsätze des Typs *Swem diu ougen tunchel werdent...* (2) Konditionalsätze des Typs *Sô dem menschen diu ôren verwahsent oder vervallent...* neben Konstruktionen mit negiertem Verb im Konjunktiv: *Nehelphe daz niht...* 'sollte das nicht helfen / wenn das nicht hilft'. Neben Bedingungen werden in **Konsekutivsätzen** wie *Swem diu ougen tunchel werdent, daz er niht wol gesehen mach* auch Folgerungen genannt. In Relativsätzen wie *nim die maden, die die âmeizen tragent* werden Bezugsgrößen näher erläutert. Stereotyp sind die abschließenden Sätze wie *si werdent schiere lûter unde schône* oder kurz und bündig: *daz ist guot*.

Um die Mitte des 12. Jhs. entstand das lateinische Herbar **Circa instans** (benannt nach den Anfangsworten *Circa instans negocium in simplicibus medicinis nostrum versatur propositum* 'das Folgende dreht sich um die wichtige Beschäftigung mit den einfachen Drogen'). Es umfasst je nach Vollständigkeit der jeweiligen Überlieferung zwischen 250 und 500 Pflanzenkapitel. Zunächst wird das Aussehen beschrieben, dann folgen Anwendungsmöglichkeiten, wobei auch „Risiken und Nebenwirkungen" berücksichtigt werden. Der lateinische Text war europaweit und sogar darüber hinaus bis Armenien verbreitet (SCHNELL/CROSSGROVE 2003: 47–49). Im 13. Jh. wurde das *Circa instans* ins Mittelhochdeutsche übersetzt und erreichte im spätmittelalterlichen deutschen Sprachraum eine beträchtliche Verbreitung (KEIL 1978c). Eine aus dem niederösterreichischen Petronell stammende um 1450 entstandene reichlich illustrierte *Circa instans*-Handschrift (PALMER/SPECKENBACH 1990) enthält eine lateinische und eine deutsche Textversion.

---

**[58] Aus der lateinisch-deutschen Petroneller *Circa instans*-Handschrift (nach PALMER/SPECKENBACH 1990: 76–79)**

| | |
|---|---|
| *Aloen virtutem habet purgandi fleuma et mundificandi melancoliam. Habet eciam virtutem confortandi membra neruosa. Vnde valet contra superfluitatem frigidorum humorum in sto-macho contentorum. Ipsum autem stomachum confortat. Capud a dolore releuat, qui fit ex imatimiasin, id est ex fumositate stomachi, visum* | Aber aloen hat di kraft ze purgieren daz flegma, daz ist di vnsaubrikait der leber, vnd rainigt di meloncolei, vnd hat auch kraft ze pestercken di gelider vnd zu den überflissigen tämpffen der kalten in dem magen vnd pesterckt den magen vnd hebt auff di wetagen des haubts, der da kumbt von auff riechung des magens, vnd macht liecht das |

## 2.9 Heilkunde

*clarificat, opilationem splenis et epatis, menstrua provocat, superfluitates circa pudenda, si sint ex frigida causa, abstergit et scabiem curat.*

*Corpus discoloratum coloratum reddit, si fuerit discoloratio ex precedente egritudine. Valet ad extingwendum sagwinem de wulnere et ad consolidandum stomachum, inde emplastrum cum vitello oui et olea et sepe supponatur.*

*Valet eciam contra allopiciam et casum cappillorum. Si humores flegmatici vel melancolici habundauerint in stomacho, et propter digestionem dentur drachma ij aloes cum drachma i masticis, stomachum mundificat et eundem infrigiditatum et debilitatum confortat. Ad idem granum aloe cum melle exhibitum valet, stomachum mundificat et digestionem procurat. Et nota, quod aloe et mastix debent teri in vino albo decocto dari. Ad idem extrahatur ligwa ab ore et postea iniciatur per ysophagum duo grana aloes, quamvis enim aloes sit amarum ori, dulce tamen est stomacho.* [...]

*Ad visum clarificandum detur aloen simpliciter, uel cum mirabolis conditis, enucleatis et contritis dentur drachma ij, alias habentur iij aloes cum drachma i masticis uel diadraganti addito siropo cum aqua tepida. Expertissimum enim est ad visum clarificandum.*

*Contra peropilationem splenis et epatis sumatur aloes cum calido succo opij vel sic jn decoctione radicis semen apii, petro brusci, spera-*

*gesicht, vnd di verschoppung des milcz vnd der leber vertreibt si vnd pringt den frauen ir kranckhait, ob si sindt von kalter sach, di vertreibt si vnd hailt den grintt.*

*Der leib, der vngestalt ist, den macht si recht gestalt, ob di vngestalt von der vergangen kranckhait war. Si ist auch gutt zw dem plutt, das da flüst von den wunden; vnd ze kreftigen den magen, wann man macht ain pflaster damit vnd nymbt daz weiß von dem ay vnd öl vnd legt daz offt auff den magen.*

*Vnd ist auch gutt zw der däung, wann man gibt zwo vncz aloes mit ainer vncz mastic, so rainigt es den magen, vnd so er erkalt vnd kranck ist. Des gleichen ain koren aloe mit hönig gegeben ist gutt zw dem magen vnd pringt di däung. Vnd merck, daz aloe vnd mastix di sol man zermischen vnd in weissen wein gehocht jn geben. Des gleichen so man di zung auß dem mund zeucht vnd sprengt si mit zwain kören aloes, wie wol es pitter ist dem mund aber dem magen süß.*

*Vnd für di erklärung des gesichtes, so gibt man aloen simplum vnd gestossen zwo vncz mit ainer vncz mastic oder diadraganti vnd mit syrop vnd laben wasser, vnd ist daz aller pebärlichest zu dem gesicht.*

*Vnd für di schoppung des milcz so nymbt man es mit haissen saft der peien oder hönigs mit kochung der burczen vnd des samen apij, daz ist der*

## 2 Die *Artes mechanicae*

> *gi, ij uncia vel iij aloes, masticis drachma i, et detur uel bis uel ter in septimana. Talis decoctio menstrua educit: suppositorium factum ex trifera nigra pulvis et aloes super aspergatur.*
>
> peien, vnd petrobrusti, speragi, zwo vncz oder drei, vnd daz gibt ainsten zwir oder drei mal der wochen, vnd daz pringt auch den frauen ir gerechtikait. Fur daz betagen des haubts nymbt man jerapigra, daz ist leberburcz, vnd galieni.

Der Übersetzer hat mehrere **lateinische** Wörter der Vorlage übernommen, vor allem **Pflanzennamen** (*aloen* 'Aloe', *petrobrustus* 'Steinbrech', *speragus* 'Spargel', *jerapigra* 'Weißer Germer' mit dem erläuternden Zusatz *daz ist leberburcz*) und Bezeichnungen von Heilmitteln aus Pflanzen (*mastic* 'mastix', Harz von Pistazienbäumen, *diadragantum*, eine aus Bocksdorn gewonnene Substanz), dazu Krankheitsnamen (*meloncolei* 'Niedergeschlagenheit' infolge von zu viel schwarzer Galle) oder anderweitig Körperliches (*flegma* 'Schleim', erklärt mit *daz ist di vnsaubrikait der leber*). Hierher gehört auch die Verbalbildung *purgieren* 'reinigen, absondern'.

Zahlreiche *-ung*-Bildungen geben **lateinische Abstrakta** wieder: *von auff riechung des magens* 'von emporsteigenden Gerüchen des Magens' (*ex fumositate stomachi*), *verschoppung des milcz vnd der leber* 'Verstopfung der Milz und der Leber' (*opilationem splenis et epatis*), *gutt zw der däung* 'gut zur Verdauung' (*propter digestionem*), *für di erklärung des gesichtes* 'für ein klares Sehen' (*ad visum clarificandum*, Gerundivkonstruktion). Ebenfalls ein deutsches Abstraktum nach dem Muster eines lateinischen ist *kochung* in *mit kochung der burczen* 'durch Abkochen der Wurzel' (*in decoctione radicis*).

Da es sich nicht primär um einen anweisenden, sondern um einen **beschreibenden** Text handelt, sind deutlich weniger Imperative enthalten als in den Arzneibüchern der Zeit vor oder um 1200. Dennoch ist die Syntax insgesamt wenig komplex. Es dominieren **einfache Aussagesätze**, die auch hier vielfach mit *und* verbunden sind. Der folgende Passus aus [58] enthält insgesamt zehn selbständige syntaktische Einheiten mit indikativischen Prädikaten: 1: *Aber aloen hat di kraft ze purgieren daz flegma* 2: *daz ist di vnsaubrikait der leber* 3: *vnd rainigt di meloncolei* 4: *vnd hat auch kraft ze pestercken di gelider vnd zu den überflissigen tämpffen der kalten in dem magen* 5: *vnd pesterckt den magen* 6: *vnd hebt auff di wetagen des haubts, der da kumbt von auff riechung des magens* 7: *vnd macht liecht das gesicht* 8: *vnd di verschoppung des milcz vnd der leber vertreibt si* 9: *vnd pringt den frauen ir kranckhait, ob si sindt von kalter sach* 10: *di vertreibt si vnd hailt den grintt.* Nur zwei von diesen zehn Sätzen – sieben davon sind mit *und* an den vorausgehenden angeschlossen! – enthalten eine untergeordnete Struktur: In 6 ist ein attributiver Relativsatz enthalten (*der da kumbt von auff riechung des magens* mit Bezug auf *die wetagen* 'die Schmerzen'), in 9 ein Konditionalsatz (*ob si sindt von kalter sach*).

## 2.9 Heilkunde

Bereits im späten 11. Jh. ist eine mittellateinische Abhandlung über Heilpflanzen in Hexametern entstanden, der **Macer Floridus** (SCHNELL/CROSSGROVE 2003: 21–40). Bei der schon mittelalterlichen Werksbezeichnung stand ein Freund des römischen Dichters Ovid, Aemilius Macer, Pate, der ein (nicht überliefertes) Gedicht *De herbis* verfasst hat. Der lateinische Text dieses *Macer* wurde bereits im 12. Jh. mittelhochdeutsch glossiert. Wahrscheinlich um 1220 entstand im thüringisch-obersächsischen Raum eine erste freie Prosabearbeitung, die später breit überlieferte „Vulgatfassung" (ebd. 60–66). Im 15. Jh. wurden weitere Prosabearbeitungen und auch eine deutsche Versfassung in Reimpaaren verfasst (SCHNELL/CROSSGROVE 2003: IX).

Der Text enthält zahlreiche **lateinische Pflanzennamen**, zu denen in den meisten Fällen die **volkssprachigen Äquivalente** genannt werden. Lateinisch, seltener griechisch, sind Krankheits- und Körperteilbezeichnungen wie z.B. *egillopa* 'Geschwür im Augenwinkel', *emmorroiden* 'Hämorrhoiden', *matrice* 'Gebärmutter', *papula* 'Geschwulst am Kopf', *parrocidas* 'Geschwulst am Ohr', *pleuresis* 'Rippenfellentzündung', *ptisis* 'Schwindsucht'. Auch einige Heilmittel werden lateinisch bezeichnet wie etwa *dyagrydion* 'Abführmittel', *kathaplasma* '(Brei-) Umschlag', *oximel* 'Latwerge aus Honig', *pusca* 'Gemisch aus Wasser und Wein'. Morphologisch ans deutsche Sprachsystem angepasst sind beispielsweise *temperunge* 'Drogengemisch' oder *fistel* 'eiterndes Geschwür, Fistel' (aus lat. *fistula* 'Pfeife').

Mehrere Fachausdrücke, insbesondere Krankheitsbezeichnungen, sind **Komposita** wie *blâsensiuche* 'Krankheit der Blase', *bûchkurren* 'Blähungen', *lebersiech* und *lebersühtec* 'leberkrank', *lendensiech* 'lendenkrank', dazu *lendensiuche* 'Krankheit der Lende', *lungensiech* 'lungenkrank', *lungensiuche* und *lungensucht* 'Lungenkrankheit', *milzsiech* und *milzsüchtig* 'an der Milz krank', *milzsiuche* 'Krankheit der Milz', *vrouwensûche* und *wîbesûche* 'Menstruation'. Mehrere **verbale Präfixbildungen** beziehen sich auf Zubereitungsarten von Heilmitteln: *zerdenen* 'glätten', *zerknüsen* 'zerquetschen', *zerstôzen* 'mit dem Mörser zerstampfen, zerkleinern', *zertrîben* 'zerreiben, einrühren' oder Symptome (*zerswellen* 'anschwellen' oder das Partizip *zerdrunden* 'angeschwollen'). Vereinzelt werden **allgemeinsprachliche** Wörter terminologisch verwendet wie *blint* 'nicht geöffnet' (von Geschwüren), *scheme* 'Verdunklung, Trübung der Augenlinse' (sonst 'Schatten'), *viur* 'Wundrose' (sonst 'Feuer', als Krankheitsbezeichnung in der Verbindung *heiliges viur*). Als **euphemistische** Fachtermini zu bewerten sind *bluome* 'Menstruation' (sonst 'Blume'), *heimelîcheit* und *kleinôt* 'Genitalien' sowie *hindervenster* 'After'.

Einem unmittelbaren syntaktischen Einfluss des lateinischen Textes auf den deutschen war dadurch Grenzen gesetzt, dass lateinische Verse in volkssprachige Prosa umgesetzt wurden. Auffallend sind auf jeden Fall aber die zahlreichen **konditionalen** oder **temporalen Partizipien** mit entsprechenden Strukturen im lateinischen Text. Beispiele: *Bertram gehangen den kinden zu dem halse* (*Suspensum* *collo pueris*), *Gesoten in wazzere mit ezsige* (*coctus ex aqua cum oleo*), *der same gepulvert* (*semen in pulverem versum*).

In Teilen ist der *Macer* in andere Kräuterbücher wie den **Gart der Gesundheit** eingearbeitet oder durch Material aus anderen Kräuterbüchern angereichert worden. Der *Gart* wurde erstmals 1485 in Mainz gedruckt und fand nicht zuletzt wegen seiner naturgetreuen Illustrationen bis ins 18. Jh. weite Verbreitung in Nachdrucken. Schon für das 16. Jh. sind 60 Auflagen zu verzeichnen (SCHNELL/ CROSSGROVE 2003: 83). Behandelt sind in ungefährer alphabetischer Abfolge 382 Pflanzen, 25 aus tierischen Produkten gewonnene Drogen und einige Mineralien. Der *Gart* ist eine Kompilation des Arztes **Johann Wonnecke von Kaub** (ca. 1430–1503/4), der im Auftrag des Mainzer Domherrn Bernhard von Breidenbach (ca. 1440–1497) arbeitete. Sein Material trug er aus älteren deutschen Quellen (z.B. *Macer*, *Konrad von Megenberg*) zusammen, allerdings ohne diese zu benennen. Im Gegenteil: Die Quellenangaben im *Gart* suggerieren dem Leser und wohl ganz gezielt auch dem Auftraggeber, Wonnecke habe seine Kenntnisse aus *bewerten meistern in der artzney* bezogen, z.B. *Galieno, Auicenna, Serapione, Diascoride, Pandecta* (zum *Gart der Gesundheit* und zum *Leipziger Drogenkompendium* vgl. MAYER 2014).

### 2.9.3 Heilkundliche Praxis

Seit dem 13. Jh. und zunehmend in den Folgejahrhunderten wurden auch volkssprachliche Traktate zur heilkundlichen Praxis (Prävention, Diagnostik und Therapie) verfasst bzw. aus dem Lateinischen übersetzt (vgl. das umfangreiche Kapitel „Humanmedizin" in HAAGE/WEGNER 2007: 166–265). Auch hier kommen wie in vielen Rezepten die Beschaffenheit und Wirkungsweise von Heilkräutern zur Sprache, doch ist die Perspektive umgekehrt: Ausgegangen wird von Krankheitsbildern und erst danach wird gefragt, mit welchen Mitteln Heilung oder Linderung erreicht werden kann. Prävention, Diagnostik und Therapie sind also keine streng getrennten Bereiche, sondern gehen in den Texten vielfach ineinander über.

#### 2.9.3.1 Gesundheitsvorsorge

Grundlage der mittelalterlichen Medizin war die auf antike Autoritäten – vor allem **Hippokrates** (4. Jh. v. Chr.) und **Galenos** (2. Jh. n. Chr.) – zurückgehende **Humoralpathologie**, die Lehre von den vier Körpersäften Blut, gelbe Galle, schwarze Galle und Schleim. Ein ausgewogenes Verhältnis dieser Substanzen ist nach dieser Auffassung gleichbedeutend mit Gesundheit. Störungen des Gleichgewichts verursachen Krankheiten. Um die Balance zu erhalten, muss der Mensch darauf bedacht sein, die sechs *res non naturales*, die 'sechs Dinge, die nicht von der Natur vorgegeben', also beeinflussbar sind, auf richtige Weise zu handhaben: *aer* 'Luft', *cibus et potus* 'Speise und Trank', *motus et quies* 'Bewegung und

Ruhe', *somnus et vigilia* 'Schlafen und Wachen', *secreta et excreta* 'Stoffwechsel' und *affectus animi* 'seelische Befindlichkeiten'.

Die Lehren der klassischen antiken Autoren wurden mit dem Umweg über das Arabische nach Westeuropa vermittelt. Ein wichtiges Zentrum der Rezeption vom 10. bis zum 12. Jh. war das süditalienische Salerno. Dort übersetzte man auch genuin arabische Traktate (FINGERNAGEL 2010, SCHIPPERGES 1976a, 1976b). Später kamen Toledo, Montpellier und Paris als Zentren der wissenschaftlichen Medizin hinzu.

Breite Rezeption in verschiedenen Textversionen sowohl im Lateinischen als auch in mehreren Volkssprachen, darunter dem Deutschen, erfuhr ein ursprünglich arabisches Kompendium, für dessen Verfasser man aber im ganzen Mittelalter fälschlich Aristoteles hielt, das **Secretum Secretorum** (dazu grundlegend FORSTER 2006). Vom späten 13. bis ins 15. Jh. wurden Übersetzungen ins Deutsche angefertigt, die ganz oder in Teilen wieder in größere Textkompendien integriert werden konnten. KEIL (1992a: 1002–1008) unterscheidet über 20 verschiedene deutsche und niederländische *Secreta*-Versionen, die auf unterschiedliche lateinische Textfassungen zurückgehen. Die Texte geben sich als Lehrbriefe des Aristoteles an Alexander den Großen aus, der angeblich sein Wissen nicht an Ärzte preisgeben, sondern nur dem König mitteilen wollte. Obwohl die deutschen Texte (einige davon in Versform) diese Fiktion aufrechterhalten, handelt es sich um allgemeine Gesundheitsratschläge.

Auszüge aus den *Secreta* sind auch in die **Ordnung der Gesundheit für Rudolf von Hohenberg** eingegangen, eine Gesundheitslehre, die im 15. und 16. Jh. bereits im Druck vor allem in Süddeutschland große Verbreitung fand (HAGEN-MEYER 1972: 9–50). Dieser „Gesundheitsratgeber" war in breiten Bevölkerungsschichten, in Adelskreisen, Klöstern, in Bürgerhäusern „bis in die Badstube" (ebd. 92) anzutreffen. Es liegen verschiedene lateinische Vorlagen zugrunde, die letztlich auf arabischen Quellen basieren (ebd. 94–119). Hinsichtlich Wortschatz und Syntax sind diese Texte volkstümlich schlicht und allgemeinverständlich.

## 2 Die *Artes mechanicae*

> **[59] Aus der *Ordnung der Gesundheit für Rudolf von Hohenberg* (nach HA-GENMEYER 1972: 293)**
>
> *Wie man sich vor dem essen halten sull*
> *Zů dem ersten soltu wissen, das der mag in dem menschen ist als ain hafen [Gefäß] bey ainem fuir. So ist die leber als das fuir bey dem hafen. So man die kost will sieden, so mů*ß *man das fuir vor enzünden. Also in der gleichnuß [entsprechend] sol der mensch, e er zů dem tisch sitzt, die natur anzunden und sol sich ultern [regen] und bewegen hin und her mit spacieren oder sunst mit messiger arbait, bis er wol erwarm und rot wird an dem antlüt, damit er erkükt [anregt] und enzünt die natürlichen wirm [Wärme] und der mag wirt begirig und lustig und die speyß kumpt dem menschen darnach wol. Nach dem essen sol der mensch nicht arbaiten, noch ser laffen, noch springen, wann das gar schedlich ist und sol vil gemechlich sitzen und darnach sitteclichen [gemächlich] hin und her gan spacieren. Und von der ordnung nach dem essen spricht Avicena: Nach dem essen kompt dem menschen vil gesunthait. Die leblichen gayst werdent davon erkückt, die naturliche wirme wirt enzündt, die gelider werdent davon gerainigt, die bösen dunst und feichtikayt werdent davon auß getriben , der mensch wirt lustig und die gantz natur gesterckt. Darumb, so du zů dem tisch wilt gän, so tů als vorgeschriben ist, so behebestu [behältst du] gesunthait und langes leben.*

Es handelt sich bei Texten wie diesem um Populärwissenschaft, vergleichbar mit heutigen Gesundheitsratgebern mit „hohe[r] Frequenz, um nicht zu sagen Omnipräsenz" (RIHA 1992b: 102). Solche Texte wurden „nicht nur von Wund- und Laienärzten benutzt", sondern sie dienten „auch Klerikern als prophylaktische bzw. therapeutische Quellen" (BERGMANN/KEIL 1982: 325).

### 2.9.3.2 Diagnostik: Blut- und Harnschau

Mittelalterliche Diagnostik basierte vielfach auf Blut- und Harnschau. Anonyme Arzneibücher und Werke namhafter Autoren enthalten einschlägige Kapitel (HAAGE/WEGNER 2007: 230–232, RIHA 1992b: 26–40, 118–121). Einige derartige Traktate sind separat verfasst worden, auch wenn sie später in Textsammlungen zusammengefasst wurden. Ein Beispiel ist der Traktat **Zwölf stucke von dem Harne**, der in einer Frankfurter und einer Londoner Handschrift überliefert ist (Ausgabe: MAYER 2000, vgl. ders. 1999).

Ein weiterer Harntraktat ist in einer um 1430 geschriebenen Sammelhandschrift aus dem südostdeutschen Raum (UB Greifswald, 8° Ms 875, Ausgabe BAUFELD 2002: 46–49) enthalten. Anders als die zitierte Gesundheitslehre [52] lässt sich für die medizinischen Texte des Greifswalder Codex vermuten, dass sie „in Kreisen praktizierender Ärzte entstanden ist. Das Buch scheint unter ganz pragmatischem

## 2.9 Heilkunde

Aspekt angelegt worden zu sein, und es ist in weiten Teilen der alltäglichen Praxis des Arztes zugewandt" (ebd. XXII). Neben dem nachfolgend zitierten Textblock [60] stehen an den Rändern Stichwörter, die es dem Benützer erlauben, sich über den Inhalt einen raschen Überblick zu verschaffen oder genau die Stelle aufzufinden, an der von einer bestimmten Beschaffenheit des Harns die Rede ist. Solche Stichwörter sind z.B. *lauter harm* 'durchsichtiger Urin', *lichter harn, dünn, weisser, trüben, roter harnn, rot und tünne* usw.

---

**[60] Harntraktat in Ms 8° 875, Universitätsbibliothek Greifswald (nach** BAUFELD **2002: 46–49)**

*Hie hebt sich an das ander puch: Von dem harn zu schauen.*
*De indicatione urine multe bone regule*
*Wer den harn recht schauen wil, der sol haben ein weysßes glaß, daz czu male leuter sey, unnd daz oben enger sey dann weyte. Er sol auch den harnn nymmer gevahen, ee dann der mensche wol geschlaffen hat bey der nacht, wanne der harn gewinnet immer rechte varbe uncz nach mitter nacht. Daz glaß, daz schol man bedeken unnd schol ezz danne scheuen [betrachten], so dy sunne auff gat. Ist ez, daz der harnn eyn dicken kraizz umb unnd ummb hat in dem glaß was [Glasgefäß], so ist daz haubt tönnphik [dämpfig] unnd siech unnd tapfer [voll]. Ist aber der harn lauter unnd ist der kreizz rot, so ist dez plutes zewil vornan in dem haubt. Ist daz haubt sich [siech] in dem hirnn, so ist der harnn licht unnd pleich, unnd ist doch der seichtum groz. Ist der harnn dün unnd ist der kraiz weizz, so ist daz haubt gelinkent albenn [auf der linken Seite] seich. Daz kumt von der melancolya. Ist der harnn weiz unnd dick, so ist daz heubt seich in dem naken. Daz kumpt von den flectmate. Wer wißen wil, waß sichtumz der mensch in dem heubte hab, der sol daz merken bey dem kraizz, der ummb den harnn get. Wenn der harnn oben ist gerözzlocht [rosenfarbig] zware, so ist daz heubt siech allentelben. Ist der harnn trüb unnd val alz dez vihez, so ist daz heubt so seich, daz der mensche dez in grozz not kumpt, ez werde dan ym daz gebußet. Hat der harnn ein dikken kreiz unnd er sust allentalben ist ein wenig schumink [schäumend], so ist daz haubt seich unnd ist dy brust unkrephtig. Ist der harnn rot unnd dick, so hat der mensche daz feiber unnd ist also, daz von ym kumpt ein seichtum, der heysßet synocha febris. Unnd daz selbe feiber heisset tertiana, daz rürt den an an dem dritten tage. Unnd kumpt daz selb von unmessigein plut, da von sol daz bußen mit dem adern laßen. Ist der harnn rot unnd dünn, so hat der mensch daz dritt tegleich feiber. Ist der harnn weiz unnd dick, so hat der mensch daz dechlich feiber. Unnd kümpt daz selbe von flectmate, daz ist kalter natur. Ist aber dez harnns so vil ist unnd dünn, so wil daz fieber ein ennde haben. Begint aber der harnn swarczen [schwarz zu werden], so wil sich daz teglich fieber wandelnn in daz dritte teglich fieber. Ist der harnn leuter unnd rot ist, so sein wil ist, daz bedeutet, daz der mennsch seich ist an der longen von der grossen*

## 2 Die *Artes mechanicae*

> *hicz. Ist des harns vil in dem glaß unnd weyß unnd lauter, so ist ez, daz dem menschen dye lunge erfroren ist. Ist der harnn dün unnd pleich, so hat der mensch ettwaz unwerdeutes in im. Ist der harnn rot unnd dick und ist sein vil, daz bedeutet, daz dye lung ist zubrachen* [beschädigt]. *Ist der harnn rot unnd ein tail gemischt mit swercz, daz bedeutet, daz dy lung zu hayz ist.* [...]
> *Von der frouen harnn*
> *Der meyd harnn sol sein liht unnd lauter. Der harnn, so der man bey dem weib liht des nachtes, so sol der sein trüb unnd liht daz seymen* [dicke Flüssigkeit] *an dem grunde dez glaß. So daz weip swanger würt an dem andern tag an dem dritten morgen, so sol der harnn lauter sein, ein micheltail getan seyn, dy heffen* [Ablagerung] *an dem podem hessik* [hässlich] *unnd dik. So dy weyp siech sein in menstruo, so ist der harnn plut war* [blutfarbig]. *Unnd ist frauen harnn trüb als dez vihes, so seint sy siech in der kintleg, dy heisßet matrix, unnd in der wamme, do ist dy vulva. So der harnn stet in dem vas unnd der kreizz bidmet* [zittert] *unnd daz vas doch neymand rürt, so hat daz weyp der uvel feugte* [Feuchtigkeit] *zu vil. Daz rinnet durch den ruchke in daz heubt unnd yn allen leyp, so müßen dy weyber haübt seich werden. Ist der harnn feur var, so hat daz weip da vil übel tegleich feiber. Ist der craizz ob dem harnn, so ist sei(n) heubt seich, oder sie hat dye übel hicz an irem leibe.*

Dass sich der Text an Ärzte wendet, nicht an Laien, zeigt die lateinische Überschrift *De indicatione urine multe bone regule* 'viele gute Regeln, was der Urin anzeigt'. Auch im weiteren Textverlauf erscheinen **lateinische Fachtermini**: *melancolya* 'Melancholie' (gemeint ist ein Überschuss an schwarzer Galle im Sinne der Humoralpathologie), *flegma* (Überschuss an Schleim), *synocha febris* 'dreitägiges Fieber', gleichbedeutend *tertiana (febris)*, *in menstruo* 'während der Menstruation', sowie *matrix* 'Gebärmutter' und *vulva*, als jeweils nachgetragene Fachtermini für *kintleg* bzw. *wamme*. Als volkssprachliche **Wortbildungen** mit zumindest einer Tendenz zur Terminologisierung kommen die **Adjektive** *tönnphik* 'dämpfig' (gemeint sein dürfte 'engbrüstig, asthmatisch') *gerözzlocht* 'rosenfarbig', *schumink* 'schäumend', *haubt siech* 'kopfkrank' in Betracht, ebenso die Fügungen *daz dritt tegleich feiber* 'das dreitägige Fieber' und *daz dechlich feiber* 'das eintägige Fieber'.

Die **Syntax** ist gekennzeichnet von **Hypotaxen**, die von **Konditionalsätzen** eröffnet werden, denen ein Hauptsatz folgt. Der Konditionalsatz benennt jeweils die (mögliche) Beschaffenheit des Harns. Im nachfolgenden Hauptsatz, der meistens stereotyp mit *so ist...* beginnt, wird gesagt, was sich als Folgerung daraus ergibt: *Ist ez, daz der harnn eyn dicken kraizz umb unnd ummb hat in dem glaß* oder *Ist der harnn dün unnd ist der kraiz weizz*. Eine geringfügige Variante sind Gefüge mit Konditionalsatz und anschließendem 'das bedeutet, dass...', z.B. *Ist der harnn rot unnd dick und ist sein vil, daz bedeutet, daz dye lung ist zubrachen*. Solche und

## 2.9 Heilkunde

ähnliche Bedingungsstrukturen sind charakteristisch für diagnostische Texte dieser Art (vgl. RIHA 1992b: 26–40, 118–127). Auch in dem erwähnten Harntraktat *Zwölf stucke von dem Harne* dominieren Gefüge mit konditionalen *wenn*-Sätzen, z.B. *wenne der harn ist wis vnd dicke uder trůbe vnd wanne daz wisse oben swimet oder vnd wenne daz trůbe blibet stete, so zůhet es zů kalter nature* (MAYER 2000: 199).

### 2.9.3.3 Pestilenz und Aderlass

Um 1350 wütete in weiten Teilen Europas die Pest. 1347 war sie von Genuesen, die aus ihrer Handelsniederlassung in Kaffa (dem heutigen Feodosia auf der Krim) vor angreifenden Mongolen und Tataren geflohen waren, nach Italien eingeschleppt worden. Kaufleute aus Genua brachten die Pest zunächst in Hafenstädte an der europäischen Mittelmeerküste, von wo aus sich die Seuche über den Kontinent, dann auch bis zu den Britischen Inseln, nach Skandinavien, Moskau und Nowgorod ausbreitete. Auch später kam es immer wieder zu regionalen Pestwellen, die allerdings nicht mehr die katastrophalen Ausmaße der Pandemie des 14. Jhs. erreichten. Die Ärzte standen dem Schwarzen Tod hilflos gegenüber. Was die Ursachen betraf, tappte man völlig im Dunkeln. Naheliegend war es, die Seuche als Strafe Gottes zu deuten. Vielerorts kam es zu Pogromen gegen die Juden, denen man die Schuld an der Katastrophe gab. Namhafte Gelehrte der Zeit suchten eine Erklärung im „Miasma", vergifteter Luft, die man auf eine ungünstige Planetenkonstellation zurückführen wollte (M. MEIER 2005, VASOLD 2008, BERGDOLT 2011). Es entstanden zahlreiche Pestregimina (HAAGE/WEGNER 2007: 222–226, RIHA 1992b: 85–99).

Als die Pest auf dem Höhepunkt war, verfasste ein anonymer Autor (wahrscheinlich im bairisch-schwäbischen Grenzgebiet) einen Traktat, in dem er vier Stellen für den Aderlass nennt. Er rät, sich *in dem siechtum vor flaischs vnd vor vischen vnd vor ayren vnd vor wein* zu hüten (FRANKE 1977: 155). Zwei Texte mit weiter Verbreitung waren der **Sinn der höchsten Meister von Paris** (GRÄTER 1974) und der fiktive **Brief an die Frau Plauen** (FRANKE 1977), den angeblich ein römischer Arzt an eine nicht näher identifizierte *Frau von Plauen* geschrieben hat. Beide Texte, die vielfach gemeinsam überliefert, teilweise auch kombiniert sind, wurden im Umkreis der Universität Prag verfasst (CROSSGROVE 1994: 71–74, KEIL 1992b).

---

[61] *Brief an die Frau von Plauen* (nach ERBEN 1961: 184f.)

*Von der pestilentzien, wy man losen sal dy adern.*
*Dyt ist daß buch, daz dez romischen konnigiß arcz gesand had der edillen frouwen von Plauwe vor die drüße* [Geschwüre]. *Weme die uff faren vndir den schuldern, der sal laßin mid czwen köpphen vndir den schuldern, vndir dem*

---

## 2 Die *Artes mechanicae*

*sloße* [Schlüsselbein]. *Weme sy es werdin an dem halße adir an dem hoübete, der sal laßin die houbit adirn* [Hauptader] *vff dem dümen* [Daumen]. *Weme sie werdin an dem lingken arme, der sal laßin dy milcz adirn zcwüschin dem mynsten finger vnde dem finger, der do nameloß an der selbigen syten. Weme sie werdin an der rechtin syten, der sal laßin die lungeadirn zcwuschin deme namelosin finger vnde dem mitteln an der selbigen syten. Weme sie werdin an dem herczin, der sal laßin die mylcz adirn an der rechtin hand zcwuschen dem mynsten finger vnde dem namelosin. Weme sie werdin an der linken syten an den heydrußen* [Hoden] *adir an dem beyne, der (sal) laßin an der gicht adirn zcwuschin der mynsten czin vnde der nestin do bie. Weme sie werdin an den heydrüßen an der rechtin syten adir an dem beyne, der sal laßin die frouwin adirn jnnewendigk den fuße. Weme sie werdin indeme rügke, der sal laßin die adirn, die uff die großen czin* [Zehe] *ged; wer do sleffit, ehir dan her leßit, den hilffet ez nicht. Czu welchir czid ez den menschin an kommet, der sal sich hüte vor sloffe. Weme die drüße vff varn, der neme senniff vnde hollundern bletter, gestoßen wol mitey(n)andir, vnde lege daz dor uff.*
*Ouch wer sich wel in der czit* [rechtzeitig] *hüten, der neme salbeygen bletter, brombletter, holundernbletter, eyns also vel alß deß andern, vnde syde daz mit gutem lütern wyne vnde thu dar zcu güten gestoßin jngeber vnde trincke daz nüchtirn, ehir her uß syme huße ged. Ouch sind zcu allin dißen dingen allerleye boym früchte vngesunt, ane welsche nüße alleyne* [mit Ausnahme von Walnüssen]. *Ouch hute dich vor obir eßin vnde trincgken vnde gebrüche eßigeß in aller diner spyse. Dyne spyße sullen dowelichin* [leicht verdaulich] *syn. Ouch saltu alle mörgin, ehir du vß dyme huße gest, dich twan vndir dinen ougin mit eßige, do eyn wenigk dryakelz ynne zcugangen sie, vnde hute dich, daz dirß icht kome indie ougen. Ouch nem eyn stügke wißes brotes, lege daz in eßig, do wermetten vnde rüten ynne gesotten sie, drye nacht, vnde laß daz wedir trogken werdin, daz rüch vnde halt daz vor dine nasin an dem wege. Ouch entschebestu* [vermeidest du] *crangheid, wo daz sie, so laß zcu hand* [sofort] *die mennige adirn vnde hüete dich vor den, die die süche habin, vnde blib nicht vnder vel luthen, zcu male die do hene vnde her gesamet sind. Ouch ferit dir icht* [etwas] *uff, so nem rüten vnde wermoten vnde swertil worczeln, gestoßin mit wine eßige, vnde lege dines eygin mistes dar uff. Ouch nem figen senniff, ruten vnde welsche nüße eyns also wel also deß andirn, vnde stoß iglich by sundern in eynem morser, dornoch stoß eß zcusammen, vnde thu daz in eyn buchsen, vnde iz daz alle morgin alß eyn bone, daz beward vor der vorgifft* [Vergiftung, Ansteckung].

Der vielfach überlieferte Text besteht aus zwei Teilen: Zunächst werden Hinweise gegeben, an welcher Stelle ein Aderlass durchzuführen ist, wenn Pestbeulen („Bubonen") erscheinen. In diesem Zusammenhang werden mehrere Adern mit fachspezifischen **Komposita** bezeichnet, deren jeweilige Lage aber sogleich laienverständlich lokalisiert wird: Die *houbit adir* 'Hauptader' liegt am Daumen, die *milcz adir* 'Milzader' *zcwüschin dem mynsten finger vnde dem finger, der do nameloß an der selbigen syten* 'zwischen dem kleinen Finger und dem namenlosen an derselben Seite' (unter dem „namenlosen Finger" verstand man den Ringfinger; Ringe pflegte man sich an den Zeigefinger zu stecken). Die *gicht adir* 'Gichtader' liegt *zcwuschin der mynsten czin vnde der nestin do bie* 'zwischen der kleinen Zehe und der daneben', die *frouwin adir* 'Frauenader' befindet sich *jnnewendigk den fuße* 'an der Fußinnenseite'. Ohne besondere Bezeichnung wird die Ader genannt, *die uff die großen czin ged*. Nicht erläutert ist in [61] die Stelle, an der sich *die mennige adir* befindet.

Der erste Teil ist weitgehend eine Aneinanderreihung von **verallgemeinernden Relativsätzen** mit nachfolgenden Hauptsätzen nach dem Schema 'wem an der Stelle X ein Geschwür aufgeht, der soll an der Stelle Y zur Ader lassen'. Im zweiten Teil werden mehrere Verhaltensregeln und Substanzen genannt, die man verwenden sollte, um sich vor Ansteckung zu schützen. Die Einzelsätze sind **stereotyp** mit *ouch* verbunden und mehrheitlich **imperativisch** oder **konjunktivisch**. Im *Sinn der höchsten Meister von Paris* finden sich teilweise dieselben Aderlassempfehlungen wie im *Brief an die Frau von Plauen*, doch nehmen hier die Ratschläge breiteren Raum ein.

Weitere vergleichbare Pestrezepte und -traktate, die bislang nicht systematisch erfasst worden sind, finden sich in zahlreichen spätmittelalterlichen Handschriften (zu Pestrezepten in Handschriften der UB Leipzig GÜNTHER 2011). „Diätischer Rat und therapeutische Anweisungen sind so gehalten, daß der Kranke ihnen mit wundärztlicher Hilfe oder notfalls ohne diese folgen konnte" (FRANKE 1977: 80). Die Abb. in [62] zeigt ein „Aderlaßmännchen", dessen Funktion es war, Hilfe bei der Auffindung der Stellen zu leisten (BERGMANN/KEIL 1982). Am Unterleib zeigen sich deutlich vier Pestbeulen. Der Kranke oder jemand, der Hilfe leistet, wird hier direkt angesprochen (zu weiteren Pestlassmännlein vgl. KEIL 2014).

[62] Pest-Aderlassmännchen, Universitätsbibliothek der LMU München, 4° Cod. ms. 885, fol. 8ʳ

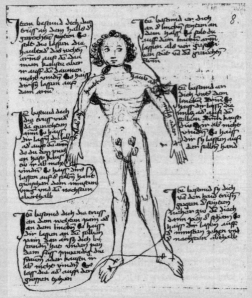

Links oben: *Item bestund dich die trüss an dem halls der gerechten seyten, so solt du lassen die haubtader des rechten arms auf dem daumen; kanstu aber ir auff dem daumen nicht vinden, so haiss dir sy lassen auf dem armm.*

Links Mitte: *Item bestund dich die truss vnder dem gerechten armm, so haiss dir lassen die leber ader auff dem armm, do du den prechen hast. Kanstu in aber nicht vinden, so haiss dirs sy lassen auf der selben hant czwischen dem minsten vinger vnd dem nachsten oberthalb.*

Links unten: *Item bestund dich die truss an dem rechten pain oder an dem lincken, so haiss dir lassen an dem selben pain dar awß dich bestanden hat vnde pay dem fuss, inwendig die frauen ader; kanstu ir aber nicht vinden, so lass die ader auff dem grossen tzehen.*

Rechts oben: *Item bestund er dich an der lincken seyten an dem halss, so solt du auff deim lincken armm lassen, als vor geschriben stet von dem gerechten arm.*

Rechts Mitte: *Item bestund en dich vnter dem lincken Arm, so haiss dir lassen die milcz ader auf dem selben Armm; kanst dw ir aber nicht vinden, so haiss dir sy lassen auf der selben hand.*

Rechts unten: *Item bestund sy dich von den haid trüsen gegen der seyten neher zw dem diech* [Schenkel] *dann pey der scham, so haiss dir lassen auff der minnsten zehen vnd der nachsten oberthalb.*

Auf dem rechten Arm der Figur: *leber ader*, auf der rechten Schulter: *haubt ader*, auf der linken Schulter: *haub ader*, auf dem rechten Arm: *milcz ader*.

Die meisten Pestregimina boten Listen von Aderlassstellen, Rezepturen und Verhaltensregeln für medizinische Laien. Dagegen wendet sich das niederrheinische **'Regimen de epidemia'** von 1490 gegen leichtgläubige Leute, die an *dey medici-*

## 2.9 Heilkunde

*nen der alder quenen ind wyuen, de en gedromet hant en erem slaeffe* 'die Medizin der alten Vetteln und Weiber, die davon geträumt haben' (MAYER/STAUB 2000: 174), glauben. Der Text ist umfangreicher als der *Sinn der höchsten Meister von Paris* und der fiktive *Brief an die Frau Plauen*. Er befasst sich zwar auch mit Pestprävention und -therapie, fragt aber vor allem danach, *we dat komt, dat eyn mynsche steruet ind ander nicht* 'wie das kommt, dass ein Mensch stirbt und der andere nicht'.

---

**[63] Aus dem 'Regimen de epidemia' von 1490 (nach MAYER/STAUB 2000: 175f.)**

*war om ind we dat komende ys, dat eyn mynsche steruet yn eynem huys ind der ander blyuet leuendich yn dem seluen. Tzo dusser vraghen sprechen ich, dat yd komende vsser tzwen sachen. Dey erste sache ys van wechen des hemel, dey ander van wechen der complexien des mynschen. Van wechen des hemel, dat ys, dat der loeff der planeten ind der tzeichen also ys disponeert, dat sy machen eyn quaet ynfluencien, welche influencien dey naturen des mynschen krenkende ys. Ind velsende ys ouermytz erer disponeerder influencien, went aristotiles ys sprechende ind seghet: ouermytz den ewech gaen ind ouermytz den tzogaen des cyrkels zodiacy, so werden vortkomynghe ind brechynghe yn den dynchen, dat ys yn den creaturen, dey syn yn der erden ind op der erden. Went wyr seynt, dat dey blauwe steyn yn den kerken ind den kelleren naes werden, wanner dey maen off dat licht yn den voichten tzechen des hemels als pisces, cancer ind scorpio (steet). Nu regneert dey natur des hemels yn den harden steynen, we vyl mer regneert sy yn den licham des mynschen, der nicht also hart en ys als dey steyne. Ind hir vys komet dat der loeff des hemels mer an seende ys den eynen mynschen dan den anderen, ind dar om steruet och eyn mynsche balder dan dey ander.*

---

Die Diktion dieses nur in einer einzigen Handschrift (Darmstadt, Hessische Landes- und Hochschulbibliothek, Hs. 405, fol. 322$^r$–337$^v$) überlieferten Traktats unterscheidet sich von den populären Pestregimina des bisher vorgeführten Typs: Es werden keine Anweisungen gegeben, sondern Erkenntnisse mitgeteilt und begründet. Der Textabschnitt [63] ist in sich strukturiert: Am Anfang steht eine Frage (*War om ind we* ...), die im nächsten Schritt beantwortet wird. Am Schluss wird resümiert (*Ind hir vys komet dat* ...). Sätze werden mit **kausalen Konjunktionen** verbunden: *went aristotiles ys sprechende* ..., *Went wyr seynt, dat*... Der Verfasser formuliert eine rhetorische Frage: *we vyl mer regneert sy yn den licham des mynschen*... Der Text enthält mehrere **lateinische Fachwörter**: *complexie* 'Komplexion' (das Zusammenwirken der vier Körpersäfte), *planeten, disponeert* 'disponiert', *ynfluencie* 'Einfluss', *zodiacus* 'Zodiakus' (die Sphäre, in der sich die Planeten bewegen), die Bezeichnungen dreier „feuchter" Sternzeichen *pisces, cancer ind scorpio*. Ein **assimiliertes Lehnwort** ist das Verb *regneeren* 'regieren, beeinflussen' (aus lat. *regnare*).

Der Glaube, dass Krankheiten nicht nur auf die individuelle „Komplexion" eines Menschen zurückzuführen sind, sondern auch auf die Gestirne, wird natürlich nicht nur in diesem einen Traktat geäußert, sondern ist fester Bestandteil der vormodernen Medizin. Diese Überzeugung schlägt sich auch in „iatromathematischen" Traktaten in deutscher Sprache nieder (RIHA 1992b: 157–164, LENHARDT/KEIL 1983).

Aderlass galt als Allheilmittel gegen die verschiedensten Krankheiten, nicht nur gegen die Pest. Entsprechend zahlreich sind **Aderlasstraktate**, denen oft ähnliche erläuternde Illustrationen beigegeben sind wie in [62] (HAAGE/WEGNER 2007: 222–226, RIHA 1992b: 122–127, SCHIPPERGES 1990: 102–105). Bestimmte Tage galten als günstig oder ungünstig für den Aderlass. Teilweise mit ähnlichen Mitteln (und ähnlich erfolglos) wie der Pest versuchte man in der frühen Neuzeit auch der erstmals kurz vor 1500 auftretenden Syphilis Herr zu werden (HAAGE/ WEGNER 2007: 226f.). Auch die Erklärungsmuster (Gottesstrafe, Planetenkonstellationen, Miasma) ähneln sich.

### 2.9.3.4 Frauenheilkunde und Geburtshilfe

Ein vom Herausgeber (WILHELM 1960: 46) als **Frauengeheimnisse** betitelter kurzer Text aus derselben Innsbrucker Handschrift wie das *Innsbrucker Arzneibuch* und das *Innsbrucker Kräuterbuch* (12. Jh.) ist überwiegend in lateinischer Sprache abgefasst und enthält nur am Anfang wenige mittelhochdeutsche Zeilen. Es werden Rezepturen zur Linderung postnataler Beschwerden (allgemein zu spätmittelalterlichen Frauenrezepten KRUSE 1999). Im späten 13. Jh. entstanden die **Secreta mulierum**, ein gynäkologisches Werk, das lange Zeit fälschlich Albertus Magnus zugeschrieben wurde. Obwohl schon früh Zweifel daran geäußert wurden, war diese Autorenzuschreibung ursächlich für die weite Verbreitung des Textes (SCHLEISSNER 1992). Der Wittelsbachische Leibarzt **Johannes Hartlieb** (ca. 1400–1468) kompilierte als eines seiner letzten Werke auf der Grundlage der *Secreta mulierum*, aber auch unter Benützung weiterer Quellen (BOSSELMANN-CYRAN 1985: 29–38) ein gynäkologisches Handbuch, das ebenfalls unter dem Titel *Secreta mulierum* bekannt wurde und in zahlreichen Handschriften und Drucken des 16. Jhs. verbreitet ist (ebd. 39–78, GRUBMÜLLER 1981). Behandelt werden in 69 Kapiteln zunächst theologische und philosophische Grundfragen. Im weiteren Verlauf werden Themen wie der Einfluss der Planeten, Menstruation, Zeugung und Empfängnis, Schwangerschaft, Geburt, Fehl- und Monstergeburten, Jungfräulichkeitstests und anderes erörtert. Neben Hartliebs Version sind weitere deutsche Bearbeitungen der *Secreta mulierum* erhalten (s. [64]).

## 2.9 Heilkunde

[64] Aus *Secreta mulierum*, Rep. II 141, Leipzig, Universitätsbibliothek (nach DISTEL 2005: 75f.)

*De arte coeundi* [über die Kunst des Coitus]
*Wann ein mann vnd ein frowe by ein ander ligen vnd die messig sind an rechter natur, die söllent zu dem ersten schlaffen vnd darnach nach mitternacht oder dauor, so sie geschlaffen vnd die spise eindeyls verdouwet habent, so sol der man die frowen wecken vnd sol schimpfflich* [vergnüglich] *mitr ir reden vnd sol sie kussen vnd helsen mit den armen vmb die brust vnd ir tütelin berüren vnd betasten vnd sol ir auch mit den fingern vmb die mutzen tasten vnd sol das darumb tun, das die frow gereyset* [gereizt] *wird zu der begir des naturlichen werckes vnd das ir ir same auch dester ee kumme vnd das da des mannes samen vnd der frowen same zůsamen kummen in matricem vnd das ein kint da enpfangen werde. Auch ist die frowen von natur kalt, darumb kumpt ir ir same speter dann den mannen vnd da von wirt dick* [häufig] *die enpfahung geirrt* [die Zeugung gestört] *vnd die frowe zů der zit, so man die werck volbringt, vnd die wil* [während] *man sollichs pfliget, so sol sie gelich still ligen vnd den ars nit bewegen hieher noch dahin, das sich der same nit zerteyl; anders da wurd ein wunder* [Monstrum] *geborn, vnd der man sol* [...] *sich nit vast* [schnell] *vsser heben von der frouwen, so er by ir lidt, sunderlich sol er sich schmucken* [schmiegen] *oben vnd vndenen zů der frowen, das der lufft nit da zwuschen moge in die frowe kummen vnd geirren die enpfahung der frucht, vnd das der same nit dauon zerstört werde; vnd wan der man also vßgemacht hat vnd der same von im kumen ist, so sol der man dannocht ein halbe stund ligen vff der frowen vnd sol sich nit regen, das der same kumpt an die rechten stat, da das kint enpfangen soll werden, vnd danrach so sol die frowe ir beyne strecken, das ir der same nit engee, vnd sol auch die bein darumbe strecken, das ir die mutze nit offen blibe, wann der kalt luft, der mocht dar ine gen vnd die frucht irren, das sie nit enpfangen wurde, vnd danch sol die frowen geruwe glich liegen vnd schlaffen vff der rechten syten, so werden gern knaben enpfangen; so sie aber litd vff der lincken sytten, so hilft es vast, das meytelin enpfangen werden. Das meint auch meister Ypocras in dem funfften buch, das da heisset liber amphorisinorum*

Der Text ist, wie der zitierte Passus exemplarisch zeigt, weitgehend frei von medizinisch-wissenschaftlichem Fachvokabular in einem engeren Sinn. Über die Kapitelüberschriften hinaus (hier *De arte coeundi*) werden einige weitere **lateinische Fremdwörter** verwendet wie z.B. *matrix* 'Gebärmutter' (daneben jedoch an anderen Stellen auch *muder* und *sack*), *ymen* 'Hymen' (mit der deutschen Erklärung *das heisset ... in dutsche gickel*), *materie* 'Ausscheidung', *experiment* '(Schwangerschafts-)Test'. Mit *menstrum* wird im weiteren Textverlauf *der frowen same* bezeichnet, der nach erfolgter Empfängnis *vber sich vff der frowen tutelin* geht und dort *zu milch* wird. Auch einige Krankheitsbezeichnungen sind lateinisch. Die Ursachen werden aber auf Deutsch beschrieben: *die erst heißt in latin sincopis; das ist ein siechtag, der kumpt von der kranckheit des hertzen, wann das hertz wird vast kranck darumb, das die naturlich hitz in dem hertzen engetd. Die ander kranckheit heysset Scotonomia, die wirt vsser den zerstorten dünsten, die uber sich vffhin gend in das houbt.*

Mehrfach werden einzelne **allgemeinsprachliche** Wörter, **Wortbildungen** und paraphrasierende **Wortverbindungen** verwendet. Allgemeinsprachliches *frucht* beispielsweise bedeutet im Textzusammenhang 'Leibesfrucht'. Zur Benennung von Geschlechtsorganen werden keine klinischen Fachausdrücke verwendet, sondern die Rede ist von *mutze* 'Scheide' bzw. (nicht in [64]) von *zumpen* oder *zagel* 'Penis', von *hochbelgen* und *klößen* 'Hoden', von *dutten* und *duttelin* 'weibliche Brust'. Alltagssprachliches *faden* wird mit der Bedeutung 'Nabelschnur' gebraucht, *fluß* für 'Menstruation'. Synonym ist *zuche* 'Seuche'. Für 'Geburt' steht das polyseme Wort *usgang* 'Ausgang'.

**Ableitungen** sind beispielsweise *geberung* 'Zeugung', *kützelung* 'Reizung' oder die Kollektivbildung *geblut* zu *Blut* (*das ein frowe zuvil geblutes by ir hab* 'dass eine Frau zu viel Blut in sich hat'). Das Abstraktum *enpfahung* 'Empfängnis' ist nach lat. *conceptio* gebildet. Mancher Aberglaube wird als *katzen glauben* abgetan: Über den sexuellen Höhepunkt schreibt der anonyme Verfasser *darumb sprechent die alten wip mit irm katzen glauben, das zu den ziten der selb frowen sele, die also ligent, sind gezuckt in den himmel oder in die helle vmb ir andechtikeit.*

Verhüllende Umschreibungen für 'coitus' sind *naturliche werck* oder einfach *die werck* (beides pluralisch). Für die Ausübung des Geschlechtsverkehrs oder zur Benennung von Geschlechtsteilen werden **phraseologische Formulierungen** verwendet wie *schimpff miteinander triben* oder *unkuscheit triben, naturliche ruten* 'Penis', *die schemmigen gelider* 'Geschlechtsorgane', *die geberden faße* 'Gebärmutter'. Weitere Phraseologismen sind *mit dem kind vmb gen* 'in den Wehen liegen', *ir zit liden* 'menstruieren', ähnlich *die frouwen, den ir zit flußt*.

Der Gesamttext ist teilweise **anweisend**, über weite Strecken aber auch **darstellend** und traktathaft. Der Passus [64] ist eine Kombination aus beidem. Charakteristisch für Anweisungen sind **komplexe Prädikate** mit dem **Modalverb** 'sollen', für „wissenschaftliche" Darstellung eine große Anzahl von **Adverbialsätzen**, in denen Aussagen explizit in logisch-sachliche Beziehung zueinander gesetzt werden: *Wann ein man vnd ein frowe by ein ander ligen* (Temporalsatz) *die söllent zu dem ersten schlaffen* (Hauptsatz) oder *vnd sol das darumb tun* (Hauptsatz mit Korrelat *darumb*), *das die frow gereyset wird zu der begir des naturlichen werckes* (Finalsatz) sowie *so sie aber litd vff der lincken sytten* (Konditionalsatz), *so hilft es vast* (Hauptsatz mit Korrelat *so*). Ein Satzanschluss mit kausalem Konjunktionaladverb ist *darumb kumpt ir ir same speter dann den mannen*. Sowohl darstellende als auch anweisende Partien zeigen eine hohe Frequenz von **Passivsätzen**. Allein [64] enthält acht Fälle des passivischen Hilfsverbs *werden*.

## 2.9 Heilkunde

Zahlreiche medizinische Handschriften und frühe Drucke enthalten **Abbildungen**, die das Textverständnis erleichtern sollen (GROSS 1993). Ein häufiger Bildtypus ist das Lassmännchen (s. [62]). Auch gynäkologische Texte behelfen sich vielfach mit schematischen Darstellungen. Das älteste Beispiel für Abbildungen von Kindslagen (zu einem lateinischen Text) ist die Handschrift 3710–15 der Belgischen Bibliothèque Nationale in Brüssel aus der Zeit um 900. Noch in die 1. Hälfte des 15. Jhs. zu datieren sind der Text und die Abbildungen der Kindslagen in Ms. 1192 der UB Leipzig, in denen jeweils mitten in einem umgebenden Text unterschiedliche Positionen von Ungeborenen vor der Geburt dargestellt sind (s. [65]). Die Abbildungen können „auf Kunstwert keinen Anspruch machen" (SUDHOFF 1909: 423). Sie dokumentieren gleichwohl die Absicht, Geschriebenes zusätzlich zu visualisieren.

[65] **Leipziger Kindslagen, UB Leipzig, Ms 1192, S. 149 (vgl. SUDHOFF 1909, 424f.)**

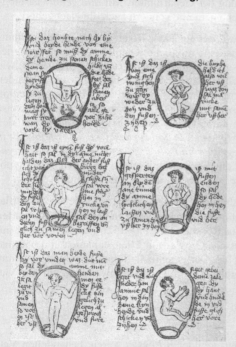

Links oben: *Ist daz houbte nach hy by* [nahe daran] *vnd beyde hende von eme wirffet* [und streckt es die Hände vom Körper weg], *so muß dy amme dy hende zu samen schicken deme hübt, vnd wan sy die hende begryffet dez kyndes, dy sal sy zusamen legen aber dem houbte, so mag sy alle geburt hervor zihen, wan dy hende vore hye varen* [obwohl die Hände zuvor hier waren].

Links Mitte: *Ist iß, daz iß eynen fuß hy voren hait, so sal in dye amme nicht halden, daz sich der ander fuß icht verbirge, daz sich dy muder icht zuslyße* [dass die Gebärmutter nicht verletzt wird], *sunder si sal vore mit deme vinger dy fuße hen in don zurucke* [zurück hinein schieben] *vnd sal ir hant hen in laißen* [hineinstecken] *vnd sal den anderen fuß begriffen vnd glich zu samen legen vnd hervor voren etc.*

Links unten: *Ist iß, daz man beyde fuße hy vor* [voran] *vindet, was dut man? so sal dy amme mit beyden henden zu samen gelegit dy fuße zu rucke tɸn vnd gelich zu samen legen, also vor gesprochen ist vnd fure her vß.*

## 2 Die *Artes mechanicae*

> Rechts oben: *Ist iß, daz iß die knyhe von eme haldit vnd sich also will twinghen her vß zu gan, waz don wir? dy sal man weder zurucke don vnd mit samen den fußen herußher zyhen etc.*
>
> Rechts Mitte: *Ist iß, daz iß mit gesperten fußen an beyden enden ane rumet, so sal die amme dy hende lyhtlichen hen in hen laißen vnd die fuße zu samen don vnd her vßher zyhen.*
>
> Rechts unten: *Ist iß, daz iß siczet gebeiget vnd mit deme zele* [Steiß] *neder hanget, dy amme sal dy hant hen in don vnd hinder deme kynde in vnd hende vnd fußeglich schicken vnd her vor zyhen.*

Die Begrifflichkeit ist weitgehend **allgemeinsprachlich**. Als Fachwörter kommen *muder* und *geburt* in Betracht. *Muder* 'Mutter' ist die in einer Reihe von gynäkologischen Texten belegte Bezeichnung der Gebärmutter. Mit *alle geburt* ist möglicherweise nicht nur das Neugeborene gemeint, sondern auch die Nachgeburt.

Es handelt sich hierbei um einen Text, der aus einer Reihung von Einzelabschnitten besteht, in denen jeweils zunächst eine mögliche Komplikationslage beschrieben wird (mit Ausnahme der ersten als der Normallage). Danach wird gesagt, wie zu handeln ist. Zwischen der Beschreibung einer Kindslage und der folgenden Handlungsanweisung stehen mehrmals Fragen, die an eine Prüfungssituation denken lassen (*waz don wir?* oder *was dut man?*). Der Satzbau ist vergleichsweise einfach. Mehrfach sind Hauptsätze **parataktisch** gereiht und mit *und* verbunden (z.B. *si sal vore mit deme vinger dy fuße hen in don zurucke vnd sal ir hant hen in laißen vnd sal den anderen fuß begriffen vnd glich zu samen legen vnd hervor voren*). Die Abschnitte werden fast durchgehend mit einem uneingeleiteten hypothetischen **Konditionalsatz** (*Is iß daz ...* 'ist es so, dass...') eingeleitet.

Im Druck erschienen (erstmals Straßburg 1513, jedoch mit zahlreichen Neuauflagen bis ins 18. Jh.) ist **Der Schwanngeren, Frawen vnnd Hebammen Rosengarten** des Frankfurter Stadtarztes Eucharius Rösslin (ca. 1470–1526), der selbst aber nur das Vorwort und das lateinisch-deutsche Glossar mit Pflanzennamen und pharmazeutischen Substanzen beigesteuert hat. Der eigentliche Inhalt des Buches stammt von dem anonymen Autor eines Traktats zum Thema Schwangerschaft und Geburt (HAAGE/WEGNER 2007: 237).

### 2.9.3.5 Wundarznei

Wundärzte, die keine akademisch ausgebildeten *Physici* waren, behandelten Verletzungen und führten als *Chirurgi* (wörtlich 'Handwerker') auch operative Eingriffe und Nachbehandlungen durch. Für solche Praktiker wurden seit dem 15. Jh. zahlreiche Lehr- und Handbücher in der Volkssprache verfasst (Überblick HAAGE/WEGNER 2007: 238–244). Teilweise basierten diese auf lateinischen Vorlagen, gelegentlich teilen die Autoren aber auch eigene Erfahrungen mit. Eine frühe

## 2.9 Heilkunde

Anleitung zu chirurgischen Eingriffen enthält die im späten 14. Jh. entstandene **Leipziger Rogerglosse**, ein Traktat in deutscher Sprache, der auf der *Chirurgia* des in Parma lehrenden Roger Frugardi (2. Hälfte des 12. Jhs., vgl. KEIL 1992c) basiert und diesen teilweise ergänzt. Rogers Text wurde mehrfach lateinisch, bald aber auch volkssprachlich glossiert und kommentiert (HIRSCHMANN 1984: 15–20). Die Handschrift Ms. 1224 der UB Leipzig, die neben anderen medizinischen Texten auch die *Roger-Glosse* (fol. 212$^v$–234$^r$) überliefert, ist eine Abschrift aus der Mitte des 15. Jhs.

---

**[66] Aus der *Leipziger Rogerglosse* (nach HIRSCHMANN 1984: 36f.)**

*Kummit es ouch manch stunt, das der man geslagen ist yn das howpt mit eynim steyne addir holcze vnde* [erg. *der*] *broch von der carneo* [Hirnschale] *ist gros vnde dy wunde uff dem fleysche, dy do eben uff dem fleische ist, das du nicht wol magest irkennen ab der carneo gebrochin sy, zo thu dinen vinger an dy stat, do her hen geslogen ist; wenn du kanst mit keyner leye alzo wol irkennen den broch, alzo wenne du den winger dar off legist* [denn du kannst sonst den Bruch nicht erkennen, außer wenn du den Finger darauf legst]*: Zo du denne irkennest, das der carneo gebrochin ist, das her grosser ist wanne der slag von dem fleische, zo sneit em cruczewegis* [über Kreuz] *mit eynem grossin snete ea de causa* [aus dem Grund]*, das man den carneo mag geseen, den broch alczu mole* [besonders den Bruch]*. Vnde mit dem ysen, das her nach geschrebin stet, saltu schelen das fleisch von der carneo enwening; vnde ab dich nicht wirt hyndern das blut adir dy wetage* [Schmerzen] *des krancken addir eynne ander sache, zo saltu vß czyen den carneo mit dem ysen, das her nach geschrebin stet. Vnde darnach alzo du beine vßgeczogen host* [wenn du die Knochen(splitter) herausgezogen hast]*, dy do gebrochin sind, vnde thu em dy hulfe, dy wir vore geschrebin haben. Nach deme das du angesnetin host crüzewegis, zo loß en legin von morgin bis an den aband addir von dem a- bund biß an den morgin. In dessen zceichin magestu irkennen den tod addir das lebin* [ob der stirbt oder überlebt]*, mit deme das her gesnetin ist: So du kumest zcu kranken vnde besyest eym syne wundin, zo merke gar eben: ist is, das sich vorkort haben dy snete, dy du gesnetin host crüzewegis, vnde sint sy off gegangen eben, das ist eyn gut czeichin, vnde mit der hulfe, dy wir haben eben geschrebin: Das man das thuch addir den badeswamp vorweschseln* [auswechseln, erneuern] *sal ij addir iij* [zwei- oder dreimal] *an dem tage off den wunden vnde uff den schadin, alzo lange, das sich das fleysch glichit der duramatre* [harte Hirnhaut]*; dornach saltu das thuch cleyner machen, wenne is vor ist gewesin* [als es davor gewesen ist]*, in den wortin das* [zu dem Zweck, dass] *sich es wirt heftin das fleysch der snydunge mittennandir beydenthalben.*

Der anonyme Verfasser, mit Sicherheit selbst Praktiker (vermutlich im meißnisch-niederschlesischen Raum), schrieb für (angehende) Berufskollegen. Er setzt die Kenntnis **lateinischer Fachtermini** für Körperteile (hier *carneo* 'Hirnschale', *dura mater* 'harte Hirnhaut') und Heilpflanzen voraus. Gelehrte Diktion sind Fügungen wie *ea de causa* 'aus diesem Grund'. Insgesamt ist der Fachwortschatz weitgehend **allgemeinsprachlich** (Glossar: STEDTFELD 1979). Fachsprachliche deutsche **Nominalkomposita** sind Benennungen von pharmazeutischen Substanzen wie *bifuß wasser* 'Saft vom Beifuß', *kupffer wasser* 'Eisenvitriol', *lettich wasser* 'Saft von Lattich', *merrechtich wurczeln* 'Meerrettichwurzel', *nacht schaten saff* und *nacht schaten wasser* 'Saft eines Nachtschattengewächses' u.a., als längstes sogar ein aus vier Konstituenten bestehende *rosen wasser öl gemenge* 'Mischung mit Rosenwasser'. Ein *broen ysen* 'Braueneisen' ist vermutlich eine Pinzette zum Auszupfen von Augenbrauen. Einige deutsche Termini bezeichnen Körperteile, so etwa *kupkelen* 'Vertiefung zwischen den Hinterbacken', *knupphen* 'Geschwulst'. Spezielle **Verbalbildungen** sind zwar selten, kommen aber vereinzelt vor, z.B. *zerswiczczen* 'sich in kochendem Wasser auflösen' (wörtlich 'zerschwitzen'), *czu sammene heilen* 'zusammenheilen' oder *uff kleiben* 'auftragen'.

Der **Satzbau** ist verglichen mit anderen heilkundlichen Texten relativ **komplex** und besteht nicht nur aus stereotypen Reihungen strukturgleicher Sätze. Gleich das erste Satzgefüge umfasst einen Hauptsatz mit acht abhängigen Nebensätzen ersten, zweiten und dritten Grades: *Kummit es ouch manch stunt* (Konditionalsatz), *das der man geslagen ist yn das howpt mit eynim steyne addir holcze* (Subjektsatz) *vnde broch von der carneo ist gros vnde dy wunde uff dem fleysche* (Subjektsatz mit der Wortstellung eines Hauptsatzes), *dy do eben uff dem fleische ist* (relativer Attributsatz mit Bezug auf *wunde*), *das du nicht wol magest irkennen ab der carneo gebrochin sy* (Konsekutivsatz), *zo thu dinen vinger an dy stat* (imperativischer Hauptsatz), *do her hen geslogen ist* (adverbialer Attributsatz mit Bezug auf *stat*); *wenn du kanst mit keyner leye alzo wol irkennen den broch* (Kausalsatz), *alzo wenne du den winger dar off legist* (Exzeptivsatz).

### 2.9.4  Drei Autoren

Ein Großteil der medizinischen Literatur des Mittelalters und noch der frühen Neuzeit ist **anonym** überliefert (nur ein Beispiel aus einer unüberschaubaren Menge sind die in VAŇKOVÁ 2004 aus mährischen Bibliotheken und Archiven edierten medizinischen Texte des 15. Jhs.). Erst im Spätmittelalter kennt man Namen von Fachautoren, die ihr Wissen in der Volkssprache weitergegeben haben (Überblick bei HAAGE/WEGNER 2007: 196–256). Nachfolgend sollen exemplarisch Ausschnitte aus Schriften dreier Ärzte des Spätmittelalters und der frühen Neuzeit unter sprachlichen Aspekten betrachtet werden: Ortolf von Baierland, der erste namentlich bekannte Verfasser einer medizinischen Schrift in deutscher Sprache, Hans Seyff von Göppingen, ein Prominentenarzt der Zeit um 1500 und der wohl bekannteste Arzt an der Schwelle vom Mittelalter zur frühen Neuzeit, Paracelsus.

### 2.9.4.1 Ortolf von Baierland

Ortolf von Baierland, über dessen Biographie nicht viel bekannt ist (RIHA 2014: 11–13, SCHNELL 2013: 50–53, KEIL 1989), muss zwischen 1220 und 1230 geboren sein und hat in der 2. Hälfte des 13. Jhs. als Arzt in Würzburg in Diensten des dortigen Domkapitels gewirkt. Studiert hat er wohl entweder in Salerno oder in Paris. Sein *Arzneibuch* ist vermutlich ein Alterswerk, das er um 1280 fertiggestellt hatte. Um 1300 beginnt die handschriftliche Überlieferung. Ortolfs Arzneibuch ist „das einzige deutsche Arzneibuch des Mittelalters … das den Sprung in die Drucküberlieferung geschafft hat. Bis um 1600 wurde es in Teilen bzw. Bearbeitungen vielfach gedruckt" (SCHNELL 2013: 49). Erst um die Mitte des 15. Jhs. erreichte das Werk seinen Überlieferungshöhepunkt (RIHA 2014: 16–36). Die Zielgruppe reicht „vom Akademikerarzt (*physicus*) sowie Wundarzt (*chirurg[ic]us*) über andere Heilberufe (*badaere, bartscheraere*) bis zum Laienarzt […] und erreicht über den medizinischen Laien bäuerliche, bürgerliche sowie (hoch)adelige Rezipienten" (KEIL 1989: 75). In laienmedizinischen Kreisen verfuhr man noch im 17. Jh. vielfach nach Ortolfs Lehren, während sich die wissenschaftliche Medizin bereits weiter entwickelt hatte. Erst „der medizinische Fortschritt der frühen Aufklärung machte den Text obsolet" (ebd. 76). Das Arzneibuch ist vollständig oder in Auszügen in über 200 Handschriften und acht Druckausgaben (die älteste 1477) überliefert. Hinzu kommt eine immense Streuüberlieferung einzelner Teile (ebd. 76–80). 1450 wurde das Arzneibuch ins Tschechische übersetzt, 1484 ins Niederdeutsche, und noch 1596 ins Dänische.

Ortolf konnte sicher Latein, und es ist sein „Verdienst, die gelehrte lateinische Hochschulmedizin für ein deutschsprachiges Publikum aufbereitet zu haben" (SCHNELL 2013: 62–64; zu den Quellen Ortolfs vgl. RIHA 1992a). Sein Arzneibuch umfasst in seiner Vollversion sechs Bücher in insgesamt 167 Kapiteln: Das erste Buch behandelt theoretische Grundlagen, das zweite mit je einem Harn- und Pulstraktat zwei diagnostische Verfahren, das dritte nimmt auf Lehren des Hippokrates Bezug. Das vierte Buch behandelt den Aderlass, das fünfte enthält eine Anatomielehre (nach dem traditionellen Darstellungsschema *a capite ad calcem* 'vom Scheitel bis zur Sohle') und das sechste eine Wundarznei, die parallel zum Vorausgehenden mit Kopfverletzungen beginnt und mit Fußverletzungen und geeigneten Behandlungsmethoden abschließt.

> **[67] Ortolf von Baierland: Maßnahmen gegen Mundgeruch (nach RIHA 2014: 78)**
>
> *Von dem stinckenden atem*
> *Fetor oris heyszet ze teutsch ein stinckender mundt. Daz geschicht etwen von eyner faulung desz zanfleisches, etwen von dem magen. Kumpt es von dem zanfleisch, so sind die zanfleisch faule, vnd als man daz zanfleisch weschet, so stincket der mundt nit. Kumpt es aber von dem magen, waz man es dann geweschet* [egal wie oft man es wäscht], *so stincket jm dennoch der adem. Jst es aber von der lungen, so stincket jm der adem zu den naßlocheren ausz, wenn man den mundt zuthut. Jst es von dem zanfleisch, so sal man im sie waschen mit salcz vnd mit essig. Darnach nym die allerpesten erczney: Nym zwey lot allaunen vnd vier lot honigs, stosz das allaune vnd menge es miteinander vnd streich es an daz zanfleisch vnd wo es dir wee sey* [wenn es dir weh tut], *es hilfft sere etc. Kumpt aber es von dem magen, so purgir in mit den pillen, die da heyssen dy güldein* [die goldenen]; *gib ir jm albeg fünff* [gib ihm davon immer fünf]. *Oder gib jm ein quintein esule mit warmem wein vnd mache jm dicz puluer: Nym zimyn vnd jngwer vnd negelein vnd pfeffer vnd veltkümel vnd saffrans, ytlichs ein lot, stosz es vnd gib es jm zu essen in der speisz, daz vertreibt den stanck gar.*

Lateinisch sind wie in zahlreichen weiteren Artikeln die initiale Bezeichnung der Krankheit (*Fetor oris*), Pflanzennamen (*esula* 'Wolfsmilch'), Benennungen von Arzneimitteln (*allaune* 'Alaun', bereits assimiliert aus lat. *alumen*, *pillen* aus lat. *pilla*), Mengenangaben (*quintein* 'kleine Menge') und Behandlungsweisen (*purgir* 'reinige'). Die Krankheitsbezeichnungen werden in den meisten Fällen unmittelbar im Anschluss an die lateinischen Benennungen ins Deutsche übersetzt und um eine Beschreibung der Symptome und der Ursachen ergänzt, woran sich dann Anleitungen zur Therapie schließen (RIHA 1993b: 16–18).

Sieht man von diesen Lexembereichen ab, die sich ähnlich auch in Rezepten finden (s. 2.9.2), so erscheinen bei Ortolf nur **wenige Fremdwörter**, die bereits auch in anderen, nicht-medizinischen Texten der Zeit zu belegen sind. In den einleitenden Kapiteln, die allgemeine Grundlagen der Medizin behandeln (RIHA 2014: 41f.), erscheinen Wörter wie *element*, *temperiren* 'mischen' und *temperunge* 'Mischung', *creatur*, Wörter und Ausdrücke, deren Kenntnis Ortolf bei seinen Lesern offenbar voraussetzt.

Deutsche heilkundliche Termini sind vielfach **Komposita** wie in [67] z.B. *zanfleisch*, *naßlocher*, die **Ableitung** *faulung*. Als feste **Wortfügungen** kommen *stinckender atem* und *stinckender mundt* in Betracht.

Die **Syntax** ist insgesamt überschaubar. Wiederkehrende Strukturen an Kapitelanfängen sind **uneingeleitete Konditionalsätze** des Typs *Wirt aber das kint geporen* (ebd. 47). Häufig werden Kapitel auch mit Leseranreden wie *Du solt wissen vnd mercken* (ebd. 46) u.ä. eingeleitet oder mit Zusammenfassungen des zuvor Gesagten, z.B. *Nv hab ich gesagt, wie man die ader haben sol vnd dy hant* 'nun habe ich gesagt, wie man die Ader halten soll und die Hand'. Dann fährt Ortolf fort mit *Nw will ich sagen, was ein yczliche ader bedewtet* 'jetzt will ich erklären, welche Bewandtnis es mit jeder Ader hat' (ebd. 60, zu solchen zurück- und vorwärts verweisenden, teilweise stereotypen Gliederungssignalen RIHA 1993a).

### 2.9.4.2 Hans Seyff

Hans Seyff wurde um 1440 in Göppingen geboren. 1477 ist er dort als Betreiber einer Badstube bezeugt. Später praktizierte er als Stadtwundarzt in München und war in dieser Eigenschaft auch am Hof Herzog Albrechts IV. tätig. 1487 arbeitete er wieder in Göppingen. Von dort wurde er 1493 nach Linz gerufen, um das Ärzteteam zu leiten, dass die Beinamputation an Kaiser Friedrich III. vornehmen sollte. Er muss also mittlerweile über beachtliche Reputation verfügt haben. Seyff verfasste ein heilkundliches Manuale (Ausgabe GRÖBER 1998), das in zwei voneinander abweichenden Textfassungen von seiner eigenen Hand vorliegt. Er bezieht sein Wissen aus lateinischer und deutscher Fachliteratur, arbeitet aber auch eigenes Erfahrungswissen ein (GRÖBER/KEIL 1992). Um 1518 ist Seyff gestorben.

Zu Beginn seines Handbuchs formuliert Seyff eine Reihe von Fragen, die in der Art von „frequently asked questions" (FAQs), möglicherweise aber auch als Prüfungsfragen für angehende Wundärzte zu deuten sind.

---

**[68] Aus dem Handbuch des Hans Seyff (nach GRÖBER 1998: 274–276)**

*Item des apostems* [Geschwür] *materia ist plutt, colera oder flecma* [Blut, gelbe Galle oder Schleim]*, aber selten melancolia* [schwarze Galle]*, vnd werden all durch ir offt gesagte zeichen vnterscheiden.*
*Wie wolstu sie aber heillen, oder war mit oder wolstu auch repercussif* [entzündungshemmende Salbe] *uber legen?*
*Item nein ich.*
*War vmb nit?*
*Item dar vmb, wann das repercussiff dreybt die materia hinter sich zu denn furnemenn gelideren des houpts.*
*Was wolstu dann thonn?*
*Item so woltt ich auß dunstende vnd milltende vnd auß lerende arczney uber legen.*
*Was sein die arczney?*
*Item so wolt ich die stat dunsten mit warmemm wasser der cochung der camilen vnd nach des öls vnd dar nach salben mit demm selbenn öl oder dunck, es woll dar in, leg sie dar uber vnd in das or thonn piter mandel öl, wan es ist die grost hilff.*

## 2 Die Artes mechanicae

> *Wer aber die materia gar uast in der tieffin* [in der Tiefe] *vnd wer pos her uß gewinen?*
> *Item so wolt ich ein trucken fintussenn* [Schröpfkopf] *vber oder daran seczenn vnd die materia auß zu ziechen vnd dar nach resoluieren* [reinigen] *vnd denn schmerczen linden, als mir gesayt haben.*
> *Wie wen die materia nit resoluirt wirt vnd eytter gewin, wie wolstu den thonn?*
> *Item so woltt ich sie zeittigen mit temperierten maturatifenn* [Substanz, um Wunden aufzuweichen] *vnd dar nach uff thonn mit sicherheitt* [vorsichtig] *mit einerr flieden* [Aderlassmesser].
> *War vmb mit sicherheit?*
> *Item dar vmb, wann es sorglich ist vonn wegen der aderen vnd arterienn vnd neruorum, wann da von kompt ettwann grosser schad vnd vor auß* [insbesondere] *von denn neruorum reuersium* [weiter hinten liegenden Strängen], *wann von der wegen der siech* [Kranke] *offt ein stüm* [ein Stummer] *pleiptt.*
> *Wie wolstu im dar nach tunn?*
> *Item so wolltt ich sie dar nach reingen mit dien arczneienn, die in demm articulo gesagt sind.*
> *Wie dan?*
> *Incarnieren* [granulieren] *die statt woll von grund uß, wann es wirtt geren ein fistel dar uß.*

Die Fachterminologie ist, wie bereits dieser kurze Textausschnitt zeigt, zu einem beträchtlichen Teil **lateinisch** geprägt (GRÖBER 1998: 250–254). Zahlreich sind die **Verben auf -ieren** (in [68] z.B. *resoluieren, incarnieren*) von lateinischen Wortstämmen (ebd. 248). Viele **Abstraktbildungen auf -ung** sind nach **lateinischen Mustern** gebildet (in [68] *cochung* 'Kochung' nach lat. *coctio*, im weiteren Text z.B. *ausslerung* 'Entleerung' nach lat. *evacuatio* oder *flaischung* 'Granulation des Gewebes', wörtlich 'Fleischung' nach lat. *carnatio*, weitere Beispiele ebd. 249f.). Insgesamt liegt eine Sprachmischung vor, „die sich in der Form darstellt, daß die weitgehend deutschsprachigen Texte mit lateinischen Begriffen und Wendungen durchsetzt sind" (ebd. 250). Die meisten verwendeten Fachtermini sind allerdings wohl keine Schöpfungen Seyffs, sondern „dürften schon zum Repertoire der deutschsprachigen Experten des 15. Jahrhunderts gehört haben" (ebd. 253). Wie bei Ortolf sind **Pflanzennamen** und Benennungen von **Heilmitteln** überwiegend **lateinisch**, darüber hinaus auch das im engeren Sinne medizinische (anatomische, diagnostische und therapeutische) Fachvokabular. Um die Rezeption zu erleichtern, fügt Seyff im Textverlauf mehrere Fachglossare ein. Doch auch bereits im Textverlauf werden lateinische Termini ins Deutsche übertragen und hinsichtlich der Anwendung, Wirkungsweise oder Beschaffenheit erläutert. Ein Beispiel dafür ist *Wiltu machen suppositoria* (lateinischer Terminus) *oder zepfflon* (deutsches Äquivalent), *die man aim stosset in hinder* (Beschreibung der Anwendung). In Seyffs Glossar werden die Bezeichnungen der Temperamente mit Anfangsbuchstaben *h(eiß), k(kalt), t(rocken), f(eucht)* abgekürzt, z.B. *Terpentin: ain gumi; h vnd t; er raingot.*

Gelegentlich drückt sich Seyff auch dann lateinisch aus, wenn es dazu keine terminologische Notwendigkeit gibt, z.B. *sie schliefend vß dem grund, quando pluit* 'sie (die Würmer) kriechen aus der Erde, wenn es regnet'. Für solche Ausdrucksweisen kann auch Gelehrtenattitüde das Motiv sein, oder der Text sollte, wie GRÖBER (ebd. 258) mutmaßt, „durch eine Art sprachlicher Verschlüsselung vor dem Zugriff durch Unbefugte geschützt" werden. Dabei schließt das eine das andere nicht aus.

Die Frage-Antwort-Partie zu Beginn des Buches zeigt vor allem mit **elliptischen Fragen** (*war vmb nit?, War vmb mit sicherheit?, Wie dan?* usw.) Merkmale der **gesprochenen Sprache**. Charakteristisch für den Satzbau im Bereich der Rezepturen sind **paratakische Sequenzen** und Gefüge aus Haupt- und vergleichsweise kurzen Nebensätzen. Beispiel: *Item aurum hayßt gold. | Vnd ist von natur warm. | Es hailt vß seczikait, wan es des ersten, so es ainß an kompt, vnd ainß dar von trincktt. | Vnd gebuluert klain hailt es wunden. | Vnd behielt och ain yeglichen wunden vor ubel; | vnd wan ainr ettwan wull cauterisieren, so beschiench es mit gold; ist gluckhafftig mit* (ebd. 386f.). Von den sechs syntaktischen Einheiten sind vier einfache Aussagesätze ohne abhängige Strukturen.

Wundärztliche **Handlungsanweisungen** weisen dagegen **komplexere** syntaktische Strukturen mit unterschiedlichen Adverbialsätzen auf. Die übergeordneten Hauptsätze sind vielfach **imperativisch**. Beispiel: *ob es sach wer* (Konditionalsatz), *daz ain wund des aller ersten so vast plüte* (1. Subjektsatz), *vnd man miest das plüt verstellen* (koordinierter 2. Subjektsatz), *so verstellend das mit diemm buluer* (imperativischer Hauptsatz), *dar mit man stellet* (relativer Attributsatz zu *buluer*). *Vnd mischent ayer claur vnder daz buluer als ain duns prulinn* [wie eine dünne Brühe], *vnd dar zů kuchin růß* [Küchenruß], *spinen wepp vnd sy mist* [Saumist]. Damit kontrastieren im unmittelbaren Anschluss knappe elliptische Anweisungen ohne finite Verbformen, die stattdessen als Abfolge von Partizipialformen realisiert sind: *ain busch vff dien ander vnd zů gebunden vnd ain weil die hand druff gehalten, bis verstaut. Vnd senfft am fierden tag wider vff gebunden* (ebd. 355).

### 2.9.4.3 Paracelsus

Als prominentester Mediziner an der Wende zur frühen Neuzeit kann Philippus Theophrastus Aureolus Bombastus von Hohenheim, genannt Paracelsus (1493–1541), gelten. „Der kleine, am Brustkorb verwachsene Mann mit dem wuchtigen, früh kahlen Schädel war ein Stotterer" (U. PÖRKSEN 1994: 48), aber er war auch ein ebenso erfolgreicher wie umstrittener Arzt und Verfasser zahlreicher medizinischer und pharmazeutischer Schriften (Ausgabe SUDHOFF 1922–33). Darüber hinaus äußerte er sich auch zu Fragen von Astronomie, Philosophie und Theologie (zu Leben und Werk vgl. P. MEIER 2013, LETTER 2009, BENZENHÖFER 2002). Vom umfangreichen Œuvre des Paracelsus ist allerdings nur ein relativ geringer Teil zu seinen Lebzeiten publiziert worden (U. PÖRKSEN 1994: 43). Das wohl bedeutendste Werk ist die *Große Wundartzney*, die 1536 in Ulm, Augsburg und Frankfurt am Main gedruckt wurde.

Bei Paracelsus rücken Empirie und eigene Erfahrung weiter in den Vordergrund. Er brach mit der aus der Antike überkommenen Humoralpathologie, die im *Bartholomäus*, bei Ortolf und Seyff die theoretische Grundlage der Medizin darstellte. Die wissenschaftliche Neuorientierung machte die Schaffung einer adäquaten Terminologie notwendig. „Ihm reicht der alte Wortschatz des Lateins nicht aus. Denn im alten Latein fehlen die Wörter, die Fachausdrücke für alle die neuen Dinge, die er entdeckt. Er entdeckt neue Krankheiten, neue Pflanzen, neue Metalle. Er entwickelt neue Heilmittel. Er findet neue Deutungen für viele Erscheinungen der Körperfunktionen und der Krankheiten, der chemischen Prozesse, der meteorologischen Vorgänge usw. Die neuen Wörter für all diese neuen Begriffe muß er sich selbst schaffen" (WEIMANN 1963: 366). In seinen zahlreichen Schriften zeigt Paracelsus jedoch ganz unterschiedliche Wort- und Sprachverwendungen: Wo es um wundärztliche Praxis geht, schreibt er ein Deutsch, das von einem interessierten Publikum verstanden werden konnte. In seinen eher theoretischen Traktaten schreibt er phasenweise eine **deutsch-lateinische Mischprosa**, wie sie in Humanistenkreisen durchaus üblich war (ein vergleichbarer Fall sind Luthers Tischreden). Das gilt auch für seine Baseler Vorlesungen von 1527/28 (U. PÖRKSEN 1994: 61–74).

Bei seiner Begriffs- und Terminologiebildung greift Paracelsus auf geläufige **Fremdwörter** zurück (z.B. *praxis, quantum, specificum*), passt sie aber auch morphologisch an das Deutsche an (z.B. *abstinenz* < lat. *abstinentia, simplicitet* < lat. *simplicitas, impression* < lat. *impressio, operiren* < *operare, praepariren* < lat. *praeparare*, dazu auch das Abstraktum *praeparirung* (zahlreiche weitere Beispiele WEIMANN 1963: 380–408, vgl. auch U. PÖRKSEN 1994: 70f.). Auch Wortfügungen können **Lehnbildungen** nach lateinischem oder griechischem Muster sein wie *kleine welt* nach *microcosmos, hantarznei* nach *chirurgia, fünftes wesen* nach *quintessentia*. Die Sprache von Paracelsus ist auch „in manchen Wortbildungen und Satzkonstruktionen analog", mitunter so, „als sei das Deutsche die Rückseite der lateinischen Tapete" (ebd. 74). Gelegentlich formt Paracelsus **Phantasiewörter** aus fremdsprachlichen Wortsegmenten wie *Opodeldoc* als Bezeichnung für bestimmte Harzgemische (ebd. 378) oder *Synovia* 'Gelenkschmiere'. Die etymologisch unklare Bezeichnung *Zink* ist erstmals bei Paracelsus belegt (KLUGE/SEEBOLD 2001: 1011f.).

Für eine Reihe von **Komposita** aus deutschen Wortkonstituenten (*Ätzpulver, Bleipflaster, Brandsalbe, Fürstenarzt, Kriegswunde, Scheidewasser, Sodbrennen* oder Zusammensetzungen mit dem Grundwort *-krankheit* wie *blut-, erb-, frauen-, fuss-*, *geistes-, hirn-, leber-, magen-, nasen-, seelen-, zahnkrankheit*) kommt er als Urheber zumindest in Betracht. **Abstraktbildungen**, die bei Paracelsus erstmals belegt sind, sind beispielsweise *spizsinnigkeit* 'geistige Verwirrtheit', *aufschneidung* und *durchforschung*. **Verbale Wortbildungen** sind *ausrenken, einschinen, uberolen* 'mit Öl einschmieren'. Einige Verben sind bereits **gemeinsprachlich** vorhanden, werden von Paracelsus aber in spezieller medizinischer Bedeutung, also terminologisch, verwendet, z.b. *auffressen* 'chemisch verätzen' (dazu auch das Abstraktum *auffressung*), *ausziehen* 'einen Extrakt herstellen', *unterhöhlen* 'tiefliegenden Gewebeschwund verursachen' (WEIMANN 1963, 1999).

Die Sprache von Paracelsus ist von Zeitgenossen ebenso wie von der späteren Forschung widersprüchlich bewertet worden. Man hat ihm „Sprachmächtigkeit" und seinen Schriften „poetische Schönheit" bescheinigt, sie aber auch als „völlig unverständlich" bezeichnet (TELLE 1981: 78–83, 94–100). Um sich von Paracelsus abzusetzen, hielt im 16. und 17. Jh. „wohl mancher sprachlich schwankende Fachautor ... am reputierten Latein fest, um sich in der latinisierten Gelehrtenkultur nicht dem kompromittierenden Ruf eines gelehrten Paracelsisten auszusetzen" (ebd. 1981: 99).

Im Jahr 1538, wenige Jahre vor seinem Tod, hat Paracelsus mit der Schrift *Die Verantwortung vber etliche Vnglimpfungen seiner Mißgönner* (Ausgabe SUDHOFF 1928: 125–160, Faksimile mit Übersetzung: G. PÖRKSEN 2003) gegen Anfeindungen von Kritikern Stellung genommen (*Verantwortung* bedeutet hier 'Erwiderung'). Es ist „wenn man so will, die erste Autobiographie eines wissenschaftlichen Autors in unserer Sprache" (U. PÖRKSEN 1994: 53). In der zweiten *Verantwortung* begründet Paracelsus Prinzipien seiner Terminologie, die auf Einsichten in die wirklichen Ursachen von Erkrankungen basiere. Mit den *newen Kranckheiten* sind nicht neu auftretende, sondern erstmals in ihren Ursachen durchschaute Krankheiten gemeint.

---

**[69] Aus der zweiten *Verantwortung* des Paracelsus (nach dem Faksimile in G. PÖRKSEN 2003: 50–59)**

*Die Andere Defension*
*Betreffendt die newen Kranckheiten vnd Nomina, des vorgermelten Doctoris Theophrasti*
*MIch zu Defendieren vnnd zubeschützen, zubeschirmen vnnd in dem, das ich newe kranckheit, so vor nie geschriben worden, beschreib vnnd fürhalte, auch newe Nomina, vor mir nie gebraucht, sonder durch mich geben, warumb solch beschehe: Durch mich anzuzeigen, vonn wegen der newen kranckheiten merckt also: Ich schreib von dem vnsinnigen Tantz, den der gemein mann heißt S. Veitstantz, auch von denen, die sich selbst tödten, auch von den Falschen kranckheiten, so durch Zauberey zufallen. Dergleichen vonn den Besessenen Leuten. Diese kranckheiten seyent von der Artzney noch nie beschrie-*

> ben, das mich doch vnbillich bedeucht, das ihrer vergessen sey worden. [...]
> Weiter, das ich mich auch beschirme, darumb ich schreib newe Nomina vnd newe Recepta: deß solt ihr euch nicht verwundern. Es geschicht nit auß meiner einfalt oder vnwissenheit, sondern es kann ein jetlicher wol gedencken, das solche Nomina, so von den Alten geben sind, auch ihr Recepten, ein jetlicher einfaltiger Schuler ab dem papier wol lesen vnd erkennen mag. [...]
> Ich suche nit Rhetoricam oder Latein in ihnen [den vorhandenen Lehrbüchern], sonder ich suche Artzney, in denen sie mir keinen bericht wissen zu geben. [...]
> Mir ist auch begegnet [vorgehalten worden], das ich den kranckheiten newe Nomina gebe, die niemandt erkenne noch verstehe. Warumb ich nit bleib bey den alten Nominibus? Wie kann ich die alten Nomina brauchen, dieweil sie nicht gehen auß dem grundt, auß dem die kranckheit entspringt, sondern es sind nuhr Vbernomina, die niemandts weiß wahrhafftig, ob er die kranckheit mit denselbigen nammen recht nenne oder nicht. So ich dann solchen vngewissen grund find vnd erkenne, warumb wolt ich mich von wegen der Nomina so sehr bemühen? So ich die kranckheit verstehe vnnd erkenne, so kann ich dem Kindt wol selbst den nammen schöpffen. Was will ich sagen Apoplexis oder Apoplexia? oder was will ich mich kümmern Paralysis werde produciert oder corripiert? oder Caducus fulguris heist Epilentia oder Epilepsia? oder was will ich, es sey Graecum, Arabicum oder Algoicum? Mich bekümmert allein der Vrsprung einer kranckheit vnnd seine heilung zu erfahren vnnd den Nammen in dasselbig zu concordieren. [...]
> Es sollten die vermeintlichen Doctores der Artzney sich baß bedencken in dem, daß sie sichtiglichen sehen, das etwann ein Bawr ohne alle Schrifft mehr gesundt macht dann sie alle mit allen ihren Büchern vnd roten Röcken, vnnd wann es die in den roten Kappen erfüren, was die vrsach wer, sie würden in einem Sack sitzen voller äschen, wie die in Niniue theten.

Auch diese *Verantwortungen* sind wie viele andere Paracelsus-Schriften erst postum gedruckt worden. Einige Editoren des 16. Jhs. sahen sich veranlasst, lateinische Termini in Glossaren zu erläutern. Paracelsus selbst hatte schon seiner 1535 gedruckten Schrift *Vonn dem Bad Pfeffers in Oberschwytz gelegen* eine kurze *Vßlegung der Latinischen Synonyma, so in vergangnen Capitlen gebrucht sind worden* beigefügt. Adam von Bodenstein war der erste, der ein *Onomasticum Paracelsi* zusammenstellte. Es erschien zunächst als Anhang zu Drucken der *Großen Wundarznei*, 1575 auch als selbständiges Oktavbändchen (dazu und zu einer Reihe weiterer Paracelsus-Glossare WEIMANN 1981).

[70] Aus *Onomasticon Theophrasti Paracelsi eigne Außlegung etlicher seiner wörter vnd preparierungen.* Zusammengebracht durch Doctorem Adamen von Bodenstein, Basel 1575, Bayerische Staatsbibliotek München, Res/Metall. 101#Beibd. 4, S. 16.

16  ONOMASTICVM

L

Lato, jedliches metal das schwartz ist worden.
Lapſus demotinus, lapſus in mortem repentinam.
Laruſca, auricula muris vel maſarea.
Lac virginis, lac lythargiri, quod ſic fit: Contuſum lythargirum coque ace to per optimè, poſtmodum aqua fontana, & ea aqua recipiet lactis formam: iſt ein gewaltig experiment in Nacta/ ſo tücher dareiin genetzet vnnd vbergeſchlagen weeden.
Lacerta, die höle deß fleiſchs vnnd leibs.
Laudanum purum, wann laudanum diſſoluiert,/ vnnd durch deſcenſum diſtilliert / alß dann iſts der liquor am boden.
Laudanum præparatum, wann zum puro laudano ambar vnnd macis gethan wirdt, nämlich ad ʒj. Laudani puri gr. iij. ambræ, vnnd gr. vj. maceris: dann dieſe ding præparieren jhn.

Late-

PARACELSI  17
Laterium, lixiuium.
Lapis phyſicus, lapis de prima materia.
Liquor ſimpliciter geredt / was mit ſampt ſeinem corpus in ein liquidum gehet/ alß liquor tapſi,/da ge het dʒ corpus mit ſampt inn ein liquidum, alſo auch die gemmen vnd corallen.
Liquidum reſolutum, quod eſt liquidum ex primo ente.
Lephanteus tartarus, ein bolus ſo dʒ mittel halter zwiſchē einem ſtein vnd laymen/ iſt tartarus citrinus.
Liquor eſſentialis, iſt der liquor ſo vō inneren gliedern angezogē wirt vnd fleiſch vnd blüt machet.
Liquor papaueris vel aliarum herbarum, ſo du ninſt kraut / wurtzel/ blümen/ ſamen/ zerſtoſt es wol/ thuſts inn ein verbapte kanten/ ſüdeſts im balneo maris v. tag/ dann ſichertſs durch tüchband/ daſſelbig ſeudſt auff warmer aſchen inn dicke des honigs.
Liquor mummiæ, oleum tranſmutatum à mummia,& ſeparatum ab im puro ſuo, quod tam efficax ſit, vt

b

Die lateinisch-deutsche Mischsprache bezeichnet U. PÖRKSEN (1994) sehr zutreffend als sprachliches „Fachwerk". Das heißt: Die **Syntax** ist weitgehend **deutsch**, **Wörter, Wendungen** und auch längere **Phrasen** sind **lateinisch** (vgl. KREUTER 2010). Einige der Definitionen im abgebildeten Glossar [70] geben einen Eindruck von dieser Art der Sprachmischung.

Paracelsus bemühte sich nicht um rhetorische Eleganz. Mehr als einmal polemisiert er gegen Schreib- und Redeweisen, die durch Elaboriertheit, nicht durch inhaltliche Substanz beeindrucken sollen: *nit mach das unrein rein mit einem maul!* (vgl. BOEHM-BEZING 1966: 6–10). Wenn er polemisiert, ist die Syntax komplexer als in heilkundlichen Texten. Ein Beispiel für die Interdependenz von

Polemik und Komplexität ist eine verschachtelte Satzperiode zu Beginn der Vorrede zum *ersten Tractat* der *Großen Wundartzney*. Nach dem noch überschaubaren Einleitungssatz *ICh hab ye vnd ye mit grossem auffsehen fleyssiger arbayt mich geflissen zů erfaren den grund inn der artzney, ob sie doch müg ein kunst gehaissen werden oder sein oder nicht, oder was doch inn ir seye* fährt Paracelsus fort: *dann darzů hat mich bewegt vilerley vrsach, nämlich die vngewise des fürnemenns, nämlich in dem, das so wenig lob vnd eer mit sampt den wercken erschynen sind, das souil kranckhen verdorben, getöd, erlämpt vnd gar verlassen worden sind, nit allayn inn einer kranckhayt, sondern gar nahet in allen kranckhayten, also vngewiß war, das doch bey meinen zeyten kayn artzet gewesen ist, der doch nur gewiß möchte ain zanwee haylen oder noch ein minders, sonder ich gschweig grosse kranckhayt auch bey allen alten solche thorhayt erfunden inn iren gschriften vnnd darbey gesehen bey den Fürsten höfen, bey den grossen stedten, bey den reichen, das sie so groß gůt erbieten zů geben, vnd doch bey allen ärtzten verlassen warend in der hylff, die doch inn seyden, gulden ringen etc. giengen, nit mit klaynem namen, bracht* [Pracht] *vnd geschwetz, hab ich auff sollichs mermalen für mich genomen, diese kunst zůuerlesen* (Paracelsus 1536, ohne Paginierung [10]).

Mit solchen **ausufernden Satzperioden** kontrastieren belehrende Partien mit klarer parataktischer Gliederung, etwa wenn Paracelsus im Kapitel *Von haylung der erstorbnen schäden* schreibt: *Am ersten můst das reynigen, demnach Consolidieren, am letsten beschliessen |vnd also müssen sie in die drey weg gefürdert werden,| sunst werden sie nit gar gehaylet | es wer dann gar ein kleins vnd schlechts da. | Nun ist die reynigung durch den Calcinaten, die heylung durch stichpflaster on zůsatz, der beschluß durch Crocum martis;| also werden die all geheylet, | vnd kein solche schad ist nit, der sich erwere. | Den calcinaten misch mit vngento de melle nach gelegenhait des schadens,| vnd bind in so lang, bis du ein gůten grund spürest vnnd merckest on all faul flaisch vnd stanck vnd dergleychen, das sich am lengsten inn dem fünfften tag begibt; | darnach so den grund sichst vnd hast, so thů im also* (ebd. L$^v$). Dieser Passus, der insgesamt kürzer ist als das zuvor zitierte Gefüge, umfasst im Gegensatz dazu zehn selbständige Satzeinheiten. Nur drei davon enthalten Nebensätze: *vnd kein solche schad ist nit, der sich erwere* einen kurzen relativen Subjektsatz (*der sich erwere*), das Satzgefüge *vnd bind in so lang, bis du ein gůten grund spürest vnnd merckest on all faul flaisch vnd stanck vnd dergleychen, das sich am lengsten inn dem fünfften tag begibt* einen mit *bis* eingeleiteten Temporalsatz, der seinerseits einen Relativsatz (*das sich am lengsten inn dem fünfften tag begibt* 'was sich spätestens am fünften Tag bessert') umfasst. Der abschließende Satz *darnach so den grund sichst vnd hast, so thů im also* ist ein Gefüge aus Temporalsatz und Hauptsatz. Die Syntax des Paracelsus hat sowohl in **umfangreichen Hypotaxen** als auch in **parataktisch** strukturierten Abschnitten „etwas Stoßweises, oft Abruptes, ein Hinterstzuvörderst, was Satzbau und Gedankenordnung manchmal undurchsichtig werden läßt"

(U. PÖRKSEN 1994: 49). Ob das eine Folge davon ist, dass er seine Texte diktierte, weil er „ein Stotterer" war, „der unter Gedankenflucht leidet und sich in der mündlichen Rede keine Zügel aufzuerlegen weiß" (ebd.), muss dahingestellt bleiben.

## 2.10 Hofkünste

Die mittelhochdeutsche Artus- und Heldenepik überliefert umfangreiches historisches Quellenmaterial über Kämpfe zu Fuß und zu Pferde, mit verschiedenen Waffen und unbewaffnet. Doch lehrhafte Texte über Kampfhandlungen und Kampftechniken wurden offenbar erst seit dem 14. Jh. verfasst.

### 2.10.1 Fechtlehrbücher

Um 1320 entstand eine reich illustrierte lateinische Handschrift, die in den Wirren des Zweiten Weltkriegs von Gotha über London nach Leeds gelangt ist (heute: Leeds, Royal Armouries, MS I–33; Faksimile und Edition: FORGENG 2003), in der auf acht Blättern (16 Seiten) mit kolorierten Zeichnungen Kampfpaare, meist ein Mönch (namens *Lutegerus*) gegen einen Scholaren, einmal auch der Mönch gegen eine *plena dolis anus* 'listenreiche Alte' namens *Walpurga* abgebildet sind. Unter einer der kolorierten Zeichnungen steht *Johannes Herbart von Wirtzburg*, möglicherweise der Name des Autors. In die lateinischen Bildbeschriften in Versen und Prosa sind auch mittelhochdeutsche Wörter eingeflochten (Glossar ebd. 152): *durchtreten* 'mit dem Körper zwischen Schild und Schwert des Gegners dringen' (davon abgeleitet *durchtrit*), *halpschilt* 'Fechtposition mit vorwärts gerichteten, leicht erhobenen Händen', *krucke* 'senkrechte Schwerthaltung mit der Spitze nach unten' (wörtlich 'Krücke'), *langort* 'Attacke mit waagerecht geführtem Schwert', *nucken* 'mit dem nicht abgewehrten Schwert von unten nach oben auf den Kopf des Gegners zielen' (wörtlich 'nicken'), *schiltslac* 'Abwehrschlag mit dem Schild', *schutzen* 'defensiv agieren', *stich* 'Stich', *stichslac* 'kombinierter Stoß mit Schwert und Schild', *vidilpoge* 'Fechtposition, bei der der Arm, mit dem das Schwert geführt wird, flach auf dem Schildarm liegt' (s. [71]). Das Wenige (mehrheitlich Substantivkomposita, dazu drei Verben und ein sekundäres Verbalabstraktum) belegt jedoch, dass es spätestens um 1300 eine entsprechende Fachterminologie des Fechtens gegeben hat.

## 2 Die *Artes mechanicae*

[71] Mönch gegen Student: „Tower Fechtbuch", Royal Armouries, MS I.33, fol. 22ʳ

Über den Fechtern steht *Hic ducetur quedam custodia generalis, que nuncupatur* **vidilpoge**, *quam regit sacerdos; scolaris vero contrariando sic ponendo se ad ipsum patet hic per ymagines* 'hier wird eine allgemein übliche Stellung eingenommen, die ‚vidilpoge' genannt wird', die der Priester ausübt. Der Student kontert so, dass er auf ihn anlegt, wie es hier durch die Figuren gezeigt wird'. Der metaphorische Terminus *vidilpoge* 'Fiedelbogen' erscheint auf Deutsch.

Ab dem späten 14. und im 15. Jh. wurden deutschsprachige Fechtlehren für professionelle Schaukämpfer verfasst, die vor Publikum auftraten, für Fechtlehrer (J.-D. MÜLLER 1992a: 255) oder Auftragskämpfer, die eine Einzelperson oder auch eine Stadt gegen Bezahlung im gerichtlichen Zweikampf vertraten (zu deren Rechts- und Sozialstatus WELLE 1993: 197–297, HILS 1985b). Der erste namentlich bekannte Verfasser einer solchen Fechtlehre, der „Urvater und Spitzenahn der historischen Fechtkunst im Reich" (BAUER 2008/09: 125), über dessen Biographie jedoch wenig bekannt ist, war **Johannes Liechtenauer**, ein Fechtmeister des 14. Jhs. (Ausgabe: WIERSCHIN 1965; vgl. J.-D. MÜLLER 1992a: 258–270, HILS 1985b). Die älteste Handschrift von 1389 (Nürnberg, Germanisches Nationalmuseum, cod. ms. 3227a), kompiliert von dem Kleriker **Hanko Döbringer** (LENG 2004), überliefert noch weitere thematisch verwandte Texte anderer Autoren. Diese erste deutsche Fechtlehre erfuhr handschriftlich und auch im Buchdruck eine breite Rezeption (HILS 1985b: 814f.).

Liechtenauer dichtete **Merkverse**, die von Schülern und Nachfolgern aufgeschrieben und als *zedel* 'Zettel' gesammelt wurden (J.-D. MÜLLER 1994: 362–368). Deren Geheimsprache war nur Insidern verständlich. Der Schreiber eines Dresdener Liechtenauer-Codex begründet das damit, dass der Meister mit *verborgen vnd* *verdeckten worten* formuliert habe, *darumb das die kunst nitt gemain solt werden* (WIERSCHIN 1965: 97,116f.). Oder kurz: „Der Uneingeweihte liest nur Kauderwelsch" (J.-D. MÜLLER 1994: 365, vgl. auch 1992b: 387). Ein Beispiel: *Zorn haw krump zwerch hat schiller mit schaittler.* Das ist eine Aufzählung der fünf wichtigsten Hiebe beim Fechten (zur Bedeutung s. den Kommentar zu [72]). Abschreiber verstanden oft nicht, was ihnen da zum Kopieren vorlag. Zusätzliche Fehler waren die Folge. Deshalb wurden zu den Versen Prosakommentare verfasst, die sich noch lange auf die *zedel* beriefen und ihre Wortlaute, ob nun verstanden oder nicht, weiter tradierten. Kenntnis des Mitgeteilten durfte nur jemand erlangen, der geschworen hatte, *sin kunst nit witter zleren* (J.-D. MÜLLER 1992a: 260, zitiert aus der Kopenhagener Handschrift mit Liechtenauers Fechtlehre). Einer der Liechtenauer-Adepten des 15. Jhs., **Paulus Kal**, zählt Namen von Schülern und Nachfolgern des Meisters auf, „die sich liest wie der Namenskatalog der Ritter der Tafelrunde" (BAUER 2008/09: 131). Der nachfolgend zitierte Passus [72] ist exemplarisch für einen Einzelartikel in Liechtenauers Fechtlehre: Begonnen wird mit dem Merkvers (*zedel*). Dann wird unter der Überschrift *Glosa* 'Glosse, Kommentar' der Inhalt erläutert.

---

**[72] Aus Johannes Liechtenauers *Kunst des langen Schwerts* (nach WIERSCHIN 1965: 122)**

*Von dem sprechfenster*
*Sprechfenster mach:*
*stand frylich, besiche sin sach.*
*Schlage in, das er schnappe.*
*Wer sich vor dir zühet abe,*
*ich sag dir für ware:*
*sich schützt kain man on fare!*
*Haustu recht vernommen* [hast du das richtig verstanden],
*zů schlage mag er klain kummen* [zum Schlag kann er kaum kommen]
*Glosa.*
*Mörck, das haisset das sprechfenster: wenn er dir mitt hewen* [Schlägen] *oder versetzenn an das schwert bindet, so belib starck auß gerechtenn* [ausgestreckten] *armen mit der langen schniden am schwert, mitt dem ort* [Schwertspitze] *im vor dem gesichte, vnd stand freylich vnd besich sin sach, was er gegen dir tryben wöll. Item, schlecht er vom schwert vmb mitt ainem oberhaw* [Schlag von oben her] *dir zů der anderen sytten, so bind mitt storck sinem haw nach mitt der langen schniden, im oben ein zů dem kopff. Oder schlecht er vmb mitt der zwer, so fall im mitt dem obern schnitt in die arme. Oder zuckt er sin schwert an sich vnd will dir vnnden zů stechen, so raise im nach an dem schwert vnd setz im oben an. Item, oder will er sich vom schwert nicht abziechen, noch vmbschlachen, so arbait du am schwert mitt dem duplieren vnd sunst mit anderen stucken – darnach, alß* [je nachdem wie] *du enpfindest*

> *die waich vnd die hört am schwert.*
> *Hie nach mörck, waß do haysset der lang ort.*
> *Mörck, wenn du mitt dem zůfechten zů nahent an in kümst, so setze dinen lincken füß vor vnd halt im den ort auß gerächten armen lang gegen dem gesicht oder der brust. Hawt er denn dir oben nider zů dem kopffe, so wind mitt dem schwert gegen sinen haw vnd stich im zů dem gesicht. Oder hawt er von oben nider oder von vnden auff dir zů dem schwert vnd will dir den ort wegk schlachen, so wechsel durch vnd stich im zů der anderen sytten zů der blöß. Oder trifft er dir mitt dem haw das schwert mitt störcke, so lauß din schwert vmb schnappen. So triffest du in zů dem kopff.*
> *Lůg, das es dir nitt fell!*

Der zitierte Textauszug enthält eine Reihe von fachspezifischen **Wortbildungen** und **Wortbedeutungen** (die nachfolgenden Bedeutungsangaben basieren auf dem Glossar in WIERSCHIN 1965: 175–202). Typisch für die **substantivische** Fechterterminologie sind **Abstraktbildungen**: Von Adjektiven abgeleitet sind *blöß* 'Blöße, ungedeckte Körperstelle' (von *bloß*), *hört* 'mit Kraft geführter Hieb' (von *hart*), *storck* 'Stärke' (von *stark*), *waich* 'Kraftlosigkeit', deverbal ist *haw* 'Hieb, Schlag' (von *hauen*). Der gesamte Abschnitt [72] dient der Erläuterung des fechtsprachlichen **Kompositums** *sprechfenster*. Darunter ist „eine Art Fensterkreuz" zu verstehen, das die beiden gekreuzten Waffen bilden, „durch das sich die Gegner aus nächster Nähe belauern und verständigen (oder beschimpfen) können" (ebd. 193).

Eine Reihe weiterer Komposita ist mit dem Grundwort *-haw* gebildet. Beispiele im Text sind *oberhaw* 'von oben her geführter Hieb', *krum(p)haw*, „ein fast waagerecht geführter Hieb mit der flachen Klinge, wobei zugleich der Fuß derjenigen Seite, nach der geschlagen wird, vorzusetzen ist. Der Hieb wird mit überkreuzten Händen geschlagen: linke Hand mit dem Knauf unter rechter" (ebd. 184). Der *mittelhaw* ist ein „Hieb von der Seite in waagerechter oder leicht diagonaler Richtung" (ebd. 186), der *schaittelhaw* (synonym *schaytler*), „ein *oberhaw*, der senkrecht von oben nach dem Scheitel geschlagen wird" (ebd. 191). Ein *schilhaw* ist „ein *oberhaw* mit mehreren Varianten. Meist wendet man dem Gegner dabei die rechte Schmalseite des Körpers zu … Gemeinsam ist allen Varianten, daß man dabei ‚schielt', d.h. nicht direkt auf die Körperpartie schaut, nach der der Angriff geführt wird, und den Gegner dadurch täuscht" (ebd. 191). Weitere Beispiele sind *sturtzhaw*, ein „gleichzeitig mit der Vorwärtsbewegung des Fußes geführter Hieb" (ebd. 194), *zor(e)nhaw*, ein „von der rechten oder linken Achsel mit Körperbewegung und großer Kraft gerade auf den Gegner geführter Hieb" (ebd. 200), und *zwerchhaw*, ein „diagonal mit der Schwertschneide geführter Hieb in beliebiger Richtung und Variante … besonders wirksam mit Körperdrehung oder Umspringen" (ebd. 201).

## 2.10 Hofkünste

Eine Rolle in der Fechtterminologie spielen auch **Metaphern**. Beispiele (nicht in [72]) sind *naterzunge* 'schnelles wiederholtes, den Gegner irritierendes Stechen' und *pfoben zagel*, wörtlich 'Pfauenschweif', womit eine Kreisbewegung „vor des Gegners Augen, bis man eine günstige Blöße entdeckt" (ebd. 189) gemeint ist. Gleichbedeutend ist *redel*, wörtlich 'Rädlein'. Andere metaphorisch verwendete Substantive sind *büffel*, die abwertende Bezeichnung für einen schlechten Fechter, der ungeschickt und nur mit roher Kraft kämpft, *einhorn*, „aus dem *sprechfenster* gerade nach dem Gesicht geführter Stich [...] der als gefährlich und heimtückisch galt" (ebd. 180), *ochs* als Bezeichnung einer Kampfposition, bei der man das Schwert auf Kopfhöhe gegen das Gesicht des Gegners richtet, während beim *pflug* der Kämpfer in gebeugter Stellung das Schwert nach oben auf das Gesicht des Gegners richtet. Als *pforte* wird eine Verteidigungsstellung bezeichnet, bei der die Schwertspitze nach unten weist.

Wie in der modernen Sportsprache (vgl. *im Aus* oder *Abseits*) kannte schon die mittelalterliche Sprache der Fechter **Konversionen** (zum Terminus FLEISCHER/BARZ 2012: 434–438) durch Substantivierung von Präpositionen bzw. Adverbien: *magstu zů dem vor nitt kommen, so wart vff das nach* 'kannst du nicht in das *Vor* = die Offensive kommen, so achte auf das *Nach* = die Defensive' (WIERSCHIN 1965: 100,189). Im Verbalbereich ist der Anteil fachspezifischer **Präfix- und Partikelverben** signifikant: *ab(e)ziechen* 'zurückziehen, locker lassen, ausweichen', *ansetzen* 'dagegenhalten', *versetzen*, womit „ein Zur-Seite-Setzen, Ablenken gemeint [ist], nicht ein statisches Sperren und Vorsetzen" (ebd. 197), *nachraisen* 'einen Hieb oder Stich an eine ungedeckte Stelle anbringen', *umbschnappen* 'das Schwert mit einer Drehbewegung kippen, um den gegnerischen Druck wegzunehmen', *durchwechseln* 'unter dem Schwert des Gegners durchstechen', *zůfechten* 'attackieren'. Das Glossar in WIERSCHIN 1965 nennt eine Reihe weiterer Verbalbildungen mit *ab-*, *an-*, *durch-*, *umb-*, *ver-*. Im Verbalbereich sind aber nicht nur besondere Wortbildungen typisch, sondern auch fachspezifische **Sonderbedeutungen** von Simplizia: *binden* 'die Waffen gegeneinander setzen', *schnappen* 'eine plötzliche Bewegung mit der Waffe ausführen', *winden* 'an der gegnerischen Waffe eine Drehbewegung ausführen, bis sich eine Angriffsmöglichkeit ergibt'. Ein Lehnwort ist *duplieren* 'Schläge gegen Kopf und Arme führen'.

**Phraseologische Wortverbindungen** in [72] sind *der lang ort*, womit ein „Stich über eine lange Distanz mit gestreckten Armen" (ebd. 185) gemeint ist, *mitt dem obern schnitt* 'mit einem Hieb von oben', *zů schlage kommen* 'Gelegenheit zum Schlag haben', *an sich zucken* 'zurückziehen'. **Adverbiale** Ausdrücke sind *mitt der zwer* 'schräg, diagonal' und *vnnden zů* 'nach unten'. Weitere Beispiele (außerhalb des zitierten Textstückes) sind *fryer ort* 'beliebig angesetzter Stich', *geschrenckt ort* 'Stich, bei dem das Schwert mit überkreuzten Händen geführt wird', *schlachender ort* 'Schlag mit dem Schwertknopf, wobei das Schwert am Klingenende gefasst wird'.

## 2 Die *Artes mechanicae*

Zahlreiche Satzgefüge zeigen eine geradezu **ikonische syntaktische Struktur** aus einem uneingeleiteten **konditionalen Vordersatz**, dem ein strukturell übergeordneter Hauptsatz folgt. Beispiel: *schlecht er vom schwert vmb mitt ainem oberhaw dir zů der anderen sytten* (konditionaler Vordersatz)*, so bind mitt storck sinem haw nach mitt der langen schniden* (Hauptsatz). Diese Abfolge der syntaktischen Einheiten bildet gewissermaßen den zeitlichen Verlauf einer Kampfphase ab: Dem Leser wird mitgeteilt, auf welche Kampfmaßnahmen des Gegners (Konditionalsatz) er mit welchen Gegenmaßnahmen reagieren muss (Hauptsatz).

Weitere zumindest dem Namen nach bekannte, wenn auch biographisch kaum fassbare Autoren sind **Siegmund Ringeck** (HILS 1992), der bereits erwähnte **Paulus Kal** (LORBEER 2006, SCHMIDTCHEN 1983b), **Johannes Lecküchner** (J.-D. MÜLLER 1994, 1992: 253–258, HILS 1985a), **Hans Talhofer** (HERGSELL 1889, KEIL 1995b, J.-D. MÜLLER 1992a: 270–276), **Hans Czynner** (BERGNER/GIESSAUF 2006). Auch anonyme Fechtbücher, z.B. ein Exemplar des Kölner Stadtarchivs (BAUER 2008/09), stehen inhaltlich und terminologisch in der Liechtenauer-Nachfolge (Bibliographie historischer Fechterhandschriften: WIERSCHIN 1965: 12–40).

Oft wurden Fechtbüchern **Illustrationen** beigegeben, was zur Folge hatte, dass die verbalen Bestandteile zugunsten der bildlichen reduziert wurden und mitunter nur noch kurz das bildlich Gezeigte benennen, aber nicht mehr in Worten erklären. Die eigentlichen Instruktionen sind in den Abbildungen enthalten; das Bild ersetzt den Text. Von Talhofer weiß man, dass er mit „Sparringspartnern" sogar selbst für die Abbildungen Modell gestanden hat (J.-D. MÜLLER 1994: 371).

[73] Aus Hans Talhofers Fechtlehre (1467), Bayerische Staatsbibliothek München, Cod. icon. 394a, fol. 20ʳ.

Links: *Vß dem Tunrschlag Ain werffen*, rechts: *Vß dem dunrschlag ain Rysen*

Auch die knappen Bildbeischriften enthalten, wie das Beispiel zeigt, Fachausdrücke des Fechtens: Mit *Tunrschlag* bzw. *Dunrschlag*, wörtlich 'Donnerschlag', ist, wie die Abbildung nahelegt, die beidhändige Verwendung des Schwerts als Schlagwaffe gemeint. Dagegen erfolgt *ain werffen*. Eine alternative Verteidigungsmaßnahme ist *ain Rysen*. Beides, *werffen* und *Rysen*, sind substantivierte Infinitive mit fachsprachlichen Sonderbedeutungen: *werffen* bedeutet 'den Gegner mittels eines manuellen Kampfgriffs zu Fall bringen', *Rysen* 'dem Gegner mit der Parierstange das Schwert aus den Händen reißen'.

Die Vermittlung verschiedener Fechttechniken erfolgte lange Zeit (und auch noch nach Liechtenauer) mündlich. „Doch nimmt auch diese Disziplin am allgemeinen Verschriftlichungsprozeß im Spätmittelalter teil, wie sie die seit dem 14. Jahrhundert überlieferten Fechtbücher belegen" (J.-D. MÜLLER 1994: 355). Die schriftlichen und bildlichen Instruktionen, die das Training nicht ersetzen, sondern nur begleiten konnten, sind allerdings sehr verschieden. „Die Praxis wird durch die Schrift nur gestützt" (ders. 1992a: 255). Schon Hanko Döbringer führt 1389 über das Verhältnis von Theorie (*kunst*) und Praxis (*vbunge*) aus: *vbe dich dorynne deste mer yn schimpfe* [wenn es nicht ernst ist]*, zo gedenkestu ir deste bas in ernst* [im ernsten Kampf]*, wenn vbunge ist besser wenne kunst, denne vbunge tawg wol ane kunst, aber kunst tawg nicht wol ane vbunge* (ebd. 264).

Vom 14. bis zum 16. Jh. gibt es „fortlaufend gereimte Verslehren, ein in Merkversen konzentriertes Regelwissen, Prosaauslegungen der Verslehren, Prosabeschreibungen von Bewegungsabläufen, registerartig zusammengestellte Termini und Kunstregeln, nicht zuletzt Bildfolgen mit und ohne Beischriften" (ebd. 251). Symptomatisch ist, dass in den Bilderhandschriften die Begleittexte, obgleich kalligraphisch ausgeführt, dennoch „manchmal völlig unverständlich" (J.-D. MÜLLER 1994: 372) sind. Das zeigt, dass auf diesem Stadium die verbalisierte Instruktion gegenüber der nonverbalen nachrangig, wenn nicht sogar überflüssig geworden war. Dem Geschriebenen kommt nur noch ein „Autoritätsgestus" (ebd. 373) zu. Und schließlich ist auch damit zu rechnen, dass Fechtbücher von Interesse für ein interessiertes und sachkundiges Publikum waren, das – ähnlich wie bei heutigen Sportarten – mehr oder weniger kompetent mitredete, aber nicht am Wettkampf teilnahm.

### 2.10.2 Ringlehrbücher

Gleichzeitig mit Fechtlehrbüchern wurden auch Anweisungen zum Ringkampf verfasst. Schon in Fechtbüchern wurden gelegentlich Griffe beschrieben und wurde bildlich gezeigt, wie ein Gegner ohne Waffen zu bekämpfen war. Die Ringerlehre von **Ott Jud** († um 1443; Ausgabe: HERGSELL 1889: 29–34 und 126–160; vgl. WELLE 1993: 73, HILS 1989) ist mehrmals zusammen mit der Fechtlehre Hans Liechtenauers überliefert. Ähnlich wie in vielen Fechtbüchern wirken auch hier Text und Bild zusammen. Im letzten Jahrzehnt des 15. Jhs. erschien in der

## 2 Die *Artes mechanicae*

Landshuter Druckerei von Hans Wurm ein **Blockbuch**, das auf 22 Seiten jeweils ein Ringerpaar in verschiedenen Kampfpositionen zeigt (Faksimiles: BLEIBRUNNER 1969, MINKOWSKI 1963: 48–72). Über den kolorierten Holzschnitten wird das Dargestellte kommentiert (die erste Seite weist über und unter der Darstellung Text auf). Der nicht sehr umfangreiche Text wird in [74] vollständig mitgeteilt.

[74] Das *Landshuter Ringerbüchlein*, München, Bayerische Staatsbibliothek München, 4 Inc.s.a. 1142

(1 ohne Text)

2: *In Sand Jorgen namen heb an vnd schaw zum ersten. Ob der man hoch oder nyder gang; das ist des ringens anfang*, im Bildbereich: *grueblen*, unten: *Das ist der recht S(tand vnd) wag vor dem (man).*

3: *So der man mit der hant nach dir greifft, so nym das stuck: das haist das zucken*

4: *Wan er dich gantz erhebt hat, vnd das du kain hab haben magst, So brauch das stuck das dw hie siechst. So mueß er dich lassen oder du prichst ym den armm.*

5: *Wen er sich ganntz aufricht vnd hindersich strebt. So du yn in dem hacken hast. So nym das stuck, das haist der schragen.*

6: *Das Stuck haist der jnwentigs schlenckhacken, das nym mit uoller sterck. So wirfstu yn, mag er dir nicht wenndn.*

7: *Wen er dich erhebt hat vnd wil dich zu ruck werffen. So thůe, so welstu vallen. Vnd greiff ym nach dem gerechten schenckel vnd stoß in also uon dir.*

8: *Wen er dir den hacken von seinem pain wil ziehen. So nym das stuck. Das haist der rigel.*

9: *Wen du in den hacken laufst, ee wan er sich recht in die wag setzt. So nym das stuck: das haist der hinder wurff.*

10: *Wen er eng mit seinen painen stet. So du yn in dem hacken hast, so nym das stuck, das haist die fur trettent hüfft.*

11: *Wen du ein hüfft nymst vnd er sich mit dir aufricht oder dich aus dem hacken hebt. So nym das stuck, das haist der lest hacken.*

> 12: *Wen er sich auffricht. So du in in dem hacken hast. So nym das stuck, das haist die halb huft vnd ist ain rechtz kampf stuck.*
> 13: *Greifft dich der man zwm ersten an. So nym das stuck, das haist der abstoß.*
> 14: *Wenn er sich aufricht oder in die wag setzt. So du yn in dem hacken hast, so nym das stuck, das haist die gabel.*
> 15: *Wen er dir den koff zugkt, so du ym in den hacken wilt lauffen, so nym das stuck: das haist der ausser hacken.*
> 16: *Greifft dich der man mit zorn vnd sterck an. So nym das stuck: Das haist das ab winden.*
> 17: *Wen er sich weit von dir scheubt, so du in dem hacken stest, so nym das stuck: das haist die wammaß hufft.*
> 18: *Das ist die hufft in dem ausserem hacken. Die nym snell mit sterck.*
> 19: *Das ist der hinder wurff yn dem aussern hacken. Den nym mit aller sterck.*
> 20: *Wen er weit mit den painen stet, so du yn in dem hacken hast, so nym das stuck: das haist die halb hufft.*
> 21: *Das ist ain gemains freys stuck, das zu beden seitten ain yeder ringer praucht vnd get aus der thwirch.*
> 22: *Das ist der recht ein lauff, vnd stand yn dem hacken.*
> 23: *Das Stuck ist pruch vnd wider pruch ym hacken vnd ist ain freyer wurff darin zue nemen.*
> 24: *Gedruckt zu landshŭt Hanns Wurmm*

Mehrere einfache **Substantive** sind in diesem Text **metaphorisch** gebraucht. Dabei handelt es sich durchwegs um Termini für Kampfgriffe. Die Bedeutung erschließt sich aus den Abbildungen. Als allgemeine Bezeichnungen für Ringergriffe wird *stuck* 'Stück' (daneben auch das Kompositum *kampf stuck*) verwendet. Mit *schragen* wird allgemeinsprachlich ein bockartiges Holzgestell mit schrägen Beinen bezeichnet, in der Ringersprache jedoch Griff, mit dem der Gegner am Ausweichen gehindert wird. Die Position, bei der man mit einem Bein eine Bewegung des Gegners blockiert, wird als *rigel* bezeichnet. Mit *gabel* ist ein Griff gemeint, bei dem man den Gegner im „Schwitzkasten" hat und gleichzeitig versucht, ihn zu Fall zu bringen, indem man ihm ein Bein zwischen seine Beine schiebt, um ihn darüber stolpern zu lassen. Unter *wag* 'Waage' ist eine ausbalancierte Körperposition zu verstehen.

Eine andere Benennungsmöglichkeit bieten **Abstrakta aus Partikelverben**: *abstoß*, *einlauff*, *hinderwurff*, *hoch oder nyder gang*, *widerpruch*. Die Verbalpartikeln sind dabei durchwegs direktional. **Substantivierte Infinitive** sind *das zucken* und *das abwinden*. Ein nichtabgeleitetes Nominalkompositum (genauer: ein **Kopulativkompositum**) ist *wammaß hufft*, wörtlich 'Wamshüfte', ein Doppelgriff an die Hüfte und zur Achselbeuge (zum Wams), damit *er sich weit von dir scheubt*.

Charakteristisch sind **Phraseologismen**, zum einen Fügungen aus **Adjektiv und Substantiv**, zum anderen **Adverbialgefüge**. Benannt werden auch damit stets Ringertricks: *der ausser hacken* besteht darin, dass man versucht, mit dem Fuß von außen hinter die Ferse des Gegners zu kommen und ihn so zum Straucheln zu bringen. Eine Gegenmaßnahme, um zu verhindern, dass man selbst hochgewuchtet wird, ist *der lest hacken* 'der letzte Haken'. Auch dabei wird ein Fuß von außen her hinter die Ferse des Gegners gedrückt. Den Gegner über die Hüfte zu werfen, ist entweder *die furtrettent hüfft* 'die vortretende Hüfte' oder *die halb hufft* 'die halbe Hüfte'. Unter *freyer wurff* dürfte der erfolgreiche Versuch zu verstehen sein, den Gegner nicht über die Hüfte, sondern „frei" zu Fall zu bringen. Das Bild zu *jnwentigs schlenckhacken* zeigt einen Ringer, der versucht, mit seinem Knie von der Innenseite her hinter das des Gegners zu kommen, und ihn an Arm und Hüfte packt (sofern bei *jnwentigs* keine Fehlschreibung vorliegt, handelt es sich um eine Neutrumsform; demzufolge müsste *schlenckhacken* ein substantiviertes Verbalkompositum im Infinitiv sein). Eine mehrfach vorkommende präpositionale Fügung ist *in dem hacken* (*haben* oder *stehen*) bzw. *in den hacken* (*lauffen*). Gemeint ist eine Position, bei welcher der Ringer Fuß oder Bein hinter den Gegner bringt. Die Fügungen *aus der thwirch* (*gehen*) und *in die wag* (*setzen*) bedeuten 'aus einer Schräglage (kommen)' bzw. 'ins Gleichgewicht (kommen)'.

Das einzige als fachsprachlich in Frage kommende einfache Verb im Text ist *grueblen*, eine Ableitung von 'Grube'. Gemeint ist eine Variante des Ringens, bei der ein Kontrahent in einer Bodenvertiefung steht. Der andere versucht, ihn herauszubekommen (vgl. MINKOWSKI 1963).

Ähnlich wie bei den Fechtbüchern ist das dominante **syntaktische Strukturmuster** die Abfolge von **Konditionalsatz** (oder mehrerer Konditionalsätze) und Hauptsatz wie *Greifft dich der man zwm ersten an, so nym das stuck*. In der Regel wird hier wie dort der Leser direkt angesprochen. Mehrfach folgt abschließend die fachmännische Benennung eines Ringergriffs, z.B. *das haist der abstoß*. Die kurzen bildbegleitenden Texte wären für sich genommen nicht verständlich. In Abschnitt 4 wird der Text-Bild-Bezug explizit hergestellt: *so brauch das stuck das dw hie siechst*. Das Blockbuch verfolgt zwei Ziele: Es sollen Ringertechniken gezeigt werden, und der Leser soll gleichzeitig mit der Fachterminologie vertraut gemacht werden.

### 2.10.3 Künste der Fahrenden

Für Wandermusikanten, Possenreißer und Akrobaten, auch Leute „ohne festen Wohnsitz", die ihren Lebensunterhalt mit professionellem Brett- und Würfelspiel bestritten, gab es im Deutsch des Spätmittelalters und der frühen Neuzeit eine Reihe mehr oder minder abschätziger Bezeichnungen (vgl. LOBENSTEIN-REICHMANN 2013: 328–336). Diese Personen lebten zwar am Rande oder völlig außerhalb der Gesellschaft (vgl. BRANDHORST/HERGEMÖLLER 2001, HARTUNG 1986), doch waren sie für die Unterhaltung bei Festen und auf Jahrmärkten unentbehrlich. Welche Begriffe und Termini diese Leute für ihre Requisiten, Darbietungen und Tricks verwendeten, ist schriftlich nicht überliefert. Das „Fachwissen" und die „Berufssprache" wurden so gut wie ausschließlich mündlich weitergegeben.

Überliefert sind aber Reste einer **historischen Sondersprache**, die der unmittelbaren Existenzsicherung diente, kaum jedoch der Berufs- oder Fachkommunikation: das **Rotwelsche** (GIRTLER 1998). Darin verschmolzen hebräische, slawische, romanische, lateinische, zigeunersprachliche und zahlreiche formal oder semantisch verfremdete deutsche Wortschatzelemente zu einem Sprachamalgam, das die gruppeninterne Verständigung sicherte, Außenstehende dagegen ausschloss. Die Ursprünge des Rotwelschen reichen mindestens bis ins 13. Jh. zurück (zu den frühesten Belegen des Wortes *Rotwelsch* vgl. JÜTTE 1987). Das umfangreichste historische Dokument des Rotwelschen ist der **Liber Vagatorum**, das 'Buch der Landfahrer', erstmals gedruckt 1510 (Ausgabe: KLUGE 1901: 35–94 mit einer niederdeutschen und einer niederrheinischen Version, Übersetzung: BOEHNKE 1987). Grundlage ist eine schweizerische Vorlage von ca. 1450. Der unbekannte Verfasser war selbst kein kompetenter Rotwelsch-Sprecher, sondern jemand, der ein Interesse hatte, Licht in die dubiose Sache zu bringen. In den beiden ersten Kapiteln werden verschiedene Arten von Bettlern – vornehmlich betrügerische – vorgestellt und näher beschrieben. Den dritten Teil bildet ein Wörterbuch des Rotwelschen. Martin Luther hat den *Liber Vagatorum* 1528 in einer Flugschrift mit dem Titel *Wider der falschen Bettler Büberei* benützt (und mit üblen antisemitischen Ausfällen angereichert).

## 2.11 Kriegskunst

Schon in der Antike wurden Texte verfasst, die Fragen der militärischen Theorie und Praxis behandelten. Der prominenteste römische Autor war **Publius Flavius Vegetius** (4. Jh.), dessen Werk *Epitoma rei militaris* im Mittelalter zwar kaum noch von praktischem Nutzen (FÜRBETH 2002: 303–306), aber dennoch einer „der meistgelesenen antiken Texte" (FÜRBETH 1995: 278) war. Vor dem 15. Jh. wurden zwar keine deutschen Vegetius-Übersetzungen verfasst, und es gab noch keine autochthonen Schriften zur Kriegsthematik (vgl. KALNING 2006: 15–52). Dennoch sind wir schon über den althochdeutschen Kampf- und Kriegswortschatz gut unterrichtet (speziell zu Waffenbezeichnungen HÜPPER-DRÖGE 1983, für die voralthochdeutsche Phase STROH 1974: 37–39). Das *Hildebrandslied* enthält mit Wörtern wie *urhtætun* 'Herausforderer', *saro* 'Rüstung', *guðhamun* 'Kampfgewänder' (und mehreren anderen) Kampfwortschatz. Die **mittelhochdeutsche** Epik ist außer an Kampf- und Turnierszenen auch reich an Kriegsschilderungen (BUMKE 2002: 210–240, 342–391, EHRISMANN 1995: 169–181, JACKSON 1985, CZERWINSKI 1975). Der entsprechende Wortschatz war stark französisch geprägt (EHRISMANN 1995: 216–222). Das Wort mhd. *turnei* selbst ist dem Französischen entlehnt (MÖLK 1985), ebenso *tjost*, die Bezeichnung für den ritterlichen Zweikampf und *bûhurt* für den Kampf zwischen Mannschaften. Auch **Waffenbezeichnungen** wie *glavîn* 'Lanze' und das bis heute gebräuchliche *lanze* stammen aus dem Französischen. Mit *vespereide* und *vesperîe* wurden Einzelkämpfe bezeichnet, die als eine Art Vorprogramm am Abend vor dem eigentlichen Turnier ausgefochten wurden. Von Wörtern wie *tjost*, *bûhrt* und *turnei* wurden Ableitungen gebildet: *tjostieren, tjostierer, tjostlich, bûhurdieren, turnierære, turnieren*, die sicher als Elemente einer ritterlichen Fachsprache anzusehen sind, die allerdings auch Züge eines adeligen **Soziolekts** trug.

Die älteste militärtheoretische Schrift in deutscher Sprache, *ain ler von dem streitten*, verfasste **Johann Seffner** (Ausgaben: KALNING 2006: 222–228, SEEMÜLLER 1909: 224–230), Dekan der Wiener Juristenfakultät, ein „zwar gebildeter geistlicher Herr, jedoch militärischer Laie" (SCHMIDTCHEN 1992: 1041), als Reaktion auf die Niederlage des Herzogs Leopold von Österreich gegen die Eidgenossen in der Schlacht von Sempach (1386). Es ist eine gelehrt-traktathafte Kompilation, in deren Verlauf unter Rekurs auf Autoritäten (Bibel, Cicero, Augustinus, Hieronymus, Isidor von Sevilla, Vegetius) mehr kriegsethische als kriegspraktische Fragen erörtert werden (KALNING 2006: 53–86).

Seit dem 15. Jh. liegen militärtheoretische und -praktische Schriften in deutscher Sprache vor, die sich nicht mehr auf klassische Autoren berufen, sondern auf **Erfahrungswerten** basieren (Überblick bei SCHMIDTCHEN 1990, speziell zu illustrierten Militaria-Handschriften LENG 2002, zum militärischen Wortschatz des 16. und 17. Jhs. JUST 2014). Die Erfindung von **Feuerwaffen** revolutionierte die Kriegstechniken und -taktiken von Grund auf (umfassend LENG 2002). Es bildete sich auch der Berufsstand des **Landsknechts** heraus. Das Bemühen, zeitgemäße Technologien der Kriegsführung zu optimieren und technische Innovationen in militärische Überlegenheit umzumünzen, brachte eine Reihe von **Feuerwerks- und Büchsenmeisterbüchern** hervor (Überblick bei HAAGE/WEGNER 2007: 129–133, vgl. auch SCHMIDTCHEN 1977).

Noch vor 1400 verfasste der 1366 in Eichstätt geborene **Konrad Kyeser** mit seinem *Bellifortis* in lateinischen Hexametern den „Prototyp einer während des 15. Jhs. immer weitere Verbreitung erfahrenden, eigenständigen Literaturgattung militärisch-technischen Inhalts" (SCHMIDTCHEN/HILS 1985: 477; vgl. auch LENG 2002: I,19–21). Das mit Illustrationen von Belagerungsapparaten und Waffen aller Art ausgestattete, allerdings unvollendete Werk (Überlieferung: Göttingen, UB. cod. ms. phil. 63, Faksimileausgabe: QUARG 1967, zur weiteren Überlieferung LENG 2002: II, 423–440) ist im 15. und 16. Jh. mehrmals in deutschen Prosatexten verarbeitet worden und mit zeitgenössischen Fecht- und Ringerlehren überliefert (LENG 2002: II,482). Im 15. Jh. wurde mehrmals Vegetius in deutscher Sprache bearbeitet (FÜRBETH 2004, 2002, 1995). In eine anonyme Vegetius-Übersetzung des 15. Jhs. ist zusätzlich auch eine ansonsten nicht überlieferte Ringerlehre eingeschoben (Text bei FÜRBETH 2002: 319–322).

## 2.11 Kriegskunst

Der in Augsburg, Basel und Straßburg tätige **Ludwig Hohenwang** (ca. 1440–ca. 1506; vgl. SCHMIDTCHEN 1983a) übersetzte das Werk des Vegetius für eine Druckausgabe (Augsburg 1475), die im 16. Jh. weitere Auflagen erfuhr. Hohenwang fügte dem Werk ein lateinisch-deutsches Glossar und einen Abbildungsteil an. Ein Erfurter Druck von 1511 erwähnt in der vorangestellten Widmung an Kaiser Maximilian eine Reihe von militärischen Fachtermini. Überwiegend handelt es sich um **Komposita mit Verbalstämmen als Erstkonstituente** wie *zichturne* 'Ziehtürme' (auf Lafetten angebrachte bewegliche Holztürme), *Schyßzeuge* 'Schießzeuge', *Steyckleytern* 'Steigleitern', *Brechzeug* 'Brechwerkzeuge', *Wyntwagenn* 'Windwagen' (Wagen, der eine Windvorrichtung transportiert) oder mit **nominalen Vordergliedern** wie *Fewrpfeyle* 'Feuerpfeile', *Fußeysenn* 'Fußeisen', *Wasserzeug* 'Geräte zum Kampf im Wasser'. Kampfgeräte werden fachsprachlich aufgrund ihrer Ähnlichkeit **metaphorisch** bezeichnet, z.B. *katzenn, Wyddern*. Auch *münches kappe* (s. [75]) gehört in diese Reihe, ebenso *flug* 'Flügel' und *horn*.

Breite Wirkung entfaltete das **Feuerwerksbuch von 1420** (Ausgabe HASSENSTEIN 1941; vgl. auch LENG 2002: I,19–21, 198–221, II,441–462, ferner SCHMIDTCHEN 1980). Es ist wohl nicht das Werk eines einzelnen Autors, sondern basiert auf bereits vorhandenen Schriften der Zeit um 1400. Ein Druck von 1529 (Ausgabe mit Faksimile und Übersetzung: BAETZ 2001), der als „das älteste in dt. Sprache gedruckte technische Buch" (ebd. 731) gilt, war allerdings schon zum Zeitpunkt seines Erscheinens von der technischen Entwicklung überholt. Der Fachwortschatz (Glossar bei HASSENSTEIN 1941: 39f.) ist teilweise der der alchimistischen Traktate (dazu 2.12.1) und umfasst z.B. auch entsprechende Decknamen für Metalle wie *Jupiter* 'Zinn', *Luna* 'Silber', *Mars* 'Eisen', *Mercurius* 'Quecksilber', *Saturnus* 'Blei', *Sol* 'Gold', *Venus* 'Kupfer', wie ja überhaupt die Erfindung (oder eher zufällige Entdeckung) des Schwarzpulvers ein Nebenprodukt alchimistischer Experimente war (auch wenn jener legendäre Mönch Berthold Schwarz, dem dieses Verdienst zugeschrieben wird, nie gelebt haben sollte).

Eine heute in Kopenhagen aufbewahrte Handschrift (Thott 290, 2°) enthält eine Reihe von Abbildungen mit Kriegsgeräten und erläuternden Beischriften (zu den zahlreichen Bilderhandschriften mit Abbildungen kriegstechnischer Geräte vgl. den 2. Band von LENG 2002).

## 2 Die *Artes mechanicae*

[75] Eine 'Mönchskappe' aus: Hans Thalhofer, *Alte Armatur und Ringkunst* (1459), Thott 290, 2° (fol. 20ᵛ), The Royal Library, Copenhagen.

*Das ist ains münches kappe, die jm hindenan vf dem ruggen lit; die fürt man vf den drin redern, ains vornan vnder dem spicz vnd zway nach gende; obnan sol sy verschoppet sin mit kuder [Werg] vnd verdecket mit hüten vnd andren dingen, die dar czu gehörend; es sol mit starckem holcz-werck zesamen gefügt sin, versorget mit ysen, das es notdürftig ist, das im schwer stain oder starck geschoss icht [nicht] schade; wan du an muren kumst, so richt im den spicz vf mit der ainen schiben; dem klimet [klettern] hinach alle, die dar inn sind etc.*

Die Vorrichtung mit der Bezeichnung 'Mönchskappe' soll offenbar Soldaten, die im Inneren eine Mauer erklimmen, Deckung vor den Abwehrwaffen der Verteidiger geben. Sie musste allerdings im oberen Bereich einen Ausschlupf bieten.

Ein zweiter wesentlicher Gesichtspunkt neben der Ausrüstung mit Nah- und Distanzwaffen sowie Schutzvorrichtungen war die **Heerestaktik**. Auch hierfür wurden seit dem 15. Jh. instruktive Texte verfasst. Ein herausragendes Beispiel ist das in der Handschrift Karlsruhe, Landesbibliothek, Hs. Durlach 18 überlieferte *Kriegsbuch* (Ausgabe: NEUBAUER 1964), das ganz oder in Teilen **Philipp von Seldeneck** (ca. 1440–1534; vgl. SCHMIDTCHEN 1990: 242–265, KEIL/SCHMIDTCHEN 1989) zuzuschreiben ist. Die Schrift „bietet die bis zum Ende des 15. Jhs. detaillierteste Beschreibung zur Taktik von Fußvolk und Reiterei bei kleineren wie bei größeren Heeren und beruht einerseits auf der Adaption älterer kriegerischer Überlieferung wie außerdem auf der zeitgenössischen Kriegspraxis in Verbindung mit der militärischen Eigenerfahrung des Verfassers" (ebd. 613). Sie geht „über alle vorherigen Schriften dieser Art weit hinaus und vermittelt die ersten Ansätze zu einer militärischen Theorie in der Epoche des Übergangs zur Neuzeit" (ebd. 614). Schematische Skizzen ergänzen den Text.

## 2.11 Kriegskunst

> [76] Aus: Philipp von Seldeneck, *Kriegsbuch*, Marschordnung des Fußvolks (nach NEUBAUER 1964: 95)
>
> *Wan fusknecht jn der ordenung zihenn, dornoch jr vill ist, so mussenn jr glitt machen: funffhundertt sein jr souill, so mach funff knecht jn ein glitt; sein aber dausent knecht, so mach und ordenn newn oder elff knecht jn ein glitt. Vnd dornoch, sovill jr jst, vnd dornoch auch das veltt oder weg jst, dornoch mus man die ordenung vnd denn ganck machen. Vnd sollen die schuczenn getheylt sein, halb zuforderst, die andernn halbenn zuhinderst, und uff die vordernn schuczen die halbenn spis und dornoch die helmparten – vnd die banner und felenn jn der mitt der helmparten – und dornoch die andern halptheyll der spis und zuleczst aber schuczenn. Vnd wan ein geschrey kumpt, so soll man die zwem theyll der spis nebenneinanderfurn, und die helmparten und panner mittenn doreinstossenn, und die vordernn schuczenn soll man auch dovornenn behalten und vff die linckenn seytten stellenn, die hindern schuczenn auch also. Vnd so jst die ordenung gleych am gang gemacht, wie vorstett.*

Das zitierte Textstück enthält einen auffallend hohen Anteil an **gemeinsprachlichen Substantiven mit Sonderbedeutungen**: *glitt* (gemeinsprachlich 'Glied, Körperteil') bedeutet 'Heeresabteilung', *geschrey* nicht irgendein Geschrei, sondern 'Warnruf', *ganck* nicht wie in der Gemeinsprache einen Weg, den jemand zurücklegt, sondern 'Marschordnung'. **Metonymisch** verwendet sind *spis*, *helmparten*, *banner* und *felenn*, denn gemeint sind nicht 'Spieße', 'Hellebarden', 'Banner' und 'Fähnlein', sondern im übertragenen Sinne Personen oder Personengruppen, die Spieße, Hellebarden, Banner oder Fähnlein tragen. **Partikelverben** wie *nebenneinanderfurn* und *doreinstossenn* bezeichnen Bewegungsrichtungen des Heeres. Das verbal Ausgedrückte wird in einer schematischen Zeichnung zusammengefasst.

# 3 Suspekte und verbotene Künste

Außerhalb des Kanons der Freien und Unfreien Künste gab es Tätigkeiten, die, wenn sie nicht im Verborgenen, so doch im halbdunklen Zwielicht ausgeübt wurden (Überblicke über Autoren und Werke: HAAGE/WEGNER 2007: 266–299, ASSION 1973: 159–177, EIS 1960: 1204–1216). Doch auch die anerkannten *Artes* wiesen Übergangsbereiche zu verbotenen und verborgenen Künsten auf. Die Beurteilung magischer Betätigungen durch die Kirche „war durchaus widersprüchlich und an historisch wechselnde Situationen gebunden, so daß einzelnen Verboten und Verurteilungen kirchliche Duldung und Aneignung abergläubischer Praktiken, dazu die indirekte Förderung zugehöriger Vorstellungen entgegengesetzt werden können" (ASSION 1992b: 170).

## 3.1 Alchimie

Zumindest in einer frühen Phase, bei (lateinischen) Autoren des 13. Jhs., wurde die *alchimia* der Pharmazie (also letztlich der Heilkunde) oder der Metallurgie als einem Teilbereich des Bergbaus zugerechnet (zu Übergängen von Alchimie und anderen Wissenschaften vgl. HORCHLER 2005: 269–320, BARKE 1991: 6–10). „Wie die Medizin, so war auch die Alchemie anfänglich im Kloster zu Hause, ist aber als *ars suspecta*, die die göttlich geschaffenen Elemente verwandeln und Gold erzeugen wollte, im 14. Jh. ausdrücklich in einzelnen Orden verboten worden, blieb auch sonst beargwöhnt und ungeachtet ihres philosophischen Unterbaues und chemisch-experimenteller Nebeneffekte von den Universitäten ausgeschlossen" (ASSION 1992b: 188).

Das Wort *Alchimie* (daneben auch *Alchemie*) ist entweder aus mittellat. *alchimia* oder aus altfrz. *alkimie* entlehnt und geht auf arabischen Ursprung zurück (KLUGE/SEEBOLD 2011: 29). Die ältesten (mittelhoch-)deutschen Belege für *alchimîe* und davon abgeleitetes *alchimiste* datieren ins 13. Jh. (vgl. HORCHLER 2005: 337–374, auch MWB I,146). Aus dieser Zeit sind jedoch noch keine deutschsprachigen alchimistischen Traktate erhalten (Überblicke über die allgemeine Geschichte: PRIESNER 2011, HAAGE 1996, JÜTTNER/TELLE 1980, PLOSS u.a. 1970; informativ ist ferner das einschlägige Lexikon PRIESNER/FIGALA 1998). Noch ins 14. Jh. wird eine mittelniederländische Sammelhandschrift mit alchimistischen Texten (Wien, ÖNB, Cod. 2372; dazu BIRKHAN 1986) datiert. Der Schwerpunkt der Produktion deutscher alchimistischer Texte sehr unterschiedlicher Gattungen liegt erst im 15. und 16. Jh. (ausführlicher Überblick über

## 3.1 Alchimie

deutsche alchimistische Texte – Übersetzungen, autochthone Prosa, Lehrgedichte, Rezepte, Rätsel – bei HORCHLER 2005: 63–268, BUNTZ 1969: 62–67).

Ein auffallender Befund alchimistischer Schriften – bezogen sowohl auf Sprache als auch auf Überlieferung – ist die **Symbiose von Latein und Deutsch**: „Die Mehrzahl alchimistischer Handschriften sind lateinisch-deutsche Sammelhandschriften, angefangen von Manuskripten mit gelegentlichen deutschen Eintragungen im lateinischen Text bis hin zur lateinischen Kommentierung deutscher Texte und zu einem Nebeneinander des gleichen Textes in beiden Sprachen einer Handschrift" (BUNTZ 1969: 50). Eine beträchtliche Zahl alchimistischer Schriften ist Fürsten gewidmet, die entweder „selbst überzeugte Adepten" (ebd. 52) waren oder Alchimisten an ihren Höfen beschäftigten.

„Alchimie ist nicht die Vorstufe der Chemie, die noch vom Aberglauben beherrscht war und deshalb keine ‚Ergebnisse' liefern konnte. Man muss die Alchimie vielmehr als autonome Naturphilosophie und Naturmystik verstehen, deren technologischer Zweig zur modernen Chemie führte, was von der Alchimie her gesehen zweifellos eine Verarmung war" (BUNTZ 1969: 9). Ein vornehmliches Ziel des „technologischen Zweiges" der mittelalterlichen und frühneuzeitlichen Alchimisten war es, „Edelmetalle, Edelsteine und dergleichen oder die *Panazee* – das Allheilmittel – beziehungsweise den *lapis philosophorum* herzustellen, indem sie, ausgehend von der antiken Elementen- und Qualitätenlehre, die richtige Mischung (*Eukrasie*) der Naturstoffe zu finden sucht, und zum unedlen Metall den aus einem – ungenannten – Ausgangsstoff hergestellten *Lapis philosophorum*, meist ein Pulver, ein Elixier, ein Alkahest, beigibt. Zuvor jedoch muß dieser Ausgangsstoff zur *prima materia* ('erste Materie') zurückgeführt werden" (HAAGE 2008/09: 168, vgl. BIRKHAN 2010: 53–58). Dabei wurde mit einer Reihe chemischer Reaktionen und Mixturen experimentiert, für die es in der Alchimistenfachsprache überwiegend dunkle **Metaphern** gab. Die bildlichen Ausdrucksweisen der Alchimisten kommen teils aus der antiken Mythologie, teils auch aus dem „Bereich der Sexualität, der körperlichen Vereinigung, der Zeugung und des Gebärens" (ZELLER 2010: 198), des Sterbens und Vergehens und menschlicher Affekte wie Freundschaft und Liebe (EIS 1951: 418).

Anders als bei Metaphern ist bei **Deckwörtern** kein *tertium comparationis* zwischen dem, was das Wort in der Allgemeinsprache bedeutet, und dem Bezeichneten gegeben (HORCHLER 2005: 27–36, PRIESNER/FIGALA 1998: 104–106). Die Sprache der Alchimisten partizipiert durchaus an der **Allgemeinsprache**, trägt aber in der zentralen Begrifflichkeit Züge einer **Geheimsprache** (BUNTZ 1969: 52–60, EIS 1951). In schriftlichen Aufzeichnungen werden Benennungen von Stoffen, Geräten und Reaktionen zudem oft durch Zeichen und bildliche Symbole vertreten (vgl. die „Liste alchemischer Symbole" in PRIESNER/FIGALA 1998: 383–391).

Ein früher hochdeutscher alchimistischer Text ist das um 1400 verfasste allegorische Gedicht **Sol und Luna**, das in 39 Reimpaaren verschiedene Zeichnungen (in einer späteren Druckfassung auch Holzschnitte) mit alchimistischer Symbolik

## 3 Suspekte und verbotene Künste

kommentiert (Ausgabe: TELLE 1980; vgl. ders. 1995). Umfangreicher ist das etwa zur selben Zeit verfasste **Buch der heiligen Dreifaltigkeit**, das in mehreren Handschriften einem Franziskanermönch namens **Ulmannus** zugeschrieben wird (zur Überlieferung BUNTZ 1972). Darin vermischen sich alchimistische Ideen mit christlich-theologischen, astrologischen, zahlenmystischen und politischen Inhalten (Ausgabe: JUNKER 1986; vgl. TELLE 2004, BUNTZ 1969: 24–38, GANZENMÜLLER 1956: 231–272, zu den illustrierten Handschriften PUTSCHER 1986).

In mehreren Handschriften ist das Gedicht *Sol und Luna* zusammen mit der Versallegorie **Das nackte Weib** überliefert, einem inhaltlich dunklen Text eines anonymen Verfassers aus der ersten Hälfte des 15. Jhs., der in über 40 Textzeugen (TELLE 1980: 123–128, ders. 1987) überliefert ist.

Die Reimpaare beziehen sich auf ein allegorisches Bild (s. [77]): Im Zentrum steht eine gekrönte nackte Frau. Mehrere Bilddetails sind mit Hinweisbuchstaben versehen: *A* verweist auf einen Baum, der aus dem Kopf der Frau wächst, *b* und *c* auf Sonne und Mond, *D* und *E* auf Vögel, die entweder auf- oder abwärts fliegen. Was zu Füßen der Gestalt aus zweistöckigen Öfen (?) ragt und in einstöckige mündet (*F* und *g*), symbolisiert nach Aussage des Gedichts die Paradiesesflüsse und ähnelt wohl nicht zufällig alchimistischen Destilliergefäßen. Sonne und Mond auf Kopfhöhe der Hauptfigur im Bildzentrum sind traditionelle Elemente der Kreuzigungsikonographie. Der Baum kann mit dem Paradiesesbaum assoziiert werden. Selbst die gekrönte Frau begegnet – allerdings nicht im unbekleideten Zustand – in der christlichen Bildtradition als apokalyptisches Weib oder Maria. Im Gedicht heißt es auch *Ich wardt mûter vnd bleyb doch meydt*. Trotz aller Marien-Bezüge dürfte es sich „um eine Mercurius-Personifikation" (ebd. 136) handeln. Diese Interpretation findet eine Stütze darin, dass in einigen Handschriften explizit von Mercurius die Rede ist.

[77] Das nackte Weib, Universitätsbibliothek Basel, Sign. L IV 1, fol. 263, Text nach TELLE 1980: 129f.)

*Din gwalt peinigt mich nackends wyb,*
*Wann vnsålig was min erster lyb,*
*Vnnd noch nie mûter was gewornn,*
*Vntz jch zum andern mal ward geborn.*
*5 Myns sonns nam jch da eben war*
*Da gewan jch aller krütter crafft,*
*Inn aller kranckheyt ward jch sighafft.*
*Vnnd kam mit jm selbander dar,*
*Do jch sin ward schwanger*
*10 Vnd gepert vff einem vnfruchtbarn anger.*
*Ich wardt mûter vnd bleyb doch meydt*
*Vnnd ward jnn myn wäsen angleyt,*
*Das myn sun myn vatter wardt,*
*Als gott geschickht hat wesentlicher art.*
*15 Die mûter, die mich hat gepert,*
*Durch mich wardt sy geporn vff diser erdt.*
*Eins zůbetrachten naturlichen verbunden,*
*Das hatt das gepirg meysterlich verschlunden*
*Daruß komen vier jnn ein,*
*20 Inn vnserm meysterlichen stein;*
*Vnnd siben jnn driualt bedacht*
*Vnnd jnn ein wåsen volbracht.*
*Wer das bedenckhen kan gar äben,*
*Dem jst der gwalt gegeben,*
*Das er alle kranckheyt thůt vertryben*
*Vß metallen vnd mönschen lyben.*
*On gotts hilff niemandt das mag gebuwen,*
*Nur der sich selbs kan durchschowen.*
*Vß myner art entspringt ein boum,*
*30 Daruß rinnen zwen straum [Ströme];*
*Der ein stöißt gen orient*
*Vnnd der ander genn occident.*
*Daruß adler fliegen vnd verbrennen jr gefider*
*Vnnd fallen blaß jnn die erde nider*
*35 Vnd werden do gefidert hinwider gar schon*
*Vnnd sind vnderthänig sonn vnd mon.*
*O her Jesu Crist,*
*Der du dy gab geben pist*
*Durch deinen heiligen geist so gut,*
*40 Der hatt es alles jnn siner hůt.*
*Wemm er es gibt fürwar,*
*Der vernimpt der meyster spruch gar;*
*Das er bedenckt das künftig läben,*

# 3 Suspekte und verbotene Künste

> *Alls leib, seel gefügt werdenn äben,*
> 45 *Das sy schwäben jnn des vatters rych,*
> *Also halt sich die kunst vff erdtrich.*

Dass es sich bei allen christlichen Anspielungen nicht um religiöse Kunst und Dichtung handelt, zeigen typisch alchimistische Kennwörter und Formulierungen: *aller krütter crafft* (5), *vnserm meysterlichen stein* (20), *Vß metallen* (26). Mit der *kunst*, die sich *vff erdtrich* (46) hält, kann nichts anderes gemeint sein als die Alchimie. Die alchimistische Begrifflichkeit und die dahinter stehenden Gedanken sind mit komplexen religiösen Bezügen verwoben, die auf das Bild rekurrieren (zur Interpretation von Bild- und Textdetails vgl. TELLE 1980: 131–140).

Verstexte, die religiöse und alchimistische Gedanken und Begrifflichkeiten verbinden, sind keine Seltenheit. Auch Theorien über Herkunft und Beschaffenheit von Materialien und Anleitungen zu Prozeduren wie der Herstellung von Gold und Silber aus unedlen Metallen verbinden sowohl in inhaltlicher wie sprachlicher Hinsicht vielfach Religiöses mit Alchimistischem. Das ist auch der Fall in einer Übersetzung der Schrift *Quaestiones tam essentiales quam accidentales ad Bonifacium VIII* des katalanischen Gelehrten und Arztes **Arnaldus von Villanova** (ca. 1235–1311; vgl. KEIL 1978d, PRIESNER/FIGALA 1998: 62f.). Der Text (Ausgabe BUNTZ 1969: 73–83) ist wahrscheinlich in der 1. Hälfte des 15. Jhs. verfasst worden. Arnald wählte als Darstellungsmodus ein Frage-Antwort-Schema, das der Übersetzer beibehalten hat.

> **[78] Aus der Übersetzung des Traktats *Quaestiones tam essentiales quam accidentales ad Bonifacium VIII* von Arnaldus von Villanova (BUNTZ 1969: 73f.)**
>
> *Hye heben an die frag wesenlich vnd zu vallend meister arnoldi von dem newen dorff von dem stein philosophorum.*
> *I. Item zu dem ersten fragt man, ob die machung deß steins müg werden von den zweyen lichten alleyn vnd mit dem lebendigen wasser, oder ob der werden müg von einem licht vnd dem lebendigen wasser? Sprich ja, wenn jn dem end der frag wirt das bewert* [erwiesen].
> *II. Item ein frag, ob der stein werden müg auß dem lebendigen wasser alleyn? Antwurt: neyn, wenn das quecksilber mag nichtz arbeyten, eß werd dann geworffen in die muter seines weybes, das sye jn ner* [nähre], *vnd vnser erde ist das weyb, vnd der mercuri ist der man.*
> *III. Item man fraget, so der stein wol werden mag auss den lichtern alleyn, warumb seczt man denn zu die vnuolkummen corpora? Antwort: vil e wird daz werck volbracht auß den lichten, vnd die varb, die dann die philozophy gesaczt haben, die erscheinen vil örndlicher dar jnn vnd doch nicht noch einer ordenung.*
> *IV. Item man fragt, ob die sun vnd der mon beide gesoluirt oder yglichs besunder sol gen vnd steigen durch den allembicum? Antwort: eß ist der si-*

> *cherst vnd best weg, das yglichs allein durch gee. Doch mügen sye mit ein ander gen aber mit grosser müe vnd arbeyt, wenn alles das, das darzu gehört, eß sey allein oder gemischet, do ist nöt, das eß gee durch den allembicum, wann der werck man mag sicher sein, wenn die licht sein gebracht jn jre erste matery, das ist zu quecksilber worden.*
>
> *V. Item ein frag: warumb ist not, das die licht sullen gebracht vnd reducirt werden jn ir erst matery, das ist quecksilber? Antwurt: der mercury ist die sperma, das ist die natur vnd sam, vnd wurden [würden] dy licht nicht zu sperma, das ist die erst matery, so möcht nicht werden ein volkumlich vnd meisterlich metall. Eß wurd auch kein frucht noch merung.*
>
> *VI. Man fragt, ob vnser lebendig wasser, das dann ist der meyentaw, sol sein von dem ercz oder von dem corpus? Antwort: der taw sol sein allein von den volkumen lichten vnd nit von ander sach, also bley oder zyn. Wann die philozophi sprechen, das das wasser auß dem bley nicht gee jn vnser meisterschafft, sunder allein das wasser von den rechten lichten oder jrem ercz. Wann daß bley ist vnreyn, vnd vnser wasser von dem echten ercz, das behütet vor allem vnreynem dott.*
>
> *VII. Item man fragt, wie man kenn vnser ercz wasser von dem wasser des pleyß? Antwurt: das bey dem bergk pessulon [Montpellier], do bringt man vell, die sind versigelt mit den sigel vnd zeichen auß hyspania, die sind vol mit dem rechten vnserm erczwasser. Mon sigelcz [man versiegelt es], das sye nicht werden gefelscht. Nym von dem wasser, so wirstu nit jrren. Ist aber das du furchst die felscherey, so las jn lauffen durch den allembic, vnd beleyben an dem boden des glaß hafenß feces vnd vnreinigkeit, so ist er gemacht von metall, vnd nach der feces natur so erkent man, von waz metall der mercury gemacht ist.*
>
> *VIII. Item ein frag, ob man das wasser sol reynigen, e man eß nem zu einem amalgama? Antwurt: du solt in vor döten mit gemeinem salcz als lang, bis das er gestalt wirt als aschen, die hymelblaw ist. Darnach soltu jn trencken vnd secz jn ein geueß zu sublimiren, so get vber sich daz rein lebendig wasser, vnd darnach mit essig kochen auff ein linden fewer. Darnach laß jn lauffen durch ein leder, vnd also magstu jn legen, brauchen vnd nuczen jn vnser meysterschafft.*

Der Text enthält eine Reihe **verhüllender Substantive** und **substantivischer Wortfügungen,** die ihn für Außenstehende unverständlich machen. So steht beispielsweise *licht* für Gold und Silber (basierend auf *luminaria* der Vorlage). Im Gegensatz dazu stehen die nicht edlen, gewöhnlichen Metalle, die *vnuolkummen corpora*. Mit *stein* ist der Stein der Weisen gemeint (in der Überschrift ist die Rede *von dem stein philosophorum*). Der Alchimist selbst ist im Text der *werck man*. Das ist ein gängiges Kompositum, das hier jedoch mit verhüllender Funktion verwendet wird. **Komposita** wurden aber auch erst in alchimistischen Zusammen-

## 3 Suspekte und verbotene Künste

hängen gebildet wie *ercz wasser* und *mayentaw*. Beides bedeutet 'Quecksilber' (zu dessen Bedeutung im alchemistischen Zusammenhang vgl. PRIESNER/FIGALA 1998: 295–300).

Neben allgemeinsprachlichen, jedoch auch sondersprachlich verwendeten Einzellexemen dienen vor allem feste **Wortfügungen** zur Benennung alchimistischer Gegenstände und Sachverhalte. **Adjektiv-Substantiv-Fügungen** im zitierten Textauszug sind *lebendiges wasser*, ein weiteres Deckwort für 'Quecksilber', und *erste matery* (in lateinischen Texten *prima materia*). Damit sind „Grundsubstanz und Ausgangsprodukt des Prozesses, in das alle Stoffe gebracht werden müssen" gemeint. „Bei Arnald ist die prima materia das Quecksilber" (BUNTZ 1969: 187; zu zahlreichen weiteren Decknamen für Quecksilber vgl. HORCHLER 2005: 27–36). Mit *vnreynem dott* wird die „Vernichtung und leblos Machung der Materie" umschrieben, „damit ihr ‚Geist' frei wird, chemisch eine Umwandlung der Stoffe in leichter lösliche Verbindungen (z.B. Amalgame)" (ebd. 192). In bildlichen Darstellungen stehen dafür Enthauptung eines Königs, Tötung eines Drachens oder die Passion Christi. Ein anderer Strukturtyp sind **Genitivfügungen** wie *die muter seines weybes*, ein „vieldeutiger alch[imistischer] Begriff, hier wohl Bezeichnung für die „prima materia" (ebd. 188), und *wasser des pleyß*, „Lösung von Metallverbindungen, wahrscheinlich Quecksilberfälschungen" (ebd. 194).

Die Sprache der Alchimisten des 15. und 16. Jhs. ist zudem reich an **lateinischem Vokabular**, das teilweise auch in anderen Fachsprachen geläufig war. Beispiele im zitierten Textpassus sind *matery, corpus, philosophus* und *solvieren*. Ein Fremdwort, das wohl nur in alchimistischen Zusammenhängen erscheint, ist *allembicum*, die Bezeichnung für ein „Destilliergefäß (Helm), das auf den Kolben aufgesetzt wird und die destillierte Flüssigkeit in den Rezipienten (Receptaculum) leitet" (ebd. 179; vgl. die rohrartig verbundenen Gefäße zu Füßen der Frauengestalt auf der Abbildung in [77]). Mit *sperma*, im Text zweimal erläutert durch *das ist die natur vnd sam* und *das ist die erst matery*, wird die alchimistische Vorstellung von einem Samen evoziert, „aus dem die einzelnen Metalle wachsen und reifen" (ebd. 191). Bei Arnald von Villanova und folglich in der Übersetzung ist dieser Same gleichbedeutend mit Quecksilber. Eine zeittypische Weise, Fremdwörter zu verwenden, ist die Kombination mit deutschen Synonymen in **Doppelformeln** wie *feces vnd vnreinigkeit* und *gebracht vnd reducirt* (zu ergänzen *jn ir erst matery*). Vergleichbares findet sich auch bei Luther und anderen Autoren (BESCH 1993).

Die Dominanz **parataktischer Abfolgen von Imperativ- und Modalverbsätzen** erinnert an Kochrezepte (s. 2.8) oder Anleitungen zur Herstellung von Heilmitteln (s. 2.9.2). Überhaupt ist eine Grenzziehung zwischen heilkundlichen, alchimistischen und magischen Rezepten in der spätmittelalterlichen Heilkunde bis Paracelsus und noch darüber hinaus (dazu HAAGE 1999) kaum möglich. Gerhard EIS spricht von einer über weite Strecken „enttäuschend hausbackenen Sprache ... mit müden Parataxen" und „trivialen Beschreibungen", neben denen jedoch „lei-

## 3.1 Alchimie

denschaftliche, inbrünstige, oft religiös gefärbte Ausbrüche, Bekenntnisse und Beschwörungen" stünden, die „in atemgewaltigen Perioden vorgetragen" (EIS 1951: 427) würden. Alchimistische Schriften weisen tatsächlich eine erhebliche stilistische Bandbreite auf, die mit sehr verschiedenen Textsorten innerhalb der alchimistischen Textproduktion korreliert.

Das besondere Gruppenbewusstsein des alchimistischen Autors kommt nicht nur in einer über Strecken **hermetischen Geheimsprache** zum Ausdruck, sondern auch in der wiederholten Verwendung des Possessivpronomens *unser* wie in *vnser erde, vnser (lebendig) wasser*, je zweimal *vnser meisterschafft* und *vnser ercz wasser*.

Rezepte und Anleitungen zur alchimistischen Herstellung von Substanzen sind in großer Anzahl überliefert. Innerhalb der Rezeptliteratur stellt die **Alchymey teuczsch** (Handschrift Heidelberg cpg. 597, begonnen im Jahr 1426 *ynn tauro* 'im Sternzeichen des Stiers') einen eigenen Typus dar. Denn in diesem alchimistischen Manuale, einem der ältesten in deutscher Sprache, dienen nicht nur **Metaphern** und **Deckwörter** der Geheimhaltung des Mitgeteilten, sondern darüber hinaus eine eigens ersonnene **Geheimschrift** (WATTENBACH 1869, EIS 1951: 420, 1959). Autor und Schreiber scheinen identisch zu sein. Auf Blatt 1ʳ wird der nachfolgend verwendete Geheimcode aufgelöst. Der Schlüssel wurde (vermutlich im Nachhinein) durchgestrichen, um ihn unkenntlich zu machen.

[79] Aus der *Alchymey teuczsch*, Universitätsbibliothek Heidelberg, Cod. Pal. germ. 597, fol. 1ʳ.

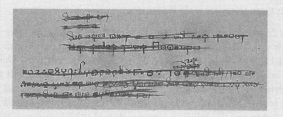

Transkription (Zeilenenden sind mit | gekennzeichnet): *Das ist ein | abc | das ist ein abc vnd das haben | wir selbes gemacht | a b c d e f g h i k l m n o p q r ſ s t u w sch ch vnd ich hab es | darum gar an ein ander gesect das man nicht sul fer|sten das es ein alfabet sei.*

## 3 Suspekte und verbotene Künste

Auf Blatt 5ᵛ werden zusätzlich Decknamen von Substanzen mitgeteilt:

Transkription: *Nota aqwa fortis haiss* [ein Wort durchgestrichen] *ich das scharf | wasser. Nota aber das ole fon | salar haisse ich nyczeidar Nota das | gemein salc haisse ich* [ein Wort durchgestrichen] *sal aller* [über der Zeile] *Nota dann das golt haisse ich die | gelb erd Nota das silber haissen wie die |weiss erd Nota salcstein ist salpeter Nota | grün ole haisset fitriolium Nota span|grün haist kupfergrün*

Dass der Verfasser die Formulierung nach dem Schema „x *haiss(e) ich* y" verwendet, lässt vermuten, dass es sich um seine persönliche Nomenklatur handelt. In den beiden letzten Fällen teilt er zuerst den Decknamen mit und dann das eigentlich Gemeinte.

Im Jahr 1612 wurde in Frankfurt ein *Lexicon Alchimiae sive Dictionarium alchemisticum* des in Regensburg und später in Prag tätigen Arztes **Martin Ruland d.J.** (1569–1611; vgl. PRIESNER/FIGALA 1998: 310f.) gedruckt. Das Werk erfasst zwar primär lateinische alchimistische Termini, erwähnt nebenbei aber auch eine Anzahl deutscher Begriffspendants. Was im frühen 15. Jh. noch in Geheimschrift verschlüsselt wurde, wird nun jedem Interessierten, der hinreichend Latein konnte, entschlüsselt. „Als im 17. Jahrhundert mit dem Aufblühen der Nationalökonomie die technische Industrialisierung begann, zogen sich die Alchemisten alten Schlages zurück und führten noch lange einen zur Erfolglosigkeit verurteilten Kleinkrieg gegen die Bahnbrecher der modernen Entwicklung, die das Schweigegebot gebrochen hatten" (EIS 1982: 310).

## 3.2 Zauber, Segen, Wahrsagerei

Die Grenzziehung zwischen Glaube und Aberglaube, *religio* und *superstitio*, unterschied sich in früheren Jahrhunderten grundlegend vom heutigen Verständnis. In voraufklärerischen Zeiten glaubte man an die Wirkungsmacht außer- und übernatürlicher Mächte, die man sich mit magischen Mitteln dienstbar machen konnte (grundlegend: HARMENING 1979). Eine Anzahl althochdeutscher Zauber- und Segenssprüche geben davon beredtes Zeugnis (zum althochdeutschen Zauber-Wortschatz vgl. WESCHE 1940).

Mit den berühmten **Merseburger Zaubersprüchen** sind zwei kurze Texte überliefert, die zwar erst im 10. Jh. aufgezeichnet wurden, aber schon in vorchristlicher Zeit entstanden und mündlich überliefert worden sein müssen (W. BECK 2003, EICHNER/NEDOMA 2000/01). Der erste der beiden Sprüche soll einen Gefangenen aus den Fesseln lösen, der zweite ein verletztes Pferd heilen.

---

**[80] Die *Merseburger Zaubersprüche* (Text und Übersetzung nach W. BECK 2003: 1, und 90)**

1. *Eiris sazun idisi, sazun heraduoder.*
*suma hapt heptidun, suma heri lezidun,*
*suma clubodun umbi cuoniouuidi.*
*Insprinc haptbandun, inuar uigandun!*

'Einst saßen Idisi, saßen auf den Kriegerscharen. Einige fesselten einen Gefangenen, einige hemmten die Heere. Einige zertrennten ringsherum die scharfen Fesseln: Entspring den Haftbanden, entfahre den Feinden!'

2. *Phol ende Uuodan uuorun zi holza.*
*Du uuart demo balderes uolon sin uuoz birenkict.*
*Thu biguol en Sinhtgunt, Sunna era suister;*
*thu biguol en Friia, Uolla era suister;*
*thu biguol en Uuodan, so he uuola conda.*
*Sose benrenki, sose bluotrenki,*
*sose lidirenki:*
*Ben zi bena, bluot zi bluoda,*
*lid zi geliden, so se gelimida sin!*

'Phol und Wotan begaben sich in den Wald. Da wurde dem Fohlen Balders der Fuß eingerenkt. Da besangen ihn [das Fohlen] Sinhtgund und Sunna, ihre Schwester. Da besangen ihn Friia und Volla, ihre Schwester. Da besang ihn Wodan, so wie er es gut verstand. Wenn Knochenrenkung, wenn Blutrenkung. Wenn Gelenkrenkung: Knochen zu Knochen, Blut zu Blut, Glied zu Glied! So seien sie zusammengefügt.'

## 3 Suspekte und verbotene Künste

Die Übersetzung von W. BECK ist allerdings nicht kanonisch. EICHNER/NEDAOMA (2000/01) kommen mit guten Argumenten in Details zu anderen Vorschlägen. Bei aller Kürze lassen die *Merseburger Zaubersprüche* deutlich eine **stilisierte Lexik** erkennen. Einige Wörter kommen nur hier vor: *biguol* ist eine Präteritalform zu *bigalan* '(magisch) besingen' (der Verbalstamm *gal-* liegt noch in nhd. *Nachtigall* vor). Strukturell und semantisch entspricht lat. *incantare* (HARMENING 1979: 221–226). Ob diese Übereinstimmung zufällig ist, oder ob Abhängigkeit im Sinne einer althochdeutschen Lehnbildung nach lateinischem Muster besteht, muss offen bleiben. Die Krankheitsbezeichnungen *benrenki*, *bluotrenki* und *lidirenki* sind strukturell gesehen **Komposita**, die sonst weder im Althochdeutschen noch in den verwandten altgermanischen Sprachen vorkommen. Auch andere vergleichbare Sprüche verwenden ein exklusives Vokabular.

Der Segen **Contra caducum morbum** in einer Handschrift des 11. Jhs. (SKD 380–383, dazu HAESELI 2011: 147–156) enthält die alliterierende, nicht schlüssig zu deutende Formel *Donerdutigo dietwigo*. *Doner* kann entweder mit dem Wort für 'Donner' in Verbindung gebracht werden oder auch mit dem Götternamen *Donar*. Die Bestandteile von *dietwigo* sind möglicherweise mit ahd. *diot* 'Volk' und *wîg* 'Kampf' zu assoziieren. Dennoch bleibt die Gesamtbedeutung dunkel (zu verschiedenen Erklärungsversuchen HAESELI ebd. 169f.). Mehrere Sprüche vermischen Volkssprache und Latein. Dem unverständlichen Vokabular wurde offenbar wie dem Lateinischen magische Kraft zugesprochen.

Die meisten alt- und mittelhochdeutschen Zauber- und Segenssprüche enthalten Beschwörungen und Handlungsanweisungen an unsichtbare Mächte, für die ein besonderer **performativer Verbalwortschatz** (z.B. *begalen* 'magisch besingen', *bimunigôn* 'beschwören', *gibiotan* 'gebieten, befehlen', *rûnen* 'raunen, flüstern') und **imperativische Verbalformen** (z.B. *gang ûz* 'fahre aus', *ni gituo* 'tue nicht', *var in* 'gehe hinein') kennzeichnend sind (RIECKE 2004: I,106).

Charakteristisch für viele, wenn auch nicht für alle althochdeutschen (und auch noch späteren) Zauber- und Segenssprüche ist die **zweiteilige Textstruktur**: Auf einen erzählenden ersten Teil (die „Historiola"), in dem ein Ereignis aus einer mythischen oder legendarischen Vergangenheit aufgerufen wird, folgt der eigentliche Zauber- oder Segensakt. Im Fall der *Merseburger Zaubersprüche* wird auf Ereignisse Bezug genommen, von denen sonst in mythologischen Quellen nichts erwähnt wird. Dann folgen die eigentlichen Zaubervorgänge. Vergleichbar, nur in einer (pseudo-)christlichen Einkleidung, sind beispielsweise der Gang Christi in Begleitung des hl. Stephanus nach *Salonium* (entstelltes *Jerusalem*?) im **Trierer Pferdesegen** (SKD 367–370, dazu HAESELI 2011: 107–113). Das Zusammentreffen von *des tiufeles sun* mit *adames sun* auf *adames bruggon* im Epilepsiesegen *Contra caducum morbum* ist unbiblisch. Die Behauptung, Petrus und Paulus seien Brüder gewesen, ist falsch. Möglicherweise aber evoziert gerade die Berufung auf ein fiktives oder nicht verbürgtes, singuläres und gerade deshalb überraschendes „Ereignis", Effekte, von denen man sich besondere Wirksamkeit der nachfolgen-

## 3.2 Zauber, Segen, Wahrsagerei

den Beschwörung oder des Segens versprach. Ein Teil der frühen Segenssprüche endet in einer **direkten Anrede** der Krankheit, der Verletzung oder des vermuteten Verursachers und schließt mit Gebetsaufforderungen (meist ein oder drei *Paternoster*) ab.

Mehrere Segenssprüche erweisen sich trotz christlicher Einkleidung bei näherer Betrachtung als heidnisch. Sie wurden nur oberflächlich durch die Erwähnung von Jesus oder eines Heiligen christlichem Denken und Empfinden angepasst (vgl. RIECKE 2004, I,95–103 mit 19 einschlägigen Texten; ein Überblick auch in HAESELI 2011: 64–68). Eine eigene Gruppe bilden die Sprüche, die Blut zum Stillstand bringen sollen. Dabei spielen die **Longinussegen** (vgl. M. SCHULZ 2003: 77f.) auf den römischen Legionär an, der laut Joh. 19,34 mit einer Lanze die Seite des gekreuzigten Jesus öffnete, worauf Blut und Wasser aus der Wunde floss (der Name des Soldaten ist apokryph).

Die **Syntax** der Zauber- und Segenssprüche ist durchwegs einfach. Im ersten *Merseburger Zauberspruch* umfassen drei von vier Verszeilen jeweils zwei selbständige **parataktische** Sätze. Im zweiten Spruch bilden die ersten fünf Verszeilen eine parataktische Kurzsatzreihe. Satz- und Versenden sind durchgehend deckungsgleich. Nur der fünfte Satz, der die „Historiola" abschließt, umfasst bei aller Kürze noch einen modalen Adverbialsatz (*so he uuola conda*). Die Syntax der Beschwörungsformel ist noch reduktiver: Bis auf das abschließende *so se gelimida sin* handelt es sich um parallele prädikatslose **Ellipsen**. Der suggestive **strukturelle Gleichlauf** kürzester syntaktischer Einheiten bleibt für Segenssprüche auch noch der späteren Zeit charakteristisch. Dabei kontrastiert der syntaktische Minimalismus mit der metrischen Ausgestaltung (im Merseburger Spruch sind mit Ausnahme von isoliertem *sose lidirenki* alle Halbverse durch Stabreime verbunden). Zu bedenken ist schließlich auch, dass es sich bei Zauber- und Segenssprüchen nicht um Lese-, sondern um Sprechtexte handelt. Über die Intonationsweise können heute nur noch Mutmaßungen angestellt werden.

Trotz der Prominenz der *Merseburger Zaubersprüche* und ihrer Wirkung noch auf heutige Leser handelt es sich bei derartigen Texten um keine singulär althochdeutsche oder germanische Gattung, sondern es gibt ältere **lateinische Parallelen** aus der Antike und dem Frühmittelalter (RIECKE 2004: I,92). Die Tradition setzt sich noch bis in die Neuzeit fort. Eine über Jahrhunderte kontinuierliche Weiterüberlieferung zeigen außer den *Longinussegen* auch die **Jordansegen**, die ebenfalls Blutungen stoppen sollten (der Legende nach stand bei der Taufe Jesu das Wasser des Jordan still). Die älteste schriftliche Aufzeichnung, der **Wiener Blutsegen**, datiert ins 12. Jh. (Text: MSD 140, vgl. auch M. SCHULZ 2003: 79–101, EIS 1971: 321).

Bemerkenswert sind in diesem Zusammenhang „Zaubersprüche", die in Verhörprotokollen vermeintlicher Hexen erscheinen. Denn die Delinquentinnen, die ihre bösen Sprüche preisgeben sollten, zitierten – aus welchen Gründen auch immer – nur fromme Segensformeln.

# 3 Suspekte und verbotene Künste

> **[81] Hexensprüche**
>
> 1. Güstrow 1615 (MACHA et al. 2005: 157,31–158,41). Beim Verhör sagt eine Verdächtigte aus, sie habe mit folgenden Worten Tiere geheilt:
> *van ederen tho ederen*
> *van leden to lehden*
> *van stenen to stehnen*
> *van heden tho har*
> *van lungen to leuer*
> *van harte tho harte*
> *van blode tho blode*
> *so wisse vnnd so wahr schal disse bote* [Heilung] *sein als die leue Jungkfraw Maria borede vp ere krefftige handt, darmit botte* [heilte] *sie des Vehlens wedage. In dem nahmen des vaders vnnd des Sohns des hillgen geistes Amen.*
>
> 2. Flensburg 1608 (ebd. 2005: 29,101 f.)
> Die Angeklagte bekennt, *Datt se Katharinen Jaspers, hans Jaspersen Husfrouwe ehre Kranckheit vp den halß getöuert vnd gespanet hebbe. Dartho gebruke se solche worde, di Er de Bose gelert: Ligge vnd Schwinde vnd Krich Nimmer Rast vnd Row ihn des Bosen Nhame.*
>
> 3. Osnabrück 1636 (ebd. 116,337 f.)
> *Ich Kike in die Stern vnd versage Gott dem hern*

Der erste Spruch zeigt mit seinen alliterierenden Ellipsen strukturelle und wörtliche Anklänge an den zweiten Merseburger Zauberspruch (vgl. dazu das Kapitel „Merseburgvariationen" in M. SCHULZ 2003: 156f.) und den Pferdesegen *Pro Nessia* (Text: SKD 374, vgl. dazu M. SCHULZ 2003: 57–60). Die „Historiola" steht in diesem Fall nicht vor, sondern nach dem Spruch. Eine magische Fluchformel (in 2.) ist in einem Verhör von 1608 aus Flensburg überliefert. Sie enthält mit *Rast* und *Row* 'Ruhe' immerhin ein stabreimendes Wortpaar. Die Abkehr von Gott und die Hinwendung zum Teufel (in 3.) vollziehen sich in einem Reimvers. Weitere Segen werden beispielsweise in Verhören aus Crivitz (ebd. 149,180–197), Perleberg (ebd. 170,176–186), Stralsund (ebd. 177,154) und Reichenberg bei Pfarrkirchen in Bayern (ebd. 481,368–482,395) zitiert (umfangreiche Sammlungen spätmittelalterlicher und neuzeitlicher Segen- und Zaubersprüche bieten HOLZMANN 2001 und SPAMER 1958).

## 3.3 Mantik

Waren die Übergänge von der Alchimie zur Heilkunde und von Zaubersprüchen zu Segensformeln noch fließend, so gab es parallel zu den sieben Freien Künsten und den sieben Eigenkünsten auch eine Heptade verwerflicher, von der Kirche nicht tolerierter mantischer Fertigkeiten. Schon die mittelhochdeutschen Epiker wussten von Zauber und Zauberern zu erzählen (vgl. BRALL 1999), doch sind – abgesehen von Zauber- und Segenssprüchen, wie sie schon für das Althochdeutsche überliefert sind – keine einschlägigen Texte erhalten. Spuren frühmittelalterlicher mantischer Begriffe sind im **Indiculus superstitionum et paganiarum** enthalten, einem lateinischen Gesetzestext des späten 8. Jhs., der die Bekämpfung von dreißig heidnischen Bräuchen anordnet (HELLGARDT 2013). In den lateinischen Text sind einige volkssprachliche (altsächsische, aber altenglisch beeinflusste) Wörter eingeflochten: *dadsisas* 'Totengesänge', *nimidas* 'heilige Haine', *nodfyr* 'durch Reibung von trockenem Holz erzeugtes Feuer, Heilmittel gegen Viehkrankheiten' und *yrias* 'Zustände von Ekstase'. Dass dieser Text im Zusammenhang mit der Sachsenmission steht, zeigt die Nachbarschaft mit dem *Altsächsischen Taufgelöbnis*, in dem der neu Bekehrte heidnischen Gottheiten abschwört.

Detaillierte Beschreibungen mantischer Praktiken gibt im Spätmittelalter der Arzt **Johannes Hartlieb** (um 1400–1468; vgl. BIRKHAN 2010: 103–114, FÜRBETH 1992, GRUBMÜLLER 1981). Er unterrichtet in seinem 1455/56 verfassten *Buch aller verbotenen Kunst* (Ausgabe: EISERMANN/GRAF 1989) den Markgrafen Johann von Brandenburg-Kulmbach (1406–1464) mit dem bezeichnenden Beinamen *der Alchimist* über mantische Praktiken, fügt jedoch hinzu, dass er noch über achtzig weitere derartige Künste kenne, zu denen er sich aber nicht äußern wolle. Hartlieb richtet sich an den Markgrafen als einen *rechten liebhaber aller geislichen diet und werder priesterschaft*, dessen *hoche vernunft so begirlich begert*, Kenntnisse über magische Fertigkeiten zu erhalten, den aber *allain mangel latinischer zungen* daran hindere, sich selbst über die mantischen Künste *mit namen Nigramancia, Geomancia, Ydromancia, Aremancia, Piromancia, Ciromancia und Spatulamancia* zu informieren (zitiert nach EISERMANN/GRAF 1989: 10). Damit sind die – wiederum sieben! – Namen der verbotenen Künste genannt: Totenbeschwörung (bei Hartlieb *Nigramancia*), Wahr- und Weissagung aus der Erde (*Geomancia*), dem Wasser (*Ydromancia*), der Luft (*Aremancia*) und dem Feuer (*Piromancia*), der Hand (*Ciromancia*) und dem Schulterblatt (*Spatulamancia*). Gerade in Adelskreisen, auch unter Geistlichen scheint es – kirchlichen Verboten zum Trotz – ein verbreitetes Interesse gegeben zu haben (ASSION 1992b: 171, SCHMITT 1974: 172). Die einschlägige Literatur war größtenteils lateinisch. Hartlieb selbst nennt mehrere Titel (ebd.). Der Tiroler Dichter **Hans Vintler** († 1419; J.-D. MÜLLER 1999), der in seinen *Pluemen der tugend* zwei längere Passagen auf die Darstellung magischer Praktiken verwendet, hat eine italienische Vorlage bearbeitet.

Hartlieb verfolgt in seinem Werk über die verbotenen Künste zwei widersprüchliche Ziele: Er will einerseits seinen adeligen Leser informieren, ihn gleichzeitig aber auch von der Verwerflichkeit dessen, was er beschreibt, überzeugen. Sein Buch ist in gewisser Weise „Sekundärliteratur" zum Thema Magie, keine „Primärliteratur" in dem Sinne, dass mantische Texte oder mantischer Sprachgebrauch dokumentiert würden.

## 3 Suspekte und verbotene Künste

**[82] Aus Johannes Hartliebs *Buch aller verbotenen Künste* (nach EISERMANN/ GRAF 1989)**

(1) *Das ains und dreissigist capitel: Von dem faren in den lüften.*
*In der bösen, schnöden kunst Nigramancia ist noch ain torhait, das die lewt machen mit iren zauberlisten. Roß, die komen dann in ain alts hus, und so der man wil, so sitzt er daruff und reitt in kurtzen zeiten gar vil meil. Wann er ab sitzen will, so behelt er den zäm, und so er wider uff sitzen will, so rüttelt er den zäm, so chomt das ros wider. Das ros ist in wårhait der recht tewffel. Zu sölicher zaubrey gehört vedermeüß plůt; damit můß sich der mensch dem tiüffel mit unkunden worten verschreiben, als „debra ebra". Das stuck ist by ettlichen fürsten gar gemain. Vor dem sol sich dein fürstlich genad hütten, wann es wär ymmer schad, solt dein hoche vernunft mit disem oder deßgeleichen diensten verknüpft sein und verlait werden.* (82)

(2) *Das drü und achtzigist capitel: Wie man die kunst Pyromancia treibt.*
*Dye kunst Pyromancia treibt man gar mit manigerlay weis und form. Etlich maister der kunst nemen ain rains kind und setzen das in ir schoß und heben dann seine hand uf und lassen das in seinen nagel sehen und beswern das chind und den nagel mit ainer grossen beswerung und sprechen dann dem chind in ain ore drü unkunde wort. Der ist ains „oriel", die andern besweig ich von ergrung wegen. Darnach so fragen sy das chind, umb was sy wöllen, und mainen, das kind süll das sehen in dem nagel. Das alles ist ain rechter ungelaub, und du cristenmensch solt dich hütten darvor.* (94)

(3, S. 96) *Das fünf und achtzigist capitel: Ain lere und ain rätt, wie man sich vor unkunden Worten hütten sol.*
*O tugentlicher und kunstreicher Fürst, hütt dich vor sölichen unkunden Worten, wann wer waiß, was sy bedewten! Der wort haißt ains „ragel". Ich hab grossen fleiß mein tag gehebt, söliche wort zu künden und hab gefrägt manige diet, als juden, die wort wären in nit kunt. Ich hab gefragt kriechen, tartern, dürcken, ir ärtzt und sternseher. Ich hab auch gefrägt die jüdin das, ich mocht nye erfragen, was die wort bedewten. Es ist zu besorgen, als ich verstän, die wort machen gesellschaft und verpuntnuß mit den tewfeln, als ich dann vor oft berürt hab.* (96)

(4) *Das hundertst capitel: Wie die maister die kunst Ciromancia tailen.*
*Die maister diser kunst tailen die hanndt gar in vil tail. Ainen tail haissent sy „ratzeca", den andern tail haissen sy „mensam", den tisch, den dritten haissen sy das pett, den vierden haissen sy „den pühel", „das haubt". Darnach so nemen sy gar vil liny in der hannd und haißt aine „die liny des lebens", die ander „liny des tisch", die dritt „liny des pets". Darnach so halten sy in der hannd vil pühel, das wir pallen haissen, und so oft ain lyny in der pallen ainem ist, so oft sol es ettwas bedewten. Das alles ist ain tandt, wann die lyni bedüten nichtz, das schad oder güt sey.* (108)

## 3.3 Mantik

Die Ausbeute an **Geheimsprache** der spätmittelalterlichen Mantik bei Hartlieb ist eher gering. In Abschnitt (1) erwähnt er ein *debra ebra* als Formel, mit der sich *der mensch dem tüffel* verschreiben könne. Was es in semantischer Hinsicht mit diesen beiden reimenden *unkunden worten* auf sich hat, weiß der Mensch, der sie spricht, nicht (möglicherweise handelt es sich um eine Variante von *Abrakadabra*; zu dessen Verbreitung und Herkunft KLUGE/SEEBOLD 2011: 8). Allein das Aussprechen genüge, um den Teufelspakt einzugehen. In (2) erwähnt Hartlieb *driu unkunde wort*, die einem Kind ins Ohr geflüstert werden. Nur eines davon, *oriel*, wagt er preiszugeben. Die anderen verschweigt er *von ergrung wegen* 'um nicht Anstoß zu erregen' (oder 'um kein Unheil anzurichten'?). Ein weiteres kryptisches Wort ist *ragel* in (3), dessen Bedeutung Hartlieb nach eigener Aussage selbst nicht ermitteln konnte. Man solle solche fremdartig klingenden Wörter gar nicht erst aussprechen, denn *wer waiß, was sy bedewten*. Der befremdliche Klang und die semantische Rätselhaftigkeit waren also wichtige Elemente der Sprache der Magie im Mittelalter. Immerhin das ergibt sich aus dem Wenigen, was Hartlieb preisgibt.

Eine andere Art von mantischem Fachwortschatz zeigt sich in Abschnitt (4). Mit *ratzeca* nennt Hartlieb zwar ein weiteres rätselhaftes Wort aus dem Begriffsinventar der Magie, doch wird dem keine unmittelbare magische Kraft zugeschrieben. Es handelt sich, wie schematische Abbildungen in Hartliebs **Chiromantie** zeigen, um die Benennung einer Linie an der Innenseite des Handgelenks am Übergang vom Arm zur Hand (Faksimile einer Blockbuch-Ausgabe: WEIL 1923, vgl. auch W. SCHMITT 1963, 1974: 178f.). Der Verfasser des *Buches aller verbotenen Künste*, der nicht müde wurde, darin vor den Gefahren der Magie zu warnen, hatte früher selbst ein Buch zum Wahrsagen aus Handlinien verfasst.

**[83] Johannes Hartlieb, *Chiromantie*, Blockbuch um 1490, Bayerische Staatsbibliotek München, Cim. 62.**

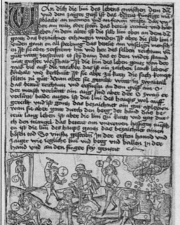

*Wan dich die lini des lebens czwischen dem dam vnd dem dem zaiger groß ist, das beteut künftige manschlacht an mannen vnd an frowen; vinstu dar vnder ain creutz oder sternn, das beteut armüt vnd hart leben; in dem alter ist die selb lini oben an dem dam gantz; das bezaichnet erhangen werden. Ist aber die selb lini vnden gantz on alle strebung, das beteut ain vnseligen menschen. Ist sie aber zerstrewt hin vnd her, des selben reichtum vnd gütt wirt zerstrewt, es sey dann, das er dem wider stannd mit grosser weißhait. Ist die lini des leben gantz von der racik bis auff die racicker, das ist ain zaichen lanck lebens, kvenhait vnd keckhait. Ist sie aber zů kurtz, die sach kompt*

## 3 Suspekte und verbotene Künste

> selten zů gůtt. Wan aber sie getailt wirtt in zwaitail, das bedeut reichtum, vnd erfinstu an dem griff ain O, der mensch verlůrtt ain aug; sind aber der O zway, er verlůrt baide augen; ist die lini des haups wol auff gereckt vnd ist gantz, das bezaichnet ain gůt complexion; wan sie aber gaut durch den berg der hand, das beteut lang leben; ist aber die lini czů kurtz vnd gat durch den triangel, das beteut ain vntrewen, hessigen menschen; ist die lini des haups gantz, das bezaichnet ainen bo̊sen tod. So vinstu gescriben in der ersten hannd vnd zaiger, wie iegliche lini vnd berg vnd ballen in der hand vnd an den finger sey genant.

[83] enthält den längsten zusammenhängenden Text in dem Blockbuch. Der Holzschnitt zeigt künftige Lebensschicksale, die sich aus Handlinien voraussagen lassen. Die Palette reicht von Galgen und Ermordung durch die eigene Frau bis zu himmlischem Geldsegen. Auf den folgenden Blättern werden 44 Hände dargestellt, in die unterschiedlich verlaufende Linien mit ihren jeweiligen chiromantischen Benennungen und Bedeutungen eingezeichnet sind. Darüber hinaus hat Hartlieb weitere mantische Traktate verfasst (W. SCHMITT 1966). In seinem **Mondwahrsagebuch** beschreibt er, wie man aus den Zahlenwerten der Buchstaben eines Namens in Kombination mit der Mondphase der Geburtsstunde das Schicksal eines Menschen vorhersagen kann (Ausgabe: U. MÜLLER 1971, vgl. auch W. SCHMITT 1974: 177f.). In seiner **Namenmantik** legt er dar, wie aus den Namen von Zweikämpfern errechnet werden kann, wer an welchen Tagen als Sieger vom Platz geht (Ausgabe: W. SCHMITT 1963: 291–317; vgl. auch ders. 1974: 176f.). Johannes Hartlieb zugeschrieben, aber wohl unecht, ist eine Schrift zur **Geomantie** mit einer ganz eigenen **Metaphorik** für geometrische Figuren, die sich aus Punkten auf der Erde ergeben: *Mütter, Töchter, Enkel, Richter, Gericht, Häuser* u.a. (W. SCHMITT 1963: 107–156 mit Teiledition ders. 1974: 174–176).

In den Bereich der Mantik gehören der Sache nach auch alle Praktiken der Wahrsagerei: **Prognostica**, **Losbücher** und **Traumdeutungen**. Die ältesten deutschen Texte datieren noch ins 12. Jh. Die Masse der Aufzeichnungen nimmt im Spätmittelalter erheblich zu (eine Sammlung von Mondwahrsagetexten bietet U. MÜLLER 1971: 173–273).

> **[84] Zwei prognostische Texte**
>
> **1. Aus den *Tegernseer Prognostica* (Prognosen nach Tagen im Mondzyklus), 12. Jh. (nach WILHELM 1960: 114f.)**
>
> *Dev dricehente lûn ist von mittemtage gůt; si ist aber niht gůt anzevahen ein iêglich dinch. Geborns chint wirt manhaft, chvoene vnd her [stolz] vnd wirt niht alt; dev mait wirt vreiuel [lasterhaft] vnd her vnd stirbet schiere; der sieche wirt schiere gesunt oder er stirbet schiere; der trôm erget in siben tagen*

Dev viercehente lûn ist ze allen dingen gůt: Daz geborn chint wirt chůen her vnd stirbet schiere; dev mait wirt her, vnchivsche mit mannen vnd stirbet schiere; der sieche gnist schiere oder er stirbet schiere; der trŏm erget schiere.
Dev vumfcehente lun ist niht gůt: der âit wirt niht steite [beständig]; daz geborn chint wirt gůt vnd chivmt in not von isen oder von wazzer; dev mait wirt chivsche vnd minnechlich; der sieche stirbet, ob er nach zuain tagen niht gsvnt wirt; der trŏm schadet. [...]
Dev sibenzehente lûn ist allen tach gůt: daz geborn chint wirt vrevntliche, charch [sparsam], lirnich [gelehrig], chůene vnd warhaft; dev mait wirt chivsche vnd rich; der sieche lît lange; der trŏm wirt schiere war.
Dev ahtzehente lûn ist zeallen dingen nit gůt: wan dev chint zelirnen zůsetzen [? unsichere Lesung]; der geborn svn wirt sigehaft, vmbedrozzen vnd redlich; dev mait wirt chivsche vnd arbaitsam; der sieche wirt gsunt schiere; der trŏm wirt in cehen tagen war.
Dev nevntzehente lûn ist zů allen dingen gůt: daz geborn chint wirt getrev, gůt, charch, wîse; dev mait wirt sam [ebenso], der sieche wirt schier gesvnt von erzenie; der trŏm ergêt in viumf tagen.
Dev zvainzigest lûn ist allen tach gůt: si ist aber ze werche vnnutze; daz geborn chint wirt charch; dev mait wirt sam; der sieche serwet [siecht] lange; der trŏm wirt unniutze.

### 2. Petroneller Geburtsprognostik, 15. Jh. (nach PALMER/SPECKENBACH 1990: 223f.)

Ain chnechtel geporn jn Ianuario, das wirt liebhafft den lewten vnd wirt schamhaft. Was er wunderleichs siecht, das begert er, vnd hört vngern übel reden von den lewten vnd enpfecht grossen schaden von seinen gueten freunden mit vnrecht vnd wirt gächczornig vnd hört vil vnpillichs von ym reden vnd hilft geren anderen lewten vnd wirt parmherczig. Vor seynem tod wirt er grosen hunger leyden vnd würt wunt von eysen, vnd jn wasser gewint er gross vorcht. Das erst weib sol er verliesen durch etlicher sach willen, vnd lebt er auf dreissig iar, so gewint er pösser gelück, dann er vor gehabt hat. Er sol vil stet versuechen vnd da sol er pösser glück haben wann da haim, vnd jm wirt vergift geben, aber er genist. Was er tuet, das geuelt ym wol. Vil grosser siechtung sol er haben, der genist er aller dann des lesten nicht, vnd sol leben auf 58 iar. Samstag noch montag sol er sein hawbt nit twahen noch seyne newe chlaider nicht an legen. Er sol sand Michael lieb haben, vnd tüet er das, so gebint er pesser glück. Vnd ist er geporen jn Aquario, so gewint er ein czaichen auf seynem leib. Daz pöst gelück gewint er über 36 iar. Er wirt ein gueter mensch vnd czw mitter mass weys vnd jst geren mit guetem frid vnd hüet sich geren vor krieg vnd üppiger handlung.
Ejn maidlin geporen in Ianuario, was es an hebt nach seinem rat, das vol-

## 3 Suspekte und verbotene Künste

> *bringt es, vnd wirt auch mitsam vnd lieblich vnd frölich mit den lewten vnd wirt frewd an jren chindenn sehen, vnd ander lewt tat legt sy hin. Waz sy jr virseczt, da chan sy nieman von bringen, vnd jr geuelt selten ander lewt rat, vnd gedennkt lang auf czergänckliche ding vnd hat grosse lieb czw leren czw weltlichen dingen, die guet sind, vnd gewint grosse vorcht jn wasser. Jr hab, dye sy gewint, die chan sy nicht sicher wehalten. Frömde lant sol sy pawen. Chinder sol sy haben vnd wirt mitsam vnd geit andern lewten guet rat vnd wirt wunderlich vnd übel jn jrem haws vnd enpfecht schaden von den tyeren. Vil grosser siechtagen wirt sy leiden. Stirbt sy nicht vor dreissig iaren, dar nach so gewint sy pösser glück. In drey vnd dreissig iaren so gewint sy siechtagen. An dem montag sol sy jr hawbt nit twagen noch chain achsen an rweren vnd sol auch dar an chain new gwannt an legen.*

Der ältere Text (1) – es handelt sich nur um ein Blattfragment der Bayerischen Staatsbibliothek in München (cgm. 5250/26) – gibt Prognosen über Charakter und künftiges Schicksal von Kindern, die am jeweiligen Tag im Mondzyklus geboren werden, dazu über Genesungsaussichten und Traumbedeutungen. Der jüngere Text (2) trifft ebenfalls Voraussagen über die Zukunft von Kindern, die in den einzelnen Monaten geboren werden, berücksichtigt dabei aber auch die Sternzeichen, die mit den Kalendermonaten nicht deckungsgleich sind. Abgesehen vom Umfang der Prognosen sind beide Texte in sprachlicher Hinsicht sehr ähnlich: Die Diktion ist schlicht und volkstümlich und kommt – anders als es z.B. in alchimistischen oder chiromantischen Schriften der Fall ist – ohne Sonderlexik aus. Inhaltliche und folglich lexikalische Berührungen bestehen allenfalls mit der Astrologie. Der ältere Text verwendet wie die Windberger Kalendernoten [26] das Fremdwort *lûn* (< lat. *luna* 'Mond'). Im jüngeren wird das Sternzeichen *Aquarius* 'Wassermann' erwähnt. Die Syntax ist durch einfache, meist parataktisch gereihte Sätze gekennzeichnet.

Beispiel aus 1: *Dev dricehente lûn ist von mittemtage gůt | si ist aber niht gůt anzevahen ein iêglich dinch. | Gebornz chint wirt manhaft, chvoene vnd her| vnd wirt niht alt; | dev mait wirt vreiuel vnd her | vnd stirbet schiere; | der sieche wirt schiere gesunt | oder er stirbet schiere; | der trǒm erget in siben tagen.* Der Passus enthält keinen einzigen Nebensatz.

Beispiel aus 2: *Ain chnechtel geporn jn Ianuario, das wirt liebhafft den lewten | vnd wirt schamhaft. | Was er wunderleichs siecht, das begert er,| vnd hört vngern übel reden von den lewten | vnd enpfecht grossen schaden von seinen gueten freunden mit vnrecht | vnd wirt gächczornig | vnd hört vil vnpillichs von ym reden | vnd hilft geren anderen lewten | vnd wirt parmherczig. | Vor seynem tod wirt er grosen hunger leyden | vnd würt wunt von eysen, | vnd jn wasser gewint er gross vorcht.* Der Abschnitt enthält mit *Was er wunderleichs sieecht* nur einen kurzen Subjektsatz, ansonsten nur Hauptsätze.

Eine weitere mantische Kunst, die Hartlieb nennt, aber nicht näher beschreibt, ist die *böse, schnöde kunst Nigramancia*, die **Geister- und Totenbeschwörung**. Auch hierüber weiß man manches aus Schriften gelehrter Theologen. Der Kartäusermönch **Jakob von Paradies** (ca. 1381–1465; vgl. MERTENS 1983) beispielsweise verfasste einen Traktat *De apparationibus animarum separatarum* 'von Erscheinungen abgeschiedener Geister', der im 15. Jh. mehrmals ins Deutsche übersetzt wurde (Ausgabe: FASBENDER 2001). Er glaubt, dass *die selen der gůten menschen vnd bö̂sen kommend vnd gesant werdent zů den lebendigen* (ebd. 54). Totenerscheinungen gäbe es, damit den armen Seelen im Fegfeuer *geholffen werden* könne oder *zů warnung der lebenden* (ebd. 55). Mit mantischen Praktiken, mit deren Hilfe Geister zu Dienstleistungen gezwungen werden sollen, hat Jakob nichts im Sinn.

Darüber, mit welchen Worten ein Geist aus der jenseitigen Welt herbeigerufen werden kann, gibt ein Traktat des Minoriten und Würzburger Weihbischofs **Georg Antworter** (ca. 1430–1499) Auskunft, der zu Teilen auf Jakob von Paradies basiert (Edition: ebd. 327–337). Er beschreibt, welche Fragen einer Totenerscheinung gestellt werden dürfen. Die Sprache ist wie schon bei Jakob die eines schlichten volkstümlichen Traktats. Über besondere, sozusagen „geisteraffine" Wörter oder Ausdrücke bei einer Beschwörung erfährt man nichts, sieht man von einem längeren lateinischen Gebet ab, das vor der Handlung vom Priester zu sprechen ist. Anleitungen zu verschiedenen Zauberpraktiken bietet die um oder nach 1600 zusammengestellte Handschrift 3015[a] des Germanischen Nationalmuseums Nürnberg (Ausgabe: BARTSCH 1855). Zwischen mehr oder weniger frommen Heil- und Segensformeln finden sich Anweisungen, wie man Liebes- oder Spielglück herbeizaubern oder sich unsichtbar machen kann.

---

**[85] Zauberpraktiken um 1600 (nach BARTSCH 1855)**

(1) Verursachung von Viehsterben (320):
*Wilt du machen, das eynem alles viehe stierbet vnd verdorret. So nyme das wasser, wen man brodtt beckett, damitt man das brodt bestreicht, vnd geus das eynem vor die thuer auffs anthritt* [auf die Schwelle] *vnd geus es hin ins theyffels namen.*

(2) Feindschaft stiften (321):
*Feyndtschafft machen. So nyme zwo werren* [Grillen]*, wo du sie im sommer finden magst ohn geferde* [ganz einfach]*, die thue in ein newes langes erdynes thröglein mit eynem deckel, das sie wieder vnd für gelauffen mögendt* [dass sie hin und herlaufen können]*, vnd nymbs dan vnd thrage sie auff eynenn dinstage zwieschen ir zweyen hyndurch, ein mahl oder zwey, vnd dan so vergrabs an ein heimblichs ende, das niemands darüber kommen möge, so werden sie an eynander gahr feindt.*

(3) *willt du, das sich zwey gar vbel mitt eynander bethragen vnd eynander gar*

## 3 Suspekte und verbotene Künste

> *gram werden, die sich zuuor gar lieb haben gehabt.* Recipe [nimm] *katzen haar, die langen, die vmb den mundt sindt, vnd hunds haar desselbigen gleichen, vnd wüerff sie zwyeschen die zwey, wan sie essen oder mit eynander trincken, vnd sprich darneben: „ich beschwere euch bey alle den hellischen geistern, das ihr seitt gute freunde als katze vnd hundt. in nomine etc."*
>
> (4) Nicht zu Ende geschrieben ist die Instruktion, wie man mit einem Pferd binnen einer Stunde an jedes gewünschte Ziel gelangen kann (ebd.):
> *Ein pferdt zu bekommen, daruff in eyner stunde hin zu reytten, wohin man will. So gehe zu eynem oeden hause oder zu eyner jueden schuel* [Synagoge], *welches noch besser ist, vnnd schreibe ob die thuer dieser geister namenn vff hebraysche gewonheit mit fledermeuse blutt, nemblich: dodra, calpha, alpha, vnd wan du das gethan hast, so gehe eine kleine* [hier bricht der Text ab]
>
> (5) Lösezauber (326)
> *Wegwartt wurtzel an sanct Petter vnd Paulus tage* [29. Juni] *vmb vesper zeit, ein wenig vor zwey vhren gegraben, vnd wer sie bey ihme thregt, vnd so er mit stricken gebunden würde, so springen sie auff vnd würdt wieder ledig vnd würdt auch mit keynem geschos nymmer mehr verletzett.*
>
> (6) Liebeszauber mit Gegenmittel (328)
> *von der liebe. Nyme eynen grüenen laubfrosch, alleine* [jedoch] *greiff ihne nicht mit bloßer handt ahn, vnd ein newes glessenes heftelein oder thöpfflein, mache neun löcher vnten in boden dorein, vnd lege ihne dorein vnd strewe ein wenig saltz dorauff, darnach schmiere den topff oder haffen mit lehmen wol gehebe* [vollständig] *zu, vnd begrabe es, wo die sonne auff vnd nieder gehet, neun tage lange; darnach nyme es wieder vnd lege sie in eynen ameshauffen, bis es verzehret ist, so findest du ein knöchelein wie ein heckelein, das nyme, desgleichen ihrer haar drey oder viere vnd binde die darumb vnd rüere die damit ahne: sie mus dich lieb haben; auch findest du ein knechelein wie ein leffelein, das thue voller erden vnd würffe es vber sie, wan du ihr wilt los sein oder sonst genung hast.*
>
> (7) Glück beim Würfelspiel (329)
> *zum spielen: Nyme drey par würffel, grabe es auff einn wegscheydt, las es drey tage liegen, vnd am dritten tage grabe sie wieder heraus, so würst du noch ein par finden vnd ein ringlein dobey liegen; dieselben würffel thrage dey dir vnd stecke das ringlein an ein finger oder legs zum geld, daruon du spielst, so gewinst du allewege; nota: du must es vnvermeldt* [heimlich] *ein vnd ausgraben.*

Es werden fast nur **Handlungsanweisungen** gegeben. Die Diktion unterscheidet sich insgesamt nicht von dem, was man aus heilkundlichen oder Kochrezepten kennt: Der Leser wird direkt angesprochen, vielfach in **parataktischen Imperativsätzen**. Hier wie dort finden sich Partizipialkonstruktionen (z.B. *Wegwartt* *wurtzel an sanct Petter vnd Paulus tage vmb vesper zeit, ein wenig vor zwey vhren gegraben*). Auch hier könnte lateinischer Einfluss vorliegen, und vereinzelt ist in die Texte tatsächlich auch Lateinisches eingeflochten (z.B. *Recipe* oder *in nomine etc.*). Einige Anweisungen dieser Sammlung sind lateinisch. In (4) wird magisches Vokabular greifbar, so *dodra, calpha, alpha* (vgl. *debra ebra* bei Hartlieb, in [83]). Ob die Alliterationen in *Wegwartt wurtzel* und *Petter vnd Paulus* Zufall sind oder intendiert, muss offen bleiben. Bezeichnend ist, dass Text (4) nicht zu Ende geschrieben ist. Stellenweise sind Anweisungen sogar aus dem Codex herausgeschnitten worden.

# 4 Rechtssprache

Unter den historischen deutschen Fachsprachen nimmt die Rechtssprache eine Sonderstellung ein (DEUTSCH 2012, 2013). Zum einen war die Rechtssprache nie Bestandteil des *Artes*-Kanons, auch nicht der „Eigenkünste", sondern ihre Anfänge reichen wesentlich weiter in die (Vor-)Geschichte zurück, als es bei den sonstigen Fachsprachen der Freien und Unfreien Künste der Fall ist. Selbst wenn es nur wenige Zeugnisse althochdeutscher und minimale Spuren voralthochdeutscher Rechtssprache gibt, muss davon ausgegangen werden, dass es bereits früh eine Rechtsterminologie und Ansätze zu einer mit Sicherheit auch schon durch **Formelhaftigkeit** geprägten Rechtssprache gegeben hat (LÜCK 2003). Solche Stereotypik ist in festen **Paarformeln** und **Rechtsphraseologismen** bis ins Spätmittelalter und die frühe Neuzeit hinein zu fassen. Erst im Laufe der Neuzeit setzt sich „eine wachsende Rationalisierung der Rechtssprache, besonders des Wortschatzes" (SCHMIDT-WIEGAND 1998a: 73) durch.

Die deutsche Rechtssprache des Mittelalters ist nicht an ein fachlich gebildetes Publikum gebunden (SCHMIDT-WIEGAND 1998b: 2342, 2347), sondern stets auch an eine von Recht und Rechtsprechung betroffene Öffentlichkeit. Das gilt nicht nur für das bedeutendste volkssprachige Rechtsbuch des Mittelalters, den **Sachsenspiegel** aus dem frühen 13. Jh., sondern auch noch für die folgenden Jahrhunderte. Dass man die historische Rechtssprache – wenn auch mit Einschränkungen – dennoch als Fachsprache bezeichnen kann, ist damit zu begründen, dass es sich um eine Varietät mit einem sehr spezifischen Wortschatz, charakteristischen syntaktischen Strukturen und stilistischen Merkmalen handelt.

## 4.1 Voralthochdeutsche und althochdeutsche Rechtssprache

Das Deutsche teilt mit anderen germanischen Sprachen eine Reihe von Rechtsbegriffen, die teilweise in **vorliterarische Zeit** zurückgehen: *Bann, Buße* im Sinne von 'Wiedergutmachungszahlung', *Dieb, Erbe, Friede, Mark* (vgl. STIELDORF 2014), *Mord* (vgl. DEUTSCH 2014), *Munt* 'Schutz' (noch in *Vormund*, das nichts mit *Mund* zu tun hat; vgl. KLUGE/SEEBOLD 2011: 640), *Schuld, Sühne* (vgl. SCHMIDT-WIEGAND 1998b: 2342). Sogar einige Runennamen *fehu* und *ôþal* – beides bedeutet 'Besitz' – verweisen in eine rechtliche Sphäre. Die Bedeutungen dieser zentralen Rechtsbegriffe haben sich natürlich im Laufe der Jahrhunderte geändert (DEUTSCH 2014, SCHMIDT-WIEGAND 1998a: 75). Einige alte Rechtswörter wie *Amt, Eid, Reich* sind **keltischen** Ursprungs und bilden eine sehr alte Lehnwortschicht. Schon im **Frühmittelalter**, als nach den Wirren der Völkerwande-

## 4.1 Voralthochdeutsche und althochdeutsche Rechtssprache

rungszeit die Germanenstämme wieder sesshaft geworden waren, wurden die **Stammesrechte** der Franken, Langobarden, Burgunder, Bayern und anderer Stämme aufgeschrieben (kurzer Überblick in WALLMEIER 2013: 72–83, zu einem laufenden Forschungsprojekt, das den frühen volkssprachigen Rechtswortschatz erfasst, vgl. STRICKER/KREMER 2014), allerdings nicht in den originalen Stammessprachen, sondern auf Latein (DEUTSCH 2013, LÜCK 2003: 213, SCHMIDT-WIEGAND 1998a). Vor allem Karl der Große hatte ein Interesse daran, dass die Gesetze, die bei den verschiedenen Stämmen auf seinem Reichsgebiet galten, kodifiziert wurden. Diese Volksrechte (lat. *leges*) enthalten Bestimmungen, die das tägliche Leben regeln und für bestimmte Verstöße gegen dieses Zusammenleben Sanktionen festsetzen (KROESCHELL 2005: 26–67).

Da die volkssprachigen Stammesrechte vor ihrer schriftlichen Fixierung Termini enthielten, für die es keine lateinischen Äquivalente gab, mussten die Übersetzer von Fall zu Fall auf volkssprachliche Begriffe zurückgreifen. Deshalb haben sich darin die frühesten althochdeutschen Wörter überhaupt erhalten, wenn auch teilweise in latinisierter Form (SCHWAB 2014, TIEFENBACH 2009, SCHMIDT-WIEGAND 1998a). Diese archaischen Rechtswörter sind deutlich älter als die „eigentliche" althochdeutsche Überlieferung ab dem späteren 8. Jh. Die älteste Schicht sind die sogenannten **Malbergischen Glossen** zur **Lex Salica** (WICH-REIF 2014, SCHMIDT-WIEGAND 1985). Beispiele sind *mallum* 'Gericht' (zu ahd. *mahal*, das indirekt noch in nhd. *Gemahl* fortlebt), *mallare* 'vor Gericht laden' (ahd. *mahalen*), mit gleicher oder ähnlicher Bedeutung *manire* (ahd. *manôn*, nhd. *mahnen*), *grafio* 'Graf' (ahd. *graf(i)o*, mhd. *grave*, *greve*, nhd. *Graf*), *sacebaro* 'Sachverwalter' (zu ahd. *sahha* 'Sache' und *beran* 'tragen'), *affathumire* 'an Kindesstatt annehmen' (vgl. engl. *fathom* 'Klafter', d.h. 'Maß zweier ausgestreckter Arme'; also eigentlich 'in die Arme nehmen'). Die Bezeichnung *Malbergische Glossen* kommt daher, dass diese volkssprachlichen Wörter in lateinischen Textumgebungen häufig mit *(in) malobergo* 'auf dem Gerichtsberg' eingeleitet sind. Mitunter sind auch kurze Sätzchen überliefert, z.B. *malobergo: thi, afrio, leto* 'dich, Halbfreier, lasse ich frei'. Mit dieser performativen Formel wurde jemand, der den Status eines *afrio*, eines 'Unfreien', hatte, frei gelassen. Die *Lex Salica* wurde um 800 in die Volkssprache zurückübersetzt. Erhalten sind von dem einstigen Codex aber nur noch wenige Fragmente (Text und Übersetzung: MÜLLER 2007, 40–43, vgl. auch WICH-REIF 2014, SCHMIDT-WIEGAND 1999a: 2311).

Kurze althochdeutsche Texte mit rechtlichem Charakter sind die **Straßburger Eide** von 842, die wörtlich die Eidformeln zitieren, mit denen sich zwei Enkel Karls des Großen, Ludwig der Deutsche und Karl der Kahle, gegen Lothar, ihren dritten Bruder, verbündeten. Karl (der „Franzose") schwor auf Althochdeutsch, Ludwig, der Herrscher über das germanophone Ostreich auf Französisch. Man schwor „über Kreuz", damit die Truppen des jeweils anderen die Eide verstehen konnten. Überliefert sind die Eidformeln in einer zeitgenössischen Chronik (Text und Übersetzung: MÜLLER 2007, 44–47). Was bei diesen kurzen Texten auffällt, ist weniger das rechtssprachliche Vokabular, sondern die **syntaktische Komplexität**,

## 4 Rechtssprache

die bereits an spätere Rechtstexte erinnert. In Übersetzung lautet die Schwurformel Karls (mit Kennzeichnung der satzwertigen Einheiten) so: *Aus Liebe zu Gott und zur Bewahrung des christlichen Volkes und unser beider von diesem Tag an in Zukunft* (Hauptsatz I, Teil 1) *sofern mir Gott Wissen und Macht gibt* (Konditionalsatz), *halte ich diesen meinen Bruder* (Hauptsatz I, Teil 2) *wie man mit Recht seinen Bruder soll* (Modalsatz), *damit er mir genauso tue* (Finalsatz), *und ich trete mit Lothar in keinen Vertrag ein* (Hauptsatz II), *der ihm absichtsvoll Schaden bringt* (Relativsatz).

Es gibt noch weitere althochdeutsche Texte, die in Rechtskontexten stehen: Markbeschreibungen, Besitzverzeichnisse, Eidformeln (eine Auswahl mit Übersetzungen bietet MÜLLER 2007: 48–61). Als „Rechtserkenntnisquellen" sind auch Bußbücher, Beichtspiegel und Ordensregeln anzusehen (vgl. SCHMIDT-WIEGAND 1998a: 74). Auch fiktionale Texte können Rechtssprachliches enthalten, beispielsweise das *Hildebrandslied*, wenn es (Vers 35) heißt *dat ih dir nu bi huldi gibu* 'das ich dir jetzt aus Huld gebe'. Dabei bedeutet ahd. *huld* nicht wie heute 'herablassende Zuwendung', sondern das Wort bezeichnet Treue- und Friedenspflicht (vgl. den Artikel *Huld(e)*, Rechtswb. VI,34–38 ).

Ein Großteil des einschlägigen althochdeutschen Rechtswortschatzes (zusammenfassend zur althochdeutschen Rechtssprache SCHMIDT-WIEGAND 1999a) ist in **Glossen** überliefert (TIEFENBACH 2009a). Besonders materialreich sind die *Canones-Glossen* (StSG II,82–152), volkssprachliche Zusätze zu kirchlichen Gesetzgebungen. Hier finden sich beispielsweise Begriffe wie *bistabōn* 'durch eidliche und formelhafte Zeugenaussage überführen', *stabōd* 'Zeugenaussage beim Überführungsverfahren', *uuidarstab* 'Rechtsstreit', *hantreihhida* 'Verschwörung, die durch Handschlag besiegelt wird', *hantfestī* 'Bekräftigung durch Handschlag', *fordunsan* 'gewaltsam entführen'.

### 4.2 Mittelhochdeutsche und mittelniederdeutsche Rechtssprache

Seit dem 13. Jh. nahmen die deutschsprachigen Rechtsquellen quantitativ erheblich zu. Das hängt damit zusammen, dass „Recht" nun in zunehmendem Maße gleichbedeutend wurde mit jederzeit überprüfbarem „geschriebenem Recht". Der Mönch Gratian, Verfasser des nach ihm benannten *Drecretum Gratianum* (um 1140) hat es so formuliert: *quae in scriptis redacta, constitutio sive ius vocatur* 'was schriftlich niedergelegt ist, nennt man Satzung oder Recht'. Dieses Prinzip galt alsbald auch für das profane Recht. Im Spätmittelalter kann man unterscheiden zwischen Rechtsquellen, die juristische Grundlagen formulieren, und solchen, die die Anwendung in der Rechtspraxis regeln. Die Grundlagen wurden in städtischen und territorialen **Rechtsbüchern** festgeschrieben, die einzelnen, konkreten Rechtsakte in zahlreichen **Urkunden**.

## 4.2 Mittelhochdeutsche und mittelniederdeutsche Rechtssprache

### 4.2.1 Urkunden

Urkunden sind selbständige rechtsverbindliche Texte, in denen Erlasse, aber auch Rechtsvorgänge dokumentiert sind. Es geht dabei nicht nur um Niederschrift im Sinne eines Protokolls, sondern die Urkunde ist selbst unmittelbarer Bestandteil des Rechtsaktes. Die im Original erhaltenen deutschsprachigen Urkunden sind in der sechsbändigen Ausgabe von WILHELM (1932–86) ediert. Die Zahl der deutschsprachigen Urkunden stieg im Laufe des 13. Jhs. geradezu exponentiell. Im 14. Jh. übertrifft sie zahlenmäßig die der lateinischen.

Ein früher mittelhochdeutscher Rechtstext ist der **Erfurter Judeneid** vom Jahr 1200.

> **[86] Der Erfurter Judeneid (vgl. WILHELM 1960: 108)**
>
> *Des dich dirre sculdegit, des bistur vnschuldic. So dir got helfe. Der got der himel vnde erdin gescuf, loub, blumen, vnde gras, des da uore nine was. Vnde ob du unrechte sweris, daz dich di erde uirslinde, di datan vnde abiron uirslant. Vnde obe du unrechte sveris, daz dich di muselsucht biste, di naamannen liz. vnde iezi bestunt. Vnde ob du unrechte sveris, daz dich di e uirtilige di got moisy gab indem berge synay, di got selbe screib mit sinen uingeren ander steinir tabelen. Vnde ob du unrechte sveris, daz dich uellin alle di scrift, di gescriben sint an den uunf buchen moisy. Dit ist der iuden heit, den di biscof Cûnrat dirre stat gegebin hat.*
>
> 'Wessen dich dieser beschuldigt, dessen bist du unschuldig, so dir Gott helfe. Der Gott, der Himmel und Erde erschuf, Laub, Blumen und Gras, wovon vorher nichts existierte. Dass dich die Erde verschlinge, die Dathan und Abiram verschlang. Und wenn du unrecht schwörst, dass dich der Aussatz befalle, der Naaman verließ und Gehasi befiel. Und wenn du unrecht schwörst, dass dich das Gesetz vernichte, das Gott Moses gab auf dem Berg Sinai, das Gott selber schrieb mit seinen Fingern auf die steinerne Tafel. Und wenn du unrecht schwörst, dass dich zu Fall bringen alle die Schriften, die geschrieben sind in den fünf Büchern Moses. Das ist der Juden Eid, den der Bischof Konrad dieser Stadt gegeben hat. '

Es handelt sich bei diesem Dokument allerdings noch um keine typische Urkunde, sondern um einen rechtsverbindlichen Einzeltext, der das Formular festlegte, mit dem sich ein Jude von Vorwürfen lösen konnte. Vermutlich wurden die einzelnen Sätze vorgesprochen und der Angesprochene musste mit *ich swere* antworten. Die Diktion ist stellenweise geradezu **poetisch**: *lovb, blumen vnde gras, des da uore nine was* reimt sich. **Religiöse Reminiszenzen** sind die Anspielungen auf Ereignisse im Alten Testament (Datan und Abiram, Numeri 16,12–33) sowie (Naaman und Gehasi, 2 Könige 5). Typisch für den Rechtsakt des Eides ist die (siebenmali-

## 4 Rechtssprache

ge) Wiederholung. Rechtswörter in diesem kurzen Text sind *schuldiget, unschuldic, sweren, unrechte.*

Auf einer anderen Ebene angesiedelt ist der **Mainzer Reichslandfrieden** von 1235 (dazu DEUTSCH 2013: 48f.): Gegenstand ist ein Gesetz Kaiser Friedrichs II., das den inneren Frieden auf dem Reichsgebiet sichern sollte, der durch adelige Selbstjustiz gefährdet war. Der Text existiert in einer lateinischen und einer deutschen Version. Auf die deutsche Version hat man sich in der Folgezeit berufen. Die einzelnen Rechtsvorschriften sind in beiden Textfassungen unterschiedlich angeordnet. Auch sprachlich zeigt sich die deutsche Version von der lateinischen unabhängig, wie die nachfolgende Gegenüberstellung eines lateinischen „Paragraphen" und seiner deutschen Version zeigt:

---

**[87] Aus dem Mainzer Reichslandfrieden von 1235 (Text aus Wilhelm 1932, 14,28–33)**

*Filius vero, qui mortem patris fuerit machinatus aut vulnerando aut vinculando manus violentas in eum iniecerit, si de hoc coram suo iudice fuerit convictus, supradicto modo omni iure omnique actu legitimo perpetuo sit ipso iure privatus, quod vulgo dicitur erenlos et rehtlos, nulla circa ipsum restitucione locum habente.*

*Swelch sun an sins vater lib retet odir vreuelichen an grift mit wndin oder mit geuenchnisse oder inkeiner hande slachte bant legit, daz gevengnisse heisit, wirt he des vor sime richtere vorzuget, alse hie vor gescribin ist, der selbe ist erlos vnd rechtelos ewiclichen, das he nimmer widir kvmen mag zu sinem rehte.*

'Ein Sohn aber, der den Tod des Vaters herbeigeführt haben wird oder durch Verletzung oder Fesseln gewalttätige Hände an ihn legt, wenn er deswegen vor seinem Richter überführt werden wird, sei er in oben erwähnter Weise mit allem Recht und jeglichem rechtmäßigem Akt für immer seines Rechtes enthoben, was in der Volkssprache 'ehrlos und rechtlos' heißt, wonach er keinen Anspruch auf Wiederherstellung hat. '

'Welcher Sohn aber nach seines Vaters Leben trachtet oder ihn in frevelhafter Weise angreift mit Wunden oder Gefangennahme oder in irgendeine Fessel legt, was '*gevengnisse*' heißt, wird er dessen vor seinem Richter überführt, wie vorhin beschrieben ist, derselbe sei ehrlos und rechtlos auf ewig, so dass er niemals wieder kommen kann zu seinem Recht. '

---

Inhaltlich stimmen beide Textfassungen überein. Aber die deutsche Version versucht nicht, lateinische Wortformen und syntaktische Konstruktionen zu imitieren. So werden die Futur II-Formen *fuerit* und *iniecerit* durch die Präsensformen *retet* und *an grift* wiedergegeben. Der Ablativ *supradicto modo* wird in den modalen Nebensatz *alse hie vor gescribin* aufgelöst. Der Ablativkonstruktion *nulla circa ipsum restitucione locum habente* entspricht im deutschen Text ebenfalls ein Nebensatz: *alse hie vor gescribin ist, der selbe ist erlos vnd rechtelos ewiclichen,*

## 4.2 Mittelhochdeutsche und mittelniederdeutsche Rechtssprache

*das he nimmer widir kvmen mag zu sinem rehte.* Der attributive Relativsatz (*Filius vero*), *qui mortem patris fuerit machinatus...* wird nicht strukturäquivalent wiedergegeben, sondern durch einen verallgemeinernden Relativsatz *Swelch sun ...* Der mit *si* eingeleitete Konditionalsatz (*si ... fuerit convictus*) wird durch einen uneingeleiteten Konditionalsatz wiedergegeben (*wirt he ... vorzuget*). Sowohl der allgemeine Relativsatz als auch der uneingeleitete Konditionalsatz in der volkssprachlichen Version entsprechen der in der deutschen Rechtssprache üblichen Diktion. Auch das metonymische *manus violentas* 'gewalttätige Hände' wird nicht übernommen, sondern es heißt 'wer [seinen Vater] auf frevelhafte Weise angreift'. Schon der lateinische Text enthält – ähnlich wie schon die frühmittelalterlichen *Leges* – volkssprachliche Termini: *quod vulgo dicitur erenlos et rehtlos*, eine Paarformel, die sich in der deutschen Textversion wiederfindet, wenn auch mit umgekehrter Wortabfolge.

Es gibt weitere lateinisch-deutsche Parallelurkunden, die darin übereinstimmen, dass sich die volkssprachliche Syntax „als durchaus gefestigtes System" erweist, „das imstande war, die anfallenden Zusammenhänge zu erfassen und selbständig zu gestalten." Die Übersetzung lateinischer Urkunden im 13. Jh. erweist sich „als ein Prozeß des Umstrukturierens bei insgesamt vorhandener Bedeutungsäquivalenz" (SCHULZE 1975: 194).

Eine typische deutsch konzipierte Urkunde ist beispielsweise das **Rochlitzer Abkommen** von 1289. Es geht darin um die Legalisierung eines Schurkenstücks: Landgraf Albrecht wurde von seinem Sohn Friedrich auf der Burg Rochlitz (nördlich von Chemnitz) gefangen gesetzt und zu einer Verzichtserklärung gezwungen, die mit dem erpressten „Abkommen" rechtsgültig wurde. Der Text folgt dem üblichen Urkundenformular und lautet folgendermaßen:

---

[88] Das *Rochlitzer Abkommen* von 1285 (nach ERBEN 1961,1f.)

*Wie Albrecht von gotis genaden langreue zu Duringen tun kunt allen den, den dirre brief gewieset wirt, daz wie vns mit vnseme lieben sune Friderihe deme phalentzgreuen von Sachsen vruntlichen vnde gutlichen geebenet haben vnde geeinet nach vnser lute rate aller der werren vnde bruchche, die wir zu einander hatten, also hie nach gescrieben stet.*
*Wie lazen vnseme sune Friderihe Vriberch hus vnde stat vnde iz gebirge mit alleme nutze vnde mit alle deme rechte, also wie ez gehabet han, vnde lazen vnseme vor genanten sune die stat zu deme Hagene vber Elbe mit deme gerichte vnde mit allem deme nutze, der da zu gehoret, vnde binamen Ortrant, Radeburch, Wartenbrucke, Muleberc ledic vnde verlenet vnde allez, daz dar zu gehoret. Wie lazen ouch ime Turgowe hus vnde stat, lant vnde lute vnde allez, daz dar zu gehoret, vnde binamen Belgeren, Domuts vnde Schildowe mit alleme rechte, also wie iz hatten, vnde daz wie daz vnseme sune halden vnde die vor genanten vesten vnde stucke antworten vor mite vasten, die nu*

## 4 Rechtssprache

> *aller nehist wirt, so habe ime gesatzzet Aldenburch hus vnde stat mit deme gerichte vnde mit alleme deme nutzze, der da zu gehoret, Wyzense hus vnde stat, Perne hus vnde stat mit alleme deme, daz dar zu gehoret, also wie iz hatten. Wurden siech dise teiding lengende, swenne wie danne Eckehardesberge, Botenstete vnde Gota hus vnde stat antwerten vnde gewaldich machchen heren Gebeharte von Querenuorte, greuen Frideriche von Rabenswalde vnde greuen Henriche von Stalberch, so is Aldenburch ledic der satzze, da iz vor stet, sundern Wizense mit Perne blibet stende also vor mit Gota, mit Eckehardesberg vnde mit Botenstete. Swenne wie denne vnseme sune Vrideriche geantwerten Vriberch, den Hayn vnde Turgowe, also hie vor gescriben stet, so sin vnse phant alle ledic. Antwerte wie aber ime vor mitten vasten nicht dise vor genanten stucke, so sal man vnseme schune Friderich diese vor genanten phant antworten, die da vor sten, vnde daz sal den ane vare sten, die die phant haben.*
>
> *Vber alle diese teiding habe wir vnseme sune Frideriche entruwen gelobet an arge list, swelches tages wir von Rochelez riten, daz wie dar nach an deme virden tage, ob ez nicht er gesin mac, zu deme Hayne vber Elbe inrieten vnde nimmer eine nacht von dannen geliegen wider sinen willen, wie enhaben ime Vriberch, den Hayn vnde Turgowe geantwertet in sine gewere oder sinen luten, die he da zu bescheidet. Were daz wie vnseme sune, des got nicht enwolle, dit gelubede brechen vnde nicht enhilden, so sal vnse sun, lantgreue Thiderich, Gebehart von Queremuorde, greue Friderich von Rabenswalde vnde greue Henrich von Stalberch zu Cyce inrieten binnen vircen tagen, swenne sie is vnse sun Friderich gemanet, vnde dannen nimmer kumen ane sinen willen, wie inhaben ime geantwert die vesten, die vor genant sin. Gesche ouch, des got nicht enwelle, daz wie sturben, er wi vnseme sune geendeten, so sullen vnse phant vnde vnse burgen alle ledic sin. Wie bekennen ouch, daz vnse sune geleite, zolle vnde jarmerkete mit einander geliche teilen sullen ane die nune hundert marc, die wie vn vor in zollen vnde in geleyte gelazen hatten. Der sal vnse sun Friderich drie hundert haben vnde vnse sun Theoderich sexe hundert, also sie vor hatten.*
>
> *Diese rede is gescheen zu Rochelez nach gotis geburte tusent jar zwei hundert iar in deme nun vnde achcigesten iare an deme nuwen jares tage. Dis sint gezuge die edelen lute (Geb)ehart der burgreue von Queremuorde, greue Friderich von Rabenswalde, gre(ue) enrich von Stalberch, her Henrich von Colditz, her Ian von der Siden, her Ot(te von Ys)enberc vnde genug anderre erehafter lute.*

Diese Urkunde enthält mehrere typische **Rechtstermini**: *gewere* 'Verfügungsgewalt', *teiding* aus älterem *tageding* 'Gerichtstag, Prozess, Gerichtsverhandlung' (dazu auch nhd. *verteidigen*), *gezuge* 'Zeuge', *gelubede* 'Gelübde'. Die historische Rechtssprache bedient sich wie auch die heutige vielfach **allgemeinsprachlicher**

## 4.2 Mittelhochdeutsche und mittelniederdeutsche Rechtssprache

Wörter mit spezifisch **rechtssprachlichen Bedeutungen** (der Gesamtwortschatz der Originalurkunden des 13. Jhs. ist im WMU lexikographisch aufgearbeitet). Beispiele dafür sind *gescrieben* 'rechtsverbindlich beurkundet' (nicht 'mit Tinte aufgeschrieben'), *geebnet* 'geeinigt' (nicht 'geglättet'), *gesatzzet* 'rechtsverbindlich übergeben' (nicht '[hin]gesetzt'), *rede* 'Übereinkunft, Vertrag' (nicht 'Gespräch, Unterhaltung').

Typisch für die Diktion in Urkunden sind **Paarformeln**, teils tautologische, teils semantisch variierende Wortverbindungen, die wie Textbausteine wiederkehren können. Beispiele aus dem *Rochlitzer Abkommen* sind *vruntlichen vnde gutlichen* 'vorbehaltlos und ohne Nebenabsicht', *werren vnde bruchche* 'Zwistigkeiten und Streitigkeiten', *mit alleme nutzze vnde mit alle deme rechte*. Die Formelhaftigkeit wird oft durch **Alliteration** unterstrichen wie im Falle von *lant vnde lute*. Seltener sind Paarformeln mit Verben oder verbalen Ausdrücken wie *antwerten vnde gewaldich machchen* 'überantworten und übergeben'. SCHMIDT-WIEGAND (1990) begründet die Vorliebe der älteren Rechtssprache für solche Fügungen damit, dass „der deutschen Rechtssprache [...] weitgehend die Fähigkeit zur Abstraktion" (ebd. 351) fehlte. Mit additiven Aufzählungen werde ein Wortfeld anders als in der lateinischen oder der modernen deutschen Rechtssprache exemplarisch angedeutet, aber nicht umfassend und abstrahierend benannt.

Mehrere Sätze sind **komplexe Gefüge** aus einem Haupt- und mehreren Nebensätzen, wie folgendes Beispiel zeigt: *Wie lazen vnseme sune Friderich Vriberch hus vnde stat vnde iz gebirge mit alleme nutzze vnde mit alle deme rechte* (Hauptsatz), *also wie ez gehabet han* (Modalsatz), *vnde lazen vnseme vor genanten sune die stat zu deme Hagene vber Elbe mit deme gerichte vnde mit allem deme nutzze* (koordinierter 2. Hauptsatz, Teil 1), *der da zu gehoret* (Attributsatz), *vnde binamen Ortrant, Radeburch, Wartenbrucke, Muleberc ledic vnde verlenet vnde allez* (2. Hauptsatz, Teil 2), *daz dar zu gehoret* (Attributsatz).

### 4.2.2 Rechtsbücher

Bei Rechtsbüchern (SPÁČILOVÁ 2014, KROESCHELL 2005: 245–316) handelt es sich nicht wie bei den Urkunden um Dokumente, die einen einzelnen konkreten Rechtsakt (von Kaufvertrag bis zum herrschaftlichen Erlass) beurkunden, sondern um umfangreiche **Sammlungen von Rechtsvorschriften**. Im niederdeutschen bzw. nordthüringischen Raum entstanden ungefähr gleichzeitig als früheste Exemplare dieser Gattung, der *Sachsenspiegel* Eikes von Repgow, das bedeutendste Rechtsbuch des deutschen Mittelalters, und das *Mühlhäuser Rechtsbuch*, deren Sprache als repräsentativ gelten kann für eine Reihe weiterer ähnlicher Texte des 13. und 14. Jhs.

Der **Sachsenspiegel** Eikes von Repgow (nachfolgend zitierte Ausgabe: HOMEYER 1861; vgl. DEUTSCH 2013: 45–48, KROESCHELL 2005: 246–258, LÜCK 2005, SCHMIDT-WIEGAND 1980b, 1983) umfasst zwei große Teile, das „Landrecht" und das „Lehnsrecht" (eine Trennung, die allerdings nicht von Eike selbst stammt). Das „Landrecht" kann – grob gesagt – mit dem heutigen Zivil- und Strafrecht verglichen werden. Breiten Raum nimmt darin das Erb-, Besitz- und Entschädigungsrecht ein. Das „Lehnsrecht" behandelt das ritterlich-adelige Standesrecht (alle folgenden Zitate sind, sofern es sich nicht um als solche gekennzeichnete Lehnsrecht-Zitate handelt, dem Landrecht entnommen). Der Schwerpunkt der mit ca. 460 nachweisbaren Handschriften reichen Überlieferung des *Sachsenspiegels* liegt im nieder- und mitteldeutschen Raum. Der Text fand überdies auch in lateinischer Sprache weite Verbreitung. Rezipiert wurde das Rechtsbuch sogar in Osteuropa bis in die Ukraine. In Süddeutschland ist der *Sachsenspiegel* nur spärlich vertreten. Allerdings ist um 1275 auf dessen Grundlage (wahrscheinlich in Augsburger Franziskanerkreisen) der *Schwabenspiegel* verfasst worden, der dann wieder bis ins Mittel- und Niederdeutsche zurückwirkte und auch ins Französische und Tschechische übersetzt worden ist.

Eine Besonderheit der *Sachsenspiegel*-Überlieferung sind vier Bilderhandschriften aus dem späten 13. bzw. dem 14. Jh. (heute in Bibliotheken in Oldenburg, Wolfenbüttel, Dresden und Heidelberg; vgl. den Ausstellungskatalog „Gott ist selber Recht") mit parallel zum Text verlaufenden farbigen Miniaturen, die keine ornamentale Funktion haben, sondern als Visualisierung des Geschriebenen und als Wegweiser durch das Werk fungieren, auch wenn der erste Eindruck für den heutigen Betrachter ein anderer ist. Mit farbigen Majuskeln wird jeweils vom Bildfeld auf den Text (und umgekehrt) verwiesen (siehe die Majuskeln C, R, V, A, P, M in den Bildfeldern und im Text in [89]).

Der *Sachsenspiegel* entstand zunächst als private Auftragsarbeit, die Eike von Repgow um 1230 für den Grafen Hoyer von Falkenstein, den Stiftsvogt von Quedlinburg, angelegt hat. Er sollte das ererbte sächsische Gewohnheitsrecht zusammenstellen, um es auf diese Weise zu sichern. Es war das Recht, das im Bereich der mittel- und norddeutschen Bistümer praktiziert worden war, ohne bislang jemals aufgezeichnet worden zu sein. In der Reimvorrede (23,151–153) schreibt Eike:

*Diz recht en habe ich selbir nicht erdacht*
*iz haben von aldere an uns gebracht*
*Unse guten vorevaren.*
'Dieses Recht habe ich nicht selber ersonnen. Es haben von Alters her unsere guten Vorfahren uns vererbt'.

In der Folgezeit wurde der *Sachsenspiegel* aber zu einem maßgeblichen, überregional akzeptierten Rechtscodex. Es handelt sich „um ein Werk ‚juristischer' Fachliteratur, um ein Fach- oder Sachbuch. Dieser ‚Fachbuchcharakter' wird durch die Form der Schriftlichkeit, die Auseinandersetzungen mit falscher Lehre, die Fixierung von Kernsätzen mündlicher Rede, Sprichwörtern (JANZ 1983) und Phraseologismen, vor allem aber durch den Fachwortcharakter bestimmt, der ganz anders als in früheren Epochen den Charakter eines Fachwortschatzes hat. Dazu gehören Univerbierung durch zusätzliche Kompositionen wie Monosemierungen durch

## 4.2 Mittelhochdeutsche und mittelniederdeutsche Rechtssprache

neue Ableitungen, also eine Differenzierung und Spezialisierung des vorhandenen Rechtswortschatzes durch Wortbildung, die vor allem den Abstrakta zugute kam" (SCHMIDT-WIEGAND 1998a: 80).

> [89] **Aus der Heidelberger Handschrift des** *Sachsenspiegel* **(Universitätsbibliothek Heidleberg, Cod. Pal. germ. 164, fol. 12<sup>r</sup>).** – Der ursprünglich mittelniederdeutsche (ostfälische) Text Eikes von Repgow ist hier in einen ostmitteldeutschen Schreibdialekt umgesetzt.
>
>
>
> [...] *den muz der burk herre vorbrengen daz he bezzere adir die bûrc entrede; entvt hes nicht he muz da selbe vor antwerten. Claget aber ein man uber eine bûrk, daz he da von geroubet si, vnd enweiz he nicht wer ez getan hat, da sal der burk herre vor antwerten von dem tage vber sehs wochen; von der czit, daz he dar vmme beclaget wirt, so daz he di bûrc entrede mit sime eide ader den schaden gelde uf recht ane buze, ab he rates vnd tat vnschuldic is. Riten liute von einer bûrc vnd tvn si schaden vnd enkumen si nicht wider uf binnen drin tagen vnd nacht vnd enkumt der roup nicht dar vf oder dar vor czv behaldene, so is di burk vnschuldic; kumt aber der rouber uf di bûrk vnd der roup dar vf ader da vor, so is si schuldic an der tat. Vmme kein vngerichte en sal man vf houwen dorfgebuwe. Iz ensi, daz da mait ader wip genotczoget inne werde ader genotiget ingeuort si: da sal man vber richten ader man entrede iz nach rechte. Wirt aber da gerichtet, ab iener da nach uorkumt vnd sich der not entredet. man engilt is im doch nicht. Wen man iz nicht entredete, er daz gerichte dar uber gienc: Alle lebende dink daz in der not numfte was, daz sal man enthoubeten. Alle di deme gerufte uolgen. halden si uf den cleger vnd den vridebrechere. Dennoch, ab he nicht vorwunden wirt, sie enlieden dar vmme keine not, daz si in vor gerichte brengen. Phaffen vnd iuden di da wapen vûren vnd nicht be-*

223

# 4 Rechtssprache

> *schorn ensin nach irme rechte, tut man in gewalt, man sal in bezzern alse einem leien. Wen si en sullen keine wafen vûren, di mit des kvniges vride begriffen sin. Man en sal uber kein wip richten* [...]

Mit der Bindung an die (mündliche) Rechtstradition erklärt es sich auch, dass **kaum Fremdwörter** vorkommen. Das Wenige sind Wörter wie *amîe* 'Geliebte' oder *turnei* 'Turnier', die bestens aus der zeitgenössischen höfischen Literatur bekannt sind. Der zentrale **Rechtswortschatz** setzt sich aus **Erbwörtern** zusammen, wobei unterschieden werden kann zwischen Rechtswortschatz im engeren und im weiteren Sinne. Zur ersten Kategorie gehören Wörter, die „per se eine rechtsspezifische Sache" bezeichnen und „ohne diesen Zusammenhang nicht denkbar" (SCHMIDT-WIEGAND 1993b: 220, vgl. auch W. PETERS 1996) sind, Wörter wie *rechtelôs*, *richter* oder *gerichte*. Mit Rechtswörtern der zweiten Kategorie „wird eine außerrechtliche Erscheinung rechtlich gewertet. Es sind meist Wörter, bei denen eine allgemeinsprachliche Bedeutung von einer spezifisch rechtssprachlichen Bedeutung zu unterscheiden ist, wie im Fall von *klagen*" (ebd.): Wie im heutigen Deutschen kann *klagen* 'wehklagen, jammern' bedeuten, aber auch rechtssprachlich 'vor Gericht Klage führen' (vgl. Rechtswb. VII, 1046–1050). Wo Eike Präzisierungsbedarf gesehen hat, gibt er Erläuterungen, z.B. im Fall von *erve* 'Erbe': *Mit svelkeme gude de man bestirft, dat het allet erve* 'mit welchem Gut der Mann stirbt, das heißt alles Erbe' (I,6,1).

Die **Wortbildung** (SCHMIDT-WIEGAND 1998b: 2344) spielt eine bedeutende Rolle im Rechtswortschatz des *Sachsenspiegels*. Eine Reihe von **Komposita** (*hantgemal* 'Stammgut', *morgengabe* 'Geschenk des Ehemannes an die Ehefrau nach der Brautnacht', *kebeskind* 'Kind aus einer nichtehelichen Verbindung', *swertmag* 'Verwandter von Vaterseite', *musteil* 'Hälfte der Speisevorräte, die bei Erbteilung an die Frau des Verstorbenen fällt' sind den Erbwörtern im engeren Sinne zuzurechnen.

Zahlreich sind spezifisch rechtssprachliche **Partikel-** und **Präfixverben** (ebd. 2344f.). Beispiele wären *anevangen* 'durch Anfassen als Eigentum beanspruchen': *denne jene de't angevangen hevet* 'denjenigen, der es *angevanget* hat' (II,36,3); *bereden* '(einer Tat) überführen': *ik wille's ene bereden mit al deme rechte* 'ich will ihn dessen überführen mit allem Recht' (I,63,2); *bescrien* 'beschreien, Klagegeschrei erheben': *So spreke he vort: dar sach ik selve en selven, unde beschrie de'ne mit deme rüchte* 'so spreche er weiterhin: da sah ich selbst ihn selber und erhebe Klage gegen ihn' (ebd.), *untreden* '(gerichtlich) anfechten, entkräften': *die inwisunge mach die man untreden binnen der jartale* 'die Zuerkennung (eines gerichtlich zugesprochenen Gutes) kann der Mann anfechten binnen Jahresfrist' (I,70,1); *uplaten* 'das Recht an einer Sache übertragen': *En wif ne mach ok ane irs mannes gelof nicht ires gelof* [...] *liftucht uplaten* 'eine Ehefrau kann nicht ohne ihres Mannes Einwilligung ihr (späteres) Witwengut (jemand anderem) übertra-

## 4.2 Mittelhochdeutsche und mittelniederdeutsche Rechtssprache

gen' (I,45,2); *vervesten* 'gerichtlich ächten': *man vervest jenen de't gedan hevet altohant* 'man ächte jenen, der es getan hat sofort' (I,70,3); *wederreden* 'Gegengründe geltend machen': *Sve to dinge nicht ne kumt, den delt man weddehaft* [...] *he ne moge't mit rechte weder reden* 'wer nicht zur Gerichtsversammlung kommt, den verurteilt man zu einer Strafzahlung, es sei denn, er kann rechtmäßig Gegengründe geltend machen' (II,6,3).

Zum Ausdruck **abstrakter** juristischer Sachverhalte werden **Ableitungen** mittels Suffixen gebildet, vor allem mit *-skap*, und *-unge/-inge*. Beispiele sind *egenscap* 'Leibeigenschaft': *Ok secgen sume lüde, it queme egenscap von kam noes sone* 'auch sagen manche Leute, es käme die Leibeigenschaft von Cham, Noahs Sohn' (III,42,3); *sattunge* '(Zeit der) Verpfändung': *Stirft aver en perd oder ve binnen sattunge* 'stirbt aber ein Pferd oder Vieh, während es verpfändet ist' (III,5,5); *vestinge* 'Acht': *Sve sik ut der vestinge tien wel, deme sal die richtere vrede werken* 'wer sich aus der Acht ziehen will, dem soll der Richter Frieden wirken' (II,4,1).

**Adjektivableitungen** auf *-bar*, *-lik* und *-haft* spielen eine Rolle bei der Bildung von Benennungen für qualifizierende Eigenschaften (SCHMIDT-WIEGAND 1998b: 2345f.). Beispiele: *scepenbar* 'schöffenbar, zum Schöffenamt befähigt': *Vorsten, vrie herren, scepenbare lüde, die sin gelik in bute unde in weregelde* 'Fürsten, freie Herren und Schöffenbare sind gleich hinsichtlich Buße und Wergeld' (III,45,1); *redelik* 'dem Recht gemäß': *Sve aver in me nederen gerichte vervest is, he n'is in dem hogesten nicht vervest, he ne werde dar redelike ingebracht* 'wer aber vor einem niederen Gericht in die Acht getan ist, der ist nicht vor dem höchsten Gericht gebannt, es sei denn, er werde rechtmäßig dorthin verbracht' (III,24,1); *plechhaft* 'abgabenpflichtig': *Die* [...] *plechhaften heten* [...] *den gift man veften schillinge to bute* 'die Abgabenpflichtige heißen, für die gibt man fünf Schillinge als Buße' (III,45,4).

Der *Sachsenspiegel* weist wie auch andere Rechtstexte eine hohe Dichte an **Modalverben** auf: *Vul weregelt und vulle bute sal hebben iewelk man* 'volles Wergeld und volle Buße soll jeder Mann haben' (II,20,2), *man mut it ime gelden mit eneme halven weregelde* 'man muss ihm abgelten mit halber Mannesbuße' (II,16,5); *Die vader mach den sone enes ut nemen, of he um ungerichte beklaget wert* 'der Vater kann den Sohn einmal auslösen, wenn er wegen eines Vergehens belangt wird' (II,17,2). Zum Ausdruck von Verpflichtungen verwendet Eike aber auch modalverbäquivalente Ausdrücke: *Nieman n'is plichtig des richteres ding to sukenen* 'niemand ist verpflichtet, des Richters Versammlung zu besuchen' (II,13,8).

Ähnlich wie die Urkunden enthält der *Sachsenspiegel* zahlreiche feste **Paarformeln**, die oft auch durch Alliteration verbunden sind (SCHMIDT-WIEGAND 1998b: 2346f.). Beispiele: *an eygene unde an erve* 'an Eigentum und an Erbe' (I,5,3), *morgengave unde müsdele* 'Morgengabe und Musteil' (I,20,4), *eleke unde echtleke* 'ehelich und rechtmäßig' (I,3,3); *bewisen unde getügen* 'beweisen und bezeugen' (I,52,1), *rechtes plegen unde helphen* 'das Recht pflegen und helfen' (I,60,3); *benûmen unde bewêren* 'benennen und beweisen' (II,4,3).

**Phraseologisch** sind außerdem bestimmte Verbindungen aus Adjektiv und Substantiv wie *hanthafte dat* 'offenkundige Tat' oder *echte not* 'rechtmäßige Not', wofür Eike Begriffsbestimmungen gibt: *Die hanthafte dat ist dar, svar man enen man mit der dat begript, oder in der vlucht der dat* 'die handhafte Tat liegt dann vor, wenn ein Mann einen (anderen) Mann bei der Tat ertappt oder auf der Flucht von der Tat' (II,35). Für *echte not* nennt er Gründe, die jemanden daran hindern, vor Gericht zu erscheinen: *vier sake sint, die echte not hetet: vengnisse, unde süke, godes dinst buten lande, unde des rikes dienst* 'vier Dinge gibt es, die rechtmäßige Not heißen: Gefangenschaft und Krankheit, Gottesdienst außer Landes und Reichsdienst' (II,7; mit *godes dinst buten landë* sind Kreuzzüge gemeint). Einer Definition bedurften mitunter auch **tradierte Rechtstermini** im laufenden Text. Ein Beispiel ist *balemünden* 'jemandem die Fähigkeit absprechen, als Vormund zu fungieren': *man sal ine balemünden, dat is, man sal ime verdelen al vormuntscap* 'man soll ihn *balemünden*, das heißt, man soll ihm untersagen alle Vormundschaft' (I,41).

Die **Syntax** des *Sachsenspiegels* ist von Gegensätzen geprägt: Zwar finden sich im Text zahlreiche für die historische Rechtssprache typische komplexe Sätze. Unterschiedliche **Konditionalsatzstrukturen** und **verallgemeinernde Relativsätze** prägen das Gesamtbild, doch begegnen immer wieder auch knappe Kurzsätze, die „ein Rechtsprinzip in knapper, bündiger Form" aufrufen und von konkreten Einzelfällen abstrahierend „etwas Allgemeingültiges oder allgemein Verbindliches zum Ausdruck bringen" (SCHMIDT-WIEGAND 1993b: 213). Häufig finden sich solche knappen Rechtssätze am Anfang der „Paragraphen". **Kurzsätze** dieser Art sind beispielsweise *Wif mach mit unkuschheit irs lives ir wiflikken ere krenken* 'eine Frau kann mit leiblicher Unzucht ihre Frauenehre zunichte machen' (I,5,2); *Den dief sal man hengen* 'den Dieb soll man hängen' (I,13,1); *Stirft die man ane kint, sin vader nimt sin erve* 'stirbt ein Mann ohne Kinder, erhält sein Vater das Erbe'; *De pape delet mit dem bruder unde nicht die monik* 'der Pfaffe (Weltpriester) teilt mit dem Bruder, aber nicht der Mönch' (I,25,1). Manche dieser Kurzsätze erscheinen auch in anderen Quellen, was den Schluss nahelegt, dass es sich um feststehende Rechtssätze aus **mündlicher Tradition** handelt. SCHMIDT-WIEGAND (1993b: 213f.), die auch auf die rhythmische Gestaltung mancher solcher Merksätze hinweist, spricht vom „Umlaufcharakter der Kurzsätze". Sie ähneln sich auch im Hinblick auf ihre Informationsstruktur: Am Anfang steht meistens der zentrale Rechtsbegriff (in den zitierten Beispielen *wif, dief, stirft, pape*), an dem dann kommentiert wird.

Exemplarisch für das entgegengesetzte Extrem, eine **komplexe Hypotaxe**, ist folgende Bestimmung darüber, welche Rechte ein Kläger gegen den Beklagten während der Ladungsfrist hat: *Wirt en man vor gerichte um ungerichte beklaget, dar he nicht to andwerde n'is, unde wert ime vore gedegedinget, binnen den*

## 4.2 Mittelhochdeutsche und mittelniederdeutsche Rechtssprache

*degedingen kumt ine die klegere an, he mut ine wol bestedegen to rechte umme sine besculdegunge, als lange wente he bürgen sette vore to komene, wende die richtere wirct vrede jeneme die dar klaget, unde nicht deme, den man an sine jegenwarde vor ladet* 'Wird ein Mann vor Gericht wegen eines Verbrechens angeklagt (Konditionalsatz 1), wenn er nicht anwesend ist (Temporalsatz 1), und wird ihm ein Verhandlungstag bestimmt (Konditionalsatz 2), begegnet ihm der Kläger (Konditionalsatz 3), so darf er ihn zu Recht festnehmen (Hauptsatz 1) und darf ihn so lange beschuldigen (mit dem vorausgehenden koordinierten Hauptsatz 2), bis jener Bürgen für sein Erscheinen vor Gericht gestellt hat (Temporalsatz 2), weil der Richter jenem Frieden bewirkt (Kausalsatz), der da klagt (Attributsatz 1 zu *jeneme* 'jenem'), und nicht demjenigen, den man in seiner Gegenwart vorlädt (Attributsatz 2 zu *deme* 'demjenigen')' (III,13). Das Gefüge umfasst immerhin zehn prädikathaltige Teilstrukturen (Haupt- und Nebensätze) und steht mit diesem Komplexitätsgrad keineswegs vereinzelt.

Zur **Pragmatik** historischer Rechtstexte wie dem *Sachsenspiegel* gehören neben den festen und einprägsamen Paarformeln auch **Rechtssprichwörter**, gelegentlich mit **Stab- oder Endreim**. Stabreimende Wörter enthalten z.B. *de ok erst to der molen kumt, de scal ert malen* 'wer als erster zur Mühle kommt, der soll zuerst mahlen' (II,59,4); *Men seget, dat nen kint siner muder keves kint ne si* 'man sagt, dass kein Kind seiner Mutter Kebskind sei' (151,2). Diese gängige Rechtsregel, die sich unschwer in ein stabreimendes Rechtsprichwort umwandeln lässt (*nen kint is siner muder keves kind*), wird von Eike in indirekter Rede referiert, weil er sie im weiteren Kontext als irrig ablehnt. Beispiele für Endreim: *it is manech man rechtlos, de nicht is echtlos* 'es ist mancher Mann rechtlos, der deshalb nicht friedlos ist' (I,51,1); *Swâr iz kint is vrî unde echt, dâr behalt iz sînis vater recht* 'wenn das Kind frei geboren und ehelich ist, dann behält es seines Vaters Recht' (I,16,2); *Herren unde mannes valsche rat geliket wol ungetruwer dat* 'falscher Rat von einem Herren oder (gewöhnlichen) Mann ist genauso (verwerflich) wie eine ungetreue Tat' (Lehnrecht 76,6).

Zahlreiche prägnante Rechtssprichwörter kommen auch ohne derartige formale Stilmittel aus (Beispiele bei SCHMIDT-WIEGAND 1980a). In den Bilderhandschriften sind solche Rechtssprichwörter mehrmals auch visualisiert. In [89] sind im vierten Bildfeld links zwei Männer zu erkennen, die sich mit Äxten an einem Gebäude zu schaffen machen. Das Bild nimmt Bezug auf den Rechtsgrundsatz *Vmme kein vngerichte en sal man vf houwen dorfgebuwe* 'wegen keines Verbrechens soll man ein Dorfgebäude einreißen' (III,1,1). Im selben Bildfeld, rechts daneben, wird auch die sogleich formulierte Ausnahme dargestellt: Wenn eine Frau in einem Haus vergewaltigt oder hinein verschleppt worden ist, muss das Gebäude abgerissen und jedes Tier geköpft werden, das bei der Notzucht zugegen war.

Das um 1230 niedergeschriebene **Mühlhäuser Rechtsbuch** (Ausgabe: MEYER 1936) ist die älteste volkssprachige Aufzeichnung eines Stadtrechts. Es kann

## 4 Rechtssprache

stellvertretend für eine Reihe anderer Stadtrechte des späten Mittelalters (Bestandsüberblick in OPPITZ 1990–92) stehen. Die **Schreibsprache** ist sehr stark **dialektal geprägt** und weicht von dem Mittelhochdeutschen ab, wie man es aus Studien- und Textausgaben klassischer Dichtungen kennt: In unbetonten Silben wird fast durchwegs *i* geschrieben (z.B. *gistirbit* = mhd. *gestirbet*). Langes *ô* wird häufig durch *oi* gekennzeichnet (z.B. *noit* = mhd. *nôt* 'Not'), langes *û* durch *ui* (z.B. *huis* = mhd. *hûs*, 'Haus'). Mhd. *ou* ist vielfach durch *oi* vertreten (z.B. *vroiwin* = mhd. *vrouwen*). Infinitive zeigen durchgehend Schwund des auslautenden -*n* (z.B. *habi* 'haben'). Mehrere Wortformen zeigen *r*-Metathese (z.B. *dirti* 'dritte', *abturni* 'abtrünnig', *mortburni* (172,4) 'Mordbrennen'. Der Text wurde für den innerstädtischen Gebrauch konzipiert und ist nicht an Adressaten außerhalb der eigenen Schreibsprachregion gerichtet.

Das *Mühlhäuser Stadtrechtsbuch* enthält eine Reihe spezifischer **Rechtstermini**. Beispiele (in Klammern die „normalmittelhochdeutschen" Äquivalente): *wiepbildi* (*wîchbilde*) 'Weichbild, Geltungsbereich eines Stadtrechts': *Is daz ein mensci diz andiri totit bin disimi wiepbilidi hie zu Mulihuisin* 'sollte es geschehen, dass ein Mensch einen anderen tötet innerhalb dieses Weichbilds von Mühlhausen' (95,4f.); *biscrigi* (*beschrîen*) 'anklagen': *die sal dein man biscriegi vor gerichti* 'der soll den Mann anklagen' (97,3f.); *intreidi* (*entreden*) 'sich verteidigen': *Wil he dan vuri kuimi undi wil sich intreidi* 'will er dann hervorkommen und sich verteidigen' (97,7–9); *willikure* (*willekür*), hier 'Gerichtszeugnis' und *einworchte* 'Buße für Friedensbruch': *von der willikure gizugit min diz einworchte ubir in* 'aufgrund des Gerichtszeugnisses verhängt man über ihn die Buße für Friedensbruch' (102,7–9); *heimsuchungi* (*heimsuochunge*) 'Hausfriedensbruch': *die man, deimin umi die heimsuchungi scult geibit* 'der Mann, den man des Hausfriedensbruchs beschuldigt' (105,24f.); *weiri* (*were*) 'Gewährsmann, Bürge': *Suanni die weiri dan vuri kumit* 'wenn der Gewährsmann dann vor das Gericht kommt' (119,17f.); *muti* (*muoten*) 'gerichtlich einfordern': *Is he abir nicht inwendic landis, so sulin suz muti, alsi he zu landi cumit* 'ist er aber nicht im Lande, sollen sie es einfordern, sobald er ins Land kommt' (132,17–19); *winihaldungi* (vgl. Lexer HWb. III,902 *winehulde*) 'Begünstigung eines Verwandten': *durch suilichirhandi winihaldungi iz weiri* 'durch welche Art von Verwandtenbegünstigung es wäre' (106,26f.); *curvinoz* 'männliches (Zucht-)Vieh im Besitz der Stadt': *Habin di burgeri ein vinoz zu guti dir stat gimeini, daz gicopht is mit dir stad phenigin, uz sie ochsi edir beir. edir sterri edir boc [...] da vie heizit curvinoz* (179,14–180,2).

**Allgemeinsprachliche** Wörter werden vielfach als **Rechtstermini** verwendet. Beispiele: *eischi* (*heischen*) 'vorladen' (nicht 'fragen; verlangen'): *So sal man den man eischi* 'so soll man den Mann vorladen' (97,7); *vriedi* (*vride*) 'Zusicherung, nicht angegriffen zu werden' (nicht 'Friede' im allgemeinen Sinn): *die scultezi sal umi vriedi geibi* 'der Schultheiß soll ihm zusichern, dass er nicht angegriffen wird' (97,9f.); *brengi* (*bringen, brengen*) 'beweisen' (nicht 'bringen'): *anivertigieti in dan imin mit sicheinir unrechtin gewalt. das he brengi mochti selbi dirti* 'griffe ihn dann jemand an mit irgendeiner unrechten Gewalt, so dass er es zu dritt be-

## 4.2 Mittelhochdeutsche und mittelniederdeutsche Rechtssprache

weisen kann' (97,12–15); *givrat* (*gevretet*, Part.Prät. von *vrēten* 'wund reiben') 'rechtlos' (nicht 'wund gerieben'): *Nu suldi hoiri, wamieti die mensci givrat is* 'Nun sollt ihr hören, wodurch ein Mensch rechtlos ist' (114,14f.); *virwundin* (*verwunden*, Part.Prät. zu *verwinden* 'einwickeln') 'überführt': *alsi ubir einin diep die mit dir duibi virwundin is* 'wie über einen Dieb, der mit dem Diebesgut überführt ist' (114,11f.).

Auch in diesem Text treten teilweise alliterierende **Paarformeln** auf. Beispiele: *in deimi huis undi in deimi hoivi* 'in diesem Haus und in diesem Hof' (96,10f.); *alsi su gisin undi gihort habin* 'wie sie gesehen und gehört haben' (107,2f.); *daz su iz uri nicht helfen cundigi noch clagi* 'dass sie es ihr weder helfen, bekannt zu machen noch zu klagen' (108,16f.); *undi sulin phluic und phert lazi ste* 'und sollen Pflug und Pferd stehen lassen' (109,14f.); *undi sal un dan also gibundin undi givangin* [...] *vur den richteri vuiri* 'und soll ihn gebunden und gefangen vor den Richter führen', *die diz guit in giwalt undi giwerin hat* 'der das Gut in Gewalt und Gewähr hat' (120,4f., d.h. vorübergehend in Verwahrung); *alli die die wazzir undi weidi mite umi nuzzin undi niezin* 'alle die, die Wasser und Weide mit nutzen und (ge)nießen' (125,24–126,1); *beidi an egini undi an erbi* 'sowohl an Eigentum als auch an Erbe' (131,12); *ummi sien guit edir ummi sin gelt* 'um sein Gut oder um sein Geld' (135,13f.).

Bestimmte **Rechtsphraseologismen** kehren mehrmals wieder: *he heit sienin hals vorworcht* 'er hat seinen Hals verwirkt' (96,3f., d.h. er wird hingerichtet); *undi sal scrigi ubir sinin hals* 'und soll über seinen Hals schreien' (121,21f., d.h. er soll, wenn er den Dieb überwältigt hat, Leute herbeirufen); *bi sconimi tagiu undi bi sciningur sunnin* 'bei hellem Tag und bei scheinender Sonne' (117,8–11); *Woldin abir su beiti iar undi taic,* [...] *so hettin su vursumit uri vordirungi* 'wollten sie aber warten Jahr und Tag, so hätten sie ihre Klage versäumt' (129,21–24); *is sie wiebisnami edir mannisname* 'es sei Frau oder Mann' (131,11f.).

**Syntaktisch** prägend sind Satzperioden mit unterschiedlichen **Konditionalsatztypen** sowie **verallgemeinernde Relativ- und Adverbialsatztypen**, die ebenfalls Bedingungen implizieren. Die verallgemeinernden Relativsätze sind überwiegend **Subjektsätze** ('wer dieses oder jenes tut...'), die Adverbialsätze zum größten Teil Temporal-, Konditional- oder Lokalsätze ('wann auch immer jemand dieses oder jenes tut...', 'wo auch immer dieses oder jenes geschieht...'). Für Konditionalsatzfolgen gibt es bestimmte **Anordnungsregularitäten** (vgl. SCHMID 2004): Den Anfang bildet sehr häufig ein uneingeleiteter Konditionalsatz oder ein verallgemeinernder Relativsatz mit *swer (so)*, gefolgt von einem weiteren Konditionalsatz oder mehreren. In der Folgeposition steht der Hauptsatz. Abgeschlossen wird die Periode vielfach mit einem konditionalen *ob*-Satz, der eine Einschränkung oder Zusatzbedingung zum Ausdruck bringt.

## 4.3 Frühneuhochdeutsche Rechtssprache

Im 14., 15. und 16. Jh. setzte sich die Tradition der Rechtstexte, die im Mittelhochdeutschen (und Mittelniederdeutschen) begonnen hatte, fort: Die Zahl der **Urkunden** (jetzt überwiegend in deutscher Sprache) steigt ins Unüberschaubare. Es werden zahlreiche **Stadt- und Landrechte** schriftlich niedergelegt. Auf der Grundlage des *Sachsenspiegels* wurden noch im späten 13. Jh. in Süddeutschland *Schwabenspiegel* und *Deutschenspiegel* verfasst.

**Neue Textsorten** des Rechtsbereichs waren Testamente, Protokolle von Ratssitzungen, Verhörsprotokolle, Verträge, Kleider-, Polizei-, Zunft- und sogar Bordellordnungen. Auch die **Sachsenspiegelglossen**, gelehrte Kommentare zum *Sachsenspiegel* (dazu KAUFMANN 2012, XVII–XLIV), gehören zu den historischen Rechtstexten: Im 15. Jh. hat man versucht, den *Sachsenspiegel*, der heimisches Gewohnheitsrecht kodifiziert, mit dem kanonischen Recht und dem Römischen Recht zu harmonisieren.

Seit dem 13. Jahrhundert wurde Jurisprudenz als wissenschaftliches Fach an italienischen und französischen Universitäten gelehrt. Ein Zentrum mit weiter Ausstrahlung war Bologna (KROESCHELL 2005: 237–244). 1495 wurde auf dem Reichstag in Worms der **Ewige Landfriede** verabschiedet, der zwar einen ersten Schritt zu einer reichsweiten Regelung des Strafrechts bedeutete, aber wie verschiedene regional gültige „Halsgerichtsordnungen" (mit sehr unterschiedlichen Milde- oder Härtegraden) und natürlich auch der *Sachsenspiegel* noch nicht imstande war, der Rechtssprechung das nötige zeitgemäße Fundament zu geben. Auf verschiedenen Reichstagen nach 1500 wurde darüber beraten.

### 4.3.1 Schöffensprüche

Der *Sachsenspiegel* bildete im 14. und 15. Jh. neben dem **Magdeburger Recht** vielfach auch die Grundlage für Schöffensprüche (JOHANEK 1992, Texte: EBEL 1983–89). Das sind Rechtsauskünfte, die bis in das 17. Jh. vor allem von den Magdeburger Schöffen, aber auch von Schöffen anderer Städte für Gerichte des nord-, mittel- und ostdeutschen Raumes und darüber hinaus bis nach Osteuropa erteilt wurden. Diese Schöffensprüche, die zu grundsätzlichen Rechtsfragen oder auch zu Einzelfällen Stellung beziehen, haben oft Brieform, wie [90] zeigt:

---

[90] Ein Magdeburger Schöffenspruch von 1613 für die Stadt Buxtehude einen Hexenprozess betreffend (nach EBEL 1983, 89)

*Schöppen zu Magdenburg*
*Vnsern freundlichen gruß zuvorn. Erbare vnd wolweise besondere gute freunde! Alß ihr vns articulos novos indiciales, auffgenommenes verfuhrtes gezeugnüs, guttliches bekändtnüs vnd ferner schrifite in sachen bestaltes*

## 4.3 Frühneuhochdeutsche Rechtssprache

> *fiscalis vnd peinlichen clägers an einem, ertragen vnd wieder Baken, Jacob Krauses eheweib, peinlich angeclagte anders theils, vberfertiget vnd ferner rechtsbelehrung euch zuertheilen gebetten, demnach sprechen wir schöppen zu Magdeburg vor recht: Daraus so viel erscheinend, weiln denen newen eyngebrachten jndicionalibus vorgangene jndicia eines theils erwinden etc., solcher aber auch erstandene pein purgiret vnd hintertrieben vnd endlich die newe angezogene vermutung zu ferner pein vnerheblich befunden, daß die behaffitete der gefänglichen hafft loßzuzehlen vnd darauff daneben wegen allerseits angelauffener atzung vnd gerichtskosten einhalts kaysers Caroli quinti vnd reichs peinlichen halßgerichts ordnung art. 61 rubr. „So der gefangene vf endlichen verdacht etc." anzuordnen vnd die part zu verweisen. Von rechts wegen. Uhrkundlieh mit vnserm jnsigel vorsiegelt vnd geben den a.D. Augusti anno 1613.*
> *Jacob Alemanus doctor fide collegij manu propria subscr.*

Dass *Jacob Alemannus*, der diesen Schöffenspruch *manu propria* 'mit eigener Hand' geschrieben hat, studierter Jurist war, geht aus dem Zusatz *doctor* hervor. Die Diktion ist die eines akademisch gebildeten Rechtsgelehrten. Von den **stereotypen** Eingangs- und Schlussformeln abgesehen, enthält das Schreiben zwei komplexe Sätze, in die lateinische Rechtsbegriffe eingeflochten sind.

### 4.3.2 Die Carolina

Das Gesetzbuch, auf das der zitierte Magdeburger Schöffenspruch von 1631 explizit Bezug nimmt, war 1532, also fast genau ein Jahrhundert zuvor, auf einem Reichstag zu Regensburg erlassen worden. Es ist *Deß aller Dürchleuchtigsten großmechtigsten : Vnüberwindlichsten Keyser Karls deß fünfften vnnd deß Heyligen Römischen reichs peinlich gerichtsordnung*, bekannt auch als *Carolina* (Ausgabe: SCHROEDER 2000). Ähnlich wie schon die älteren Rechtstexte kommt dieses Gesetzeswerk mit nur wenigen **Fremdwörtern** aus. Die Beispiele, die sich dennoch finden, stammen aus der lateinischen Rechtssprache oder können aus anderen Zusammenhängen als bekannt vorausgesetzt werden. Beispiele sind *appellation, cassiren, compensiren, crucifix, dupliren, libell, officium, patene, process, sacristei, subtil*. Einige Fremdwörter werden ganz im Stil der Zeit in **tautologischen Reihungen** oder additiv zusammen mit einem erläuternden deutschen Pendant verwendet, z.B. *Caution, bestandt vnd sicherung* (28,5), *die mit gifft oder venen heymlich vergeben* (130,16f.); *die kosten vnd scheden [...] zu compensiren vnd zu vergleichen* (118,3–5); *reuocirt, cassirt und abgethan* (85,2f.). Das sind keine Paarformeln, wie sie sich zahlreich im *Sachsenspiegel* und in den alten Stadtrechten finden, sondern diese Doppelungen dienen der Verständnissicherung. Vereinzelt wird zu einem deutschen Begriff auch der lateinische Terminus genannt: *schmachschrifft zu latein libel famoß genant* (73,10). Dennoch kennt auch

# 4 Rechtssprache

die *Carolina* **Paarformeln** wie *schmach vnnd schaden* (28,17 und öfter); *gehalten vnd gehandelt* (29,22); *zu bürgschaft oder beweisung* (30,2); *mit wissen vnd zulassen* (24,18f.); *zu seinem gefallen vnd willen* (28,21f.); *zu buß vnd besserung* (88,31). Die Notwendigkeit, umfassende und präzise Vorschriften zu formulieren, die möglichst keine Ausnahmen zulassen, führte ebenfalls zu **additiven Reihungen**. Als Konnektor fungiert in solchen Fällen typischerweise die Konjunktion *oder* wie in: *auß schwacheyt vnd gebrechlicheyt jres leibs, vernunfft, jugent, alter oder anderer vngeschicklicheyt halber* (24,13–15); *ob er des ermordten habe genommen, verkaufft, vergeben, oder noch pei jm hett* (40,9f.); *daß er solch gifft zu andern vnstrafflichen sachen gebraucht hett oder gebrauchen wöllen* (42,6f.); *zauberei zu lernen oder jemands zu bezaubern* (45,2f.); *auff sich selbs oder ander person* (69,21f.), *von dem thier nit gesehen oder gehört* (94,12).

Auch in der *Carolina* werden allgemeinsprachliche Wörter oder besondere Ableitungen von **allgemeinsprachlichen** Lexemen als **juristische Termini** verwendet: *abschneiden* 'unterdrücken, nicht berücksichtigen': *vnd soll [...] rechtmessige verkündung geschehen [...] vrkundt vnd kundtschafft [...] nit [...] abgeschnitten werden* (98,6–11); *annemen* 'verhaften': *Von annemen eyns übelthetters* (27,16); *erfindung* 'Beweis': *zu erfindung der warheyt* (26,29); *erkenntnis* 'Rechtsgrundsatz': *alles nach burgerlicher rechtlicher erkanntnus* (28,18); *setzen* 'anordnen, verfügen': *wie auch klerlich hernach gesatzt ist* (27,3f.); *verkürzen* 'unvollständig anwenden und dadurch verfälschen': *darmit sie* (die Rechtsvorschriften) *durch vnwissenheyt derselbigen verkürzt oder geuerdt werden* (61,22–24); *überwinden* 'überführen': *so eyn ehemann eynen andern vmb des ehebruchs willen [...] peinlich beklagt vnd des überwindet* (77,14–16); *sager* 'Ankläger' und *versager* 'Beklagter': *ob der sager [...] in sonnder feindtschafft [...] mit dem versagten stehe* (38,27–30).

Der für spätere Rechtstexte kennzeichnende **Nominalstil** mit einer hohen Dichte an **Abstraktbildungen** (vor allem Verbalabstrakta auf -*ung*) ist bereits in der *Carolina* ausgeprägt: *anzeygung, argkwon, verdacht oder beweisung* (25,18f.); *vnd so er eyne derselben obgemelten oder ander dergleichen, rechtmesigen verursachung gegen der ersten vnlaugbar anfechtung oder benöttigung gnugsam beweist* (88, 9–12); *Wo aber solche zwen diebstall fünf gülden oder darüber treffen, so soll es mit erfarung aller umstände, auch gebrauchung der rechtuerstendigen [...] gehalten werden* (101,22–26).

Zur Bezeichnung **abstrakter Sachverhalte** dienen vielfach auch substantivierte **Infinitive**, z.B. *Von annemen eyns übeleters* (27,16). Dabei kann gelegentlich der Infinitiv auch im Genitiv stehen wie in *Darzu soll auch eyn jeder richter [...] nachfragens haben* (26,1–13); *nach gefengklichem annemen des beklagten* (31,24f.); *gemeynem rechten nach annemens vnnd gefencklichs haltens* (32,7f.); *eyn auffsehens zuhaben* (39,17); *so wer solchs beschreiens nit not* (62,26); *so soll man die mütter nach gelegenheyt des geuerlichen hinlegens am leib oder leben straffen* (83,20f.).

## 4.3 Frühneuhochdeutsche Rechtssprache

Typisch für die rechtssprachliche **Syntax** sind Verwendungen von Verben mit **Genitivobjekten**. Noch die heutige Rechtssprache kennt eine Reihe von Verben und verbalen Ausdrücken, die ein Genitivobjekt erfordern: *(des Betrugs) anklagen, überführen, verdächtigen, schuldig befinden* u.a. Bereits die *Carolina* enthält entsprechende juristische Genitiv-Verben: *überwinden* 'überführen': *so eyn ehemann eynen andern ... des überwindet* (77,14–16); *überweisen* 'überführen': *vnd er doch des selben überwisen werden mocht* (27,1); *gestendig sein: der jhenen, so für mißthetter verdacht vnd verklagt werden, vnnd des nit gestendig sein* (32,9f.); *verdacht werden* 'verdächtigt werden': *so eyn mercklicher grosser diebstal geschicht vnd jemant des verdacht wirdet* (44,22f.); *on laugnen sein* 'gestehen': *so der thetter der thatt on laugnen wer* (29,4). In juristischer Verwendung kann aber auch ein Verb wie *tun* mit dem Genitiv verwendet werden: *daß er der verdachten missethat nit gethan haben kundt* (46,10) 'dass er die Missetat, deren er verdächtigt wird, nicht getan haben konnte'.

Zum Ausdruck **kausaler Relationen** dient vielfach die Postposition *halber*. Neuhochdeutsches Äquivalent wäre in solchen Fällen 'wegen': *der geübten thatt halber* (40,23f.); *Wo aber der verklagt oder sein freundtschafft solchen obgedachten kosten armut halber nit ertragen oder erleiden mocht* (46,26–28); *So sollen jnen die verhörer seiner bekantnuß halber [...] fleissig fragen* (47,14–17); *vnchristlichen vnnd vnmenschlichen erfunden übels vnd mordts halber* (83,3f.); *der selben antzeygung oder argwonung halber* (109,33–35).

Zum Ausdruck der **Verpflichtung** wird in der Mehrzahl der Fälle das Modalverb 'sollen' verwendet (vgl. WALLMEIER 2013: 109–114): *Vnd so der ankläger das thut, soll der angeklagt inn gefencknuß gelegt vnd des klägers angeben eygentlich auffgeschriben werden* (27,25–27). In ähnlicher Funktion erscheint aber auch der **modale Infinitiv** mit *sein* und *zu*, und zwar sehr häufig in formelhaften Anweisungen wie 'es ist zu merken' oder 'es ist zu bedenken'. Ähnlich werden auch **Anweisungen**, wann die Folter (die *peinlich frag*) verwendet werden muss, formuliert: *mer ist zu bedencken, wann jemant eyner missethat [...] verdacht wirdet* (37,2–4), *Vnnd ist nemlich zu mercken, so die klag von amptes wegen geschehen* (63,24); auch: *ist peinlich zu fragen* (37,25), *ist peinlich frag zu gebrauchen* (44,21). Weitere Fälle: *belonte zeugen sein auch verworffen vnd nit zulessig sonder peinlich zu straffen* (54,2f.); *inn eynem solchen fall ist außzufüren vnnd anzusehen die gelegenheyt des weibs vnd manns* (90,2f.); *on obbestimpte gnugsame beweisung ist der angeregten vermeynten entschuldigung nit zu glauben* (82,24f.). Modale Infinitive können aber auch zum Ausdruck einer Möglichkeit verwendet werden: *welche vnderscheyd, dem gemeynen mann verstentlich nit zuerkleren seind* (88,35f.) 'Unterschiede, die dem gemeinen Mann nicht erklärt werden können', *ob der fürgewendten notweer zu glauben sei* (89,14) 'ob der behaupteten Notwehr geglaubt werden könne'.

In mehreren Fällen liegen Verbindungen aus Abstrakta und semantisch leeren Verben vor, die man bereits als **Funktionsverbgefüge** ansprechen kann: *So soll zu*

## 4 Rechtssprache

*seinem gefallen vnd willen stehn* (28,21f.); *zu der gedachten missethat vrsach nemen* (35,34); *die den vnschuldigen menschen zu nachtheyl kommen mag* (39,7f.); *so eyner gifft kaufft vnd des vor der oberkeyt inn laugnen stünd* (42,4f.); *dadurch die zeugen zu gebürlicher sage zubringen seindt* (56,25f.); *so es zu schulden kompt* (71,9f.).

Anders als für den *Sachsenspiegel* und die älteren Stadtrechtsbücher ist für die Rechtssprache der *Carolina* eine enorm hohe Zahl an **Passivsätzen** festzustellen. Sie erlauben es, allgemein gültige Aussagen und Anordnungen zu treffen, ohne einen Handlungsträger benennen zu müssen. Der 20. Artikel der *Carolina* beispielsweise ist überschrieben mit *Das on redliche anzeygung niemant soll peinlich gefragt werden*. Der folgende Satz lautet *wo nit zuvor redlich anzeyen der mißthat darnach man fragen wolt vorhanden, vnnd beweist wurde, soll niemants gefragt werden, vnd ob auch gleich wol auß der marter die missethat bekant wurd, So soll doch der nit geglaubt noch jemants darauff verurtheylt werden* (33,1–7). Es handelt sich um eine allgemeingültige juristische Festlegung unabhängig davon, wer diejenige Person ist, die *peinlich gefragt werden* soll, um deren *missethat* es sich handelt und die *verurtheylt werden* soll. *Sachsenspiegel* und *Mühlhäuser Stadtrecht* aus dem frühen 13. Jh. kennen diese Ausdrucksmöglichkeit kaum.

Konstitutiv für die Sprache der *Carolina* ist ferner ein hoher Grad an **syntaktischer Komplexität**. Ein Beispiel kann das veranschaulichen. In dieser Satzperiode sind dem abschließenden (zweimal unterbrochenen) Hauptsatz 27 abhängige, teilweise miteinander verflochtene, diskontinuierliche Nebensätze vorgelagert. Davon sind 10 Konditionalsätze, 4 Kausalsätze, 4 Modalsätze, 4 Attributsätze, 2 Objektsätze und je 1 Subjekt-, Temporal- und Konsekutivsatz.

| [91] Ein juristischer „Schachtelsatz" aus der Carolina (87,10–88,9) | | |
|---|---|---|
| *So der anklager der ersten tödtlichen anfechtung oder benötigung* | Konditionalsatz | 1a |
| *darauff* | Attributsatz zu *anfechtung oder benötigung* | 2a |
| *als obsteht* | Modalsatz | 3 |
| *die notweer gegründt* | relativer Attributsatz | 2b |
| *bekentlich ist oder bestendig nit verleugknen kan* | Konditionalsatz | 1b |
| *vnd dagegen sagt* | Konditionalsatz | 4 |
| *daß der todtschläger darumb keyn rechte entschuldigte notweer gethan haben soll* | Objektsatz | 5 |
| *wann der entleibt het fürgewendter bekentlicher anfechtigung oder benötigung, rechtmessig vrsach gehabt* | Kausalsatz | 6 |
| *als geschehen möcht* | Modalsatz | 7 |
| *So eyner eynen vnkeuscher werk halben* | Konditionalsatz | 8a |

## 4.3 Frühneuhochdeutsche Rechtssprache

| | | |
|---|---|---|
| *bei seinem ehelichen weib, tochter oder an andern bösen strefflichen übelthatten fünde* | | |
| *vnnd darumb gegen dem selben übelthätter tödtlich handlung zwang oder gefengknuß* | Konditionalsatz | 9 |
| *wie die recht zulassen* | Modalsatz | 10 |
| *fürnem* | Konditionalsatz | 8b |
| *oder dem entleibten hett gebürt den verklagten todtschläger, von ampts wegen zu fahen* | Konditionalsatz | 11 |
| *vnnd die notturfft erfordert jn mit waffen solcher gefengknuß halb zu bedrohen, zwingen vnd nöttigen* | Konditionalsatz | 12 |
| *daß er also inn recht zulessiger weiß gethon hett* | Konsekutivsatz | 13 |
| *oder so der kläger inn disem fall eyn solche meynung fürgeb* | Konditionalsatz | 14 |
| *daß der angezogen todtschleger darum keyn recht notweer gethan het* | Attributsatz zu *meynung* | 15 |
| *wann er des entleibten* | Kausalsatz | 16a |
| *als er jn erschlagen hett* | Temporalsatz | 17 |
| *gantz mechtig vnnd von der benötigung erledigt gewest* | Kausalsatz | 16b |
| *oder meldet* | Konditionalsatz | 18 |
| *daß der entleibt nach gethaner ersten benöttigung gewichen* | Objektsatz | 19a |
| *dem der todtschläger auß freihem willen vnd vngenötter ding nachgeuolgt* | Attributsatz zu *der entleibt* | 20 |
| *vnd jn allererst inn der nachuolg erschlagen het* | Objektsatz | 19b |
| *Mer* | Konnektor | |
| *so fürgewendt wird* | Konditionalsatz | 21 |
| *der todtschläger wer dem benöttigen wol füglicher weiß vnd on ferlicheyt seins leibs, lebens, ehren vnd guten leumuts halben entwichen* | Subjektsatz | 22 |
| *darumb die entleibung durch den verklagten todtschläger nit auß eyner rechten entschuldigten notweer sonder bößlich geschehen wer,* | Kausalsatz | 23 |
| *vnd darumb peinlich gestrafft werden solt etc.* | Kausalsatz | 24 |

235

# 4 Rechtssprache

| | | |
|---|---|---|
| *Sollich obgemelt vnd ander dergleichen fürgeben soll der ankläger* | Hauptsatz | 25a |
| *wo er des gniessen will* | Konditionalsatz | 26 |
| *gegen erfindung* | Hauptsatz | 25b |
| *daß der todtschläger durch den entleibten erstlich* | Attributsatz zu *erfindung* | 27a |
| *als vor steht* | Modalsatz | 28 |
| *benöttigt worden ist* | Attributsatz | 27b |
| *beweisen* | Hauptsatz | 25c |

Die Sprache weist die *Carolina* als das Werk gelehrter Juristen aus. So ist es auch nicht verwunderlich, dass punktuell, etwa im Falle von Partizipialkonstruktionen, lateinische Konstruktionen durchscheinen. Das ist vor allem dann der Fall, wenn Abschnitte zitiert oder referiert werden, oder wenn darauf verwiesen wird. Beispiele: *auß disen nachgesatzen artickeln von argkwon vnd anzeygung der missethat sagend* (34,25f.); *inn dem hundertsten eyn vnd fünfftzigsten artickel anfahend, Item so jemandt...* (58,25f.); *als imm hunderten vnd sechs vnd sibentzig artickel hernach dauon geschriben steht anfahend, Item so eyner ...* (72,28f.); *So sollen die nachuolgenden wörtlin an der ander vrtheyl, wie obsteht, auch hangen, also lautend* (114,4f.).

### 4.3.3 Weistümer

Eine eigene Gattung von Rechtstexten sind die Weistümer, deren Überlieferung im späten 13. Jh. im alemannischen Südwesten beginnt und sich in den folgenden Jahrhunderten weiter verbreitet. Es sind regional oder lokal gültige Rechtsvorschriften, die die Verhältnisse zwischen geistlichen oder weltlichen Herrschaften und den ansässigen Bauern, den sogenannten „Grundholden", regeln. Eine sechsbändige Sammlung von Weistümern hat JACOB GRIMM zusammengetragen (GRIMM 1840–1878). Auch später sind noch zahlreiche weitere derartige Texte publiziert worden, wie beispielsweise das folgende fränkische Weistum vom Anfang des 16. Jhs.:

[92] **Weistum des frühen 16. Jhs. aus Hendungen/Unterfranken (nach DINKLAGE 1954, 53f.)**

1. *Auch theiln sy* [die Bewohner des Ortes] *menem genedigen hern ein itlichen hawßgenoß, daß er meinen her sol hab für einen hern und kein ander, darumb daß seyn gnad ir erbher ist; sucht aber einer awßflucht, so sten einer seyn abethewer* [tut es auf sein eigenes Risiko].
2. *Auch theiln sy sein gnaden, daß sein gnad alle herlichkeyt zu Heintigen hat.*
3. *Auch theiln sy sein gnaden alle gepot und verpot auf alle guter zu Heintgen.*
4. *Auch theil sy sein gnaden und sprechen auch zu reich, ob sein gnaden deß kirsoff notdorf word, eß werd dag oder nach, sol sein gnaden der kirssoff*

## 4.3 Frühneuhochdeutsche Rechtssprache

*geoffet werd und gebrawch nach alle seiyner gnaden nodorf.*
5. *Auch sprechen sy zu recht, ob ein gejagt word im flur, daß dy feind den kirssof erreinen und kemen meinß her rewter ernach, so sol man sy zu in nein laß und mit einander gebar. Auch sprechen sy zu recht, ob meinß gnedgen her rewter dein kirsoff erronnen* [den Kirchhof erreicht haben] *und dy fein* [Feinde] *ernach kemen, so sol man dy fein nit nein laß.*
6. *Auch sprechein sy zu recht, daß mein gned(iger) her sol ein schultesen zu Heintigen hab. Derselb schulteß sol hab zwelf frum mener bey im. Mit deinselbigen zwelf meiner sol der schulteß dein lewten helf und enhelf, werd solgß begert von meinß genedgen her wegen.*
7. *Sy sprechen auch zu recht, daß ein schulteß sol hab stallung zu zehen pferden, ob mein gnediger her so meuchtig kem, daß dy pferd versorg werd. Werd aber der pferd mer, so sol man dy pferd zu dein nachbawer verse, daß sy auch verseen werd. Denselbigen pferd sol der schulteß hew geb; darumb het er dy fronein wissen.*
8. *Sy sprechen auch zu recht, daß der schulteß ein hub sol frey hab der dinst und soltweiß* [dass der Schultheiß eine abgabenfreie Hube besitzen soll]. *Und auch der gunst von deinselbigen weiß sol der schulteß prot auf dein thisß legen* [Vom Ertrag davon soll er kostenlos Brot zur Verfügung stellen].
9. *Sy sprechen auch zu recht, daß der sch(ultes) aufhebenß sol hab funfhalbhundert eyer. Davon sol er hundert antwort ge Romhelt in den hoff; dy firthalbhundert sol er für sich hab, und wer zwischen Pfingsten und Ostern von meiß genedgen her wegen kompt, davon sol er in eyer geb und nickß darfür rechen.*
10. *Sy sprechen auch zu recht, daß der schulteß sol hab dein stabt* [Richterstab]. *Und ob imanß kem, er wer amptman oder czengraff und dein stabt wolt hab, so sol der schulteß mit dein zwelfen aufste und mit in einweickt* [hinweg] *gen.*
11. *Sy sprechen auch zu recht, ob der schulteß selbß am gericht zu schickten* [urteilen] *het, so sol er dein stabt dem elczten zwelfern geb, der dem schultessen zu der lincken hant siczt, biß der schulteß sein sach erstet* [sein Urteil fällt]; *so sol der schulteß dein stabt wider neim und an seyn ort sicz.*
12. *Sy sprechen auch zu recht, daß ein schulteß dy mach haben sol, ob ein kawf geschee, er sey umb wencks oder fil, denselben keif hat ein schulteß nachzuleyen und zu laßen von menß her wegen. (D)er verkeifer sol den keif dem schultessen aufgeb* [bekannt machen], *und der den keif heilt, der sol den schultessen darumb bit zu leyhen, und ein pfa(n)d in jarßfrist. Daßselbig sol gesche mit eim gebschillinger* [Verkaufsgebühr]; *sol der verkeifer und der keifer itlicher ein geb. Und ob sy alle bed soumig word und so lesig und daß lehen nit entpfengen, so sol der schulteß zu dem lehen greif an alle einred.*
13. *Sy sprechein auch zu recht, ob sych ein unwil begeb auf der gasen oder in einem schenckhawß und ist ein schulteß darbey, so sol er fryd gebit, oder ein*

> *zwelfer. Und darawf soln wort und werck verbotten sey; und welger solgß verbricht, der sol sten in meinß gnedgen her straff.*
> 14. *Sy sprechen auch zu recht, ob ein schulteß holcz notdorf word, so sol er solch holcz am slag hawb* [hauen] *zu seiner notdorf.*
> 15. *Sy sprechen auch (zu) recht, ob ein gejagt in der czent* [Zehentbereich] *zu Melerstadt word und ein amptman voin Melerstadt selbß im fel* [Feld] *werd und deth ein schultessen von Hentingen botschaff in dorf Heintigen, so sol ein schulteß auf sey und anschrey* [vorankündigen], *wen er kan, und Heintigen flurß weyt zy und darnach stilste und ratcz werd mit sein mener, ob er weyder wol czy oder nit, so ist daß dorf und dy meiner* [Männer] *for schaden bewart.*
> 16. *Sy sprechen auch zu reich, daß dy von Heintige(n) an dy zent Melerstadt nit mer schulig sein dan dy fyr rug* [als diese vier Anzeigen], *und waß man eim schultesse(n) clagt, daß ist ein ligenter mort und ist ein nachtbrant und ist ein dipt an einem seil* [ein bereits gefesselter Dieb] *und ist ein notczugt. Und ob sych der für rug eine also begeb, so sol man'ß nein rug* [hinein, d.h. nach Mellrichstadt, anzeigen]. *Und ob sich begeb, daß man ein dipt begriff, so sol man dein dipt nein antwor(t); begreift man in formittagß, so sol man in for mitternach antwort* [ausliefern], *begreif man den dipt aber nachtmitdagß, so soll man in antwort nacht mitternach und sol in fur an daß ober dor und eim durman zuschrey; der sol'ß eim amptman zu wissen thon. Und ist ein cleiger da, daß man in anninpt, so syt man'ß wol; ist keiner da, so sol(n sie den) dipt* [soll man den Dieb] *für an dy leyter und soln in bint an den drytten sprossen, so ist daß dorf und dy mener vor schaden bewart.*

Aufgrund der begrenzten räumlichen Geltung zeigen Weistümer häufig stärker ausgeprägte **Dialektmerkmale** als überregional gültige Rechtstexte. In [92] sind das aussprachenahe Schreibungen wie *kirsoff* (u.ä.) 'Kirchhof', *schultes* (u.ä.) 'Schultheiß', *nein* 'hinein', *meiß* 'meines', *stabt* 'Stab' und *dipt* 'Dieb' jeweils mit epithetischem -*t*, dagegen *mach* 'Macht' und *mitternach* mit Schwund von auslautendem -*t*, *nickß* 'nichts', *wencks* 'weniges', *keif* 'Kauf' mit Palatalumlaut und nachfolgender Entrundung (vgl. auch *keifer* und *verkeifer*). Das Adverb *fein* fungiert als dialektale Bekräftigungspartikel: *so sol man dy fein nit nein laß* 'so soll man die auf keinen Fall hineinlassen'. Ein bis heute erhaltenes Merkmal unterfränkischer Dialekte ist der endungslose Infinitiv, z.B. *hab* in *daß er meinen her sol hab für einen hern* und *laß* in *so sol man sy zu in nein laß* (u.ö.).

**Rechtswörter** in dem Text sind beispielsweise *erbher* 'Erbherr' und *rug* 'Anzeige, Beschuldigung' (vgl. Rechtswb. XI,1294–1298). Der *kirsoff* ist der „Raum, Platz um eine oder der vor einer Kirche, der unter einem besonderen Friedensgebot steht, und deshalb auch als Asylort anerkannt ist" (ebd. VII,968). Unter der Fügung *ligenter mort* ist „Mord an einem liegenden (schlafenden) Menschen" (ebd.

VIII,1332) zu verstehen. Das Kompositum *nachtbrant* bezeichnet den Tatbestand nächtlicher Brandstiftung. Eine alliterierende **Doppelformel** ist *wort und werck*.

Die **Syntax** des Textes ist insgesamt weit weniger komplex, als es beispielsweise in der *Carolina* der Fall ist. Die einzelnen „Paragraphen" sind nahezu stereotyp mit *Auch theiln sy ...* oder *Auch sprechen sy zu recht...* eingeleitet. Mit beidem ist gemeint, dass die Bewohner des Ortes Hendungen dem *genedigen hern* bzw. dem Schultheißen bestimmte Rechte anerkennen. Von solchen einleitenden Hauptsätzen hängen dann kurze Objektsätze ab.

### 4.3.4 Urbare

Eine ebenfalls stark lokal gebundene Gattung von Rechtsquellen sind die Urbare, die in ihren Anfängen ebenfalls bis ins 13. Jh. zurückreichen. Dabei handelt es sich um Beschreibungen herrschaftlicher Grundbesitztümer und der darauf anfallenden Leistungen und Abgaben durch die ansässigen Grundholden. Die Dichte, in der Weistümer und Urbare überliefert sind, erlaubt es sogar, für bestimmte Begriffsgruppen Synonymen- und andere historische Sprachkarten zu erstellen (KLEIBER/KUNZE/LÖFFLER 1979, MUNSKE 1968, KÜNSSBERG 1926).

### 4.3.5 Rechtsabecedarien

Ein eigener rechtssprachlicher Überlieferungsbereich sind die sogenannten Rechtsabecedarien des 15. Jhs. (ULMSCHNEIDER 1989). Darin werden Rechtsbegriffe und -bestimmungen aus unterschiedlichen Rechtsquellen alphabetisch zusammengeführt und kommentiert. Bereits im 14. Jh. hatte ein biographisch nicht näher greifbarer *Bruder Berthold* im wesentlichen auf der Grundlage der lateinischen *Summa Johannis* seine *Rechtssumme* verfasst (JOHANEK 1978). Darin werden allerdings nicht nur Rechtssätze im strengen Sinne gesammelt und kommentiert, sondern auch moraltheologische Aussagen getroffen (STEER 1992).

Rechtssprache wird aber nicht nur in Rechtstexten im eigentlichen Sinne greifbar, sondern sie begegnet in anderen Quellen, die sich nicht von vornherein und dezidiert als juristisch zu erkennen geben, beispielsweise im *Ackermann aus Böhmen*, in verschiedenen spätmittelalterlichen Chroniken und Stadtbüchern, die naturgemäß immer wieder auf Rechtshandlungen zu sprechen kommen. Sogar das Volksbuch von *Till Eulenspiegel* enthält Rechtssprachliches, denn der Protagonist kommt regelmäßig mit Autoritäten in Konflikt, wird eingekerkert, angeklagt und verurteilt, kann aber sogar dem Galgen entkommen.

Die historische Rechtssprache wirkt, ohne dass man sich dessen bewusst ist, bis heute fort, und zwar in Paarformeln wie *Gut und Geld, Haus und Hof, mit Haut und Haaren, mit Herz und Hand, Land und Leute*, aber auch in Phraseologismen wie *jemandem aufs Dach steigen, jemanden auf die Folter spannen, gespannt sein* oder *jemandem etwas anhängen*.

# 5 Abschließendes

Die volkssprachlichen Zugriffe auf die Fächer der *artes liberales* waren vom Anfang bis in die frühe Neuzeit in hohem Maße vom Lateinischen abhängig. Versuche, das Deutsche in den Unterricht dieser Fächer einzubinden, sind zwar schon im Althochdeutschen um das Jahr 1000 greifbar – wichtigster Autor ist Notker III. von St. Gallen – doch handelt es sich um Versuche eines Einzelnen, dessen Rang gerade deshalb nicht hoch genug einzuschätzen ist. Im Bereich der *artes* diente die Volkssprache grundsätzlich als Hilfsmittel zur Sicherung des Verständnisses der relevanten lateinischen Texte. Wenn Notker die Muttersprache seiner Zöglinge *propter caritatem discipulorum* 'aus Liebe zu den Schülern' verwendet, dann handelt es sich noch nicht um Fachkommunikation, weil die Anwendungssituation eine asymmetrische war. Hätten Notkers fachgebundene Wortschöpfungen und Wortverwendungen in eine nachfolgende Tradition eingemündet, so hätten sie die Vorstufe oder der Einstieg in die Ausbildung von Fachsprachen unterschiedlicher *Artes*-Disziplinen sein können. Sie blieben ein isolierter, unzeitiger Versuch.

Auch spätere Autoren standen deshalb wiederum am Anfang: Ähnlich wie Notker versuchten die Autoren des *Kremsmünsterer Donat*, der *Münsterschen Grammatik*, Ortolf Fuchsberger, Wolfgang Bütner und andere mehr oder weniger erfolgreich, volkssprachliche Begriffe zu prägen, mit deren Hilfe es möglich war, die lateinischen zu verstehen. Dabei bediente man sich verschiedener Strategien: Man übernahm lateinische Termini, bildete fremde Wortmuster nach oder verwendete – häufig metaphorisch – Wörter der Allgemeinsprache in spezifischen Verwendungen. Die Resultate unterscheiden sich bei den einzelnen Autoren. Ähnlichkeiten sind nicht durch eine bereits erfolgte fachsprachliche terminologische Traditionsbildung zustande gekommen, sondern dadurch, dass gleiche lateinische Muster zu vergleichbaren Ergebnissen führten. Allerdings kann man solche Versuche als fachgebundene sprachliche Experimente und somit als Vorstufen zu Fachsprachen bezeichnen.

Näher an der alltagspraktischen Verwendung als die Triviumsfächer standen Arithmetik und Geometrie. Rechenlehren wenden sich vorwiegend an Kaufleute. Geometrische Lehrwerke wurden für Berufsgruppen verfasst, die Kenntnisse in Flächen- und Volumenberechnung benötigten wie Landvermesser, Visierer und Architekten. Dennoch ist auch in diesem Bereich das Lateinische bis ins 15. und 16. Jh. gegenwärtig. Gleichzeitig bildeten sich allmählich fachsprachliche Traditionen aus. Die Satzstrukturen mathematischer Texte sind über weite Strecken übersichtlich, was mit der Komplexität der behandelten Gegenstände kontrastiert und wohl sogar durch diese Komplexität bedingt ist. Hypotaktische Strukturen

## 5 Abschließendes

kommen zwar vor, erreichen aber nirgends Dimensionen, die dem Verständnis dessen, was mitgeteilt werden soll, hinderlich sein könnten.

Am stärksten von allen *artes liberales* bleibt die Musik dem Lateinischen verhaftet. Texte zur Musiktheorie verwenden bestenfalls in geringen Ansätzen eine volkssprachliche Terminologie. Lehrbücher zur Instrumentenkunde und zum Instrumentenbau hingegen räumen dem Deutschen breiteren Raum ein. Autoren, die sich mit dem Instrumentenbau befassen, tendieren stärker zur Schaffung und Verwendung deutschsprachiger Termini als Autoren musiktheoretischer Traktate, die ihre Lehrinhalte aus der lateinischen Fachliteratur bezogen.

Die spezifischen Sprachen praktischer Berufe, von den Handwerken bis hin zu den Ringer- und Fechterlehren basieren weitgehend auf der Allgemeinsprache. Häufig genutzte Möglichkeiten der Terminologiebildung sind metaphorische Wortverwendungen und vor allem die Wortbildung. Die frühen Berufssprachen kennen Verfahren, die man eher dem Neuhochdeutschen zuschreiben würde, wie Zusammenbildung und Komposition mit Verbalstämmen im Bestimmungsglied. Auch treten Phraseologismen auf, die alle Kriterien von Funktionsverbgefügen erfüllen. Da vielfach Tätigkeiten beschrieben werden, findet sich in den frühen Berufssprachen ein stark ausdifferenzierter Verbalwortschatz. In besonderem Maße trifft das auf die „Kampfsportarten" Fechten und Ringen zu, aus ganz anderen Gründen auch auf den Küchenwortschatz.

Eine Reihe von Lehrtexten – sowohl im Bereich der „Freien" als auch der „Unfreien Künste" – weist dialogische Struktur auf: Ein Experte belehrt einen interessierten Fragesteller. Beispiele wurden ebenso aus der Rhetorik, der Dialektik und der Musik wie aus dem Bergbau und der Alchimie gezeigt.

Ein eigener Aspekt sind Text-Bild-Relationen. Vieles in mittelalterlichen Handschriften und Drucken des Spätmittelalters und der frühen Neuzeit mag primär dem ästhetischen Buchschmuck dienen. Im Bereich des Fachschrifttums dienen Abbildungen dagegen häufig der Informationsverdichtung und -vermittlung, die mit rein verbalen Mitteln nur schwer oder überhaupt nicht zu erzielen wären. Das Bildmedium ist im Bereich der Wissensvermittlung dem Medium der Sprache in mancher Hinsicht überlegen.

Sonderstellungen nehmen die Medizin- und Rechtsprache ein. Da die Krankenpflege ebenso wie der Anbau von Heilpflanzen zunächst eine Domäne der Klöster war, ist das entsprechende Vokabular weithin lateinisch. Die ältesten heilkundlichen Texte in der Volkssprache sind Rezepte, die Anwendungsempfehlungen geben, weshalb die vorherrschenden syntaktischen Strukturen der Befehlssatz und das Modalverbgefüge sind. Das gilt auch noch für die Pestschriften des Spätmittelalters. Ein Umschwung auch auf sprachlicher Ebene zeichnet sich ab, als akademisch gebildete Ärzte Lehrschriften in der Volkssprache verfassten. Doch auch hier ist das Bemühen erkennbar, sich so auszudrücken, dass Laienärzte ohne Universitätsstudium das Geschriebene verstehen konnten. Fachkommunikation zwi-

# 5 Abschließendes

schen akademisch gebildeten Medizinern „auf Augenhöhe" fand nicht in der Volkssprache statt.

Die Rechtssprache zeigt früh Ansätze zur Ausbildung komplexer Hypotaxen mit Akkumulationen von Konditionalsätzen und verallgemeinernden Relativsätzen. Die Notwendigkeit zur Abstraktion vom Einzelfall führte zu einer hohen Frequenz von Passivkonstruktionen. Die rechtssprachliche Lexik ist von Anfang an weitgehend frei von Latinismen, und das auch im Spätmittelalter, als in zunehmendem Maße Römisches Recht rezipiert wurde. Hauptquelle der historischen Rechtsterminologie war und blieb die Allgemeinsprache. Eine bedeutende Rolle spielt neben der Wortbildung die rechtsspezifische Verwendung alltagssprachlicher Wörter.

Sowohl die frühen Ansätze zu einer fachsprachlichen Terminologiebildung als auch die in historischen Texten zu einzelnen Wissenschaften und zu diversen beruflichen Tätigkeiten präferierten syntaktischen Mittel sind bislang allenfalls ansatzweise untersucht. In den vorausgehenden Kapiteln wurden exemplarische Ausschnitte aus ebenfalls exemplarisch ausgewählten Quellen unter ausgewählten sprachlichen Gesichtspunkten untersucht. Es ist wohl nicht zu viel gesagt, wenn man behauptet, dass sowohl, was die sprachhistorische Erforschung der volkssprachlichen Artesliteratur als auch des alltagspraktischen Schrifttums vergangener Jahrhunderte betrifft, von sprachhistorischer Seite vieles noch zu tun bleibt. Anzusetzen ist mit philologischen Methoden bei einzelnen Werken und Autoren in ihrem wissenschafts-, sozial- und kulturhistorischen Umfeld. Die exemplarischen Analysen ausgewählter Texte sollten zeigen, in welchen Richtungen und mit welchen Fragestellungen weiter zu forschen wäre. Undifferenzierte Akkumulationen elektronischer Megakorpora versprechen in diesem Zusammenhang genau so wenig sinnvolle Resultate wie eine aggressiv betriebene empiriefreie linguistische Theorie.

# Abgekürzt zitierte Literatur

| | |
|---|---|
| AFK | Archiv für Kulturgeschichte. |
| AKdV | Anzeiger für Kunde der deutschen Vorzeit. Neue Folge. |
| AWB | Althochdeutsches Wörterbuch. Auf Grund der von Elias von Steinmeyer hinterlassenen Sammlungen im Auftrag der Sächsischen Akademie der Wissenschaften zu Leipzig, hg. von Elisabeth Karg-Gasterstädt und Theodor Frings, Berlin 1952ff. |
| DU | Der Deutschunterricht |
| DVjS | Deutsche Vierteljahresschrift für Literaturwissenschaft und Geistesgeschichte. |
| FWB | Frühneuhochdeutsches Wörterbuch, hg. von Ulrich Goebel / Oskar Reichmann, Berlin / New York 1989ff. |
| LiLi | Zeitschrift für Literaturwissenschaft und Linguistik |
| MiÖG | Mitteilungen des Instituts für Österreichische Geschichtsforschung. |
| MWB | Mittelhochdeutsches Wörterbuch, Band 1: *a – êvrouwe*. Im Auftrag der Akademie der Wissenschaften und der Literatur Mainz und der Akademie der Wissenschaften zu Göttingen, hg. von Kurt Gärtner / Klaus Grubmüller / Karl Stackmann, Stuttgart 2013. |
| NphM | Neuphilologische Mitteilungen. |
| PBB | Beiträge zur Geschichte der deutschen Sprache und Literatur. |
| Rechtswb. | Deutsches Rechtswörterbuch (Wörterbuch der älteren deutschen Rechtssprache), hg. von der Preußischen Akademie der Wissenschaften, ab Bd. 6 hg. von der Heidelberger Akademie der Wissenschaften, Weimar 1941ff. |
| RGA | Reallexikon der Germanischen Altertumskunde, 35 Bde. und 2 Registerbde., Berlin / New York 1968–2008. |
| SA | Sudhoffs Archiv. Zeitschrift für Wissenschaftsgeschichte. |
| SKD | von Steinmeyer, Elias: Die kleineren althochdeutschen Sprachdenkmäler, 3. Aufl., Dublin/Zürich 1971. |

| | |
|---|---|
| Sprges. HSK | Sprachgeschichte. Ein Handbuch zur Geschichte der deutschen Sprache und ihrer Erforschung, 2. Aufl., hg. von Werner Besch / Anne Betten / Oskar Reichmann / Stefan Sonderegger, 4 Teilbde., Berlin / New York 1998–2004 (Handbücher zur Sprach- und Kommunikationswissenschaft 2.3). |
| StSG | Steinmeyer, Elias / Sievers, Eduard: Die althochdeutschen Glossen, 5 Bde., Berlin 1879–1922 (Nachdruck Dublin / Zürich 1968f.). |
| VL | Die deutsche Literatur des Mittelalters. Verfasserlexikon, 2. Aufl., hg. von Kurt Ruh u.a., 11 Bde., Berlin / New York 1978–2004. |
| WA | Martin Luther, Weimarer Ausgabe. |
| WiWo | Wirkendes Wort |
| WMU | Wörterbuch der mittelhochdeutschen Urkundensprache auf der Grundlage des Corpus der altdeutschen Originalurkunden bis zum Jahr 1300, 3 Bde., Berlin. 1986–2010. |
| ZfdA | Zeitschrift für deutsches Altertum und deutsche Literatur. |
| ZfdPh | Zeitschrift für deutsche Philologie. |
| ZGL | Zeitschrift für germanistische Linguistik. |
| ZSSR | Zeitschrift der Savigny-Stiftung für Rechtsgeschichte. Germanistische Abteilung. |

# Quellen- und Literaturverzeichnis

**Aichholzer, Doris 1999:** „Wildu machen ayn guot essen..." Drei mittelhochdeutsche Kochbücher. Erstedition, Übersetzung, Kommentar, Bern et al.

**Alanne, Eero 1950:** Die deutsche Weinbauterminologie in althochdeutscher und mittelhochdeutscher Zeit, Helsinki.

**Ankenbrand, Roswitha 1970:** Das Pelzbuch des Gottfried von Franken. Untersuchungen zu den Quellen, zur Überlieferung und zur Nachfolge der mittelalterlichen Gartenliteratur, Heidelberg.

**Assion, Peter 1973:** Altdeutsche Fachliteratur, Berlin.

– **1987**: Fachliteratur, in: Glier 1987, 371–395.

– **1992a**: Das Seebuch, in: VL 8, 1013–1017.

– **1992b**: Literatur zwischen Glaube und Aberglaube. Das mittelalterliche Fachschrifttum zu Magie und Mantik, in: Glaube im Abseits. Beiträge zur Erforschung des Aberglaubens, hg. von Dietz-Rüdiger Moser, Darmstadt, 169–196.

**Bacher, Jutta 2000:** Artes Mechanicae, in: Erkenntnis, Erfindung, Konstruktion. Studien zur Bildgeschichte von Naturwissenschaften und Technik vom 16. bis zum 19. Jahrhundert, hg. von Hans Holländer, Berlin, 35–49.

**Baetz, Manuel 2001:** Das Feuerwerksbuch von 1420. Faksimile mit Übertragung in modernes Deutsch, o.O. (Books on Demand).

**Baldzuhn, Michael 2009:** Schulbücher im Trivium des Mittelalters und der Frühen Neuzeit, 2 Bde., Berlin.

**Barke, Jörg 1991:** Die Sprache der Chymie. Am Beispiel von vier Drucken aus der Zeit zwischen 1574–1761, Tübingen.

**Bartsch, Carl 1855:** Zauber und Segen, in: Zeitschrift für deutsche Mythologie und Sittenkunde 3, 318–334.

**Bastian, Franz 1935–1943:** Das Runtingerbuch 1383–1407 und verwandtes Material zum Regensburger-südostdeutschen Handel und Münzwesen, 3 Bde., Regensburg.

**Bauer, Matthias Johannes 2008/09:** Fachsprache oder Geheimsprache? Sondersprachliches in frühneuhochdeutschen Ring- und Fechtlehren. Probleme und Perspektiven eines germanistischen Untersuchungsansatzes, in: Fachprosaforschung – Grenzüberschreitungen 4/5, 125–135.

**– 2009**: Langes Schwert und Schweinespieß. Die anonyme Fechthandschrift aus den verschütteten Beständen des Historischen Archivs der Stadt Köln, Graz.

**Beck, Heinrich 1980**: Zur Terminologie von Pflug und Pflügen – vornehmlich in den nordischen und kontinentalen germanischen Sprachen, in: Beck / Denecke / Jankuhn 1979f., 82–98.

**– / Denecke, Dietrich / Jankuhn, Herbert 1979f.**: Untersuchungen zur eisenzeitlichen und frühmittelalterlichen Flur in Mitteleuropa und ihrer Nutzung. Bericht über die Kolloquien der Kommission für die Altertumskunde Mittel- und Nordeuropas in den Jahren 1975 und 1976, hg. von Heinrich Beck / Dietrich Denecke / Herbert Jankuhn, 2 Teile, Göttingen.

**Beck, Wolfgang 2003**: Die Merseburger Zaubersprüche, Wiesbaden.

**Behrends, Okko 1991**: Die Eindeutschung der römisch-rechtlichen Fachsprache, in: Eckert / Hattenhauer, S. 3–24.

**Behrmann, Walter 1906**: Über die niederdeutschen Seebücher des fünfzehnten und sechzehnten Jahrhunderts, Hamburg.

**Bergdolt, Klaus 2011**: Die Pest. Geschichte des Schwarzen Todes, München.

**Bergmann, Heinz / Keil, Gundolf 1982**: Das Münchner Pest-Laßmännchen. Standardisierungstendenzen in der spätmittelalterlichen Pesttherapie, in: Fachprosa-Studien. Beiträge zur mittelalterlichen Wissenschafts- und Geistesgeschichte, hg. von Gundolf Keil, Berlin, 318–330.

**Bergmann, Rolf 1975**: Althochdeutsche Glossen zu „Bauer", in: Wort und Begriff „Bauer", hg. von Reinhard Wenskus / Herbert Jankuhn / Klaus Grinda, Göttingen, 89–127.

**– (Hg.) 2003**: Volkssprachig-lateinische Mischtexte und Textensembles in der althochdeutschen, altsächsischen und altenglischen Überlieferung. Mediävistisches Kolloquium des Zentrums für Mittelalterstudien der Otto-Friedrich-Universität Bamberg am 16. und 17. November 2001, Heidelberg.

**– / Stricker, Stefanie 2005**: Katalog der althochdeutschen und altsächsischen Glossenhandschriften, 6 Bde., Berlin / New York.

**– / Stricker, Stefanie 2009**: Die althochdeutsche und altsächsische Glossographie. Ein Handbuch, 2 Bde., Berlin / New York.

**Bergner, Ute / Giessauf, Johannes 2006**: Würgegriff und Mordschlag. Die Fecht- und Ringlehre des Hans Czynner (1538), Graz.

**Berwald, Olaf 1994**: Philipp Melanchthons Sicht der Rhetorik, Wiesbaden.

**Besch, Werner 1993**: Die sprachliche Doppelformel im Widerstreit zur deutschen Prosa des 15. und 16. Jahrhunderts, in: Arbeiten zum Frühneuhochdeutschen.

Festschrift für Gerhard Kettmann, hg. von Rudolf Bentzinger / Norbert Richard Wolf, Würzburg, S. 31–43.

**Beutel, Albrecht 2010:** Luther Handbuch, 2. Aufl., Tübingen.

**Bialas, Volker 1988:** Astronomie und Glaubensvorstellungen in der Megalithkultur, München.

**Birkhan, Helmut 1986:** Zu den ältesten volkssprachigen alchemistischen Traktaten, in: Deutsche Literatur des Spätmittelalters. Ergebnisse, Probleme und Perspektiven der Forschung, Greifswald, 275–283.

– **2010**: Magie im Mittelalter, München.

**Bitsch, Irmgard / Ehlert, Trude / von Ertzdorff, Xenja (Hgg.) 1997:** Essen und Trinken im Mittelalter. Vorträge eines interdisziplinären Symposions vom 10.–13. Juni 1987 an der Justus-Liebig-Universität Gießen, Wiesbaden.

**Bleibrunner, Hans 1969:** Das Landshuter Ringerbuch von Hans Wurm. Ein farbiges Blockbuch aus dem Jahre 1400, München.

**Bleumer, Hartmut 2000:** 'Deutsche Schulmeister' und 'Deutsche Schule'. Forschungskritik und Materialien, in: Grubmüller 2000, 77–98.

**Blum, Sybille 1986:** Wortschatz und Übersetzungsleistung in althochdeutschen Canonesglossen. Untersuchungen zur Handschrift Frankfurt am Main Ms. Barth. 64, Sitzungsberichte der Sächsischen Akademie der Wissenschaften zu Leipzig. Philologisch-historische Klasse 126,7, Berlin.

**Blusch, Martina 1992:** Ein italienisch-deutsches Sprachlehrbuch des 15. Jahrhunderts. Edition der Handschrift Universitätsbibliothek Pal. Germ. 657 und räumlich-zeitliche Einordnung des deutschen Textes, Frankfurt am Main u.a.

**von Boehm-Benzig, Gisela 1966:** Stil und Syntax bei Paracelsus, Wiesbaden.

**Boehnke, Heiner 1987:** Liber Vagatorum, in: Das Buch der Vaganten. Spieler, Huren, Leutbetrüger, Frankfurt, 79–101.

– **/ Johannsmeier, Rolf 1987:** Das Buch der Vaganten. Spieler, Huren, Leutbetrüger, Frankfurt.

**Bosselmann-Cyran, Kristian 1985:** 'Secreta mulierum' mit Glosse in der deutschen Bearbeitung von Johann Hartlieb, Pattensen.

**Brackert, Helmut 1997:** „*deist rehtiu jegerîe*". Höfische Jagddarstellungen in der deutschen Epik des Hochmittelalters, in: Rösener 1997, 365–406.

**Brall, Helmut 1999:** Die Macht der Magie: Zauberer in der hochmittelalterlichen Epik, in: Schäfer 1999, 215–229.

**Brandhorst, Jürgen / Hergemöller, Bernd-Ulrich 2001:** Spielleute. Vaganten und Künstler, in: Randgruppen der spätmittelalterlichen Gesellschaft, neu bearbeitete Ausgabe, hg. von Bernd-Ulrich Hergemöller, Warendorf, 173–197.

**Brandsch, Juliane 1987:** Bezeichnungen für Bauern und Hofgesinde im Althochdeutschen, Berlin (Sitzungsberichte der Sächsischen Akademie der Wissenschaften zu Leipzig, Phil.-hist. Klasse 127, Heft 4).

**Braungart, Georg 1987:** Notker der Deutsche als Bearbeiter eines lateinischen Schultextes: Boethius' De Consolatione Philosophiae, in: ZfdPh 106, 2–15.

**Brévarts, Francis B. / Folkerts, Menso 1983:** Johannes de Sacrobosco, in: VL 4, 731–736.

**Bremer, Ernst 1985:** Johannes Kotmann, in: VL 5, 325f.

– **1990**: Vocabularius optimus. Edition und Überlieferungsgeschichte eines spätmittelalterlichen Vokabulars, 2 Bde., Tübingen 1990.

**Breuer, Dieter / Kopsch, Günther 1974:** Rhetoriklehrbücher des 16. bis 20. Jahrhunderts. Eine Bibliographie, in: Helmut Schanze (Hg.): Rhetorik. Beiträge zu ihrer Geschichte in Deutschland vom 16. bis zum 20. Jahrhundert, Frankfurt am Main, 217–292.

**Brüggen, Elke 1989:** Kleidung und Mode in der höfischen Epik des 12. und 13. Jahrhunderts, Heidelberg.

**Bumke, Joachim 2002:** Höfische Kultur. Literatur und Gesellschaft im hohen Mittelalter, 10. Aufl., München.

**Buntz, Herwig 1969:** Deutsche alchimistische Traktate des 15. und 16. Jahrhunderts, Diss. München.

– **1972**: Das 'Buch der heiligen Dreifaltigkeit'. Sein Autor und seine Überlieferung, in: ZfdA 101, 150–161.

**Chlench, Kathrin 2007:** Johannes von Gmunden deutsch. Der Wiener Codex 3055. Deutsche Texte des corpus astronomicum aus dem Umkreis von Johannes von Gmunden, Wien.

– **2014**: Visiertraktate. Zwei Beispieltexte aus dem späteren 14. und 15. Jahrhundert, in: Vaňková 2014, 155–168.

**Crecelius, W[ilhelm] 1856:** Die sieben freien Künste, in: AKdV 3, 273, 303–305.

**Crossgrove, William 1985:** Macer, in: VL, Bd. 5, 1109–1116.

– **1994**: Die deutsche Sachliteratur des Mittelalters, Bern.

**Czerwinski, Peter 1975**: Die Schlacht- und Turnierdarstellungen in den deutschen höfischen Romanen des 12. und 13. Jahrhunderts. Zur literarischen Verarbeitung militärischer Formen des adligen Gewaltmonopols, Berlin.

**Dalby, David 1965**: Lexicon of the Mediæval German Hunt. A Lexicon of Middle High German terms (1050–1500), associated with the Chase, Hunting with Bows, Falconry, Trapping and Fowling, Berlin.

**Deinert, Wilhelm 1960**: Ritter und Kosmos im Parzival. Eine Untersuchung der Sternenkunde Wolframs von Eschenbach, München.

**Denk, Rudolf 1981**: Musica getutscht. Deutsche Fachprosa des Spätmittelalters im Bereich der Musik, München/Zürich.

– **1992**: Schlick, Arnolt, in: VL 8, 718–720.

– **1999**: Virdung, Sebastian, in: VL 10, 375–377.

**Deschauer, Stefan 1992**: Das 1. Rechenbuch von Adam Ries. Nachdruck der 2. Auflage Erfurt 1525 mit einer Kurbiographie, einer Inhaltsanalyse, bibliographischen Angaben, einer Übersicht über die Fachsprache und einem metrologischen Anhang, München.

**Deschler, Jean-Paul 1977**: Die astronomische Terminologie Konrads von Megenberg. Ein Beitrag zur mittelalterlichen Fachprosa, Bern.

**Deubner, Fritz 1992**: ... nach Adam Ries. Leben und Wirken des großen Rechenmeisters überarbeitet und ergänzt von Wolfgang Riemer, 2. Aufl., Taucha.

**Deutsch, Andreas 2012**: Nichts als Wörter? Synchrone und diachrone Schnitte durch die Rechtssprache, in: Wort – Bild – Zeichen. Beiträge zur Semiotik im Recht, hg. von Heino Speer, Heidelberg, 87–110.

– **(Hg.) 2013**: Historische Rechtssprache des Deutschen, Heidelberg, 21–80.

**Dickerhof, Harald 1994**: Bildungs- und schulgeschichtliche Studien zu Spätmittelalter, Reformation und konfessionellem Zeitalter, Wiesbaden.

**Dilg-Frank, Rosemarie 1981**: Kreatur und Kosmos. Internationale Beiträge zur Paracelsusforschung, Festschrift für Kurt Goldammer zum 65. Geburtstag, Stuttgart.

**Distel, Anne-Karoline 2005**: Frauenheilkunde Frühneuhochdeutsch. Editionen fünf frauenheilkundlicher Handschriften und Wortschatzuntersuchungen, Magisterarbeit, Leipzig.

**Drossbach, Gisela 2009**: Neue Forschungen zu spätmittelalterlichen Rezeptionsgeschichte Konrads von Megenberg, in: Zeitschrift für Bayerische Landesgeschichte 72, 1–17.

**Ebel, Friedrich 1983–89:** Magdeburger Recht, 2 Bde., Köln / Wien.

– **2012**: Sachsenspiegel. Landrecht und Lehnrecht, Stuttgart.

**Eckert, Jörn / Hattenhauer, Hans (Hgg.) 1991:** Sprache – Recht – Geschichte. Rechtshistorisches Kolloquium 5.–9. Juni 1990, Christian-Albrechts-Universität Kiel, Heidelberg.

**Egg, Erich 1988:** Faksimile-Ausgabe im Originalformat des Schwazer Bergbuches Codex 10.852 aus dem Besitz der Österreichischen Nationalbibliothek, Wien, Essen/Graz.

– **/ Keil, Gundolf 1992**: Schwazer Bergrecht, in: VL, Bd. 8, 924–928.

**Ehlert, Trude 1996:** *Maister Hannsen des von Wirtenberg Koch etc.* Transkription, Übersetzung, Glossar und kulturhistorischer Kommentar, Frankfurt a.M.

– **1997**: „Nehmet ein junges Hun, ertränkts mit Essig". Zur Syntax spätmittelalterlicher Kochbücher, in: Bitsch / Ehlert / von Ertzdorf (1997), 261–276.

– **1999**: Münchner Kochbuchhandschriften aus dem 15. Jahrhundert, Frankfurt a.M.

**Ehrismann, Otfrid 1995**: Ehre und Mut, Aventiure und Minne. Höfische Wortgeschichten aus dem Mittelalter, München.

**Eikenberg, Wiltrud 1976:** Das Handelshaus der Runtinger zu Regensburg. Ein Spiegel süddeutschen Rechts-, Handels- u. Wirtschaftslebens im ausgehenden 14. Jahrhundert. Mit einem Beitrag von Walter Boll, Göttingen.

**Eis, Gerhard 1944:** Gottfrieds Pelzbuch. Studien zur Reichweite und Dauer der Wirkung des mitteldeutschen Fachschrifttums, Brünn / München / Wien.

– **1950**: Die sieben Eigenkünste und ihre altdeutschen Literaturdenkmäler, in: Forschungen und Fortschritte 26, 269–271.

– **1951**: Von der Rede und dem Schweigen der Alchemisten, in: DVjS 25, 415–435.

– **1959**: Alchymey Teuszch, in: Ostbairische Grenzmarlen 1 (1957), 11–16 (auch in G.E.: medizinische Fachprosa des späten Mittelalters und der frühen Neuzeit, Amsterdam 1982, 307–315).

– **1960**: Mittelalterliche Fachprosa der Artes, in: Deutsche Philologie im Aufriss, hg. von Wolfgang Stammler, 2. Aufl. Berlin, Bd. II, 1103–1215.

– **1971**: Fachrezepte für Fischer, in: ders.: Forschungen zur Fachprosa, Bern / München, 287–291.

**Eisermann, Falk / Graf, Eckhard 1989:** Johannes Hartlieb. Das Buch aller verbotenen Künste, des Aberglaubens und der Zauberei, Ahlerstedt.

**Ellmers, Detlev 1984**: Frühmittelalterliche Handelsschiffahrt in Mittel- und Nordeuropa, 2. Aufl., Neumünster.

**Engel, Evamaria 1987**: Zum Alltag des deutschen Kaufmanns im Spätmittelalter. Nach schriftlichen Quellen, in: Volkskultur des europäischen Spätmittelalters, hg. von Peter Dinzelbacher / Hans-Dieter Mück, Stuttgart, 89–108.

**Erben, Johannes 1961**: Ostmitteldeutsche Chrestomatie. Proben der frühen Schreib- und Druckersprache des mitteldeutschen Ostens, Berlin.

**Fasbender, Christoph 2001**: Von der Wiederkehr der Seelen Verstorbener. Untersuchungen zu Überlieferung und Rezeption Jakobs von Paradies, Heidelberg.

**Fellerer, Karl Gustav 1959**: Die Musica in den Artes Liberales, in: Koch 1959, Leiden / Köln, 33–49.

**Fenske, Lutz 1997**: Jagd und Jäger im früheren Mittelalter. Aspekte ihres Verhältnisses, in: Rösener 1997, 29–93.

**Feyl, Anita 1963**: Das Kochbuch Eberhards von Landshut. Ein Beitrag zur altdeutschen Fachliteratur, Freiburg i.Br.

**Fingernagel, Andreas 2010a**: Juden, Christen und Muslime. Interkultureller Dialog in alten Schriften, Wien.

– **2010b**: Medizin im Mittelalter – Wissenstransfer zwischen den Kulturen, in: ebd.

**Firchow, Evelyn Scherabon 1995**: Notker der Deutsche von St. Gallen, De interpretatione. Boethius' von Aristoteles' Schrift *peri hermeneias*. Konkordanzen, Wortlisten und Abdruck des Textes nach dem Codex Sangallensis 818, Berlin / New York.

– **1996**: Notker der Deutsche von St. Gallen. *Categoriae*. Boethius' Bearbeitung von Aristoteles' Schrift *kategoriai*. Konkordanzen, Wortlisten und Abdruck des Textes nach dem Codex Sangallensis 818 und 825, 2 Bde., Berlin / New York.

– **2003**: Lateinischer Text und althochdeutsche Übersetzung der Tröstung der Philosophie (De Consolatione Philosophiae) von Anicius Manlius Severinus Boethius. Diplomatische Textausgabe, Konkordanzen und Wortlisten nach den Codices Sangallensis 825 und 844, Codex Turicensis C121 und Codex Vindobonensis 242, 3 Bände, Hildesheim.

**Fleckenstein, Josef (Hg.) 1985**: Das ritterliche Turnier im Mittelalter. Beiträge zu einer vergleichenden Formen- und Verhaltensgeschichte des Rittertums, Göttingen.

**Fleischer, Wolfgang / Barz, Irmhild 2012**: Wortbildung der deutschen Gegenwartssprache, 4. Aufl., Berlin / New York.

**Fluck, Hans-Rüdiger 1996:** Fachsprachen. Einführung und Bibliographie, 5. Aufl., Tübingen/Basel.

**Folkerts, Menso 1980:** Geometria Culmensis, in: VL 2, 1194f.

**– 1999:** Widmann, Johannes, von Eger, in: VL 10, 991–994.

**– / Knobloch, Eberhard / Reich, Karin 1989:** Maß, Zahl und Gewicht. Mathematik als Schlüssel zu Weltverständnis und Weltbeherrschung. Ausstellungskataloge der Herzog August Bibliothek Nr. 60. Konzeption von Ausstellung und Katalog, Wolfenbüttel.

**Follan, James 1963:** Das Arzneibuch Ortolfs von Baierland nach der ältesten Handschrift (14. Jhdt.), Stuttgart.

**Forgeng, Jeffrey L. 2003:** The medieval art of swordsmanship: A facsimile and translation of Europe's oldest personal combat treatise, Royal Armouries MS I.33, Union City CA (USA).

**Forster, Regula 2006:** Das Geheimnis der Geheimnisse. Die arabischen und deutschen Fassungen des pseudo-aristotelischen *Sirr al-asrār* /*Secretum secretorum*, Wiesbaden.

**Frangk 1531:** *Orthographie Deutsch / lernt / recht buchstäbig deutsch schreiben. Durch M. Fabian Frangken, Wittemberg MDXXXI*, Reprint: Hildesheim / New York (Documenta Linguistica, Reihe IV: deutsche Grammatiken des 16. bis 18. Jahrhunderts).

**Franke, Hans-Peter 1977:** Der Pest-'Brief an die Frau von Plauen'. Studien zu Überlieferung und Gestaltwandel, Würzburg.

**Freudenthal, Karl Frederik 1949:** Arnulfingisch-karolingische Rechtswörter. Eine Studie in der juristischen Terminologie der ältesten germanischen Dialekte, Göteborg.

**Fried, Johannes 1997:** Dialektik und Rhetorik im früheren und hohen Mittelalter. Rezeption, Überlieferung und gesellschaftliche Wirkung antiker Gelehrsamkeit.

**Friedrich, Gisela / Kirchert, Klaus 1983:** Klosener (Closener), Fritsche (Friedrich), in: VL 4, 1225–1235.

**Fuchs, Franz 1986:** Unbekannte St. Emmeramer Baurechnungen des 14. Jahrhunderts, in: Beiträge zur Baugeschichte des Reichsstiftes St. Emmeram und des Fürstlichen Hauses in Regensburg, hg. von Max Piendl, Kallmünz, 7–27.

**Fuchsberger, Ortolf 1533:** *Ain gründlicher klarer anfang der natürlichen vnd rechten kunst der waren Dialectica*, Augsburg.

**Fürbeth, Frank 1992:** Johannes Hartlieb. Untersuchungen zu Leben und Werk, Tübingen.

– **1995**: Eine unbekannte deutsche Übersetzung des Vegetius aus der Bibliothek des Anton von Annenberg, in: ZfdA 124, 278–297.

– **2000**: Zur deutschsprachigen Rezeption der 'Epitoma rei militaris' des Vegetius im Mittelalter, in: Die Wahrnehmung und Darstellung von Kriegen im Mittelalter und in der Frühen Neuzeit, hg. von Horst Brunner, Wiesbaden, 141–165.

– **2002**: Die 'epitoma rei militaris' des Vegetius zwischen ritterlicher Ausbildung und gelehrt-humanistischer Lektüre, in: PBB 124, 302–338.

– **2004**: Vegetius, Publius Flavius, in: VL 11, 1601–1613.

**Ganzenmüller, Wilhelm 1956**: Beiträge zur Geschichte der Technologie und der Alchemie, Weinheim/Bergstr.

**Gardt, Andreas 1999**: Geschichte der Sprachwissenschaft in Deutschland. Vom Mittelalter bis ins 20. Jahrhundert, Berlin / New York.

**Gärtner, Barbara 2000**: Johann Widmanns „Behende vnd hubsche Rechenung". Die Textsorte 'Rechenbuch' in der frühen Neuzeit, Tübingen.

**Gastgeber, Christian 2010**: Astronomie und Astrologie im Mittelalter zwischen den Kulturen, in: Fingernagel 2010, 177–252.

**Gebhardt, Rainer (Hg.) 1996**: Rechenmeister und Cossisten der frühen Neuzeit, Annaberg-Buchholz.

– **(Hg.) 1999**: Rechenbücher und mathematische Texte der frühen Neuzeit, Annaberg-Buchholz.

– **(Hg.) 2002**: Verfasser und Herausgeber mathematischer Texte der frühen Neuzeit, Annaberg-Buchholz.

– **(Hg.) 2011**: Kaufmanns-Rechenbücher und mathematische Schriften der frühen Neuzeit, Annaberg-Buchholz.

**Gerabek, Werner E. et al. 2005**: Enzyklopädie Medizingeschichte, Berlin / New York.

**Giese, Martina 2003**: Zu den Anfängen der deutschsprachigen Fachliteratur über die Beizjagd, in: PBB 1225, 494–523.

– **2007**: Graue Theorie und grünes Weidwerk? Die mittelalterliche Jagd zwischen Buchwissen und Praxis, in: AKG 89, 19–59.

– **2008**: Die 'Heidelberger Falkenheilkunde des Codex Palatinus Germanicus 551', in: PBB 130, 298–325.

– **2009a**: Arzneien für Beizvögel in der Handschrift München, Universitätsbibliothek, 8° Cod. Ms. 354, in: ZfdA 138, 17–28.

– **2009b**: Über die Gamsjagd im 13. und 18. Jahrhundert, insbesondere unter Kaiser Maximilian I., in: MiÖG 117, 51–73.

– **2011**: Kompetitive Aspekte höfischer Jagdaktivitäten im Frühmittelalter, in: Streit am Hof im frühen Mittelalter, hg. von Matthias Becher / Alheydis Plassmann (Super alta perennis. Studien zur Wirkung der klassischen Antike), Bonn, 263–284.

– **2013**: Legal regulations on hunting in the barbarian law codes of the Early Middle Ages, in: Hunting in Northern Europe until 1500. Old traditions and regional developments, continental sources and continental influences, hg. von Oliver Grimm / Ulrich Schmölcke (Schriften des Archäologischen Landesmuseums. Ergänzungsreihe 7), Neumünster, S. 485–504.

**Giesecke, Michael 1980:** 'Volkssprache' und 'Verschriftlichung des Lebens' im Spätmittelalter – am Beispiel der gedruckten Fachprosa in Deutschland, in: Literatur in der Gesellschaft des Spätmittelalters, hg. von Hans Ulrich Gumbrecht, Heidelberg, 39–70.

**Girtler, Roland 1998:** Rotwelsch. Die alte Sprache der Gauner, Dirnen und Vagabunden, Wien / Köln / Weimar.

**Glaser, Elvira 1996:** Die textuelle Struktur handschriftlicher und gedruckter Kochrezepte im Wandel. Zur Sprachgeschichte einer Textsorte, in: Textarten im Sprachwandel – nach der Erfindung des Buchdrucks, hg. von Rudolf Große / Hans Wellmann, Heidelberg, 225–249.

– **/ Schläfer, Michael 1997:** Grammatica Ianua Artium. Festschrift für Rolf Bergmann zum 60. Geburtstag, Heidelberg.

– **/ Nievergelt Andreas 2009:** Griffelglossen, in: Bergmann / Stricker 2009, 202–229.

**Glauch, Sonja 2000:** Die Martianus-Capella-Bearbeitung Notkers des Deutschen, 2 Bde., München.

**Glauche, Günter 1970:** Schullektüre im Mittelalter. Entstehung und Wandlungen des Lektürekanons bis 1200 nach den Quellen dargestellt, München.

**Glier, Ingeborg (Hg.) 1987:** Die deutsche Literatur im späten Mittelalter. 1250–1370, 2. Teil: Reimpaargedichte, Drama, Prosa, München.

**Gott ist selber Recht.** Die vier Bilderhandschriften des Sachsenspiegels. Oldenburg, Heidelberg, Wolfenbüttel, Dresden. Ausstellungskataloge der Herzog August Bibliothek Nr. 67.

**Gottschall, Dagmar / Steer, Georg 1999:** Der deutsche Lucidarius. Kritischer Text nach den Handschriften, Bd. I, Tübingen.

**Götz, Ursula 1992**: Die Anfänge der Grammatikschreibung des Deutschen in Formularbüchern des frühen 16. Jahrhunderts: Fabian Frangk – *Schryfftspiegel* – Johann Elias Meichßner, Heidelberg.

**Grassl, Markus 2010**: Einige Beobachtungen zu Sebastian Virdung und Arnolt Schlick, in: NiveauNischeNimbus [sic!]. Die Anfänge des Musikdrucks nördlich der Alpen, hg. von Birgit Lodes, Tutzing, 245–281.

**Gräter, Volker 1974**: Der Sinn der höchsten Meister von Paris: Studien zu Überlieferung und Gestaltenwandel, Bonn.

**Gröber, Manfred 1998**: Das wundärztliche Manual des Meisters Hans Seyff von Göppingen (ca. 1440–1518). Der Cod. med. et phys. 2° 8 der Württembergischen Landesbibliothek Stuttgart, Göppingen.

**– / Keil, Gundolf 1992**: Seyff (Seiff, Syf, Syfer, irrtümlich: Suff), Hans, in: VL 8, 1130–1133.

**Grosse, Rudolf 1986**: Die Sprache des Rechts in der Geschichte der deutschen Sprache, in: Humboldt-Grimm-Konferenz, Berlin 22.–25. Oktober 1985, hg. von Arwed Spreu, Teil I, Berlin, 76–90.

**Gruber, Fritz 1992**: Salzburger Bergordnungen, in: VL 8, 562–566.

**Grubmüller, Klaus 1981**: Hartlieb, Johannes, in: VL 3, 480–496.

**– 1983**: Der Lehrgang des Triviums und die Rolle der Volkssprache im späten Mittelalter, in: Moeller / Patze / Stackmann 1983, 371–397.

**– 1989**: Mündlichkeit, Schriftlichkeit und Unterricht. Zur Erforschung ihrer Interferenzen in der Kultur des Mittelalters, in: DU 41, 41–54.

**– 1999**: Vocabularius ex quo, in: VL 10, 469–473.

**– (Hg.) 2000**: Schulliteratur im späten Mittelalter, München.

**– et al. 1988–2001**: Vocabularius ex quo. Überlieferungsgeschichtliche Ausgabe, 6 Bde., Tübingen.

**Günther, Gloria 2011**: Sprachliche Untersuchungen zu Pestrezepten, -traktaten und -regimina des 15. Jahrhunderts in Handschriften der Universitätsbibliothek Leipzig, Magisterarbeit, Leipzig.

**Günther, Karen 1987**: Wort- und Sachgeschichte der Schiffahrt in Mittel- und Nordeuropa von den Anfängen bis zum späten Mittelalter. Ein Beitrag zu „Wörter und Sachen" anhand ausgewählter Beispiele, Frankfurt am Main u.a.

**Haage, Bernhard Dietrich 1996**: Alchemie im Mittelalter. Ideen – Bilder – von Zosimos bis Paracelsus, Zürich/Düsseldorf.

– **1999**: Alchemische Arzneimittelherstellung vor Paracelsus, in: Nova Acta Paracelsia. Beiträge zur Paracelsus-Forschung, N.F. 13, 217–236.

– **2008/09**: Die Ideengeschichte der Alchemie von der Antike bis Paracelsus und David Teniers der [sic] Jüngere, in: Fachprosaforschung – Grenzüberschreitungen 4/5, 167–186.

– **/ Wegner, Wolfgang 2007**: Deutsche Fachliteratur der Artes in Mittelalter und Früher Neuzeit, Berlin.

**Haas, Max 1999**: Über die Funktion der ars musica im Mittelalter, in: Schäfer 1999, 13–33.

**Habermann, Mechthild 2001**: Deutsche Fachtexte der frühen Neuzeit. Naturkundlich-medizinische Wissensvermittlung im Spannungsfeld von Latein und Volkssprache, Berlin / New York.

– **2014**: Mittelalterlich-frühneuzeitliche Fachprosa als Gegenstand historischer Pragmatik, in: Vaňková 2014, 11–30.

**Harmening, Dieter 1979**: Superstition. Überlieferungs- und theoriegeschichtliche Untersuchungen zur kirchlich-theologischen Aberglaubensliteratur des Mittelalters, Berlin.

**Hartung, Wolfgang 1986**: Gesellschaftliche Randgruppen im Spätmittelalter. Phänomen und Begriff, in: Städtische Randgruppen und Minderheiten. 23. Arbeitstagung in Worms, 16.–18. November 1984, hg. von Bernhard Kirchgässner / Fritz Reuter, Sigmaringen, 49–114.

**Hassenstein, Wilhelm 1941**: Das Feuerwerkbuch von 1420. 600 Jahre deutsche Pulverwaffen und Büchsenmeisterei. Neudruck des Erstdruckes aus dem Jahre 1529 mit Übertragung ins Hochdeutsche, München.

**Hattenhauer, Hans 1987**: Zur Geschichte der deutschen Rechts- und Gesetzessprache, Hamburg.

**Hauck, Karl et al. (Hgg.) 1986**: Sprache und Recht. Beiträge zur Kulturgeschichte des Mittelalters. Festschrift für Ruth Schmidt-Wiegand, Berlin / New York.

**Hausmann, Albrecht 2005**: Überlieferungsvarianz und Medienwechsel. Die deutschen Artes dictandi des 15. Jahrhunderts zwischen Manuskript und Buchdruck, in: Revue Belge de Philologie et d'Histoire 83 (2005), 744–768.

– **2006**: *tütsch brieff machen, och hoflich reden*. Zur Terminologie deutscher Artes dictandi des 15. Jahrhunderts, in: Im Wortfeld des Textes. Worthistorische Beiträge zu den Bezeichnungen von Rede und Schrift im Mittelalter, hg. von Gerd Dicke / Manfred Eikelmann / Burkhard Hasebrink, Berlin/New York 2006, 137–163.

**Hayer, Gerold 1976**: Das buoch von guoter spîse. Abbildungen zur Überlieferung des ältesten deutschen Kochbuchs, Göppingen 1976 (Litterae, Nr. 45).

– **1998**: Konrad von Megenberg „Das Buch der Natur". Untersuchungen zu seiner Text- und Überlieferungsgeschichte, Tübingen.

**Hehle, Christine 2002**: Boethius in St. Gallen. Die Bearbeitung der 'Consolatio Philosophiae' durch Notker Teutonicus zwischen Tradition und Innovation, Tübingen.

**Hellgart, Ernst 1997**: Die deutschen Zaubersprüche und Segen im Kontext ihrer Überlieferung (10. bis 13. Jahrhundert). Eine überlieferungsgeschichtliche Skizze, in: Atti Accademia Peloritna dei Pericolanti. Classe di Lettere e Belle Arti LXXI 1995, Messina, 5–62.

– **1991**: Geographie und Astronomie im Werk Notkers des Deutschen, in: Reisen und Welterfahrung in der deutschen Literatur des Mittelalters. Vorträge des XI. Anglo-deutschen Colloquiums 11. – 15. September 1989. Universität Liverpool, hg. von Dietrich Huschenbett / John Margetts, Würzburg, 54–68.

– **2013**: Indiculus superstitionum et paganiarum, in: Althochdeutsche und altsächsische Literatur, hg. von Rolf Bergmann, Berlin / Boston, 192–195.

**Henkel, Nikolaus 1988**: Deutsche Übersetzungen lateinischer Schultexte. Ihre Verbreitung und Funktion im Mittelalter und in der frühen Neuzeit. Mit einem Verzeichnis der Texte, München.

– **2000**: Deutsche Glossen, in: Theodisca. Beiträge zur althochdeutschen und altniederdeutschen Sprache und Literatur in der Kultur des frühen Mittelalters, hg. von Wolfgang Haubrichs et al., Berlin / New York, 387–413.

– **2001**: Verkürzte Glossen. Technik und Funktion innerhalb der lateinischen und deutschsprachigen Glossierungspraxis des frühen und hohen Mittelalters, in: Mittelalterliche volkssprachliche Glossen, hg. von Rolf Bergmann / Elvira Glaser / Claudine Moulin-Fankhänel, Heidelberg, 429–451.

– **2009**: Glossierung und Texterschließung. Zur Funktion lateinischer und volkssprachiger Glossen im Schulunterricht, in: Bergmann / Stricker 2009, 468–496.

**Henzen, Walter 1965**: Deutsche Wortbildung, 3. Aufl., Tübingen.

**Hepp, Eva 1970**: Die Fachsprache der mittelalterlichen Küche. Ein Lexikon, in: Wiswe 1970, 185–224.

**Hergsell, Gustav 1889**: Talhoffers Fechtbuch (aus dem Jahre 1443) gerichtliche und andere Zweikämpfe darstellend, Prag.

**Hettrich, Heinrich 2013**: Vorgeschichte und Geschichte der deutschen Sprache, in: Wilhelm Schmidt, Geschichte der deutschen Sprache. Ein Lehrbuch für das germanistische Studium, 11. Aufl. hg. von Elisabeth Berner / Norbert Richard Wolf, Stuttgart, 25–60.

**Hildebrandt, Reiner 1974–1982:** Summarium Heinrici. I: Textkritische Ausgabe der ersten Fassung Buch I–X, II: Textkritische Ausgabe der zweiten Fassung Buch I–VI sowie des Buches XI in der Kurz- und Langfassung, Berlin / New York.

**Hilker-Suckrau, Martina 1981:** Sachbezeichnungen aus dem Bereich des Hausbaus im Frühmittelalter, in: Wörter und Sachen im Lichte der Bezeichnungsforschung, hg. von Ruth Schmidt-Wiegand, Berlin / New York, 58–73.

**Hils, Hans-Peter 1985a:** Lecküchner, Hans, in: VL 5, 641–644.

**– 1985b:** „Der da sigelos wirt, dem slecht man die hant ab". Zum Stand der hauptberuflichen Fechter nach mittelalterlichen Rechtsquellen, in: ZSSR 102, 328–340.

**– 1985c:** Liechtenauer, Johannes, in: VL 5, 811–816.

**– 1989:** Ott (der Jude Ott), in: VL 7, 196–199.

**– 1992:** Siegmund am Ringeck, in: VL 8, 1209–1211.

**– 1995:** Reflexionen zum Stand der hauptberuflichen Fechter des Späten Mittelalters unter Berücksichtigung historischer Rechtsquellen, in: Keil 1995c, 201–219.

**Hirschmann, Astrid 1984:** Die Leipziger Rogerglosse, Pattensen.

**Hirth, Wolfgang 1980:** Popularisierungstendenzen in der mittelalterlichen Fachliteratur, in: Medizinhistorisches Journal 15, 70–89.

**Hoffmann, Lothar / Kalverkämper, Hartwig / Wiegand, Herbert Ernst (Hgg.) 1999:** Fachsprachen. Ein internationales Handbuch zur Fachsprachenforschung und Terminologiewissenschaft, 2. Bd., Berlin / New York.

**Hoffmeister, Gerhart 1968:** Fischer- und Tauchertexte vom Bodensee, in: Keil et al. 1968, 261–275.

**Hofmann, Siegfried 1980–1992:** Die Baugeschichte des Ingolstädter Schlosses im Spiegel der erhaltenen Baurechnungen, in: Sammelblatt des Historischen Vereins Ingolstadt 89, 25–99; 99, 173–202; 101, 229–241.

**Holzmann, Verena 2001:** „Ich beswer dich wurm und wyrmin…". Formen und Typen altdeutscher Zaubersprüche und Segen, Bern u.a.

**Homeyer, Carl Gustav 1931/34:** Die deutschen Rechtsbücher des Mittelalters und ihre Handschriften, Weimar.

**– 1861:** Des Sachsenspiegels erster Theil, oder Das Sächsische Landrecht. Nach der Berliner Handschrift v.J. 1369 hg., Berlin 1861.

**Honemann, Volker 1992:** Rothe, Johannes, in: VL 8, 277–285.

**Horchler, Michael 2005:** Die Alchemie in der deutschen Literatur des Mittelalters. Ein Forschungsbericht über die deutsche alchemistische Fachliteratur des ausgehenden Mittelalters, Baden-Baden.

**Hünecke 2014:** Das Bergbüchlein des Ulrich Rülein von Calw – Vertextungsstrategien und Formulierungsmuster, in: Vaňková 2014, 169–185.

**Hüpper-Dröge, Dagmar 1983:** Schild und Speer. Waffen und ihre Bezeichnungen im frühen Mittelalter, Frankfurt a.M. u.a.

**Illing, Kurt 1978:** Abstractum-Glossar, in: VL 1, 20–22.

**Ising, Erika 1970:** Die Herausbildung der Grammatik der Volkssprachen in Mittel- und Osteuropa, Berlin.

**Jackson, William Henry 1985:** Das Turnier in der deutschen Dichtung des Mittelalters, in: Fleckenstein 1985, 257–295.

**Jacobi, Klaus 1994:** *Diale<c>tica est ars artium, scientia scientiarum*, in: Scientia und ars im Hoch- und Spätmittelalter, in: Festschrift für Albert Zimmermann zum 65. Geburtstag, hg. von Ingrid Craemer-Rugenberg / Andreas Speer, 2 Bde., Berlin / New York, Bd. I, 307–328.

**Jankuhn, Herbert et al. (Hgg.) 1983:** Das Handwerk in vor- und frühgeschichtlicher Zeit. Teil II: Archäologische und philologische Beiträge. Bericht über die Kolloquien der Kommission für Altertumskunde Mittel- und Nordeuropas in den Jahren 1977 bis 1980, Göttingen.

**Janz, Brigitte 1983:** Rechtssprichwörter im Sachsenspiegel. Eine Untersuchung zur Text-Bild-Relation in den Codices Picturati, Frankfurt am Main u.a.

**Jeske, Hans 2005:** Der Fachwortschatz des Hansekaufmanns Hildebrand Veckinchusen, Bielefeld.

**Joachimsohn, P. 1893:** Aus der Vorgeschichte des 'Formulare und Deutsch Rhetorica', in: ZfdA 37, 24–121.

**Johanek, Peter 1992:** Schöffenspruchsammlungen, in: VL 8, 800–810.

**Junker, Uwe 1986:** Das „Buch der heiligen Dreifaltigkeit" in seiner zweiten, alchemistischen Fassung (Kadolzburg 1433), Köln.

**Just, Anna 2014:** Die Entwicklung des deutschen Militärwortschatzes in der späten frühneuhochdeutschen Zeit, Frankfurt am Main u.a.

**Jütte, Robert 1987:** Rotwelsch. Die Sprache der Bettler und Gauner, in: Das Buch der Vaganten, Spieler, Huren, Leutbetrüger, Frankfurt, 133–143.

**Jüttner, Guido / Telle, Joachim 1980:** Alchemie, in: Lexikon des Mittelalters, Bd. 1, 329–342.

**Kalning, Pamela 2006:** Kriegslehren in deutschen Texten um 1400. Seffner, Rothe, Wittenwiler, Münster.

**Kaufmann, Frank-Michael 2002**: Glossen zum Sachsenspiegel-Landrecht. Buch'sche Glosse, 3 Tle., Hannover.

**Kaunzner, Wolfgang 1996**: Johannes Widmann, Cossist und Verfasser des ersten großen deutschen Rechenbuches, in: Gebhardt 1996, 37–51.

**Kaunzner, Wolfgang / Wussing, Hans 1992**: Adam Ries, Coß, Stuttgart/Leipzig.

**Keil, Gundolf (Hg.) 1968**: Fachliteratur des Mittelalters. Festschrift für Gerhard Eis, Stuttgart.

**Keil, Gundolf 1978a**: Arzenîbuch Ipocratis, in: VL, Bd. 1, 505.

– **1978b**: Bartholomäus, in: VL, Bd. 1, 609–615.

– **1978c**: Circa instans, in: VL 1, 1282–1285.

– **1978d**: Arnald von Villanova, in: VL 1, 455–458.

– **1980**: Gart der Gesundheit, in: VL 2, 1072–1092.

– **1981**: Gottfried von Franken, in: VL 3, 125–136.

– **1982**: 'Gart', 'Herbarius', 'Hortus'. Anmerkungen zu den ältesten Kräuterbuch-Inkunabeln, in: *gelêrter der arzenîe, ouch apotêker*. Beiträge zur Wissenschaftsgeschichte. Festschrift Willem Frans Daems, hg. von Gundolf Keil, Hannover/Würzburg, 589–635.

– **1983a**: Innsbrucker Arzneibuch, in: VL 4, 395f.

– **1983b**: Innsbrucker (Prüler) Kräuterbuch, ebd. 396–398.

– **1985**: Mainauer Naturlehre, in: VL 5, 1175–1178.

– **1987**: Nürnberger Kunstbuch, in: VL 6, 1257f.

– **1989**: Ortolf von Baierland, in: VL 7, 67–82.

– **1992a**: Secretum Secretorum, in: VL 8, 993–1013.

– **1992b**: Sinn der höchsten Meister von Paris, in: VL 8, 1281–1283.

– **1992c**: Roger Frugardi, in: VL 8, 140–153.

– **1992d**: Runtingerbuch, in: VL 8, 392–395.

– **(Hg.) 1993**: „ein teutsch puech machen". Untersuchungen zur landessprachlichen Vermittlung medizinischen Wissens. Ortolf-Studien 1, Wiesbaden.

– **1995a**: „Ein kleiner Leonardo". Ulrich Rülein von Kalbe als Humanist, Mathematiker, Montanwissenschaftler und Arzt, in: Keil 1995c, 228–247.

– **1995b**: Talhofer, Hans, in: VL 9, 592–595.

– (Hg.) 1995c: Würzburger Fachprosa-Studien. Beiträge zur mittelalterlichen Medizin, Pharmazie- und Standesgeschichte aus dem Würzburger medizinhistorischen Institut. Michael Holler zum 60. Geburtstag, Würzburg 1995.

– 2004: Rülein, Ulrich, von Kalbe (Dr. Kalb), in: VL 11, 1345–1348.

– 2014: Ein schlesisches Aderlassbüchlein des 15. Jahrhunderts. Untersuchungen zum funktionsbedingten Gestaltwandel des Vierundzwanzig-Paragraphen-Textes, in: Vaňková 2014, 75–118.

– / Schmidtchen, Volker 1989: Philipp von Seldenecke, in: VL 7, 611–614.

– / Wlodarczyk, Marianne 1985: Küchenmeisterei, in: VL, Bd. 5, 396–400.

**Kibelka, Johannes 1965**: Sternglaube und Willensfreiheit in der deutschen Dichtung des Hochmittelalters, in: WiWo 15 (1965), 85–98.

**Kiepe, Hansjürgen 1981**: *Ettwas von buchstaben*. Leseunterricht und deutsche Grammatik um 1486, in: PBB (T) 103, 1–5.

– 1983: Die älteste deutsche Fibel. Leseunterricht und deutsche Grammatik um 1486, in: Moeller / Patze / Stackmann 1983, 453–461.

**King, James C. 1972**: Notker der Deutsche. Boethius' Bearbeitung der „Categoriae" des Aristoteles, Tübingen.

– 1975: Notker der Deutsche. Boethius' Bearbeitung von Aristoteles' Schrift „De Interpretatione", Tübingen.

– 1979: Notker der Deutsche, Martianus Capella, „De nuptiss Philologiae et Mercurii", Tübingen.

– / Tax, Petrus W. 1996: Notker der Deutsche von St. Gallen. Die kleineren Schriften, Tübingen.

**Kirchert, Klaus 1979**: Der Windberger Psalter, 2 Bde., München.

**Kleiber, Wolfgang / Kunze, Konrad / Löffler, Heinrich 1979**: Historischer Südwestdeutscher Sprachatlas, 2 Bde., Bern / München.

**Klein, Dorothea / Melville, Gert 1995**: Twinger, Jakob, von Königshofen, in: VL 9, 1181–1193.

**Kleinschmidt, Erich 1998**: Riedrer (Riederer), Friedrich, in: VL 8, 70f.

**Kluge, Friedrich 1901**: Rotwelsch. Quellen und Wortschatz der Gaunersprache und der verwandten Geheimsprachen, Straßburg.

– 1911: Seemannssprache. Wortgeschichtliches Handbuch deutscher Schifferausdrücke älterer und neuerer Zeit, Halle a.d.S.

– **2011**: Etymologisches Wörterbuch der deutschen Sprache, 25. Aufl., Berlin / New York.

**Knape, Joachim 1998a**: Rhetorik-Vokabular zur zweisprachigen Terminologie in älteren deutschen Rhetoriken, Wiesbaden.

– **1998b**: Zweisprachige Arbeit an der Rhetorikterminologie in der Frühen Neuzeit, in: Jahrbuch für Internationale Germanistik 30, S. 64–72.

– **2006**: Poetik und Rhetorik in Deutschland 1300–1700, Wiesbaden.

– / **Sieber, Armin 1998**: Rhetorik-Vokabular zur zweisprachigen Terminologie in älteren deutschen Rhetoriken, Wiesbaden.

– / **Ril, Bernhard 2002**: Rhetorica deutsch. Rhetorikschriften des 15. Jahrhunderts, Wiesbaden.

– / **Luppold, Stefanie 2008**: Friedrich Riederer, Spiegel der wahren Rhetorik (1493), Wiesbaden.

– / **Luppold, Stefanie 2010**: Kommentar zu Friedrich Riederers Spiegel der wahren Rhetorik. Mit einem Beitrag zu den Illustrationen der Drucke von Lothar Schmitt, Wiesbaden.

**Knappich, Wilhelm 1998**: Geschichte der Astrologie, 3. Aufl., Frankfurt am Main.

**Köberer, Wolfgang 1983**: Ein niederdeutsches Navigationshandbuch aus dem 16. Jahrhundert, in: Deutsches Schiffahrtsarchiv 6, 149–173.

**Koch, Josef (Hg.) 1959**: Von der antiken Bildung zur Wissenschaft des Mittelalters, Leiden / Köln.

**Kolb, Herbert 1979**: Ars venandi im 'Tristan', in: Medium Aevum deutsch. Beiträge zur deutschen Literatur des hohen und späten Mittelalters. Festschrift für Kurt Ruh zum 65. Geburtstag, hg. von Dietrich Huschenbett / Klaus Matzel / Georg Steer / Norbert Wagner, Tübingen, 175–197.

**König, Werner 2011**: dtv-Atlas Deutsche Sprache, München, 17. Aufl.

**Koppmann, Karl 1876**: Das Seebuch. Mit einer nautischen Einleitung von Arthur Breuding. Mit Glossar von Christoph Walther, Bremen.

**Kornrumpf, Gisela 1987**: Michael de Leone, in: VL 6, 491–503.

**Krejči, T. 1932**: Einfluss des Handels auf die Entwicklung und Gestaltung der deutschen Sprache. Versuch einer wirtschaftslinguistischen Studie, Praha.

**Kreuter, Peter Mario 2010**: Paracelsus und die deutsche Sprache. Nebst Anmerkungen zur deutsch-lateinischen Mischsprache temporibus Theophrasti et Lutheri, in: Paracelsus im Kontext der Wissenschaften seiner Zeit. Kultur- und mentalitätsgeschichtliche Annäherungen, hg. von Albrecht Classen, Berlin, 201–215.

**Kroeschell, Karl 2005:** Deutsche Rechtsgeschichte, Bd. 1: Bis 1250, Köln / Weimar / Wien, 12. Aufl.

**Kruse, Britta-Juliane 1999:** Die Arznei ist Goldes wert. Mittelalterliche Frauenrezepte, Berlin/New York.

**Kühebacher, Egon 1968:** Deutsch-italienischer Lehnwortaustausch, in: Mitzka 1968, 488–525.

**Künssberg, Eberhard, Freiherr von 1926/27:** Rechtssprachgeographie, Heidelberg.

**Kürschner, Wilfried 1988:** Anfänge grammatischer Terminologiebildung im Deutschen, in: Zwischen Renaissance und Aufklärung, hg. von Klaus Garber / Wilfried Kürschner, Amsterdam, 73–92.

**Langosch, Karl / Vollmann, Benedikt 1999:** Walahfrid Strabo, in: VL 11, 584–603.

**Leng, Rainer 2002:** *Ars belli*. Deutsche taktische und kriegstechnische Bilderhandschriften und Traktate im 15. und 16. Jahrhundert, 2 Bde., Wiesbaden.

**– 2004**: Döbringer, Hanko, in: VL 11, 372–375.

**Lenhardt, Friedrich / Keil, Gundolf 1983:** Iatromathematisches Hausbuch, in: VL, Bd. 4: 347–351.

**Lesnikow, Michail P. / Stark, Walter 2013:** Die Handelsbücher des Hildebrand Veckinchusen. Kontobücher und übrige Manuale, Köln / Weimar / Wien.

**Letter, Paul 2009:** Paracelsus. Leben und Werk, Berlin.

**Lexer, Matthias 1862:** Endres Tuchers Baumeisterbuch der Stadt Nürnberg (1464–1475), mit einer Einleitung und sachlichen Anmerkungen von Dr. Friedrich von Weech, Stuttgart.

**– 1872–1878**: Mittelhochdeutsches Handwörterbuch, 3 Bde., Stuttgart.

**Lindgren, Uta 2004:** Die Artes Liberales in Antike und Mittelalter. Bildungs- und wissenschaftsgeschichtliche Entwicklungslinien, 2. Aufl., Augsburg.

**Lindner, Kurt 1940:** Die Jagd im frühen Mittelalter, Berlin.

**– 1956**: Die Lehre von den Zeichen des Hirsches, Berlin.

**– 1964**: Die deutsche Habichtslehre. Das Beizbüchlein und seine Quelle, 2. Aufl., Berlin.

**– 1966**: Zur Sprache der Jäger, in: ZfdPh 85, 407–431.

**– 1968**: Alte deutsche Weidsprüche, in: Keil et al. 1968, 245–258.

**– 1976**: Bibliographie der deutschen und niederländischen Jagdliteratur von 1450–1850, Berlin / New York.

## Quellen- und Literaturverzeichnis

**Lippe, Karl 1987**: Althochdeutsch *mittiuuilli, mittulli, mittul, mittil* 'liciatorium; Weberbaum', in: Althochdeutsch, hg. von Rolf Bergmann / Heinrich Tiefenbach / Lothas Voetz, Bd. II: Wörter und Namen. Forschungsgeschichte, Heidelberg, 1165–1179.

**Lobenstein-Reichmann, Anja 2013**: Sprachliche Ausgrenzung im späten Mittelalter und in der frühen Neuzeit, Berlin / Boston.

**Lorbeer, Carsten et al. 2006**: Die Handschriften Paul Kals, www.pragmatischeschriftlichkeit.de.

**Ludwig, Karl-Heinz 1989**: Rattenberger Bergordnung, in: VL 7, 1046–1049.

**Lück, Heiner 2003**: Recht, in: RGA 24, 209–224.

– **2005a**: Über den Sachsenspiegel. Entstehung, Inhalt und Wirkung des Rechtsbuchs. Mit einem Beitrag zu den Grafen von Falkenstein im Mittelalter von Joachim Schymalla, 2. Aufl., Dössel.

– **2005b**: Recht, in: RGA 24, 209–224.

**Luff, Robert / Steer, Georg 2003**: Konrad von Megenberg. Das 'Buch der Natur', Band II: Kritischer Text nach den Handschriften, Tübingen.

**Märtl, Claudia / Drossbach, Gisela / Kintzinger, Martin (Hgg.) 2006**: Konrad von Megenberg (1309–1374) und sein Werk. Das Wissen der Zeit, München.

**Matthaei, Otto 1912a**: Konrads von Megenberg Deutsche Sphaera und die Übersetzungstechnik seiner beiden deutschen Prosawerke (Teil I, Kapitel 3 und Teil II), Diss. Berlin.

– **1912b**: Konrads von Megenberg Deutsche Sphaera aus der Münchener Handschrift hg., Berlin.

**Maurer, Friedrich / Rupp, Heinz (Hgg.) 1974**: Deutsche Wortgeschichte, 3. Aufl., Bd. I., Berlin.

**Mayer, Johannes Gottfried 1999**: Zwölf Stücke von dem Harne, in: VL 10, 1646f.

– **2014**: Das 'Leipziger Drogenkompendium' und der 'Gart der Gesundheit'. Ein Vergleich, in: Vaňková 2014, 133–142.

– **/ Staub, Kurt Hans 2000**: Gegen Pest und Laienmedizin. Der niederrheinische Pesttraktat 'Regimen de epidemia' von 1490, in: Editionen und Studien zur lateinischen und deutschen Fachprosa des Mittelalters, hg. von Konrad Goehl / Johannes Gottfried Mayer, Würzburg, 167–192.

**Meier, Misch 2005**: Pest. Die Geschichte eines Menschheitstraumas, Stuttgart.

**Meier, Pirmin 2013**: Paracelsus. Arzt und Prophet, Zürich.

**Mendels, Judica I.H. 1968:** Einiges über die deutsche Hüttensprache im Mittelalter, in: Keil 1968, 147–166.

**Mendthal, Hans (Hg.) 1886:** Geometria Culmensis. Ein agronomischer Text aus der Zeit des Hochmeisters Conrad von Jungingen (1393–1407), Leipzig.

**Merk, Walther 1933:** Werdegang und Wandlungen der deutschen Rechtssprache, Marburg/Lahn.

**Mertens, Dieter 1983:** Jakob von Paradies, in: VL, Bd. 4, 478–487.

**Meyer, Herbert 1936:** Das Mühlhäuser Reichsrechtsbuch aus dem Anfang des 13. Jahrhunderts, 3. Aufl., Weimar.

**Milham, Mary E. 1972:** Addenda to the History of 'Küchenmeisterei', in: Gutenberg-Jahrbuch, 110–116.

**Minkowski, Helmut 1963:** Das Ringen im Grüblein. Eine spätmittelalterliche Form des deutschen Leibringens. Vier frühe Drucke und Auszüge aus einer unedierten Fechthandschrift des 16. Jh., Schorndorf.

**Mitzka, Walther (Hg.) 1968:** Wortgeographie und Gesellschaft. Festgabe für Ludwig Erich Schmitt, Berlin.

**Moeller, Bernd / Patze, Hans / Stackmann, Karl 1983:** Studien zum städtischen Bildungswesen des späten Mittelalters und der frühen Neuzeit. Bericht über Kolloquien der Kommission zur Erforschung der Kultur des Spätmittelalters 1978 bis 1981, Göttingen.

**Mölk, Ulrich 1985:** Philologische Aspekte des Turniers, in: Fleckenstein 1985, 163–174.

**Mosimann, Martin 1994:** Die „Mainauer Naturlehre" im Kontext der Wissenschaftsgeschichte, Tübingen / Basel.

**Moulin-Fankhänel, Claudine 1994–97:** Bibliographie der deutschen Grammatiken und Orthographielehren, Bd I: Von den Anfängen der Überlieferung bis zum Ende des 16. Jahrhunderts, Bd. II: Das 17. Jahrhundert, Heidelberg.

**Müller, Felix 1899:** Zur Terminologie der ältesten mathematischen Schriften in deutscher Sprache, in: Zeitschrift für Mathematik und Physik 44, 303–333.

**Müller, Jan-Dirk 1992a:** Bild – Vers – Prosakommentar am Beispiel von Fechtbüchern. Probleme der Verschriftlichung einer schriftlosen Praxis, in: Pragmatische Schriftlichkeit im Mittelalter. Erscheinungsformen und Entwicklungsstufen, hg. von Hagen Keller / Klaus Grubmüller / Nikolaus Staubach (Akten des Internationalen Kolloquiums 17.–19. Mai 1989), München, 251–282.

– **1992b:** Zwischen mündlicher Anweisung und schriftlicher Sicherung von Tradition. Zur Kommunikationsstruktur spätmittelalterlicher Fechtbücher, in: Kommunikation und Alltag in Spätmittelalter und früher Neuzeit. Internationaler Kongress Krems an der Donau, 9. bis 12. Oktober 1990, hg. von Herwig Wolfram, Wien, 379–400.

– **1994**: Hans Lecküchners Messerfechtlehre und die Tradition. Schriftliche Anweisungen für eine praktische Disziplin, in: Wissen für den Hof. Der spätmittelalterliche Verschriftungsprozeß am Beispiel Heidelberg im 15. Jahrhundert, hg. von Jan-Dirk Müller, München, 355–384.

– **1999**: Vintler, Hans, in: VL, Bd. 10, 354–359.

**Müller, Johannes 1882**: Quellenschriften und Geschichte des deutschsprachlichen Unterrichtes bis zur Mitte des 16. Jahrhunderts, Gotha (Neudruck mit einer Einleitung von Monika Rössing-Hager, Darmstadt 1969).

**Müller, Peter O. 1993**: *Allen künstbegirigen zu güt*. Zur Vermittlung geometrischen Wissens an Handwerker in der frühen Neuzeit, in: ZGL 21, 261–276.

– **1999**: Die Fachsprache der Geometrie in der frühen Neuzeit, in: Hoffmann / Kalverkämper / Wiegand 1999, 2369–2377.

**Müller, Stephan 1998**: Die Sprache der Logik bei Notker dem Deutschen – Überlegungen zur Vorgeschichte einer deutschen Wissenschaftssprache, in: Beiträge zu Sprache & Sprachen 2. Vorträge der 5. Münchner Linguistik-Tage, hg. von Karin Pittner / Robert J. Pittner, München, 95–107.

**Müller, Ute 1971**: Deutsche Mondwahrsagetexte aus dem Spätmittelalter, Diss. FU Berlin.

**Münkner, Jörn 2011**: Der Wille zur Ordnung: Albrecht Dürers Befestigungslehre (1527) als Sachbuch und herrschaftspragmatisches Pamphlet, in: Buchkultur und Wissensvermittlung in Mittelalter und Früher Neuzeit, hg. von Andreas Gardt / Mireille Schneider / Jürgen Wolf, Berlin / Boston, 231–244.

**Munske, Horst Haider 1968**: Rechtswortgeographie, in: Mitzka 1968, 349–370.

– **1973**: Der germanische Rechtswortschatz im Bereich der Missetaten. Philologische und sprachgeographische Untersuchungen, Berlin / New York.

**Neubauer, Kurt 1964**: Das Kriegsbuch des Philipp von Seldeneck vom Ausgang des 15. Jahrhunderts. Untersuchung und kritische Herausgabe des Textes der Karlsruher Handschrift, Diss. Heidelberg 1964.

**Niemöller, Klaus-Wolfgang 1970**: Sebastian Virdung, Musica getutscht. Faksimile-Nachdruck der Ausgabe 1511, Kassel.

**Offergeld, Thilo 1997**: Didascalicon de studio legendi. Studienbuch, lateinisch-deutsch, Freiburg (Breisgau) u.a.

**Öhmann, Emil 1974**: Der romanische Einfluss auf das Deutsche bis zum Ausgang des Mittelalters, in: Deutsche Wortgeschichte, hg. von Friedrich Maurer / Heinz Rupp, 3. Aufl., Bd. I, Berlin, 323–396.

**von Olberg, Gabriele 1983**: Freie, Nachbarn und Gefolgsleute. Volkssprachliche Bezeichnungen aus dem sozialen Bereich in den frühmittelalterlichen Leges, Frankfurt a.M. u.a.

**Oppitz, Ulrich-Dieter 1990–92**: Deutsche Rechtsbücher des Mittelalters, 3 Bde., Köln.

**Palmer, Nigel / Speckenbach, Klaus 1990**: Träume und Kräuter. Studien zu Petroneller 'Circa instans'-Handschrift und zu den deutschen Traumbüchern des Mittelalters, Köln / Wien.

**Paracelsus 1536**: Die grosse Wundartzney. Buch I und II. Reprint nach dem Original aus dem Jahre 1536. Nachwort von Udo Benzenhöfer, Hannover 1989.

**Päsler, Ralf G. 2003**: Deutschsprachige Sachliteratur im Preußenland bis 1500. Untersuchungen zu ihrer Überlieferung, Köln / Weimar / Wien.

**Pausch, Oskar 1972**: Das älteste italienisch-deutsche Sprachbuch. Eine Überlieferung aus dem Jahre 1424 nach Georg von Nürnberg, Wien / Köln / Graz.

**Peters, Robert 2000**: Die Rolle der Hanse und Lübecks in der mittelniederdeutschen Sprachgeschichte, in: Sprges. HSK, 2. Teilbd., 1496–1505.

**Peters, Werner 1996**: Der Rechtswortschatz, in: der Oldenburger Sachsenspiegel. Vollständige Faksimileausgabe im Originalformat des Codex picturatus Oldenburgensis CIM I 410 der Landesbibliothek Oldenburg, Graz, 125–142.

**– / Scheele, Friedrich 1993**: Glossar der Rechtswörter. Unter Mitarbeit von Bärbel Müller, in: Schmidt-Wiegand 1993a, 249–325.

**Pfeiffer, Franz 1863**: Zwei deutsche Arzneibücher aus dem XII. und XIII. Jahrhundert. Mit einem Wörterbuche, in: Sitzungsberichte der Kaiserlichen Akademie der Wissenschaften. Philosophisch-Historische Klasse, Bd. 42, Wien.

**Pfister, Max 2004**: Italienisch und Rätoromanisch/Deutsch, in: Sprges. HSK, 4. Teilbd., 3203–3218.

**Pieper, Wilhelm 1955**: Ulrich Rülein von Calw und sein Bergbüchlein, Berlin.

**Piirainen, Ilpo Tapani 1998**: Die Fachlexikographie des Bergbaus: eine Übersicht, in: Hoffmann / Kalverkämper / Wiegand 1998, 1930–1937.

**Piper, Paul 1882f.**: Die Schriften Notkers und seiner Schule, 2 Bde., Freiburg i.B. / Tübingen.

**Ploss, Emil 1977:** Ein Buch von alten Farben. Technologie der Textilfarben im Mittelalter mit einem Ausblick auf die festen Farben, München.

**– / Roosen-Runge, Heinz / Schipperges, Heinrich / Buntz, Herwig 1970:** Alchimia. Ideologie und Technologie, München.

**Pohl, Karl (Hg.) 1971:** Valentin Ickelsamer. *Die rechte weis aufs kürzist lesen zu lernen. Ein Teütsche Grammatica*, Stuttgart.

**von Polenz, Peter 2000:** Deutsche Sprachgeschichte vom Spätmittelalter bis zur Gegenwart, Bd. 1: Einführung, Grundbegriffe, 14. bis 16. Jahrhundert, 2. Aufl., Berlin / New York.

**Pörksen, Uwe 1994:** Paracelsus als wissenschaftlicher Schriftsteller. Ist die deutsche Sachprosa eine Lehnbildung der lateinischen Schriftkultur?, in: ders.: Wissenschaftssprache und Sprachkritik. Untersuchungen zu Geschichte und Gegenwart, Tübingen, 37–83.

**Pörksen, Gunhild 2003:** *Septem Defensiones*. Die Selbstverteidigung eines Außenseiters. Übertragung und Einführung mit einem Reprint der Ausgabe Basel 1589.

**Prantl, Carl 1856:** Ueber die zwei ältesten Compendien der Logik in deutscher Sprache, in: Abhandlungen der Königlich Bayerischen Akademie der Wissenschaften. Philosophisch-Philologische Classe, VIII,1. München, 195–228.

**Priesner, Claus 2011:** Geschichte der Alchemie, München.

**– / Figala, Karin 1998:** Alchemie. Lexikon einer hermetischen Wissenschaft, München.

**Puff, Helmut 1995:** *Von dem schlüssel aller Künsten / nemblich der Grammatica.* Deutsch im lateinischen Grammatikunterricht 1480–1560, Tübingen/Basel.

**Putscher, Marielene 1986:** Das Buch der heiligen Dreifaltigkeit und seine Bilder in Handschriften des 15. Jahrhunderts, in: Die Alchemie in der europäischen Kultur- und Wissenschaftsgeschichte, hg. von Christoph Meinel, Wiesbaden, 151–178.

**Quarg, Götz 1967:** Conrad Kyeser aus Eichstätt, Bellifortis, I, Facsimile-Ausgabe der Pergamenthandschrift, cod. Ms. philoso. 63 der Universitätsbibliothek Göttingen, II, Umschrift und Übersetzung, Düsseldorf.

**Raible, Wolfgang 1981:** Rechtssprache. Von den Tugenden und den Untugenden einer Fachsprache, in: Der öffentliche Sprachgebrauch, Bd. 2, Stuttgart, 20–43.

**Rautenberg, Ute 2000:** Soziokulturelle Voraussetzungen des Mittelhochdeutschen, in: Sprges. HSK, 2. Teilbd., 1294–1304.

**Reiner, Karl 1960:** Die Terminologie der ältesten mathematischen Werke in deutscher Sprache nach den Beständen der Bayerischen Staatsbibliothek, Diss. München.

**Relleke, Walburga 1980:** Ein Instrument spielen. Instrumentbezeichnungen und Tonerzeugungsverben im Althochdeutschen, Mittelhochdeutschen und Neuhochdeutschen, Heidelberg.

**Riecke, Jörg 2004:** Die Frühgeschichte der mittelalterlichen medizinischen Fachsprache im Deutschen. Band 1: Untersuchungen, Band 2: Wörterbuch, Berlin / New York.

– **2009a**: Zum Wortschatz von Gesundheit und Krankheit, in: Bergmann / Stricker 2009, 1137–1148.

– **2009b**: Zum Wortschatz von Zauber der Weissagung, in: Bergmann / Stricker 2009, 1149–1160.

**Riederer, Friedrich 1493:** Spiegel der wahren Rhetorik, Freiburg.

**Riha, Ortrun 1992a:** Ortolf von Baierland und seine lateinischen Quellen. Hochschulmedizin in der Volkssprache, Wiesbaden.

– **1992b**: Wissensorganisation in medizinischen Sammelhandschriften: Klassifikationskriterien und Kombinationsprinzipien bei Texten ohne Werkcharakter, Wiesbaden.

– **1993a**: Beobachtungen zu Ortolfs Stil und rhetorischem Anspruch, in: Keil 1993, 1–14.

– **1993b**: Ein Buch machen aus allen Büchern. Die Konzeption von Ortolfs 'Arzneibuch', in: Keil 1993, 15–38.

– **1994**: Handlungswissen oder Bildungswissen? Mittelalterliche Fachliteratur und ihr Sitz im Leben, in: ZfdA 123, 1–18.

– **2014**: Das Arzneibuch Ortolfs von Baierland. Auf der Grundlage der Arbeit des von Gundolf Keil geleiteten Teilprojekts des SFB 226 'Wissensvermittelnde und wissensorganisierende Literatur im Mittelalter' zum Druck gebracht, eingeleitet und kommentiert, Wiesbaden.

**Roelcke, Torsten 2010:** Fachsprachen, 3. Aufl., Berlin 2010.

**Roos, Heinrich 1959:** Die Stellung der Grammatik im Lehrbetrieb des 13. Jahrhunderts, in: Koch 1959, 94–106.

**Rösener, Werner 1997:** Jagd und höfische Kultur im Mittelalter, Göttingen.

**Rüdiger, Bernd / Lorenz, Wolfgang 2009:** Quellen zu Adam Ries, Annaberg-Buchholz.

**Ruge-Schatz, Angelika 1997:** Von der Rezeptsammlung zum Kochbuch – einige sozialhistorische Überlegungen über Autor und Besitzer, in: Bitsch / Ehlert / von Ertzdorff 1997, 217–226.

## Quellen- und Literaturverzeichnis

**Salmen, Walter 1960:** Der fahrende Musiker im europäischen Mittelalter, Kassel.

**Sauer, Albrecht 1996:** Das „Seebuch". Das älteste erhaltene mittelalterliche Seehandbuch und die spätmittelalterliche Navigation in Nordwesteuropa, Bremerhaven / Hamburg.

**Saueracker, Karl 1929:** Wortschatz der Peinlichen Gerichtsordnung Karls V. (Carolina-Wörterbuch). Mit einer Einleitung von Eberhard Freiherr v. Künßberg, Heidelberg.

**Schäfer, Ursula 1999:** Artes im Mittelalter, Berlin.

**van Schaik, Martin 1995:** Notker Labeo, de musica: Edition, Übersetzung und Kommentar, Utrecht.

– **2012:** Der musikalische Wortschatz von Notker Labeo. Wortkonkordanz und musikbezogener Kommentar, Bern u.a. 2012.

**Schanze, Frieder 1980a:** Fischbüchlein vom Bodensee, in: VL 2, 741.

– **1980b:** Fischereibuch Kaiser Maximilians I., in: VL 2, 741f.

**Schipperges, Heinrich 1976a:** Arabische Medizin im lateinischen Mittelalter, Berlin.

– **1976b:** Die Assimilation der arabischen Medizin durch das lateinische Mittelalter, Wiesbaden.

– **1990:** Der Garten der Gesundheit. Medizin im Mittelalter, München.

**Schirmer, Alfred 1911:** Wörterbuch der deutschen Kaufmannssprache auf geschichtlichen Grundlagen, Straßburg, Neudruck mit einem Nachwort von Dieter Möhn, Berlin / New York 1991.

**Schleissner, Margret 1992:** Secreta mulierum, in: VL, Bd. 8, 986–993.

**Schmid, Hans Ulrich 2005:** *Verspelt aver ein man sin gut* ... Der Ausdruck der Bedingung in deutscher Rechtsprosa und Chronistik des 13. bis 15. Jahrhunderts, in: Syntax. Althochdeutsch – Mittelhochdeutsch. Eine Gegenüberstellung von Metrik und Prosa. Akten zum Internationalen Kongress an der Freien Universität Berlin, 26. bis 29. Mai 2004, hg. von Franz Simmler, Berlin, 351–365.

**Schmidt-Wiegand, Ruth 1980a:** Rechtssprichwörter und ihre Wiedergabe in den Bilderhandschriften des Sachsenspiegels, in: Text und Bild. Aspekte des Zusammenwirkens zweier Künste in Mittelalter und früher Neuzeit, hg. von Ch. Meier / U. Ruberg, Wiesbaden, 593–629.

– **1980b:** Eike von Repgow, in: VL II, 400–409.

– **1981:** Wörter und Sachen. Zur Bedeutung einer Methode für die Frühmittelalterforschung. Der Pflug und seine Bezeichnungen, in: Wörter und Sachen im Lichte der Bezeichnungsforschung, hg. von Ruth Schmidt-Wiegand, Berlin / New York, 1–41.

– **1983**: Der „Sachsenspiegel" Eikes von Repgow als Beispiel mittelalterlicher Fachliteratur, in: Fachsprache und Fachliteratur, hg. von Brigitte Schlieben-Lange; Helmut Kreuzer, LiLi, 206–226.

– **1985**: 'Malbergische Glossen', in: VL V, 1193–1198.

– **1988**: Mord und Totschlag in der älteren deutschen Rechtssprache, in: Forschungen zur Rechtsarchäologie und rechtlichen Volkskunde 10, 46–87.

– **1990**: Rechtssprache, in: Handwörterbuch zur deutschen Rechtsgeschichte, Bd. 4, Sp. 344–360.

– **(Hg.) 1993a**: Die Wolfenbütteler Bilderhandschrift des Sachsenspiegels. Aufsätze und Untersuchungen. Kommentarband zur Faksimile-Ausgabe, Berlin.

– **1993b**: Der Rechtswortschatz, in: Schmidt-Wiegand 1993a, 219–232.

– **1993c**: Sprache und Stil der Wolfenbütteler Bilderhandschrift, in: Schmid-Wiegand 1993a, 201–218.

– **1998a**: Deutsche Sprachgeschichte und Rechtsgeschichte bis zum Ende des Mittelalters, in: Sprges. HSK, 1. Teilbd., 72–87.

– **1998b**: Deutsche Sprachgeschichte und Rechtsgeschichte seit dem Ausgang des Mittelalters, in: Sprges. HSK, 1. Teilbd., 87–98.

– **1998b**: Der Rechtswortschatz im Sachsenspiegel, in: Hoffmann / Kalverkämper / Wiegand 1998, 2341–2348.

**Schmidtchen, Volker 1977**: Bombarden, Befestigungen, Büchsenmeister. Von den ersten Mauerbrechern des Spätmittelalters zur Belagerungsartillerie der Renaissance. Eine Studie zur Entwicklung der Militärtechnik, Düsseldorf.

– **1980**: Feuerwerksbuch von 1420, in: VL 2, 728–731.

– **1983a**: Hohenwang, Ludwig, in: VL 4, 101–105.

– **1983b**: Kal, Paulus, in: VL 4, 964–966.

– **1990**: Kriegswesen im späten Mittelalter. Technik, Taktik, Theorie, Weinheim 1990.

– **1992**: Seffner, Johann, in: VL 8, 1040–1042.

– **/ Hils, Hans-Peter 1985**: Kyeser, Konrad, in: VL 5, 477–484.

**Schmitt, Wolfram 1963**: Hans Hartliebs mantische Schriften, Diss. Heidelberg.

– **1966**: Magie und Mantik bei Hans Hartlieb, Wien.

– **1974**: Zur Literatur der Geheimwissenschaften im späten Mittelalter, in: Fachprosaforschung. Acht Vorträge zur mittelalterlichen Artesliteratur, hg. von Gundolf Keil / Peter Assion, Berlin, 167–182.

**Schmitt, Lothar 2010**: Die Illustrationen in Riederers Spiegel der wahren Rhetorik, in: Knape / Luppold, 191–195.

**Schneider, Jürgen 1989**: Die Bedeutung von Kontoren, Faktoreien, Stützpunkten (von Kompagnien), Märkten, Messen und Börsen in Mittelalter und früher Neuzeit, in: Die Bedeutung der Kommunikation für Wirtschaft und Gesellschaft. Referate der 12. Arbeitstagung der Gesellschaft für Sozial- und Wirtschaftsgeschichte vom 22.–25.4.1987 in Siegen, hg. von Hans Pohl, Stuttgart, 37–63.

**Schnell, Bernhard 1980**: Facetus, in: VL 2, 700–703.

– **1987**: Ein Würzburger Bruchstück der mittelhochdeutschen Donat-Übersetzung. Ein Beitrag zu deren Überlieferungsgeschichte, in: ZfdA 98, 204–220.

– **2003**: Die deutsche Medizinliteratur im 13. Jahrhundert: Ein erster Überblick, in: Eine Epoche im Umbruch. Volkssprachliche Literalität 1200–1300. Cambridger Symposium 2001, hg. von Christa Bertelsmeier-Kierst / Christopher Young, Tübingen, 249–265.

– **2011**: Werk, Textcorpus oder Sammelhandschrift? Zu den deutschsprachigen Arzneibüchern des Mittelalters, in: Textsortentypologien und Textallianzen des 13. und 14. Jahrhunderts, hg. von Mechthild Habermann, Berlin, 177–200.

– **2013**: Ortolf von Baierland. Ein berühmter Würzburger Arzt des Mittelalters, in: Kulturstadt Würzburg. Kunst, Literatur und Wissenschaft in Spätmittelalter und Früher Neuzeit, hg. von Dorothea Klein / Franz Fuchs, Würzburg, 49–66.

– **/ Crossgrove, William 2003**: Der deutsche 'Macer'. Vulgatfassung. Mit einem Abdruck des lateinischen Macer Floridus 'De viribus herbarum', kritisch hg., Tübingen.

**Schröbler, Ingeborg 1953**: Notker III. von St. Gallen als Übersetzer und Kommentator von Boethius' 'De Consolatione Philosophiae', Tübingen.

**Schroeder, Friedrich-Christian 2000**: Die peinliche Gerichtsordnung Kaiser Karls V. und des Heiligen Römischen Reichs von 1532 (Carolina), Stuttgart.

**Schubert, Ernst 1995**: Fahrendes Volk im Mittelalter, Bielefeld.

**Schulz, Anne 2011**: Essen und Trinken im Mittelalter (1000–1300), Berlin/Boston.

**Schulz, Monika 2003**: Beschwörungen im Mittelalter. Einführung und Überblick, Heidelberg.

**Schulze, Ursula 1975**: Lateinisch-deutsche Parallelurkunden des 13. Jahrhunderts, München.

**Schützeichel, Rudolf 2012:** Althochdeutsches Wörterbuch, 7. Aufl., Berlin / Boston.

**Schwenk, Sigrid 1999:** Die ältere deutsche Jägersprache bis zum Ende des 17. Jahrhunderts und ihre Erforschung: Eine Übersicht, in: Hoffmann / Kalverkämper / Wiegand 1999, 2383–2392.

**Scriba, Christoph J. 1985:** Die mathematischen Wissenschaften im mittelalterlichen Bildungskanon der Sieben Freien Künste, in: Acta historica Leopoldina 16, 25–54.

**Seckel, E. 1898:** Beiträge zur Geschichte beider Rechte im Mittelalter, Tübingen 1898 (Nachdr. Hildesheim 1967).

**Seemüller, Joseph 1909:** Österreichische Chronik von den 95 Herrschaften, Dublin/Zürich.

**Sehrt, Edward H. 1962:** Notker-Glossar. Ein Althochdeutsch – Lateinisch – Neuhochdeutsches Wörterbuch zu Notkers des Deutschen Schriften, Tübingen.

**Seibicke, Wilfried 2003:** Fachsprachen in historischer Entwicklung, in: Sprges. HSK 2003, 3. Teilbd., 2377–2391.

**Sieber, Armin 1994:** Rhetorik – Topik – Dialektik. Zur Übernahme rhetorischer Kategorien im ersten deutschen Logiklehrbuch von Ortolf Fuchsberger (1533), in: Artibus. Kulturwissenschaft und deutsche Philologie des Mittelalters und der frühen Neuzeit. Festschrift für Dieter Wuttke, hg. von Stefan Füssel / Gerd Hübner / Joachim Knape, Wiesbaden, 229–248.

**– 1996:** Deutsche Rhetorikterminologie in Mittelalter und früher Neuzeit, Baden-Baden.

**Simek, Rudolf 1992:** Erde und Kosmos im Mittelalter, München.

**de Smet, Gilbert 2004:** Niederländisch/Deutsch, in: Sprges. HSK 2004, 4. Teilbd., 3290–3299.

**Smets, Paul 1959:** *Spiegel der Orgelmacher und Organisten, allen Stiften und Kirchen, so Orgeln halten oder machen lassen, hochnützlich*, Speyer 1511; Faksimile mit Übertragung in modernes Deutsch, Mainz.

**Sokoll, Thomas 1994:** Bergbau im Übergang zur Neuzeit, Idstein.

**Sonderegger, Stefan 1970:** Althochdeutsch in Sankt Gallen, Sigmaringen.

**– 1987:** Notker III. von St. Gallen, in: VL 6, 1212–1236.

**– 1999:** Fachsprachliche Phänomene in den zum Trivium gehörenden Werken Notkers III. von St. Gallen, in: Hoffmann / Kalverkämper / Wiegand 1999, 2319–2333.

– **2003**: Notkers Rhetorik im Spannungsfeld von Tradition und pragmatischer Erneuerung, in: Bergmann 2003, 227–265.

**Spáčilová, Libuše 2014**: Deutsche Rechtstexte als Quelle pragmatischer Schriftlichkeit im Mittelalter und in der Frühen Neuzeit, in: Vaňková 2014, 187–205.

**Spamer, Adolf 1958**: Romanusbüchlein. Historisch-philologischer Kommentar zu einem deutschen Zauberbuch. Aus seinem Nachlass bearbeitet von Johanna Nickel, Berlin.

**Stammler, Wolfgang 1954**: Popularjurisprudenz und Sprachgeschichte im 15. Jahrhundert, in: ders.: Kleine Schriften zur Sprachgeschichte, Berlin, 13–18.

**Stedtfeld, Gabriele 1979**: Die Leipziger Roger-Glosse. Ein chirurgischer Text aus dem meißnisch-nordschlesischen Raum. Teil II: Roger-Konkordanz und Wörterverzeichnis, Würzburg 1979.

**Steer, Georg 1981**: Heinfogel, Konrad, in: VL 3, 654–657.

– **1985**: Lucidarius, in: VL 5, 939–947.

– **1985/2004**: Konrad von Megenberg, in: VL 5, 221–236, Bd. 11, 879.

– **1992**: Die deutsche 'Rechtssumme' des Dominikaners Berthold – ein Dokument der spätmittelalterlichen Laienchristlichkeit, in: Laienfrömmigkeit im späten Mittelalter: Formen, Funktionen, politisch-soziale Zusammenhänge, hg. von Klaus Schreiner, München, 227–240.

**Sternagel, Peter 1966**: Die artes mechanicae im Mittelalter. Begriffs- und Bedeutungsgeschichte bis zum Ende des 13. Jahrhunderts, Kallmünz.

**Stieda, Wilhelm 1921**: Hildebrand Veckinchusen. Briefwechsel eines deutschen Kaufmanns im 15. Jahrhundert, Leipzig.

**Stoffler, Hans-Dieter 2000**: Der Hortulus des Walahfrid Strabo. Aus dem Kräutergarten des Klosters Reichenau, Sigmaringen, 6. Aufl.

**Stoll, Ulrich 1992**: Das Lorscher Arzneibuch. Ein medizinisches Kompendium des 8. Jahrhunderts (Codex Bambergensis medicinalis 1). Text, Übersetzung und Fachglossar, Stuttgart.

– **/ Keil, Gundolf 1989**: Das Lorscher Arzneibuch. Faksimile der Handschrift Msc. Med. 1 der Staatsbibliothek Bamberg, Übersetzung der Handschrift Msc. Med. 1 der Staatsbibliothek Bamberg, Stuttgart.

**Stöllinger, Christine 1980**: Donat (deutsch), in: VL 2, 193f.

**Stolz, Michael 2004**: Artes-liberales-Zyklen: Formationen des Wissens im Mittelalter, 2 Bde., Tübingen.

**Stradner, Gerhard 1983**: Spielpraxis und Instrumentarium um 1500, Wien.

**Stricker, Stefanie 1997**: Die althochdeutschen Donatglossen, in: Glaser / Schläfer 1997, 139–157.

**Stroh, Friedrich 1974**: Germanisches Altertum, in: Maurer / Rupp 1974, 35–52.

**Stuart, Kathy 2008**: Unehrliche Berufe. Status und Stigma in der Frühen Neuzeit am Beispiel Augsburgs, Augsburg.

**Sudhoff, Karl 1909**: Die Leipziger Kindslagenbilder mit deutschem Texte, in: SA 2, 422–425 (und Tafel VII).

– **1922–1933**: Theophrast von Hohenheim, genannt Paracelsus. Medizinische, naturwissenschaftliche und philosophische Schriften. Gesamtausgabe, 14 Bde., München / Berlin (Neuauflage 1960).

**Tax, Petrus W. 1986**: Notker der Deutsche. Boethius „De Consolatione Philosophiae. Buch I/II, Tübingen 1986.

– **1988**: Notker der Deutsche. Boethius „De Consolatione Philosophiae. Buch II/III, Tübingen 1988.

– **1997**: Kritisches zu einigen Artes-Schriften Notkers des Deutschen und zu deren Sitz im Leben, in: Glaser / Schläfer 1997, 159–168.

– **2003**: Althochdeutsch, lateinisch, gemischt: die drei Behandlungen der Syllogismen durch Notker Labeo. Einige Überlegungen zu deren Sitz im Leben, in: Bergmann 2003, 267–282.

**Telle, Joachim 1980**: Sol und Luna. Literatur- und alchemiegeschichtliche Studien zu einem altdeutschen Bildgedicht, Hürtgenwald 1980.

– **1981**: Die Schreibart des Paracelsus im Urteil deutscher Fachschriftsteller des 16. und 17. Jahrhunderts, in: Dilg-Frank 1981, Stuttgart, 78–100.

– **1987**: Das nackte Weib, in: VL 6, 849–852.

– **1995**: Sol und Luna, in: VL 9, 19–22.

– **2004**: Ulmannus, in: VL 11, 1573–1580.

**Tiefenbach, Heinrich 1980a**: Bezeichnungen für Mist und Dünger im Althochdeutschen, in: Beck / Denecke / Jankuhn 1979f., 45–54.

– **1980b**: Bezeichnungen für Fluren im Althochdeutschen, Altsächsischen und Altniederfränkischen, in: ebd. 287–322.

– **1983**: Bezeichnungen für Werkzeuge aus dem Bauhandwerk im Althochdeutschen, in: Jankuhn 1983, 717–750.

– **2000**: Aus den althochdeutschen Anfängen des Schreibens über Musik, in: Resonanzen. Festschrift für Hans Joachim Kreutzer zum 65. Geburtstag, hg. von Sabine Döring / Waltraud Maierhofer / Peter Philipp Riedl, Würzburg, 27–36.

– **2009a**: Volkssprachige Wörter innerhalb lateinischer Texte. Rechtstexte: Leges, Kapitularien, Urkunden, in: Bergmann / Stricker, 958–975.

– **2009b**: Zum Wortschatz der Werkzeuge. Methodische Aspekte, in: ebd., 1124–1136.

**Ulmschneider, Helgard 1989**: Rechtsabecedarien, in: VL 7, 1057–1061.

– **1999**: Veckinchusen, Hildebrand und Sievert, in: VL 10, 184–189.

**Unterkirchner, Franz 1968**: Das Tiroler Fischereibuch Maximilians I. Verfaßt und geschrieben im Jahre 1504 von Wolfgang Hohenleiter. Mit Bildern von Jörg Kölderer. Codex Vindobonensis 7962, Graz / Wien / Köln.

**Unterreitmeier, Hans 1983**: Deutsche Astronomie/Astrologie im Spätmittelalter, in: Archiv für Kulturgeschichte. 65, 21–41.

**Vaňková, Lenka 2004**: Medizinische Fachprosa aus Mähren. Sprache – Struktur – Edition, Wiesbaden.

– **(Hg.) 2014**: Fachtexte des Spätmittelalters und der Frühen Neuzeit. Tradition und Perspektiven der Fachprosa- und Fachsprachenforschung, Berlin.

**Vasold, Manfred 2008**: Grippe, Pest und Cholera. Eine Geschichte der Seuchen in Europa, Stuttgart.

**Voetz, Lothar 1977**: Komposita auf -*man* im Althochdeutschen, Altsächsischen und Altniederfränkischen, Heidelberg.

– **1983**: Handwerkerbezeichnungen auf -*man* im Althochdeutschen, in: Jankuhn et al. 1983, 642–669.

**Vogel, Kurt 1954**: Die Practica des Algorismus Ratisbonensis. Ein Rechenbuch des Benediktinerklosters St. Emmeram aus der Mitte des 15. Jahrhunderts nach den Handschriften der Münchner Staatsbibliothek und der Stiftsbibliothek St. Florian, München.

– **1980**: Das Bamberger Blockbuch Inc. typ. Ic I 44 der Staatsbibliothek Bamberg. Ein xylographisches Rechenbuch aus dem 15. Jahrhundert. Mit einer buchkundlichen Beschreibung von Bernhard Schemmel, München (New York / London / Paris).

**Vortisch, Rudolf 1910**: Grammatische Termini im Frühneuhochdeutschen, Basel.

**Wagner, Ulrich 1988**: Das Bamberger Rechenbuch von 1483. Faksimile und Transkription des Originals, Berlin.

**Wallmeier, Nadine 2013**: Sprachliche Muster in der mittelniederdeutschen Rechtssprache. Zum Sachsenspiegel und zu den Stadtrechtsaufzeichnungen des 13. bis 16. Jahrhunderts, Köln / Weimar / Wien.

**Wattenbach, W[ilhelm] 1869**: Alchimey teutzsch, in: AKdV NF 16, 264–268.

**Weil, Ernst 1923**: Die Kunst Chiromantia: Buch von der Hand des Dr. Hartlieb; ein Blockbuch aus den Siebziger Jahren des fünfzehnten Jahrhunderts, München.

**Weimann, Karl-Heinz 1963**: Paracelsus und der deutsche Wortschatz, in: Ludwig Erich Schmitt: Deutsche Wortforschung in europäischen Bezügen, Bd. 2, Gießen, 359–408.

– **1981**: Paracelsus-Lexikographie in vier Jahrhunderten, in: Dilg-Frank 1981, 167–195.

– **1998**: Paracelsus und der Fachwortschatz der Artes mechanicae, in: Hoffmann / Kalverkämper / Wiegand 1998, 2361–2368.

**Welle, Rainer 1993**: „... und wisse das alle höbischeit kompt von deme ringen". Der Ringkampf als adelige Kunst im 15. und 16. Jahrhundert, Pfeffenweiler.

**Wesche, Heinrich 1940**: Der althochdeutsche Wortschatz im Gebiete des Zaubers und der Weissagung, Halle (Saale).

**Wierschin, Martin 1965**: Meister Johann Liechtenauers Kunst des Fechtens, München.

**Wilhelm, Friedrich 1932–1986**: Corpus der Altdeutschen Originalurkunden bis zum Jahre 1300, 6 Bde., Lahr.

**Wilken E. 1877**: Eine Münstersche Grammatik aus dem XV. Jahrhundert, in: Jahrbuch des Vereins für niederdeutsche Sprachforschung 3, 36–56.

**Willecke, Raimund 1977**: Die deutsche Berggesetzgebung von den Anfängen bis zur Gegenwart, Essen.

**Wiswe, Hans 1970**: Kulturgeschichte der Kochkunst. Kochbücher und Rezepte aus zwei Jahrtausenden mit einem lexikalischen Anhang zur Fachsprache von Eva Hepp, München.

**Woitkowitz, Torsten 2011**: Zur althochdeutschen Musikterminologie, in: Historische Semantik, hg. von Jörg Riecke, 253–268.

**Worstbrock, Franz Josef 1980a**: Formulare und deutsch Rhetorica, in: VL 2, 794f.

– **1980b**: Friedrich von Nürnberg, in: VL 2, 953–957.

**Zarncke, Friedrich 1852**: Der deutsche Cato. Geschichte der Übersetzungen der im Mittelalter unter dem Namen Cato bekannten Distichen bis zur Verdrängung desselben durch die Übersetzung Seb. Brants am Ende des 15. Jahrh., Leipzig (Nachdruck Osnabrück 1966).

**Zeller, Rosmarie 2010**: Hermetisches Sprechen in alchemischen Texten. Die Jäger-Lust von Thomas Rappolt, in: Konzepte des Hermetismus in der Literatur der Frühen Neuzeit, hg. von Peter-André Alt / Volkhard Wels, Göttingen, 195–212.

**Zimmermann, Monika 1978a**: Algorismus Ratisbonensis, in: VL 1, 237–239.

– **1978b**: Bamberger Rechenbuch 1483, in: VL 1, 596–599.

**Zinner, Ernst 1925**: Verzeichnis der astronomischen Handschriften des deutschen Kulturgebietes, München.

# Abbildungsverzeichnis

Wir bedanken uns herzlich bei den zuständigen Stellen für die freundlichen Abdruckgenehmigungen!

[1] **Seite 15: Die sieben freien Künste**, Universitätsbibliothek Salzburg, Sondersammlungen, Handschrift M III 36, 243r.

[2] **Seite 18: Aus der St. Galler Schularbeit**, St. Gallen, Stiftsbibliothek, Cod. Sang. 556, S. 401 (www.e-codices.unifr.ch).

[3] **Seite 19: Aus der Donat-Übersetzung**, Kremsmünster, Stiftsbibliothek, Cod. 69, fol. 141r.

[11] **Seite 34: Titelholzschnitt aus Friedrich Riederers *Spiegel der waren Rhetoric***, Freiburg 1493, Herzog August Bibliothek Wolfenbüttel: A: 9.1 Rhet. 2°.

[19] **Seite 49: Eine Seite aus dem Bamberger Rechenblockbuch**, Staatsbibliothek Bamberg, Foto: Gerald Raab, Inc.typ.Ic.I.44, fol. 7v.

[20] **Seite 50: Johannes Widmann, *Behende vnd hubsche Rechnung auff allen Kauffmanschafft***, Druck: Leipzig 1489, Universitätsbibliothek Leipzig, Ms 1192, fol. 32r/v.

[30] **Seite 72: Des Himmels Laufes Wirckung [...]**, 1551, Bayerische Staatsbibliothek München, Res/Astr.u. 309 u, Tbl.

[32] **Seite 77: Notenwerte**, Bischöflich-Proskesche Musikbibliothek, Regensburg, Cod. 98th, S. 402.

[33] **Seite 79: Sebastian Virdung, *Musica getutscht*, Basel 1511**, Bayerische Staatsbibliothek München, 4 Mus.th. 1616, Bildnr. 15.

[38] **Seite 92: Ulrich Rülein, *Ein nutzlich bergbuchleyn***, Erfurt 1527, Signatur 3.A.8150, SLUB Dresden, http://digital.slub-dresden.de/id267528353/19.

[39] **Seite 94: Aus dem Verzeichnis von Fachtermini der Bergleute im Anhang zu Ulrich Rüleins *Bergbüchlein***, Augsburg 1534, Signatur S.B.1080, SLUB Dresden, http://digital.slub-dresden.de/id279469950/50.

[40] **Seite 96: Aus Georg Agricola, *Berckwerck Buch***, Frankfurt am Main 1580, Universitätsbibliothek Leipzig, Ökon.86, S. 76.

[50] **Seite 127: Johann Helias Meichßner, Handbüchlin grundtlichs berichts [...]**. Tübingen 1550, Bayerische Staatsbibliothek München, L.germ. 171, S. 45.

[62] **Seite 158: Pest-Aderlassmännchen**, Universitätsbibliothek der LMU München, 4° Cod. ms. 885, fol. 8r.

# Abbildungsverzeichnis

[65] **Seite 163: Leipziger Kindslagen,** Universitätsbibliothek Leipzig, Off.Lips.: Ka.4, S. 50.

[70] **Seite 175: Paracelsus / Bodenstein, Adam von: Onomasticon,** Basel 1575, Bayerische Staatsbibliothek München, Res/Metall. 101#Beib. 4, S. 16.

[71] **Seite 178: Zwei Männer, die mit Schwert und Schild fechten,** Abb. aus dem sogenannten „Tower-Fechtbuch", um 1300. © Royal Armouries, MS I.33, fol 22r.

[73] **Seite 182: Hans Talhofers Fechtlehre (1467),** Bayerische Staatsbibliothek München, Cod. icon. 394a, fol. 20r.

[74] **Seite 184: Das Landshuter Ringerbüchlein (1490/1510),** Bayerische Staatsbibliothek München, 4 Inc.s.a. 1142, Bildnr. 4.

[75] **Seite 190: Eine 'Mönchskappe' aus: Hans Thalhofer,** *Alte Armatur und Ringkunst* (1459), The Royal Library, Copenhagen, Thott 290, 2º (fol. 20v).

[77] **Seite 194: Das nackte Weib,** Alchemistische Sammlung, Schweiz (?) 1550. Universitätsbibliothek Basel, Sign. L IV 1, fol. 263.

[79] **Seite 199: 'Cisioianus' ; Sammlung alchemischer und medizinischer Rezepte und Traktate,** Universitätsbibliothek Heidelberg, Cod. Pal. germ. 597, fol. 1r (http://digi.ub.uni-heidelberg.de/diglit/cpg597/0004).

[83] **Seite 207, Johannes Hartlieb, Chiromantie,** Blockbuch um 1490, Bayerische Staatsbibliothek München, Cim. 62.

[89] **Seite 223: Heidelberger Sachsenspiegel,** Universitätsbibliothek Heidelberg, Cod. Pal. germ. 164, fol. 12v (http://digi.ub.uni-heidelberg.de/diglit/cpg164/0038).

# Namen-, Werk- und Sachregister

**A**

Abbildung 58, 60f., 80, 83, 90, 96f., 160, 182f., 185f., 188, 190, 193f., 227
Ableitung 30f., 37, 86, 93, 98, 106, 129, 162, 168, 225
*Abstractum Glossar* 18
Abstrakta 31, 37, 39, 51, 56, 93, 118, 148, 170, 173, 180, 185, 232
*Ackermann aus Böhmen* 239
Aderlass 72, 155–160, 167
*Aderlassmännchen* 157f.
adhoc–Bildung 39
Adjektiv(bildung) 37, 51, 87f., 93, 98, 107, 111, 116, 119, 154, 225
Adverb, adverbial 60, 107, 181, 186
Adverbialsatz 56, 76, 130, 162, 229
*Aemilius Macer* 149
*Agricola, Georg* 95–97
*Agricola, Rudolph* 41
*Albertus Magnus* 90, 122, 160
Alchimie 189, 192–200, 210
*Alchymey teutczsch* 199f.
Algebra 50
*Algorismus Ratisbonensis* 46–48, 53, 77
*Alkuin* 17, 31, 139
Allgemeinsprache 30, 36, 42, 52f., 56, 59f., 75, 80, 83, 93, 98, 101, 103, 107, 111, 113, 119, 123, 126, 137, 149, 162, 164, 166, 173, 185, 191, 193, 220, 224, 228, 232
Alliteration (s.a. Stabreim) 214, 221, 225, 239

*Altsächsisches Taufgelöbnis* 205
Anapher 76
Anrede 27, 38, 42, 53, 30, 67, 76, 108, 169, 203
*Antworter, Georg* 211
Anweisung 108, 125, 126, 141, 162, 171, 212, 233
Araber, arabisch 68f., 80, 145, 151, 192
arabisch–indische Zahlen 50
*Archimedes* 46
Architektur 57, 88
*Aristoteles* 39, 46, 68, 145, 151
Arithmetik 15, 16, 46–54, 50
*Arnaldus de Villanova* 196, 198
*Arzneibuoch Ypocratis* 142f.
Astrolab 71f.
Astrologie 63, 210
Astronomie 15, 16, 63–72,
Attributsatz 52, 57, 71, 112, 119, 130, 148
Aufforderungssatz → Imperativsatz
*Augustinus* 73, 188
Aussagesatz → Deklarativsatz

**B**

*Bamberger Rechenblockbuch* 48f., 53
*Bamberger Rechenbuch* 49
*Bartholomäus* 145f., 172
*Baseler Rezepte* 140–142
Bauhandwerk 58, 85–90
*Bechius, Philippus* 96
Beizbücher 125
*Benedikt von Nursia* 139

## Namen-, Werk- und Sachregister

*Benediktinerregel* 140
Bergbau 90–97, 192
*Berthold (Bruder B.)* 239
*Berthold von Regensburg* 68
Berufsbezeichnungen 85, 97, 111
Bibel 17, 85, 115, 188
Blutschau 152
*Boethius* 17, 29, 31, 39, 46, 64, 140
*Buch der heiligen Dreifaltigkeit* 194
*Buch von guter Speise* 133f., 137
Buchstabierbüchlein 22
*Bütner, Wolfgang* 42

### C

*Caerte van der zee* 108
*Camerarius, Joachim* 58
*Canonesglossen* 216
*Capitulare de villis* 115
*Carolina* 231–236, 239
*Cassiodor* 16
Chiromantik 207f., 210
Chronik, Chronistik 120, 239
*Cicero* 31, 188
*Circa instans* 146
*Contra caducum morbum* 202
*Czynner, Hans* 182

### D

Darstellung 43f., 51, 71, 79, 83, 96, 104, 126, 162f.
Deckwörter 193, 197, 199
Deklarativsatz 108, 112, 119, 125, 148
Derivation → Ableitung
Dialekt 85, 228, 238
Dialektik 15–17, 39–46
Dialog 43, 79, 91, 112–114
Diätik 68
Diminutiv 58, 103
Direktiv(satz) → Imperativ(satz)
*Disticha Catonis* 18

*Döbringer, Hanko* 178
*Donat(us)* 19
Doppelformel 198, 239
*Dürer, Albrecht* 58–61, 88–90

### E

*Eberhard (Meister E.)* 135
*Eckhard (Meister E.)* 68
*Eike von Repgow* → Sachsenspiegel
Einfachsatz 48f., 71, 119, 146, 148
*Ekkehard IV. von St. Gallen* 45
Ellipse 48f., 52, 112, 117, 138f., 171, 203
Erbwort 98, 224
Erfahrung 91, 117, 130, 165, 169, 172, 188
*Erfurter Judeneid* 217
*Euklid* 46
Euphemismus 149, 162
*Ewiger Landfriede* 230
Exotismen 49

### F

Fahrende 186f.
*Facetus* 18
Fechtlehre 177–183
Feuerwerksbücher 188f.
fiktionale Literatur 13, 120, 122, 216
Finalsatz 27, 119, 162
*Fischbüchlein vom Bodensee* 128–131
Fischerei 128–131
*Fischereibuch des Kaisers Maximilian* 128
*Formulare und deutsch Rhetorica* 37–39
*Frangk, Fabian* 23f., 27
Französisch 122, 132f., 187, 215
*Frau von Plauen* 155, 157, 159
*Frauengeheimnisse* 160
Frauenheilkunde 160–164
*Frauenlob* 68

282

Fremdwort (lateinisch) 26, 36f., 42f., 47, 49, 51, 56, 58, 61, 66, 69, 71, 75, 78, 80f., 100, 111, 129, 135, 154, 159, 161, 166, 168, 170, 172, 198, 224, 231
*Friedrich I. (Barbarossa)* 120
*Friedrich II.* 218
*Friedrich III.* 169
*Friedrich von Nürnberg* 32–34
*Fuchsberger, Ortolf* 41–43, 46
*Fugger* 112
Funktionsverbgefüge 43, 233f.
*Füssener Urbar* 116

**G**

*Galenos* 150
*Gart der Gesundheit* 150
Gartenbau 114–120
Geheimschrift 199f.
Geheimsprache (s.a. Deckwörter) 178f., 193, 199, 207
Geisterbeschwörung 211
Geldwesen 110
Genitiv 95, 107, 198, 233
Geomantik 208
*Geometria Culmensis* 54–57
Geometrie 15f., 54–63, 208
Geschäftsbrief 108
*Gesta Friderici* 120
gesprochene Sprache 171
Glossen (althochdeutsch, altsächsisch, mittelhochdeutsch) 17, 85f., 97, 115, 131, 139f., 149, 216
*Gold(t)wurm, Caspar* 37
*Gottfried von Franken* 117, 128
*Gottfried von Straßburg* 121f.
Grammatik 15–27,
*Gratianus* 216
Griechisch 61, 75, 149, 172
*Gutenberg, Johannes* 49
Gynäkologie → Frauenheilkunde

**H**

*Habichtslehre* 123–125
Halbsuffix 93
Hanse 106, 111
Harnschau 152–155, 167
*Hartlieb, Johannes* 160, 205–208, 213
Hauptsatz 56, 76, 154, 162
Hausväterliteratur 119
Heilkunde 139–177
*Heinfogel, Konrad* 71
*Heinrich von Mügeln* 68
Hexen 203f.
*Hieronymus* 188
*Hildebrandslied* 187, 216
*Hippokrates* 143, 150, 167
höfische Dichtung 98, 131f., 187, 205
Hofkünste 177–191
*Hohenleitner, Wolfgang* 128
*Hohenwang, Ludwig* 189
*Horaz* 17
Horoskop 72
*Hoyer von Falkenstein* 222
*Hrabanus Maurus* 17, 139
*Hugo von Sitten* 46
*Hugo von St. Viktor* 84
Humoralpathologie 150, 154, 172
Hüttensprache 97
Hybridbildung 51
Hypotaxe (s.a. Satzkomplexität) 60, 154, 166, 171, 176, 226

**I**

iatromathematische Texte 160
*ich*–Form 117
*Ickelsamer, Valentin* 23f., 27
ikonisch 182
Illustration → Abbildung
Imperativ(satz) 48, 51, 53, 56, 58, 83, 108, 125f., 130, 138, 141, 148, 157, 171, 198, 202, 212

## Namen-, Werk- und Sachregister

Indefinitheit 60, 90
*Indiculus superstitionum et paganiarum* 205
Infinitiv(konstruktion) 51, 60, 93, 95, 183, 232f.
Inhaltssatz 56
*Innsbrucker Arzneibuch* 144, 160
*Innsbrucker Kräuterbuch* 144, 160
Instrumentenbezeichnungen 75
Interlinearversion 20
Inventar 108
*Isidor von Sevilla* 139, 188, 206
Italien(isch) 111f.

**J**

*Jacob Alemannus* 231
*Jacob von Paradies* 211
Jagd 120–127
Jagdallegorie 122
*Johannes von Sacrobosco* 69, 71
*Johannes Herbart von Würzburg* 177
Jordansegen 203
*Jud, Ott* 183

**K**

*Kachelofen, Konrad* 51
*Kal, Paulus* 179, 182
Kalender 66, 72, 211
Kanzlei(sprache) 32, 41, 87
*Karl der Große* 115, 215
*Kasseler Anonymus* 84f.
Kasusbezeichnungen 21
kaufmännisches Rechnen 46, 49f.
Kaufmannsprache 49, 108, 111f., 114
Kausalrelation 162, 233
Kausalsatz 27, 39, 71, 76, 119, 159
Keltisch 214
*Kepler, Johannes* 73
Kindslagen 163f.
Kirchenordnung 23

Kirchentonarten 73
Kleiderordnung 98
*Klosener, Fritsche* 18
Klostermedizin 140
*Kolber, Jörg* 91
Kochbuch 131–139
Kompass 72
Kompositum 30, 43, 51, 56, 58, 60f., 70, 85f., 88, 90, 93, 95, 97–100, 103, 106, 111, 116, 118, 129, 134, 137f., 149, 156f., 166, 168, 172f., 177, 180, 189, 197, 202, 224
Komputistik 63
Konditionalsatz 52f., 56f., 101, 125f., 138f., 146, 149, 154f., 162, 164, 168, 182, 186, 219, 226, 229
Konjunktionaladverb 71
Konjunktiv 90, 141, 146, 157
*Konrad von Jungingen* 54
*Konrad von Megenberg* 69–73, 150
*Konrad von St. Gallen* 68
Konsekutivsatz 76, 146, 235
Konversion 181
Koordination 36, 71
Kopulativkompositum 106, 185
Körperteilbezeichnungen 122, 139f., 144, 149, 166
Korrelat, korrelativ 101, 125, 162
*Kotmann, Johannes* 18
Krankheitsnamen 148f., 161, 168, 202
Kräuterbuch 135, 150
*Kremsmünsterer Donat* 19–22
Kriegsbücher 187–189
*Küchenmeisterei* 135–137
*Kyeser, Konrad* 188

**L**

Laien 24, 70, 76, 95, 127, 152, 154, 156f., 158, 167
*Landshuter Ringerbüchlein* 184
Landwirtschaft 114–120

## Namen-, Werk- und Sachregister

Lassmännchen 158, 163f.
Latein (s.a. Lehnwort) 16f., 44, 142, 213, 215, 236
Lateinunterricht 17f., 20f.
*Lecküchner, Johannes* 182
Leges 85, 120, 216, 220
Lehnbedeutung 55, 80
Lehnbildung 21, 32, 37f., 48, 51, 56, 172, 202
Lehnsyntax 37, 39
Lehnwort 53, 59–61, 72, 80, 86, 98, 107, 115, 129, 131, 135, 137, 159, 181
*Leipziger Rogerglosse* 165f.
*Lex Salica* 215
*Liber Vagatorum* 187
*Liechtenuer, Johannes* 178f., 183
Logik 15–17, 27, 39–42
Lokalsatz 125, 229
*Longinussegen* 203
*Lorscher Arzneibuch* 139
Losbücher 208
*Lucidarius* 68
Luther, Martin 23–25, 49, 187

**M**

*Macer Floridus* 149f.
Magdeburger Recht 230f.
Magie 16, 205, 207
*Mainauer Naturlehre* 68
*Mainzer Reichslandfriede* 218
*Malbergische Glossen* 215
Mantik 16, 204–213
*Martianus Capella* 16, 64
*Maximilian* (Kaiser) 37, 128, 290
Medizin → Heilkunde
*Meichßner, Johann Helias* 126f.
Meister Eberhard → Eberhard
Meister Eckhard → Eckhard
Melanchthon, Philipp 37, 41, 43
Mensuralnotation 76

Merkverse 178, 183
*Merseburger Zaubersprüche* 201–204
Metonymie 122, 191, 219
Metapher 27, 37, 43, 60, 122, 181, 185, 189, 193, 199, 208
*Michael de Leone* 133
Mischsprache (lateinisch–deutsch) 30, 47f., 144, 172, 175, 193, 202
Mittelniederdeutsch → Niederdeutsch
Mittelniederländisch → Niederländisch
Modalsatz 130
Modalverb 60, 125, 138, 162, 198, 225, 233
Monatsregeln 142
Mondwahrsagebuch 208
Monochord 73f.
morphologische Assimilation 47f., 51
*Mühlhäuser Rechtsbuch* 227–229
Mündlichkeit 17, 76, 84, 93, 98, 104, 177, 183, 187, 201, 222, 224, 226
*Münstersche Grammatik* 20f.
Musik 15f., 73–85

**N**

*das Nackte Weib* 194–196
Nautik → Seefahrt
Namenmantik 208
*Nibelungenlied* 120
*Nicolaus Cusanus* 73
Niederdeutsch 20, 104, 106, 112, 167, 187, 216, 221f., 230
*Niederländisch* 79, 106, 151, 192
Nomen agentis 22, 131
Nominalkonstruktion 93, 112
Nominalstil 232
Notenschrift 73
*Notker III. von St. Gallen* (*Notker Labeo, Notker Theutonicus*) 27–31, 39–41, 44f., 64–66, 69, 73–76, 140
*Nürnberger Kunstbuch* 99

**285**

# Namen-, Werk- und Sachregister

**O**

Objektsatz 48, 52, 57, 239
*Ordnung der Gesundheit* 151
Orthographielehre 23
*Ortolf von Baierland* 167–169, 172
*Oswald von Wolkenstein* 68
*Ovid* 17, 149

**P**

Paarformel 214, 221, 225, 229, 231f., 239
*Paracelsus* 171–177, 198
Paraphrase 40, 43, 56, 81, 162
Parataxe 48, 52, 60, 101, 130, 141, 164, 171, 176, 198, 203, 210, 212
Parenthese 56f., 76
Partikelverb 88, 95, 111, 129, 134, 137, 181, 185, 191, 224
Partizip(ialkonstruktion) 39, 51, 93, 95, 138, 149, 212, 236
Passiv(konstruktion) 76, 93, 162, 234
performativ 202, 215
*Petroneller Geburtsprognostik* 209f.
Pest 155–160
*Petroneller Circa instans–Handschrift* 146f.
*Petrus de Crescentiis* 122
Pflanzennamen 144–146, 148f., 168, 170
Phantasiewörter 172
Phraseologie, Phraseologismus 42, 95, 103, 111, 114, 126, 162, 168, 186, 198, 214, 226, 229
*Plinius der Jüngere* 139
*Practica Bartholomaei* 145
Possessivpronomen 199
Präfix(bildung) 51, 88, 100, 103, 111, 129, 134, 137f., 149, 181, 224
Präpositionalkonstruktion 95, 112, 181, 186

Praxis(bezug) 31f., 37, 41, 46, 49–51, 54, 58, 73, 76, 150–153, 172, 182, 187, 190, 216
*Priscian* 22
Privatbrief 108
*Pro Nessia* 204
Prognostik 68, 72, 208
Protokoll 203, 217, 230
*Prudentius* 17
Prüfungsfrage 101–103, 164, 169
*Prüller Kräuterbuch* 144
Psalter 27
*Ptolemäus* 68f.
*Purchard (Abt von St. Gallen)* 65

**R**

*Rathke, Wolfgang* 32
*Rattenberger Bergordnung* 90
Rechnungsbuch 87
Rechtsabecedarium 239
Rechtsbücher 221–229
Rechtssprache 214–242
Rechtssprichwort → Sprichwort
Rechtswort 214, 220, 226, 228, 232, 238
Reformation 17, 23, 25, 37
*Regimen de epidemia* 158–160
*Regiomontanus* 73
Relativsatz → Attributsatz, → verallgemeinernder Relativsatz
Rezept 128, 138–150, 168, 199, 212
*Remigius von Auxerre* 31
Rhetorik 15f., 27–39, 126
*Riederer, Friedrich* 34–37
*Ries, Adam* 52–54
*Ringeck, Siegmuns* 182
Ringlehre 183–186
*Rochlitzer Abkommen* 219–221
*Roritzer, Matthäus* 57f., 61
*Rösslin, Eucharius* 164

## Namen-, Werk- und Sachregister

Rotwelsch 187
*Ruland, Martin* 200
*Rülein, Ulrich* 91–95
Runen(namen) 214
*Runtingerbuch* 108–112, 114

## S

*Sachsenspiegel* 214, 221–227, 230f., 234
*Sachsenspiegelglossen* 230
Salerno (Schule von S.) 145, 151, 167
*Salzburger Bergordnung* 90
*Sankt Galler Schularbeit* 17–19, 27
Satzbau → Syntax
Satzkomplexität (s.a. Hypotaxe) 39, 44, 56, 130, 146, 171, 175f., 221, 234–236
Satzverknüpfung 60, 119
Scherzwörter 134f.
*Schlick, Arnolt* 79
*Schmid, Wolfgang* 60f.
Scholastik 39, 41, 46
Schulordnung 23
*Schöffensprüche* 230f.
*Schwabenspiegel* 222
*Schwazer Bergbuch* 91
*Secreta mulierum* 160
*Secretum secretorum* 68, 151
*Seebuch* 104–108
Seefahrt 104–108
*Seffner, Johann* 188
Segen 142, 201–204
*Seldeneck, Philipp* 190f.
*Seyff, Hans* 166, 169–172
*Sinn der Höchsten Meister von Paris* 155, 157, 159
Skandinavien 104, 106
Skizze → Abbildung
*Sol und Luna* 193
Sonderbedeutung 58, 98, 119, 126f., 134, 137, 144, 181, 183, 191

Sondersprache 187
Sonnenuhr 72
Soziolekt 188
Sprachmischung → Mischsprache
Sprichwort 223, 227
Stabreim (s.a. Alliteration) 203f., 227
Stadtbuch 87, 239
Stadtrecht 230f., 234
Stammesrechte 215f.
Standessprache 126
Stereotyp 56, 58, 78, 83, 101, 125, 154, 157, 169, 231, 239
Stilisierung 202
Stoffadjektiv 98
Stoffbezeichnungen 97–101, 109f.
*Straßburger Eide* 215
Subjektsatz 56, 229
Substantiv 37, 51, 87f., 93, 95, 98, 106, 118, 127, 129, 134, 185, 191, 197
Substantivierung 181, 183, 185f., 232
Suffix, Suffigierung (s.a. Ableitung) 22, 37, 51, 225
*Summa Johannis* 239
*Summarium Heinrici* 85, 97, 115, 140
Synonym 31, 36, 47f., 61, 98, 198
Syntax 27, 44, 48, 52, 56–58, 71, 76, 83, 90, 93, 101, 111f., 119, 125, 138, 144, 146, 149, 154, 166, 168, 175f., 186, 203, 210, 215f., 229, 233, 239

## T

*Talhofer, Hans* 182
Tautologie 221, 231
*Tegernseeer Prognostica* 208–210
Temporalsatz 125, 130, 162, 229
Testament 230
Textende 139

Textilgewerbe 97–103
Textkohärenz 76, 78
Textstruktur 33, 60, 91, 101, 202
*Theoderich* (Kaiser) 16
Theologie 16, 34, 172
*Thomas von Cantimpré* 71
*Thomasin von Zerklære* 68
*Till Eulenspiegel* 239
*Tiroler Fischereibuch* → *Fischereibuch des Kaisers Maximilian*
Titulatur 38
Totenbeschwörung 211
Transportwesen 111
Traumdeutung 208
*Trierer Pferdesegen* 202
Tschechisch 117, 145
*Tucher, Endres* 88
*Twinger, Jakob* 18

**U**

*Ulmannus* 194
Umschreibung → Paraphrase
Urbar 239
Urkunden 216–221, 225, 230

**V**

*Veckinchusen,Hildebrand* 112
*Vegetius* 187–189

verallgemeinernder Relativsatz 146, 157, 226, 229
Verb(albildung) 33, 37, 48, 51, 56, 86f., 93, 95, 99–101, 107, 110, 116, 118f., 125f., 129, 131, 134, 137f., 144, 146, 166, 170, 173, 186, 202
Verbotene Künste 192–213
*Vergil* 17, 75, 115
Verständnishilfe 17f., 43, 58, 69, 78–80, 97, 163, 231

*Vintler, Hans* 205
*Virdung, Sebastian* 79–81
Visierkunst 54
*Vocabularius ex quo* 18
*Vocabularius Optimus* 18
*Vocabularius Sancti Galli* 115, 139
Volkssprache 17, 39, 45, 144

**W**

Waffenbezeichnungen 188
*Wagner, Peter* 135
Wahrsagerei 201–204
*Walahfrid Strabo* 115, 139
*Waltharius* 31
Weinbau 115, 117
Weistümer 236–239
*Welserin, Philippine* 134
Werkzeuge 85f.
*Widmann, Johannes* 50–52
*Wiener Blutsegen* 203
*Windberger Kalendernoten* 66, 210
*Wolfram von Eschenbach* 68, 132, 135
*Wonnecke, Johann*
Wortbildung 30f., 59f., 154, 162, 180, 224–226
Wörterbücher (lateinisch–deutsch) 18
Wortfügung → Phraseologie
Wundarznei 164–166
*Wurm, Hans* 184

**Z**

Zauber 143, 201–204
*Zeichen des Hirsches* 126
*Züricher Arzneibuch* → *Arzneibuch Ypocratis*
Zusammenbildung 37, 51, 88, 106, 241
Zweisprachigkeit 112
*Zwölf stucke von dem harne* 152